D1725325

DAS WIENER MODELL

COMPRESS-VERLAG

Verleger: Compress Ges.m.b.H., 1140 Wien
Ein Buch aus der Reihe „der aufbau"
Hersteller: GISTELDRUCK, 1031 Wien
Grafische Gestaltung: Atelier Breit
Fachliche Redaktion: Kurt Freisitzer, Jakob Maurer,
Reinhard Breit, Otto Engelberger
© Compress, 1985
ISBN 3 215 06179 1

DAS WIENER MODELL

Erfahrungen mit innovativer Stadtplanung
Empirische Befunde aus einem Großprojekt

Reinhard Breit, Berlin — Wien
Friedrich W. Dahmen, Köln
Kurt Freisitzer, Graz
Karolus Heil, Berlin
Jakob Maurer, Zürich
Thomas Sieverts, Darmstadt
Fedor Wenzler, Zagreb

Herausgeber: Kurt Freisitzer und Jakob Maurer

Inhaltsverzeichnis

Vorwort

Ende 1983 präsentierte der Amtsführende Stadtrat Ing. Fritz Hofmann den neuen Flächenwidmungs- und Bebauungsplan für den Donaubereich Wien. Dieser Flächenwidmungsplan war mit einem städtebaulichen Wettbewerb eingeleitet worden. Die Fortsetzung dieses Verfahrens stellt eine nach Auffassung der Autoren dieses Buches wichtige Innovation bei der Lösung komplexer Planungsprobleme dar.

Bei der Präsentation konnte anhand bereits realisierter Planungsziele der Nachweis für das Gelingen der gesetzten Maßnahmen erbracht werden. So zeigte sich z. B., daß die Idee der Schaffung eines für Wien bedeutsamen Freizeitgebietes in Verbindung mit dem Hochwasserschutzprojekt von der Bevölkerung voll angenommen wurde.

Obwohl bisher nur ein Teil des Projektes (Donauinsel und Neue Donau haben insgesamt eine Länge von 21 km) fertiggestellt ist, verbringen bereits jetzt an schönen Sommertagen hunderttausende Menschen ihre Freizeit auf der sogenannten Donauinsel und am Ufer der Neuen Donau. So erhält Wien nicht nur den notwendigen Hochwasserschutz, sondern auch — einmalig in dieser Größenordnung — ein Freizeit- und Naherholungsgebiet, das sich durch die ganze Stadt zieht und von der Bevölkerung links und rechts der Donau durch die besondere Verkehrsgunst und Verkehrserschließung leicht und rasch erreichbar ist.

Politisch steht dieses Jahrhundertwerk jetzt wegen seiner großen Vorteile außer Streit. Dafür dürften auch die neuen Verfahrenstechniken im Planungsprozeß verantwortlich sein. Sie halfen, die notwendigen politischen Entscheidungen entsprechend vorzubereiten.

Die Autoren dieses Buches haben bereits vor längerer Zeit verallgemeinerungsfähige Erfahrungen der mit dem Planungsprozeß verbundenen Verfahrensinnovation schriftlich niedergelegt. Das bei der oben erwähnten Präsentation dieses großen Planungswerkes sichtbar gewordene Gelingen aktualisierte naheliegenderweise die Absicht, die Erfahrungen mit diesem besonderen Verfahren einer breiteren Öffentlichkeit zugänglich zu machen. Es gelang, eine Kooperation von Planung und Baugeschehen zu entwickeln, die erfolgreich war. Freiberufliche Experten und Planungsteams wurden mit ausführenden, planenden und verwaltenden Dienststellen zusammengeführt. Alle Beteiligten verstanden sich als kooperierende Einheit und suchten mit den bestmöglichen Argumenten nach optimalen Lösungen.

Freilich war die Konstellation günstig. Weitsichtige Politiker wie vor allem der Amtsführende Stadtrat Ing. Fritz Hofmann übernahmen die politische Verantwortung für ein in der Welt wahrscheinlich einmaliges Verfahrensexperiment, für dessen Durchführung es zwar sehr gute Gründe gab, dessen Ausgang aber niemand wirklich sicher voraussagen konnte.

Menschen unterscheiden sich zu ihrem Nutzen von anderen Lebewesen durch die ausgeprägte Fähigkeit zur Weitergabe von Erfahrungen. Nicht jeder muß durch eigenen Schaden klüger werden. Leider wird von jener Möglichkeit nicht ausreichend Gebrauch gemacht.

Der ursprüngliche Anlaßfall für dieses Buch liegt in der übereinstimmenden Erkenntnis der Autoren, daß die Gestaltung unserer Umwelt weniger vom Stand der einzelwissenschaftlichen Erkenntnisse, sondern vielmehr von geeigneten Verfahrensweisen abhängt, die das grundsätzlich zur Verfügung stehende intellektuelle Potential besser als bisher ausschöpfen.

Die wachsende Vielfalt sehr unterschiedlicher Interessen bei der vorausschauenden Gestaltung unserer physischen und psychischen Umwelt erzwingt neue Verfahrenstechniken. Der Grund liegt in immer deutlicher und wirksamer artikulierten gesundheitlichen, sozialen, ökonomischen, technischen, kulturellen, administrativen und politischen Ansprüchen mit ihren jeweiligen einzelwissenschaftlichen Begründungen.

Als fühlbarste Schwachstelle ist das Problem einer für alle Beteiligten annehmbaren Gewichtung der Einzelaspekte erkennbar. Am deutlichsten erfahren dies Fachexperten, die politische Entscheidungen für Großvorhaben vorbereiten helfen.

Konkret wurden diese Probleme bei der Teilnahme an der Planung „Donaubereich Wien" erlebt. Auch für internationale Verhältnisse ist dieser Planungsprozeß von rund vier Jahren außergewöhnlich gut dokumentiert (vgl. Dokumentation Seite 157). Hier soll eine Lücke geschlossen werden, die mit der Eigenart wissenschaftlicher Dokumentationen zusammenhängt.

Wissenschaftliche Publikationen unterliegen Regeln, die nicht unbedingt alle Möglichkeiten des Erkenntnisfortschrittes ausschöpfen. Denn gemäß weithin akzeptierter Regeln suchen die Wissenschaftler primär eine möglichst gute logische und empirische Absicherung ihrer Forschungsergebnisse. Dies bedeutet, daß noch unzureichend gesicherte Erkenntnisse — auch wenn sie noch so interessant sind — oft „unter den Tisch fallen". Sie existieren zwar in den Köpfen der Beteiligten, erreichen aber wegen verständlicher Skrupel, die fast immer vorhanden sind, wenn man meint, daß ein Problem nicht ganz zu Ende gedacht sei, selten das Licht der Öffentlichkeit. Für diejenigen, die in interdisziplinär zusammengesetzten Gremien an der Lösung komplexer Probleme arbeiten, ist dies ganz offensichtlich.

Schriftlichen Niederschlag finden überwiegend nur jene Aussagen, die einen relativ hohen Grad an logischer Konsistenz und empirischer Bestätigung aufweisen. Die vielen halbausgegorenen Ideen erfährt man eher im informellen Gespräch, sofern die Gruppenstruktur und die Verfahren Gespräche begünstigen. Dies führt zur Einsicht, daß die wichtigsten weiterführenden Ideen viel seltener geschrieben als gedacht werden, also meist in informellen Gesprächen zirkulieren.

Es schien daher den Autoren dieses Buches sinnvoll, solche Erfahrungen weiterzugeben, zumal durch sie ein sehr realistisches Bild der verschiedenen Forschungsstufen — also auch jener, die **vor** (hinter?) den Publikationen liegen — vermittelt werden kann.

Darüber hinaus ist die Weitergabe sehr persönlicher Eindrücke auch deshalb von Bedeutung, weil sie das Problem selektiver Wahrnehmung sowohl persönlichkeitsabhängig als auch fachabhängig näher beleuchten.

Schließlich schien den Autoren dieses Anliegen auch deshalb sinnvoll, weil die offiziellen Publikationen über die Planung „Donaubereich Wien" keine persönlichen Eindrücke und Schlüsse unmittelbar Beteiligter enthalten; sie gehen nicht ein auf gruppeninterne Vorgänge, die das Geschehen zwischen den Menschen, die darin wirkten, prägten. Sie enthalten daher auch keine Auswertungen solcher Erfahrungen. Dies suchen einige Mitglieder des kollegialen Leitungsorganes („Beratende Jury") nachzutragen. Das Ergebnis ist das vorliegende Buch.

Diese Schrift ist keine wissenschaftliche Publikation im üblichen Sinne. Sie erhebt weder den Anspruch auf ausreichende Vollständigkeit in der Erfassung des Gegenstandes, noch genügt sie den strengen Anforderungen der wissenschaftlichen Methode. Bewußt wollen die Verfasser ihre Einzelberichte aus sehr persönlicher Sicht und in eigener Verantwortung schreiben. Die Herausgeber haben daraus allgemeine Erfahrungssätze abgeleitet. Das Prüfargument für diese Auswertung ist der Konsens der Herausgeber.

Aus der Sicht der Wissenschaft stellt ein solcher Konsens über verallgemeinerungsfähige Erfahrungssätze nur ein beschränkt gültiges Prüfargument dar. Und trotz — oder gerade wegen — dieser Einschränkungen könnte die Publikation wichtig sein. Sie enthält unmittelbare Erfahrungen und nicht nur Behauptungen.

Deshalb besteht Grund zur Annahme, daß die in diesem Buch vorgestellte Verfahrensinnovation grundsätzlichere Bedeutung hat, also einen Fortschritt bei der Lösung komplexer Probleme darstellt. Die Eröffnung einer möglichst intensiven Diskussion darüber wäre wünschenswert.

Einfache Prinzipien ordnen den Aufbau des Buches. Nach der Einleitung, die in die Grundzüge des „Wiener Modells" als neue Verfahrenstechnik für die Bewältigung komplexer Planungsaufgaben einführt, folgen die Erfahrungssätze. Die möglicherweise über den besonderen Fall hinaus gültigen Aussagen sind somit vorangestellt. Dann berichten Beteiligte in eigener Verantwortung jeweils über einen bestimmten Gegenstand. Wer mehr über die Planung „Donaubereich Wien" wissen will, dem stehen die offiziellen Publikationen zur Verfügung (siehe Seite 157).

Zuletzt sei festgehalten, daß der politische Mut der Stadt Wien, die volle Unterstützung des Leiters der Gruppe Stadtplanung und seiner Mitarbeiter sowie die Bereitschaft von Chefbeamten zur offenen und vertrauensvollen Zusammenarbeit unabdingbare Voraussetzungen für die Durchführung des Experimentes der Planung „Donaubereich Wien" war. Dafür sprechen die Verfasser ihren herzlichen Dank aus.

Jakob Maurer
ETH Zürich

Im April 1985

Kurt Freisitzer
Universität Graz

Der Gegenstand des „Wiener Modells", der Donaubereich Wien,
vor Beginn der Überlegungen.

Das Luftbild aus der Zeit der Projekterstellung (Anfang der 60er
Jahre) zeigt noch nichts von späteren Großprojekten, wie: Wiener
Internationale Gartenausstellung 1964, Praterbrücke, UNO-City,
„Donauzentrum", Autobahnen, U-Bahn, Radstadion usw.
Auch von den großen Wohnhausanlagen sind nur erste Ansätze
zu erkennen.

Seit jeher war die Auzone der Donau bei Wien für die Entwicklung der Stadt ein Problembereich: Das breite Band des Donaudurchstiches mit seinem Inundationsgebiet trennte unter anderem in der Gründerzeit dicht bebautes Stadtgebiet — dessen Struktur sich an das damals neu gebaute Strombett anlehnt — von den stark differenzierten, teilweise selbständigen Siedlungsgebieten am linken Donauufer, deren Struktur sich eher aus der Landschaft entwickelt hatte.

„Für die städtebauliche Entwicklung im Bereich der Donau sind zwei sich zum Teil widersprechende Zielsetzungen charakteristisch: Der Forderung nach Erhaltung der ursprünglich gegebenen, natürlichen Fluß- und Aulandschaft beiderseits der Donau und deren Aktivierung als städtischen Erholungsraum steht der Ruf nach städtebaulicher Integration dieses Raumes in die Stadt, wie er sich etwa im Schlagwort ‚Wien an die Donau‘ manifestiert, gegenüber.
Weiters ist für den Donaubereich bestimmend, daß Gestaltungsmaßnahmen, die die Donauinsel betreffen, sowohl in funktioneller als auch in struktureller Hinsicht Auswirkungen haben werden, welche tief in die an die Donau angrenzenden Stadtteile hineinreichen; als Kristallisationspunkte für derart ausgelöste Umwandlungs- und Erneuerungsprozesse sind die zentralen Bereiche des 2. und 20. Bezirkes am rechten sowie die zentralen Bereiche Kagran, Floridsdorf und das Gelände der IAKW (Internationaler Amtssitz und Konferenzzentrum Wien) am linken Donauufer anzusehen."
(Wettbewerb Donaubereich Wien, 1. Wettbewerbsstufe, Programm)

Wien, Donaubereich, Luftbild 1983

Neue Donau, Hochwasserschutz, Donauinsel und eine Reihe von Großprojekten sind weitgehend fertiggestellt. Die Stadtstruktur hat in den vorangegangenen zwei Jahrzehnten einschneidende Veränderungen erfahren. Auf einen Teil dieser Veränderungen konnte das „Wiener Modell" gestaltenden Einfluß ausüben, durch den gewichtige Probleme einer Lösung nähergebracht wurden.

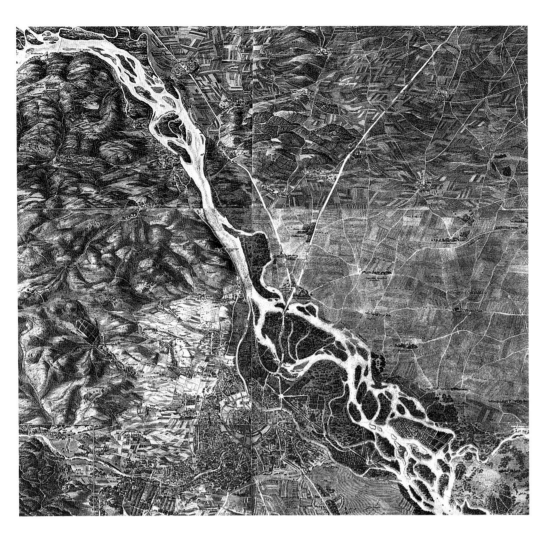

Die Landschaft des Donaubereichs
Wien

Das Augebiet der Donau prägt den
Charakter des Donaubereiches; Teile
der Au sind auch heute noch erhalten.
Das Augebiet bildet einerseits einen
Gegensatz zu dem mit dem Leopoldsberg beginnenden Bergland — dem
der Bisamberg als zweiter Torpfosten
der Wiener Pforte gegenübersteht —
andererseits einen Kontrast zum
zusammenhängend bebauten Gebiet
des Wiener Stadtkörpers. Der regu-
lierte Strom unterstreicht heute diese
Gegensätzlichkeit mit seiner harten
Linienführung, die weder mit der
natürlichen Formenwelt der Aulandschaft noch mit der über Jahrhunder-
te entwickelten Struktur der Stadt
harmoniert.
Diese Gegensätze sind eine Grundlage der Problematik der Entwicklung
des Donaubereiches in Wien.

Ausschnitt aus der „Perspectiv-Karte vom
Erzherzogthum Oesterreich unter der
Enns 1830—1846 von Franz Xaver
Schweickhardt"

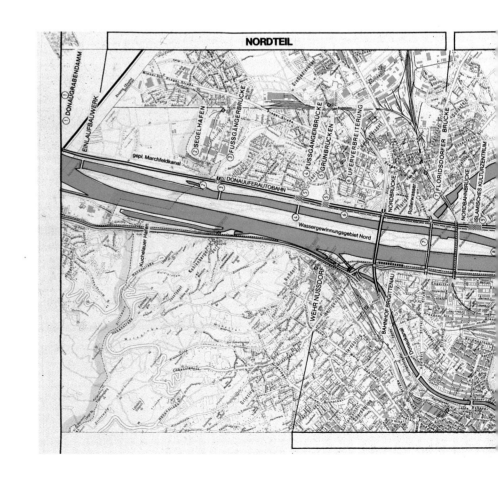

10

Die Lage des „Donaubereiches" in Wien ▶

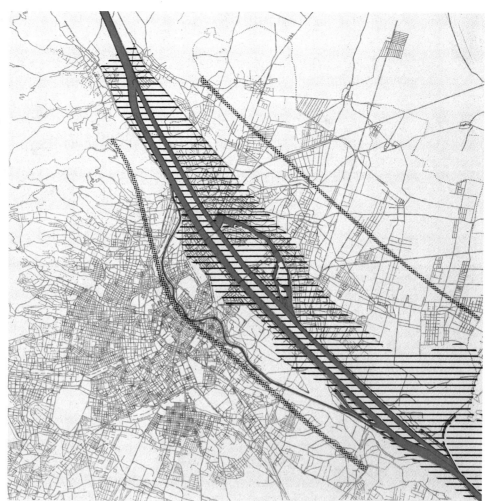

Zur Ausschreibung des städtebaulichen Ideenwettbewerbs „Donaubereich Wien" 1973 wurde
das zu bearbeitende Gebiet als Richtlinie auf
jene Flächen begrenzt festgelegt, die jedenfalls
von Maßnahmen an Donaustrom, Inundationsgebiet und Dämmen funktionell oder baulich
betroffen werden („engerer Donaubereich"). Die
Aufgabenstellung erstreckte sich jedoch auf
alle Gebiete, zu denen Wechselbeziehungen
mit dem engeren Donaubereich bestehen, die
gestaltrelevante Auswirkungen der behandelten
Großprojekte an der Donau erwarten ließen
(„weiterer Donaubereich", zumindest bis zu den
dargestellten äußeren Linien reichend).

Übersichtsplan mit Ortsbezeichnungen

Die Darstellung enthält im Text angesprochene
Ortsbezeichnungen, die sich teils auf den Aus-
gangszustand beziehen, vorwiegend aber der
Lokalisierung von Projekten, Projektteilen und
Teilergebnissen des Planungsverfahrens
„Donaubereich Wien" dienen.

Deshalb wurde der Darstellung auch die zum
Abschluß des Verfahrens (1977) festgelegte
Gestaltung von Neuer Donau und Donauinsel
zugrundegelegt.

Übersichtslageplan für den engeren Donaubereich mit Ortsbezeichnungen ▼

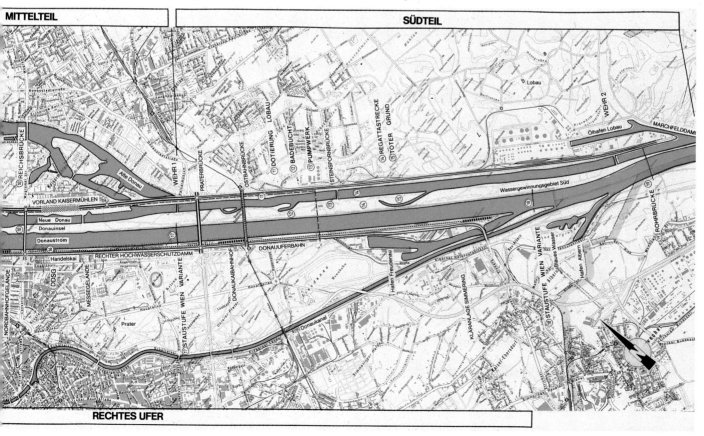

Kurt Freisitzer — Jakob Maurer

Einleitung

I. Der spezielle Anlaß des Buches

Das Gesicht unserer räumlichen Umwelt wird durch die Aktivitäten der in ihr siedelnden Menschen geprägt. Natürlich ist die Gestaltung unserer räumlichen Umwelt nicht zuletzt von der gegebenen Raumstruktur (Zustand), vom politischen Willen der Entscheidungsträger, von der Administration (Vorbereitung und Durchführung von Maßnahmen) und vom Stand der beteiligten Einzelwissenschaften abhängig. Allfällige Fehlentwicklungen werden sehr oft zum Anlaß inadäquater Beurteilungsmechanismen.

Das allgemeine Unbehagen führt meist zur Entwicklung einer Sündenbocktheorie, die in der Regel folgende Maßnahmen auslöst:

● Man tauscht den politisch verantwortlichen Mandatar aus, weil er tatsächlich oder vermeintlich seiner Aufgabe nicht wirksam nachkommt.
● Man tauscht verantwortliche Spitzenbeamte der planenden Verwaltung aus, weil sie ihrer Aufgabe nicht gewachsen scheinen; man ersetzt sie durch tatsächlich oder vermeintlich Ideenreichere.
● Schließlich kann man auch die innere Verwaltungsorganisation von Gebietskörperschaften für die Bewältigung von Planungsaufgaben als ungeeignet ansehen; man ändert häufig Geschäftsordnungen bzw. Geschäftseinteilungen.
● Natürlich kann man auch an der Qualität beigezogener freiberuflicher Experten zweifeln; man tauscht sie ebenfalls aus.

Im Grunde wird mit keiner dieser Maßnahmen das entscheidende Problem extrem komplexer Aufgabenstellungen gelöst. Denn keine der Personen und keine der verwaltungsinternen Geschäftsordnungen kann die Hürde eines ganz allgemeinen Dilemmas überspringen. Daher kommen und gehen auch die Personen und daher wechseln auch die Geschäftsordnungen und die Geschäftseinteilungen.

Zunächst muß davon ausgegangen werden, daß — von eher seltenen Pannen abgesehen — die verantwortlichen politischen Kollegialorgane grundsätzlich an der Bestellung möglichst fähiger Ressortverantwortlicher, fähiger Spitzenbeamter und an der Ausarbeitung gut handhabbarer Geschäftsordnungen interessiert sind. Daher sind diese Entscheidungen kaum schlechter als anderswo.

Das vorhin erwähnte Dilemma besteht in der Eigenart der öffentlichen Verwaltung, die für die Bewältigung vieler Aufgaben gut organisiert und ausgestattet ist. Denn gut funktionierende Verwaltungen sind dadurch charakterisiert, daß routinisierbare Aufgaben routinisiert werden, woraus sich ein hohes Maß an Effizienz und Rechtssicherheit ergibt.

Die Lösung der Planungsaufgaben ist jedoch von andersgearteten Notwendigkeiten bestimmt. Sie bedarf eines hohen Maßes an Kommunikationsdichte sowohl im Hinblick auf den vertikalen Informationsfluß (Hierarchieebenen) als auch im Hinblick auf den horizontalen Informationsfluß (von Ressort zu Ressort). Dazu kommen noch jene Informationsbedürfnisse, die innerhalb der politischen und administrativen Instanzen nicht befriedigt werden können, so z. B. Informationen aus dem Bereich der Betroffenen bzw. von den außerhalb der Verwaltung stehenden Experten.

Das „Wiener Modell" einer neuen Verfahrenstechnik wurde in mehrjähriger Arbeit von den Mitgliedern einer Jury entwickelt, die zunächst mit der Durchführung eines traditionellen städtebaulichen Ideenwettbewerbs befaßt war. Im Verlauf ihrer Tätigkeit stellte sich heraus, daß der außerordentlich großen Aufgabe eines Planungsvorhabens in einem wichtigen Teil einer Großstadt mit rund 60 km² und in den letzten Jahren getätigten bzw. unmittelbar bevorstehenden Investitionen von mindestens 30 Milliarden Schilling nur mit einem neuen Organisationsmodell begegnet werden könne. In welcher Weise sich diese neuen Einsichten entwickeln, ist mehreren Beiträgen dieses Buches zu entnehmen.

A. Die Verfahrensinnovation

Das Ergebnis der Verfahrensinnovation zeigt die folgende schematische Darstellung. Es ist das Organigramm einer projektorientierten Planungsorganisation für die Lösung kompetenzenübergreifender Probleme.

In der Wirkungsweise bedeutet diese Organisationsstruktur die Ergänzung bzw. Ausweitung der Verfahrensmöglichkeiten der öffentlichen Verwaltung ebenso wie das Einbringen außerhalb der Verwaltung vorhandener intellektueller Kompetenz in den formellen Planungsprozeß. Das neue Modell hat überdies den Vorteil, daß alle Beteiligten ihre fachlichen Kompetenzen und Interessen weitestgehend zur Wirkung bringen können. Der Hauptzweck lag daher im ständigen Bemühen, Menschen, Ideen und Einzelerkenntnisse zusammenzuführen.

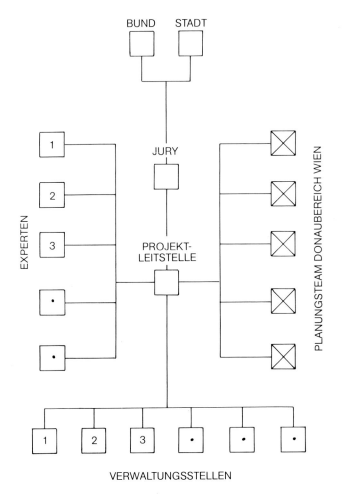

Einige der im Verfahren verwendeten Begriffe sind eher ungewöhnlich. Sie sind jedoch aus der Entstehungsgeschichte der problemorientierten Organisation erklärbar.

Das leitende Kollegialorgan **„Beratende Jury"** erhielt diesen Namen, weil es sich von einer traditionellen Jury (erste Wettbewerbsstufe = Städtebaulicher Ideenwettbewerb) zu einem Kollegialorgan entwickelte, das Festlegungen im Sinne von Empfehlungen an die Politiker für die Planung des Donaubereichs Wien auszuarbeiten hatte.

Die Projektleitstelle erhielt den Namen von der ihr zugedachten und auch erfüllten Funktion, zwischen den Sitzungen der Beratenden Jury jederzeit alle notwendigen Aufgaben kontinuierlich wahrzunehmen.

Der Terminus **„Gruppen des Planungsteams"** ist ebenfalls nur aus der Entstehungsgeschichte bzw. aus dem Übergang eines traditionellen Juryverfahrens in eine problemorientierte Organisation zu verstehen. Die fünf Besten der prämiierten Teilnehmer des Städtebaulichen Ideenwettbewerbs sollten für weitere Bearbeitungen **als Team** herangezogen werden. Es erwies sich jedoch als richtig, diese nicht als Einheit (Gesamtteam) in die weitere Bearbeitungen einzubeziehen, sondern oft auch konkurrierend. Aus diesem Grunde ist von **Gruppen** des Planungsteams die Rede.

Die politischen Organe

Die politisch relevanten Träger der Planung „Donaubereich Wien" waren der Bund (Bundesministerium für Bauten und Technik) und die Bundeshauptstadt Wien.

Es besteht kein Zweifel, daß politische Entscheidungsträger — seien sie nun Einzelpersonen mit Ressortverantwortlichkeit oder Kollegialorgane — anstehende Entscheidungen letztlich selbst zu treffen und zu verantworten haben. Diese Entscheidungen sind wegen der Bindung an den Wählerauftrag nicht delegierbar. Delegierbar ist jedoch die Vorbereitung von Entscheidungen. Im Zusammenwirken von Politik und Verwaltung geschieht dies täglich. Dies wäre also prinzipiell nichts Neues.

Das Neue am „Wiener Modell" besteht darin, daß ein fachlich heterogen zusammengesetztes Kollegialorgan (Beratende Jury) in einem kontinuierlichen Verfahren alle notwendigen Koordinierungsaufgaben wahrnimmt und erst das Ergebnis dieser Bemühungen in Form von Empfehlungen dem politischen Entscheidungsträger bekanntgibt. Die Empfehlungen sind begründet; ihr Zustandekommen ist transparent und daher nachvollziehbar.

◄ **Organigramm**

Die im Abschlußbericht der Jury zur ersten Wettbewerbsstufe vorgeschlagene Organisationsstruktur für die Planungsbearbeitung in der zweiten Stufe.

Eine Verfahrensinnovation war entscheidendes Ergebnis der Juryarbeit an der ersten Stufe des Wettbewerbsverfahrens Donaubereich Wien, die noch ähnlich einem traditionellen städtebaulichen Ideenwettbewerb konzipiert war.
Das Schema der Organisation für die zweite Stufe weist für Planungsorganisation bis dahin ungewöhnliche Merkmale auf, die für einen umfassenden Planungsprozeß jedoch konstituierend sind.

Im Normalfall müssen auf der politischen Ebene eine Vielzahl von einander oft widersprechenden Einzelempfehlungen behandelt werden, was wiederum zu einer Vielzahl von Rückfragen an die an der Entscheidungsvorbereitung Beteiligten führt. Die damit verbundenen Verzögerungen führen häufig zu unzureichenden oder verspäteten Entscheidungen; notwendige Entscheidungen bleiben oft überhaupt aus. Man könnte diesen Vorgang als konsekutives Verfahren bezeichnen.

Im Gegensatz dazu steht das Simultanverfahren, das der Beratenden Jury für die Lösung komplexer Probleme wesentlich zielführender schien und somit den harten Kern der Verfahrensinnovation darstellt.

Die Beratende Jury

Dieses fachlich heterogen zusammengesetzte Kollegium bestand aus Vertretern des Bundes (Bundesministerium für Bauten und Technik), der Stadt Wien, der Ingenieurkammer für Wien, Niederösterreich und Burgenland (zugleich Experten für Stadtgestaltung und Architektur) sowie weiteren, nicht von Institutionen entsandten, sondern von der politischen Spitze bestellten Experten aus der Bundesrepublik Deutschland, Österreich, Schweiz und Jugoslawien, die die Fachbereiche Stadtplanung, Stadtgestaltung, Architektur, Ökologie und Soziologie zu vertreten hatten.

Diese Mitglieder der Jury der ersten Wettbewerbsstufe (Städtebaulicher Ideenwettbewerb) erhielten eine neue Funktion zur Bewältigung der bereits erwähnten Verfahrensprobleme.

Es entstand nun die Grundfrage, in welcher Weise die Empfehlungen an die politischen Instanzen für die weitere Entwicklung des Planungsbereiches am zweckmäßigsten erarbeitet werden könnten. Hierfür bot sich das erwähnte Simultanverfahren an, das durch folgende Vorkehrungen sichergestellt wurde.

1. Erstellung eines Zeitplanes für regelmäßige, klausurähnliche Zusammenkünfte der Jury mit der Möglichkeit der Beurteilung der Arbeiten der Gruppen des Planungsteams und der Heranziehung von Experten der Verwaltung und der sonstigen Experten im Bedarfsfalle (**„Kupplungen"**).

2. Dokumentation aller Vorgänge über eine Projektleitstelle, die darüber hinaus jene Arbeiten zu koordinieren hatte, die Gegenstand der Empfehlungen der Beratenden Jury waren.

3. Studium der Arbeitsfortschritte der Gruppen des Planungsteams und Festlegung der nächstfolgenden Arbeitsschritte.

4. Prüfung der Argumente in direkter Konfrontation mit den Beteiligten.

5. Abstimmung dieser Schritte mit den politischen, ökonomischen und zeitlichen Möglichkeiten aller Beteiligten.

6. Schriftliche Ausarbeitung der Empfehlungen der Jury am Ende einer jeden Sitzungsperiode samt der damit verbundenen Öffentlichkeitsarbeit.

7. Periodische Überprüfung der Wirksamkeit von Empfehlungen der Beratenden Jury.

Von den Festlegungen und Empfehlungen her gesehen war somit die Beratende Jury der systematische Ort für die koordinierende Vorbereitung der politischen Entscheidungen.

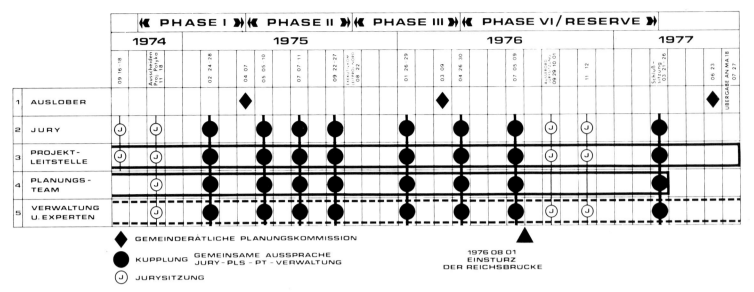

KUPPLUNG — GEMEINSAME AUSSPRACHE JURY - PLS - PT - VERWALTUNG

JURYSITZUNG

1976 08 01
EINSTURZ
DER REICHSBRÜCKE

Ablauf der 2. Wettbewerbsstufe

Für die Abwicklung der 2. Wettbewerbsstufe entsprechend den Empfehlungen der Jury wurde ein über den gesamten Bearbeitungszeitraum reichendes Arbeitsprogramm aus Aufgabenstellung und vorgeschlagener Organisationsstruktur (siehe „Organigramm") entwickelt. Mit Ausnahme der durch den Einsturz der Reichsbrücke erzwungenen Veränderungen konnte dieses Arbeitsprogramm auch zeitlich eingehalten werden.

Ablauf der Bauarbeiten im engeren Donaubereich 1970 bis 1990

Die Darstellung zeigt, an welchen Stellen zu welcher Zeit gebaut wurde bzw. wird. Der Zeitabschnitt, in dem das Verfahren „Donaubereich Wien" abgewickelt wurde, ist hervorgehoben. Dadurch wird deutlich, welche Teile der Bauarbeiten überhaupt von dem Verfahren beeinflußt werden konnten sowie welche Baumaßnahmen aufgrund der abgeschlossenen Ergebnisse des Verfahrens durchgeführt werden konnten.

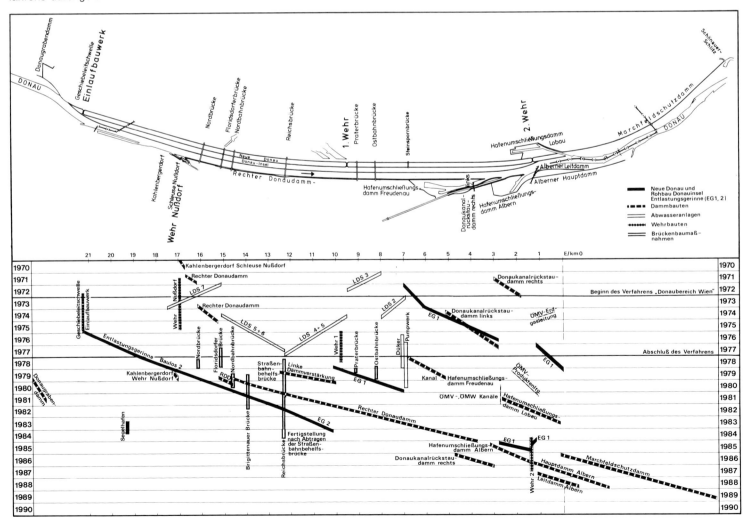

14

Die Projektleitstelle

Diese hatte die folgenden kontinuierlich zu erfüllenden Aufgaben:

1. Überwachung aller durchzuführenden Arbeiten im Sinne der Empfehlungen der Jury.

2. Kontaktstelle z. B. für die Beantwortung offener Fragen der Beteiligten zwischen den Sitzungsperioden der Beratenden Jury.

3. Koordination und inhaltliche Zusammenführung aller Tätigkeiten im Sinne der Empfehlungen der Beratenden Jury.

4. Evidenzhaltung aller Vorgänge (Dokumentation der einzelnen Schritte der projektorientierten Organisation).

Die Projektleitstelle bestand aus den vier Spitzenbeamten, die Mitglieder der Beratenden Jury waren, sowie aus den Mitgliedern der Vorprüfung der ersten Wettbewerbsstufe. Ihr stand ein Büro (Geschäftsstelle) ständig zur Verfügung.

Die Gruppen des Planungsteams

Aus der ersten Wettbewerbsstufe gingen aus insgesamt 45 Einsendungen 11 Preisträger hervor, von denen fünf den Auslobern zur Weiterarbeit empfohlen wurden. Diese wurden als Gruppen eines Planungsteams in die neue Organisationsform einbezogen. Ihre Aufgabe war es, gemäß dem jeweiligen Erkenntnisstand weitere generelle Stadtentwicklungs- und Gestaltungsideen zu bearbeiten; dies oft auch im Hinblick auf Alternativen, deren weitere Bearbeitung der Beratenden Jury als Entscheidungsgrundlage wichtig schienen. Bei besonders drängenden Entscheidungen mußten auch vorrangige Detailprojekte erarbeitet werden. So z. B. die Gerinneführung und Details der Ufergestaltung an der Neuen Donau. Die Gruppen des Planungsteams wurden in der Folge mit Gestaltungsaufgaben der Ausführungsplanung betraut.

Die der Beratenden Jury in Form von Plänen und Texterläuterungen übermittelten Vorschläge mußten von den Gruppen des Planungsteams auch mündlich vertreten werden. Dies führte zu einem argumentativen Stil, der die Prüfung von Vor- und Nachteilen angebotener Vorschläge in direkter Wechselrede ermöglichte.

Die Experten der öffentlichen Verwaltung

Da im vorgesehenen Organisationsschema nicht alle kompetenten Experten der Verwaltung ständig mitwirken konnten, viele wichtige Informationen aber nur aus diesem Bereich zu erwarten waren, mußte Vorsorge getroffen werden, diese Experten (notfalls auch auf Abruf) in die Entscheidungsvorgänge einzubeziehen. Damit wurde sichergestellt, daß einerseits wichtige Informationen nicht verlorengingen und andererseits die Grenzen und Möglichkeiten der verwaltungstechnischen Durchführung in Aussicht genommener Maßnahmen auch den mit den lokalen Gegebenheiten nicht so vertrauten Mitgliedern der Beratenden Jury sichtbar wurden. Es handelte sich also auch um die Nutzung unentbehrlichen „Insider-Wissens".

Die freiberuflichen (sonstigen) Experten

Diese vertraten ebenso wie die Experten der Verwaltung

Spezialgebiete und stellten eine weitere unentbehrliche Informationsquelle dar. Auch diese Experten wurden anläßlich der periodischen Sitzungen immer wieder in den Entscheidungsprozeß eingebunden. Sie beeinflußten ebenso wie die Experten der Verwaltung den Inhalt der Beratenden Jury nicht unwesentlich, zumal sie nicht selten konstruktive Gegenvorschläge vertraten.

B. Zweck der neuen Projektorganisation

Die oben erwähnte Konstruktion und die Aufgabenteilung beabsichtigte die volle Ausschöpfung des zur Verfügung stehenden intellektuellen Potentials für die Lösung einer außerordentlich komplexen Aufgabe.

Es kann an dieser Stelle vorweggenommen werden, daß keine der Juryempfehlungen auf Ablehnung der politischen Entscheidungsträger stieß, obwohl ein Wechsel in der politischen Ressortzuständigkeit für die Stadtplanung im Verlaufe des Verfahrens stattfand.

Als Gründe hierfür können angeführt werden:

1. Es muß vorausgesetzt werden, daß die politischen Entscheidungsträger an guten Lösungen auch im Sinne eines breiten Konsenses interessiert sein müssen.

2. Die Vorbereitung der politischen Entscheidungen mit den Empfehlungen der Jury war durch das gewählte neue Verfahren relativ immun gegen die bei Planungsprozessen üblichen massiven Einwände. Mögliche Gegenargumente wurden vorher ausdiskutiert. Damit konnten die üblichen nachträglichen Konflikte vermieden werden.

3. Spitzenbeamte der kompetenten Gebietskörperschaften waren als Mitglieder in die Beratende Jury eingebunden und konnten dort zu Wort kommen und (für Außenstehende nicht immer sofort erkennbare) offene Fragen klarstellen.

4. Die Vertreter der Ingenieurkammer hatten die Gelegenheit, ihre individuellen und kollektiven Interessen jederzeit zu vertreten.

5. Die übrigen in der Beratenden Jury nicht ständig vertretenen Experten der Verwaltung erhielten eine Mitwirkungsmöglichkeit, die auch in eindrucksvoller Weise genützt wurde.

6. Die Einbindung außenstehender freiberuflicher Experten in den Planungsprozeß bewirkte eine zusätzliche Absicherung gegen Betriebsblindheit, Parteilichkeit und gegen massive Einzel- oder Gruppeninteressen.

7. Die Gruppen des Planungsteams haben in diesem kontinuierlichen Planungsprozeß mit einem außerordentlich großen Arbeitsaufwand (in sich schon interdisziplinär orientiert) eine Vielzahl von alternativen Vorschlägen zur Stadtentwicklung ausgearbeitet. Die Inhalte der Empfehlungen der Beratenden Jury wurden dadurch wesentlich beeinflußt.

Potentielle Opponenten waren solcherart an allen wesentlichen Entscheidungen mitbeteiligt. Sie erlebten ständig das **relative** Gewicht von Argument und Gegenargument, womit die Einseitigkeit von Standpunkten entschärft wurde. Fast alle Beteiligten verstanden sich auch als Anwälte für die von der Planung betroffene Bevölkerung, was weitere Schwierigkeiten ausräumte, zumal die große Kommunikationsdichte des Verfahrens einen beträchtlichen Informationsumfang in den gesamten Planungsprozeß einzubringen imstande war.

Aus der Sicht der politischen Entscheidungsträger ergibt sich daraus geradezu der optimale Fall einer Immunisierungsstrategie, weil viele der üblicherweise „post festum" auftretenden Argumente durch dieses innovative Verfahren bereits vorweg ausgeräumt werden.

Daß dieses „Wiener Modell" einer projektorientierten Planungsorganisation gegenüber bisherigen Verfahren beträchtliche Vorteile aufweist, ist die vom Leser zu prüfende Auffassung der Autoren. Der vielleicht gewichtigste empirische Beleg hierfür kann in der Tatsache gesehen werden, daß die Empfehlungen der Beratenden Jury und die daraus resultierenden politischen Entscheidungen in einem außergewöhnlich hart geführten Wahlkampf (er folgte fast unmittelbar auf die abschließenden Festlegungen der Beratenden Jury) nicht zum Gegenstand parteipolitischer Auseinandersetzungen wurden. Und dies, obwohl vorher die parteipolitische Opposition und einzelne Bürgergruppen massive Skepsis angemeldet hatten.

Die geschilderte Verfahrensinnovation muß auch im Lichte jener Probleme gesehen werden, die sich heute fast allen an der vorausschauenden Planung unserer physischen und psychischen Umwelt Interessierten (Betroffenen) stellen.

II. Zur Problematik räumlicher Planung

Raumplanung, und damit auch Stadtplanung, wird ständig mit der Frage nach der zweckmäßigsten Organisation konfrontiert. Die Schwierigkeiten nehmen erheblich zu, wenn Entwicklungen in bestehenden Siedlungsgebieten gesteuert werden sollen. Wie verzwickt und hinterhältig organisatorische Fragen der Raumplanung sein können, erfährt, wer an der Lösung größerer, raumplanerischer Aufgaben mitwirkt. Allein die Zahl der zu beachtenden objektiven Sachverhalte, der Randbedingungen und der Einflüsse von Personen und Gruppen zeigt die Komplexität der Aufgabe:

● in der Welt der Politik mit ihrer oft leidenschaftlichen Uneinigkeit;
● in der Spannbreite der Interessen;
● in den Grenzen der Verständigung zwischen den Fachgebieten;
● in den Widersprüchen innerhalb der formellen Regeln;
● in der aufgesplitterten Struktur der öffentlichen Verwaltung mit ihren vielfältigen Hierarchiestufen;
● in der Umständlichkeit des Verkehrs zwischen (und mit) öffentlichen Körperschaften;
● in der Unübersichtlichkeit von Arbeitsabläufen zwischen und innerhalb einer Vielzahl von beteiligten Personen und Institutionen.

Dies alles charakterisiert die organisatorische Problematik von Raumplanung und Stadtplanung.

Wissenschaft und Praxis setzten sich daher seit langem von unterschiedlichsten Ansätzen her mit den organisatorischen Problemen von Gebietskörperschaften auseinander. Übereinstimmung herrscht nur darüber, daß die Wirksamkeit räumlicher Planung unter organisatorischen Mängeln leidet. Verbesserungsvorschläge bewegen sich — vereinfacht dargestellt — in folgende Richtungen:

1. Grundsätzliche Änderung des staatsrechtlichen Aufbaues von Gebietskörperschaften bis hin zur radikalen Umwälzung gesellschaftlicher Systeme;
2. Stärkung des Planungsrechtes im Rahmen des bestehenden staatsrechtlichen Systems;
3. Beeinflussung der politischen Entscheidungen durch Partizipation, unterstützt durch Öffentlichkeitsarbeit;
4. Änderung im Aufbau der Verwaltung, sei dies durch die Ergänzung der Linienorganisation mit besonderen Stabsstellen (z. B. Grundsatzreferate) oder durch Zusammenfassung und Neuzuordnung von Dienststellen;
5. Schaffung von Organisationen außerhalb der üblichen Verwaltung;
6. Entwicklung und Einführung spezieller Verfahrenstechniken, z. B. Datenbanken, Kosten-Nutzen-Analysen, Planungs-, Programmierungs- und Budgetierungs-Systeme;
7. Einführung von Matrizenorganisationen in die öffentliche Verwaltung;
8. Ergänzungen der öffentlichen Körperschaften durch problemorientierte Organisationen.

Die einschlägige Literatur gibt die Vielfalt und die Widersprüchlichkeit dieser Problemlösungsversuche wieder. Denn die empirische Prüfung von Hypothesen bereitet derartige Schwierigkeiten, daß dem Wuchern von bloßen Behauptungen und dem Meinungsstreit kaum Grenzen gesetzt sind.

Kühn Hypothesen zu suchen und sie dann hart zu prüfen, so könnte die Aufgabe der Wissenschaft auch definiert werden. Dieser Weg — Auffindung von Hypothesen und deren Überprüfung — ist (jedenfalls für Gegenstände wie der Organisation öffentlicher Körperschaften) alles andere als übersichtlich und einfach. Es gibt zwar Hypothesen in Hülle und Fülle, aber wenig Überprüfung. Nur, was heißt denn Prüfung einer organisatorischen Hypothese? Unter welchen Bedingungen gilt sie als bestätigt, unter welchen als verworfen?

Hier soll kein wissenschaftstheoretischer Exkurs unternommen werden. Eines sei aber festgehalten: Es bedarf immer wieder der Konfrontation mit der Wirklichkeit. Die Auswertung von Erfahrungen und Versuche der Systematisierung sind unerläßlich; selbst dann, wenn die Ergebnisse vorläufig unvollständig oder lediglich plausibel scheinen, nach strengen wissenschaftstheoretischen Maßstäben nicht (oder noch nicht) überprüfbar sind.

Ohne ein solches Vorgehen entziehen sich unter Umständen wichtige Erfahrungen und Anregungen der Verwertung. Damit gingen aber viele Materialien und Propositionen für die konstruktive, wissenschaftliche Kritik und für die komparative Bestätigung konkurrierender Varianten von Problemlösungen verloren.

Kurt Freisitzer — Jakob Maurer

Zu den konkreten Erfahrungen

Vorbemerkungen

Das neue Verfahrensmodell für die Lösung komplexer Probleme bot den daran Beteiligten seltene (vielleicht einmalige) Erfahrungen mit innovativer Stadtplanung.

Bei den Autoren löste dies sehr grundsätzliche Überlegungen darüber aus, in welcher Weise die vielerorts fühlbare Planungskrise überwunden werden könne. Nach allen Erfahrungen liegt (angesichts der immer komplexer werdenden Randbedingungen) eine entscheidende Schwachstelle im Verfahrensbereich. Die Befassung mit einem neuen und integrativen Verfahrensmodell lag damit auf der Hand.

Die folgenden Ausführungen beziehen sich auf innovative Stadtplanung, und zwar auf
- Organisationsstruktur;
- die Voraussetzungen problemorientierter Organisation;
- die Grundsätze des Verfahrens;
- die Eigenarten sozialer Interaktion in fachlich heterogenen Gruppen;
- die projektorientierte Organisation im größeren Zusammenhang — das Problem der Kontinuität.

Die Behandlung dieser Gegenstände erfolgt nach einem einheitlichen Schema.

1. Darstellung der zentralen Probleme und
2. Erfahrungen, die das allgemein Gültige festhalten.

Maßstab für diese Aussagen ist **die Bewährung** von Organisationsstruktur und Verfahrenstechnik eines Planungsvorganges, der sich über mehrere Jahre erstreckte.

Die Darstellung der zentralen Probleme orientiert sich daran, was den Herausgebern und Autoren im Verlauf ihrer Arbeit und als Ergebnis ihrer Erfahrungen als besonders wichtig auffiel.

Die Erfahrungen enthalten empirische Befunde, die den Herausgebern über ihre Wahrnehmungen im konkreten Planungsprozeß hinausgehend von allgemeiner Bedeutung scheinen.

A. Organisationsstruktur

A.1. Zu den zentralen Problemen

Die Organisation der öffentlichen Verwaltung ist auf die Einhaltung bestimmter Spielregeln abgestellt. Routinisierbare Aufgaben werden einer möglichst effizienten Routineerledigung unterworfen. Dies bewirkt Verhaltenssicherheit der Beteiligten, weitgehende Klarheit über die Art der Lösung anstehender Probleme und somit insgesamt Rechtssicherheit. Müssen komplexere Probleme gelöst werden, dann werden diese in Teilprobleme zerlegt und den darauf spezialisierten Stellen zugewiesen. Dies läßt wiederum Problemlösungen im Sinne einer eingeübten Routine zu. Die Vorteile dieser Verfahrensweise für die überwiegende Zahl von Verwaltungstätigkeiten sind grundsätzlich unbestritten.

Stadtplanerische Aufgaben betreffen jedoch Probleme, die zwischen den Ressortkompetenzen, zwischen den Hierarchieebenen und zwischen den Einzeldisziplinen liegen und sich deshalb einer Routinisierung weitgehend entziehen. Es handelt sich hierbei um komplexe Probleme besonderer Art.

Es stellt sich daher die Frage, durch welche organisatorischen Vorkehrungen diese Schwäche der traditionellen Organisationsstruktur öffentlicher Verwaltung (bezogen auf stadtplanerische Aufgaben) überwunden werden kann, ohne die oben erwähnten Vorteile der öffentlichen Verwaltung leichtfertig aufzugeben.

Mit dieser Frage entstehen neue Problembündel.

Als Problemlösung bietet sich die Erstellung einer Organisationsform an, die integrative Verfahrenstechniken zuläßt. Ziel: Überwindung der kompetenzabhängigen, der hierarchieabhängigen und der fachspezifischen Verständigungsschwierigkeiten sowie der oft unnötigen zeitlichen Verzögerungen.

A.2. Die Erfahrungen

A.2.1. Was sich bewährt hat

A.2.1.1.

Die interdisziplinär zusammengesetzte **Beratende Jury** ermöglichte, übergreifende Probleme vorausschauend und rechtzeitig wahrzunehmen und ihre Bedeutung zu beurteilen.

Ferner war es möglich, geeignete Wege festzulegen, um Lösungsvorschläge vorbereiten zu lassen. Somit war auch die Beurteilung der Vor- und Nachteile von Alternativvorschlägen möglich.

Zum Beispiel:

Auf der linken Seite der Alten Donau befinden sich ausgedehnte, sogenannte „Siedlergebiete" (Kleingärten mit z. T. ausgebauten, kleinen Häusern, die allerdings nicht dauernd bewohnt werden dürfen). Die neuen Verkehrsanlagen (U-Bahn, Autobahn) und das neue Naherholungsgebiet der Neuen Donau erhöhen die Standortgunst erheblich. Die Bevölkerungszusammensetzung der alten Quartiere beidseits der Donau und ihr Wohnungsbestand läßt die soziale Desintegration in diesen Quartieren befürchten.

Die Beratende Jury warf deshalb frühzeitig die Frage auf, welchen Beitrag die Siedlergebiete leisten könnten, um der sozialen Desintegration entgegenzutreten. Sie veranlaßte Studien über die Entwicklungsmöglichkeiten dieser Gebiete. So offensichtlich dieser Gesichtspunkt heute erscheinen mag, dazumal war er für viele überraschend neu.

Obwohl es bereits lange als notwendig bekannt war, daß an der künftigen Autobahn vor der Wohnbebauung Kaisermühlen einschneidende Schallschutzmaßnahmen notwendig werden würden, war es doch erst durch die Tätigkeit der Beratenden Jury möglich geworden, die vollständige Überdeckung dieses Abschnittes ernsthaft in die Diskussion einzuführen und schließlich festzulegen.

Ähnliche konkrete Festlegungen ermöglichte das neue Verfahren auch zur Verbesserung der Grundwassersituation im Bereich der Alten Donau und anderer Altwässer; und dies, obwohl die entsprechenden Anforderungen bereits seit Jahrzehnten bekannt waren.

Besonders augenfällig wurden die erweiterten Beurteilungsmöglichkeiten der interdisziplinären Jury nach dem Einsturz der Reichsbrücke am 1. August 1976: sie ermöglichten es, in kürzester Zeit einen Überblick über die zu erwartenden Konsequenzen zu erhalten.

A.2.1.2.

Die Einrichtung einer **Projektleitstelle** sicherte eine kontinuierliche projektorientierte Administration, den erforderlichen Informationsfluß und die laufende Dokumentation der wichtigsten Handlungsabläufe und der für die Problemlösung relevanten Daten (Evidenzhaltung des Informationsstandes).

Die projekt- und problemorientierte Einrichtung der Projektleitstelle ermöglichte es etwa, die Laufzeit von Informationen zwischen Dienststellen und Projektanten gegenüber dem normalen Dienstweg auf einen Bruchteil herabzusetzen; die Information der anderen betroffenen Stellen wurde dadurch ebenfalls beschleunigt.

In der Projektleitstelle waren organisatorisch und fachlich verantwortliche Persönlichkeiten zusammengeschlossen; dadurch genügte oft ein informelles internes Gespräch, um kritisch erscheinende Differenzen zwischen Bundes- und Stadtverwaltung oder zwischen Planungs- und Baudienststellen zu lösen.

Im besonderen war die Projektleitstelle der geeignete neutrale Ansatzpunkt, um Streitgespräche zwischen verschiedenen Fach- oder Interessenstandpunkten ohne formalen Aufwand und ohne unmittelbare Verbindlichkeit — und damit besonders offen — zu führen.

A.2.1.3.

Die Gruppen des Planungsteams waren nach interdisziplinärer personeller Ausstattung und Arbeitskapazität in der Lage, erforderliche Bearbeitungen zur Lösung oder Beurteilung bestimmter Probleme durchzuführen. Die Qualität der fünf Gruppen des Planungsteams war dadurch sichergestellt, daß sie wegen ihrer hervorragenden Leistungen im Rahmen des vorangegangenen traditionellen städtebaulichen Ideenwettbewerbes in die Spitzengruppe der Prämiierten kamen. Die erhofften intellektuellen Qualitäten und die hohe Arbeitskapazität bewährten sich im Verlauf des Verfahrens insofern, als ein hohes Maß an Beweglichkeit bei der Bearbeitung erforderlicher Alternativen und ein hohes Maß an Belastbarkeit (meist durch Zeitdruck bedingt) vorausgesetzt werden konnte.

Die ganze Projektorganisation suchte intensiv nach Lösungen für die Gestaltung des mittleren Teiles, also dort, wo drei neue Brücken konstruiert wurden, die UNO-Gebäude stehen, eine neue Autobahn gebaut wird, die Flächen für den organisierten Sport ausgewiesen wurden und die Verbindung Wiens mit der Donau gesichert werden muß. Zahlreiche Vorschläge wurden ausgearbeitet, bis eine Gruppe des Planungsteams einen Vorschlag unterbreitete, der endlich einen guten Ansatz bot. Die Beratende Jury beauftragte nun alle Gruppen, von diesem Ansatz ausgehend unterschiedliche Varianten zu entwerfen.

Erstaunlicherweise und innerhalb von drei Monaten setzten sich alle Gruppen damit gründlich auseinander. Einer der neuen Vorschläge, der übrigens erheblich vom ursprünglichen Ansatz abwich, und von einer anderen Gruppe stammte, wurde zur Grundlage des Leitprojektes für den Mittelteil.

Mehrmals konnten so konkurrierende Entwürfe zu problematischen Lösungen in kürzester Zeit erlangt werden: etwa zur Gestaltung der Gerinne-Ufer, zur Einbindung der Autobahn oder zur städtebaulichen Gestaltung des „Vorlandes Kaisermühlen". Das Normalverfahren hätte in jedem einzelnen Falle eine Wettbewerbsausschreibung oder die Beantragung und Vergabe von Parallelaufträgen mittels Gemeinderatsbeschlüssen erfordert.

A.2.1.4.

Die freiberuflichen Experten und die Experten der Verwaltung leisteten wesentliche Beiträge zur Problemlösung. Das herrschende Organisationsprinzip bewirkte ein sehr hohes Maß an Mobilisierung intellektueller Kapazitäten. Unsicherheiten auf der einen oder auf der anderen Seite wurden nicht zum Anlaß für Feindseligkeiten oder individuelle Profilierungsneurosen, sondern führten zu sehr intensiver und im Ergebnis fruchtbarer Kooperation. Die Beratende Jury war somit nicht gezwungen, die Dokumen-

tation von Expertenstreitigkeiten zu beurteilen, sondern in der angenehmen Lage, die Ergebnisse eines weithin ausgereiften Expertenkonsenses in ihre Überlegungen einbeziehen zu können, wie das folgende Beispiel zeigt.

Die wasserbautechnischen Anforderungen stießen laufend mit den Begehren der landschaftlichen und funktionellen Gestaltung zusammen. Ein sehr bedeutsamer Konflikt ergab sich im Mittelteil, als die Beratende Jury die Ausweitung der Neuen Donau (UNO-See) samt einem Hafen vorschlagen wollte. Zuerst bestanden die Wasserbauer darauf, daß nur experimentelle Prüfungen nachweisen könnten, ob diese Ausweitung gemacht werden dürfe. Experimentelle Prüfungen samt den formellen Verfahren der Genehmigung hätten eine unzumutbare zeitliche Verzögerung gebracht, die faktisch die Verwirklichung des von der Beratenden Jury unterstützten Vorschlages ausgeschlossen hatte. Die Fronten waren erstarrt.

Ein außenstehender, anerkannter Wasserbauer wurde als Berater der Jury zugezogen. Ihm gelang es in intensiven Gesprächen, die verhärteten Meinungen zu differenzieren und eine von allen getragene Lösung zu finden.

Es gelang den beamteten und freiberuflichen Wasserbau-Experten auch in wenigen Tagen, bald nach Anlaufen der gemeinsamen Arbeit, zuvor noch unlösbar erscheinende Probleme zu lösen: So konnte eine alte Baumgruppe am linken Ufer der Neuen Donau durch extremes Ausschöpfen des Handlungsspielraumes im wasserbautechnischen Projekt erhalten werden; erst die im Rahmen der Projektorganisation erzwungene intensive interdisziplinäre Diskussion hatte diesen ersten Durchbruch ermöglicht; die von Weisungen entbundene Tätigkeit der Experten war dazu Voraussetzung.

A.2.1.5.

Für die periodischen Klausurtagungen der Beratenden Jury in Abständen von drei Monaten haben sich Zusammenkünfte von durchschnittlich vier bis sechs Tagen bewährt. Kürzere Intervalle beschränken allzusehr die Zeit für erforderliche Einzelbearbeitungen (Gruppen des Planungsteams, sonstige beigezogene Experten), längere Intervalle beeinträchtigen die Kontinuität des Informationsflusses und die erwünschte Kommunikationsdichte. Das gewählte Mittel muß als optimal angesehen werden.

A.2.1.6.

Konsekutive Verfahren, die in der allgemeinen Verwaltung üblich sind, sind durch ein Anhörverfahren gekennzeichnet, dessen Ergebnis unmittelbar zur Entscheidung von Personen (Verwaltung) oder Kollegialorganen (Politik) führt. Dieses Verfahren wurde als schwächste Alternative für die Lösung komplexer Planungsprobleme erkannt. Demgegenüber stellte die neue Organisationsstruktur ein simultanes Verfahren sicher, das als Optimum bezeichnet werden kann.

Das Simultanverfahren bedeutet die Behandlung aller wichtigen Probleme und Lösungsmöglichkeiten argumentiv in Rede und Gegenrede. Das Verfahren ist also durch mündliche unmittelbare und argumentative Abwicklung gekennzeichnet. Als Positivum ist festzuhalten: Schriftliche und planliche Darstellungen größeren Umfanges müssen auf ihren harten Kern reduziert werden, was die Eliminierung des für die Entscheidung nicht unmittelbar brauchbaren Materials bewirkt.

Ein häufiger Fall bei der Abwicklung des simultanen Verfahrens war, daß bereits erlangte Ergebnisse von einem einzelnen Mitwirkenden wieder in Frage gestellt wurden, daß bereits abgehandelte Fragen wieder aufgeworfen wurden. So wurde etwa der Vorschlag, auf der Donauinsel Bebauung vorzusehen, immer wieder in die Debatte geworfen. Deshalb kann man nun sehr fundiert feststellen, daß sich die Bebauung der Insel aus allen Aspekten als verfehlt erwiesen hat. Beim konsekutiven Verfahren wäre einmal eine Entscheidung gefällt worden; einer Wiederaufnahme der Diskussion wären schwerwiegende formale Hindernisse entgegengestanden. Letztlich bleibt die Frage offen, ob tatsächlich eine richtige Entscheidung gefällt worden wäre.

Die Donauschiffahrtsgesellschaft projektierte neue Gebäude und Anlegeplätze am rechten Ufer der Donau unterhalb der Reichsbrücke. Städtebauliche Gesichtspunkte, Fußgängerverbindungen entlang der Donau, die Verkehrserschließung u. ä. waren zu beachten. Über all das bestanden erhebliche Unklarheiten. Der übliche Verwaltungsweg hätte zu einer Rückfrage nach der anderen geführt.

Die Vorprojekte wurden der Beratenden Jury überwiesen, die die Beteiligten in einem simultanen Verfahren mit Erfolg zusammenführte.

A.2.1.7.

Gute Erfahrungen wurden mit dem folgenden Grundsatz erreicht: Sachkompetenz geht vor Formalkompetenz!

Im Vergleich zur traditionellen Stab-Linienorganisation baut die neue Organisationsstruktur auf fachlicher Kompetenz auf und nicht auf formal zugewiesener Kompetenz. Das bedeutet, daß auch der fachlich tatsächlich kompetente Mann im zweiten oder dritten Glied der Hierarchieebene herangezogen wird. Daß dies möglich war, bestätigt die Effizienz der neuen Organisationsstruktur, in der die Erfüllung der Aufgabe Priorität vor der formellen Position des Einzelnen hat.

Die deutlichsten Beispiele der Betonung von Sachkompetenz lieferten die Bereiche Wasserbautechnik und Ökologie. Die auf Grund der Formalkompetenz festgelegte starr-technische Ausbildung der Ufer konnte auf Grund der Sachkompetenz weitgehend differenziert und gestaltend verändert werden. Im ökologischen Sachbereich wurde nicht einmal versucht, Formalkompetenzen ins Spiel zu bringen. Die Mitwirkenden waren bereit, den Sachargumenten das größere Gewicht beizumessen.

A.2.1.8.

Das Kollegialorgan faßt Beschlüsse durch Abstimmungen, die in ihrer Wirkung Empfehlungen der Beratenden Jury an die politischen Gremien darstellen. Im Gegensatz zu verwaltungsinternen Koordinationskonferenzen und ähnlichen Veranstaltungen gibt dieser Vorgang einen klaren Überblick über das Maß an Konsens oder Dissens der Expertenmeinungen. „Einsame Entscheidungen" ohne Kontrollmöglichkeiten im Hinblick auf die Entscheidungsgrundlagen sind daher nicht möglich, was grundsätzlich zu begrüßen ist.

Die Protokolle enthielten in kurzer Form auch die wichtigsten Sachargumente, sodaß trotz starker Raffung die Vorgänge der Konsensbildung bis zum Abstimmungsergebnis nachvollziehbar blieben. So blieben etwa die

Versuche erfolglos, Ausarbeitungen und Festlegungen zu einem Stadtentwicklungsplan zu verhindern; es war zu leicht nachweisbar, daß kaum Gegenargumente aufgetreten waren.

A.2.1.9.

Eindeutig bewährt hat sich die Delegation von speziellen Problemlösungen, die innerhalb der Struktur der öffentlichen Verwaltung abgewickelt werden können. Es handelt sich hierbei um den bereits an anderen Stellen hervorgehobenen Aspekt, daß die Struktur der öffentlichen Verwaltung nicht ersetzt, sondern ergänzt werden soll.

An die mitwirkenden Teile der Verwaltung delegiert wurden vor allem die Vorprüfung von erforderlichen Verwaltungsverfahren — etwa zur Erlangung wasserbaurechtlicher Genehmigungen — sowie die Erfassung von Grundlagen, etwa die Zusammenstellung aktueller Bauprojekte oder im Zuge von Verwaltungsverfahren aufgetretener Probleme. Die zentrale Rolle mußte jedoch auch bei diesen delegierten Bearbeitungen, ebenso wie bei der Erstellung von Vorschlägen durch das Planungsteam, die Projektleitstelle spielen.

A.2.1.10.

Die Festlegung auf Ergebnisprotokolle zum Unterschied der ebenso möglichen Verhandlungsprotokolle verminderte die Gefahr des „Zum-Fenster-Hinaussprechens".

A.2.2. Worauf besonders zu achten ist

A.2.2.1.

Der Arbeitsablauf muß zeitlich eindeutig strukturiert sein. Die erforderlichen Aktivitäten aller Beteiligten müssen einerseits deren individuellen Möglichkeiten angepaßt sein und andererseits in einem konsequenten Taktverfahren Spielräume für individuelle Arbeit zulassen und den Zwang zu periodischem Austausch von Informationen und zur Bewertung der anstehenden Probleme und Lösungsvorschläge herbeiführen.

Der Zeitplan hat überdies die nützliche Funktion, daß periodisch Entscheidungen für die notwendigen zukünftigen Tätigkeiten gefällt werden müssen.

Immer wieder zeigte sich, daß Arbeiten erst knapp vor dem (gemeinsam) festgelegten Termin durchgeführt werden. So war es etwa vor keiner der „Kupplungen" möglich, die Arbeitsergebnisse des Planungsteams und fallweise der Experten so frühzeitig zu erlangen, daß sie noch vor der Kupplung durch die Vorprüfung analysiert werden konnten. Diese Analyse (die Voraussetzung für die Erstellung der Arbeitsprogramme für die Kupplungen war) erfolgte deshalb in der Regel informell am Wochenende vor der gemeinsamen Sitzung, teilweise in den Nachtstunden.

A.2.2.2.

Es ist darauf zu achten, daß alle zur Verfügung stehenden Informationskanäle geöffnet und nicht unterbunden werden. Dies bedeutet natürlich auch das Überspringen hierarchischer Positionen, was nur dann keine negativen Folgen hat, wenn alle Beteiligten primär aufgabenorientiert mitwirken. Ist dies der Fall, treten tatsächliche oder vermeintliche Prestigeprobleme in den Hintergrund.

19

Viele der erforderlichen Informationen kamen aus Verwaltungsbereichen, die nicht zum engeren Kreis der bearbeitenden Stellen gehörten; so zum Beispiel: Forstverwaltung, Vermessungsamt, Grundbuch, Landwirtschaftsministerium, Statistisches Zentralamt, Finanzverwaltung. Diese Kanäle offenzuhalten gelang vor allem mit dem Rückhalt, im Auftrag der politischen und organisatorischen Spitze der Verwaltung (das heißt Gemeinderat, Bürgermeister, Minister und Magistratsdirektor) zu handeln, wie im folgenden Beispiel.

Die sechsspurige Autobahn A 22 war entlang des linken Ufers der Neuen Donau projektiert. Zu den Aufgaben der Projektorganisation gehörte es, den landschaftlichen Einbau dieses riesigen Werkes zu sichern, die Verbindungen der dahinter liegenden Quartiere zum neuen Erholungsraum und damit Vorkehrungen für Grünbrücken vorzuschlagen, die Lärmbeeinträchtigung der Wohnquartiere und des Erholungsraumes zu vermeiden, die verkehrlichen Verbindungen sowie die Anschlüsse an die UNO-Gebäude planerisch zu gewährleisten und die prinzipiellen Vorkehrungen zur Koordination der vielen Bauwerke (im besonderen Neue Donau, Abwassersammelkanäle und neue Brücken) zu untersuchen. Zahlreiche Stellen des Bundes sowie der Gemeinde Wien waren daran beteiligt. Die angrenzenden Quartiere hatten große berechtigte Interessen.

Um überhaupt erkennen zu können, welche Fragen dabei bedeutungsvoll waren, bedürfte es der unkonventionellen Öffnung der Informationskanäle über alle formellen Hindernisse hinweg. Das gelang weitgehend. Dabei erwies sich, daß schelnbare Elnzelheiten wichtig werden konnen, wie z. B. Grundwasserfassungen, provisorische Verkehrsführungen, Grunderwerb, Meteorwasserbeseitigung auf der Autobahn, technische Konflikte mit den Abwassersammelkanälen u. ä. Im Verfahren zeigte sich, daß die beteiligten Stellen oft sehr wenig von den Problemen der anderen Stellen kannten.

A.2.2.3.

Die angeführte Organisationsstruktur ist aus der Sicht der **allgemeinen öffentlichen Verwaltung** zwar ein Ausnahmefall, er soll jedoch den Regelfall einer **planenden Verwaltung** darstellen.

Für die Behandlung von Aufgaben der planenden Verwaltung waren vorher in der Wiener Stadtverwaltung verschiedene organisatorische Formen erprobt worden. Vor allem die Behandlung solcher Fragen in heterogen zusammengesetzten Arbeitskreisen, Wettbewerbe und der Einsatz besonderer Gremien (wie: Gemeinderätliche Stadtplanungskommission, Fachbeiräte, Planungskreise) wiesen in diese Richtung.

A.2.2.4.

Es sollte bedacht werden, daß ein ganz wichtiges Ziel von Verfahrensinnovationen für die Lösung komplexer Planungsaufgaben in der Erhöhung der Informations- und Kommunikationsdichte besteht, wobei jedoch Sorge zu tragen ist, daß die Fülle der Informationen im sogenannten Simultanverfahren auf den „harten Kern" zurückgeführt und somit reduziert wird.

Man muß sich lebhaft vorstellen, welche Menge von Informationen bei jeder Kupplung neu hinzukamen. Sie umfaßten oft viele Quadratmeter gezeichneter Pläne und mehr als 500 Seiten Text.

Der „harte Kern" der Informationen betrug vielleicht 5 % bis 10 % oder noch weniger. Doch was war dieser harte Kern? Wer nicht von Anbeginn intensiv teilnahm, erwarb sich den erforderlichen Wissenshintergrund nicht, um rasch auf diesen Kern zu stoßen. Er konnte nicht zielgerichtet fragen und konstruktiv argumentieren. Die Informationsdichte war nicht eine Funktion der Menge der Informationen, sondern der Wahrnehmung der „Gestalt der Abhängigkeiten". Ohne diese Art von Wahrnehmung war es unmöglich, die Flut von Daten und Eindrücken zu bewältigen.

A.2.2.5.

Entscheidend ist die Qualität der zwischenmenschlichen Beziehungen zwischen Vertretern der Beratenden Jury und der Verwaltung sowie der sonstigen Experten. Diese Qualität kann gefördert werden durch die Auswahl der beteiligten Persönlichkeiten nach den Kriterien fachlicher Kompetenz und persönlicher Integrität. Diese Feststellung klingt möglicherweise nebulos. Bedenkt man jedoch, daß unabhängige Experten hoher Qualifikation nur in seltenen Fällen Zufallserscheinungen sind und Spitzenbeamte in aller Regel auf Grund ihrer vorangegangenen Leistungen zu solchen geworden sind (lediglich Ausnahmen bestätigen die Regel), darf die oben erwähnte Feststellung als gerechtfertigt angesehen werden.

Die Qualität der zwischenmenschlichen Beziehungen läßt sich etwa am Einsatz der ausländischen Juroren ablesen, der auf Grund eines Gefühles der Zugehörigkeit weit über das Maß der formellen Verpflichtung hinausging.

Gefördert wurde diese Qualität besonders auf Seiten der Verwaltungsangehörigen und der beauftragten Planungsteams durch die eindeutige Hervorhebung des gesamten Verfahrens als etwas Besonderes, über der Tagesroutine Stehendes.

Die Auswahl des Grundstockes der Mitwirkenden erfolgte aus einem international persönlich verbundenen Kreis von Fachleuten, die sich durch ihre Einstellung nahe standen, daß jeweils die Aufgabe vor den persönlichen Interessen zu stehen hat.

B. Die Voraussetzungen problemorientierter Organisation

B.1. Zu den zentralen Problemen

Problemorientierte Organisationen zielen auf hohe Kommunikationsdichte und damit auch auf Zeitgewinn bei der Lösung anstehender Probleme ab. In gewisser Weise wird dadurch die Routine in Politik und Verwaltung gestört. Dies vor allem deshalb, weil die Problemlösung im Vordergrund steht und fachliche Kompetenz vor hierarchischer Position geht. Der Zwang zur konstruktiven Kooperation aller Beteiligten kann Widerstand auslösen, im Falle einer gut gewählten Organisationsstruktur und geeigneter Verfahrenstechniken aber auch das Gegenteil, nämlich positive Reaktionsweisen.

Kooperative Reaktionsweisen sind die wichtigste Voraussetzung für das Funktionieren einer solchen neuen Organisation.

B.2. Die Erfahrungen

B.2.1. Was sich bewährt hat

B.2.1.1.

Zwischen der politischen Spitze und dem leitenden Kollegialorgan (Beratende Jury) bestand ein solides Vertrauensverhältnis.

Nach der ersten Stufe empfahl die Jury sofort eine Projektorganisation einzurichten. Die Vorschläge lagen weit außerhalb der üblichen Verfahren der Verwaltung, hatten kaum noch etwas mit der zweiten Stufe eines Wettbewerbes zu tun und erforderten zusätzliche hohe Planungskosten. Überdies waren die erforderlichen Kosten zu bewilligen.

Erfahrungen über solche Projektorganisationen bestanden keine. Ohne Zweifel waren die politischen und fachlichen Risiken groß. Das Scheitern war nicht auszuschließen.

Die Beratende Jury wurde vollzählig zu einem Gespräch mit dem Bürgermeister und dem zuständigen Stadtrat eingeladen. Wahrscheinlich die Mehrzahl der Mitglieder der Beratenden Jury erwartete die Ablehnung oder mindestens die erhebliche Modifizierung ihres Vorschlages. Der Vorschlag wurde nach einer rund zweistündigen Aussprache vollumfänglich angenommen. Dieser Entscheid bedurfte hoher Risikobereitschaft der politischen Spitze.

B.2.1.2.

Die Risikobereitschaft der politischen Spitze war gegeben.

Die Risikobereitschaft läßt sich daran ermessen, daß noch nie zuvor in Wien für einen Planungsvorgang Geldmittel in vergleichbarem Ausmaß zur Verfügung gestellt worden waren. Die Kosten der „Projektorganisation Donaubereich Wien" lagen über einem Jahresbudget aller Planungsdienststellen.

B.2.1.3.

Die allgemeine Vertrauensbasis ergab sich vor allem aus einer realistischen Einschätzung der Handlungsspielräume aller Beteiligten.

Die realistische Einschätzung der Handlungsspielräume bewirkte die Einsicht aller Beteiligten, daß außergewöhnliche Aufgabenstellungen auch außergewöhnliche Verfahren erfordern.

Es erwies sich meist, daß die Handlungsspielräume wesentlich größer waren, als es im Normalverfahren den Anschein hat. Solche Erweiterungen des Handlungsspielraumes zeigten sich etwa am wasserbautechnischen Projekt des Hochwasserschutzes, an der Autobahn-Projektierung und an den Flächenansprüchen des Bundesministeriums für Bauten und Technik. Nahezu jeder Beteiligte mußte im Zuge des Verfahrens erkennen, daß sein Handlungsspielraum tatsächlich weiter war, als er ursprünglich angenommen hatte oder zuzugeben bereit gewesen war.

B.2.1.4.

Die Kooperationsbereitschaft vor allem der Experten der Verwaltung konnte dadurch gesichert werden, daß die neue problemorientierte Organisation die bestehende Verwaltung nicht zu ersetzen, sondern zu ergänzen suchte.

So blieb etwa die Antragstellung im wasserbaurechtlichen Verfahren bei der Unterabteilung Schutzwasserbau. Im Gegensatz zum Normalverfahren hatte diese aber jetzt nicht mehr ihren eigenen Entwurf gegen behördliche Kritik und andere Experten zu verteidigen, sondern ein nach allen Richtungen durchgeprüftes Ergebnis der Arbeit einer großen Organisation der Behörde vorzulegen; jedenfalls eine wesentlich günstigere Situation!

Die formellen Verfahren zur Beschlußfassung oder Festlegung von Vorschlägen blieben unangetastet; weiterhin mußte ein Antragsakt bis zum Gemeinderat bis zu zwanzig Videnden durchlaufen. Aber: ein Großteil der Eingeschalteten wußte durch das projektorientierte Verfahren über die Inhalte dieser Anträge bereits Bescheid, wenn sie auf den Schreibtisch kamen. Sie mußten sich nicht erst mühsam die notwendige Information beschaffen. Manche Kooperation war dadurch zum erfreulichen Gespräch geworden und wurde nicht mehr als lästige Pflicht empfunden.

B.2.1.5.

Die Verwaltungsbeamten wirkten in sehr positiver Art an den gemeinsamen Problemlösungen mit, weil sie sich sehr oft bei der Durchsetzung fachlicher Anliegen von der Beratenden Jury unterstützt fühlten. Die Position wichtiger Experten der Verwaltung wurde solcherart gestärkt und nicht geschwächt. Dies führte auch zu einer ungewöhnlichen Risikobereitschaft der Experten der Verwaltung und der in der Beratenden Jury vertretenen Spitzenbeamten.

Eines der Anliegen, die in dieser Art unterstützt wurden, war die Festlegung des Natur- und Landschaftsschutzes für das Gebiet der Lobau.

B.2.1.6.

Die unabdingbare Voraussetzung für den Erfolg einer problemorientierten Organisation ist die Eignung und der Wille zur Kooperation. Die überwiegende Mehrzahl aller Mitwirkenden brachte hierfür die entsprechenden charakterlichen Eigenschaften und die fachlichen Fähigkeiten bzw. Erfahrungen mit. Im Verlauf des Verfahrens wuchs auch ihre Motivation zu intensiver disziplin- und ressortüberschreitender Zusammenarbeit.

Selbstverständlich brachten nicht alle die angeführte Eignung mit. Für die modellhafte Bewertung des Verfahrens ist es interessant zu sehen, wie sich mangelnde Kooperationseignung einzelner Beteiligter auswirkte: sie führte manchmal zu einer Isolierung dieser Einzelnen, meist aber zur Neutralisierung der von ihnen speziell vertretenen Gesichtspunkte.

B.2.1.7.

Die Erfüllung der oben genannten Voraussetzungen einer erfolgreichen problemorientierten Organisation sind sicher nicht zuletzt ein Beleg dafür, daß sich die gewählte Organisationsstruktur bewährt hat.

B.2.2. Worauf besonders zu achten ist

B.2.2.1.

Die politische Spitze kann ihre Risikobereitschaft zugunsten einer neuen Projektorganisation auf Vertrauen aufbauen, wenn die Tätigkeit der Beratenden Jury dieses Vertrauen rechtfertigt. Dies kann nur dann geschehen, wenn alle Beteiligten der Auffassung sind, daß ständig um die bestmöglichen Lösungen gerungen wird. Subjektiv empfinden wahrscheinlich alle Beteiligten diese Beziehung in Art einer Kosten-Nutzen-Relation, wobei Vertrauen und Risikobereitschaft der Politiker gegen den Einsatz und die Funktionsfähigkeit des leitenden Kollegialorgans (Beratende Jury) abgewogen wird. Beide Seiten müssen aus dieser Situation profitieren. Geschieht dies nicht, fehlen wesentliche Voraussetzungen für das Funktionieren einer problemorientierten Organisation.

Die wichtigste „Gegenleistung" der Projektorganisation und der Jury im besonderen für das von der politischen Seite gebotene Vertrauen und für deren Risikobereitschaft war die politische Neutralisierung des brisanten Problems des Hochwasserschutzprojektes.

B.2.2.2.

Für außergewöhnliche Aufgabenstellungen ist da und dort eine Verstärkung und Ergänzung der bestehenden Linienorganisation der Verwaltung erforderlich. Die Beratende Jury muß dafür eintreten, wenn sie dies für erforderlich hält. Dies wirkt oft positiv auf die Verwaltung zurück, weil damit unter Umständen auch jahrelang verfolgte, aber nicht durchgesetzte Bedürfnisse erfüllt werden können.

Bemerkenswert ist, daß nahezu durchwegs Bedürfnisse von Dienststellen mit vorwiegend Vollzugs- oder Dienstleistungsaufgaben auf diese Weise befriedigt werden konnten und daß die vorwiegend mit Aufgaben der planenden Verwaltung betrauten Dienststellen leer ausgingen. Diese Erscheinung hat zwei Aspekte: einerseits wird Planung nach wie vor nicht als Aufgabe der Verwaltung anerkannt; andererseits aber ergeben sich die für Planungsprozesse notwendigen Mehrleistungen zum überwiegenden Teil gerade im Bereich der Auftrags- und der Dienstleistungsverwaltung (und nicht in einem abstrakt abgesonderten Bereich planender Verwaltung).

B.2.2.3.

Die Erfüllung solcher Bedürfnisse ist nur dann möglich, wenn angesichts der Notwendigkeit raumrelevanter Planung und der besonders schwierigen Verhältnisse Notwendigkeiten offenkundig gemacht werden können.

Die Normalreaktion der Verwaltung besteht darin, daß man meint, alle anstehenden Probleme mit den traditionellen Mitteln bewältigen zu können. Es gilt also, eine gewisse Toleranzschwelle zu überwinden. Dies gelingt nur dann, wenn die vorgeschlagenen Ergänzungen in dem Sinne einsichtig sind, daß ohne sie die Bewältigung der Aufgaben nicht möglich wäre.

Im vorliegenden Verfahren waren einige Teil-Aufgaben enthalten, deren Notwendigkeit unmittelbar und vordergründig einzusehen war: Hochwasserschutz, Abwasserbeseitigung, Beseitigung von Verkehrsengpässen, Erhaltung beliebter Erholungsflächen, Erhaltung bestehender Wohnstätten. Dagegen war es gar nicht nötig, Kernfragen wie ökologische Probleme, Strukturprobleme der betroffenen Stadtteile, Qualität der Gestaltung, ins Treffen zu führen. Sie konnten ohne Schwierigkeiten in die Behandlung der vordergründigen Fragen integriert werden.

B.2.2.4.

Es sollte an jeder Stelle deutlich gemacht werden, daß die außergewöhnlichen, weil außerhalb der Routine der allgemeinen Verwaltung liegenden Vorgänge eigentlich den Normalfall aller **planenden** Verwaltung darstellen.

Im Gegensatz zur Auftragsverwaltung (die nach exakten Handlungsanweisungen Gesetze zu vollziehen hat) und zur Dienstleistungsverwaltung (die eindeutig vorgegebene Ziele zu verfolgen hat) ist es Aufgabe planender Verwaltung, außerhalb der Routine Probleme einer Lösung näher zu bringen.

C. Die Grundsätze des Verfahrens

C.1. Zu den zentralen Problemen

Verfahrensweisen stehen ständig im Spannungsfeld zwischen strategischen und taktischen Interessen. Unter Strategie wird hier ein Interesse verstanden, das primär auf die Bewältigung der gestellten Aufgabe gerichtet ist. Zum Unterschied davon beziehen sich taktische Interessen auf die Wahrung der persönlichen und fachlichen Integrität sowie auf den persönlichen Durchsetzungswillen der Beteiligten in bestimmten Situationen des Handlungsablaufes. Verständlicherweise haben beide Interessensstandpunkte je nach Verhandlungsstand ihre Berechtigung. Das Grundverständnis hierfür ist deshalb von ebenso großer Bedeutung wie das Auseinanderhalten dieser beiden Bereiche.

Die im folgenden festgehaltenen Erfahrungen, die Grundsätze des Verfahrens betreffen, beziehen sich vornehmlich auf sachliche Notwendigkeiten, die für die Aufgabenbewältigung zu berücksichtigen waren. Diese wurden bewußt vom Abschnitt D, in dem es um die „Eigenarten sozialer Interaktion in fachlich heterogenen Gruppen" geht, abgehoben. Die getrennte Behandlung dieser beiden Gesichtspunkte erfolgte eher aus dem Gesichtspunkt der Übersichtlichkeit und der Lesbarkeit. Im Grunde hängen die beiden Problembereiche sehr eng zusammen.

C.2. Die Erfahrungen

C.2.1. Was sich bewährt hat

C.2.1.1.

Dem Vorsitzenden gelang es immer wieder, Strategie und Taktik auseinanderzuhalten. Als Strategie verstand er „das Wichtige", das ständig im Auge behalten werden muß und unter Taktik „das Dringliche", das nicht vernachlässigt werden darf.

Es hat sich der Grundsatz bewährt, daß das Wichtige nicht erreicht werden kann, wenn das Dringliche nicht bewältigt wird.

Zu Beginn der Arbeiten der Projektorganisation hieß es, die Planung bis hin zur Projektierung jener Teile des Donaubereiches sehr rasch zu fördern, in denen schon gebaut wurde (Einholen des Baggers). Das war zuerst vor allem der Südteil. Unter großen Anstrengungen gelang es, dieses Ziel zu erreichen.

Bekanntlich steckt der Teufel im Detail. Die Verwirklichung des ersten Zieles erzeugte sofort und laufend wichtige, taktische Anschlußprobleme (z. B. die Einschüttung der großen Pumpstation auf der Donauinsel bei der Steinspornbrücke). Diese Anschlußprobleme hingen zusammen mit Bekanntem und waren dringlich. Sie waren konkret und plastisch.

Es bereitete nun erhebliche Schwierigkeiten, die Stoßrichtung der Projektorganisation auf neue Ziele auszurichten, nämlich den Mittelteil und die Entwicklung des Donaubereiches. Darüber bestanden nur strategische und notwendigerweise ziemlich abstrakte Vorstellungen.

Als „Wichtiges" galt dabei etwa, im vorbestimmten Zeitraum den angestrebten Gestaltungsvorschlag zu erstellen und dabei den übergeordneten Kriterien (z. B. ökologische und auf Lebensqualität in der Gesamtstadt zielende Kriterien) Geltung zu verschaffen.

Das „Dringliche" ergab sich dagegen jeweils aus der aktuellen Situation, etwa: einen Konflikt zwischen beteiligten Architekten und Verkehrstechnikern auszutragen, zu einem vorgelegten Projekt Stellung zu nehmen, die Standortwahl einer Erdgas-Bohrung im Projektsbereich zu beeinflussen, eine konkrete Anfrage eines Betroffenen zu beantworten usw.

C.2.1.2.

In den Verhandlungen wurde taktischen Bedürfnissen entsprechender Spielraum eingeräumt, um den Weg für die Weiterverfolgung strategischer Ziele freizumachen.

So wurde mehrfach der Handlungsspielraum hinsichtlich der Befriedigung von Interessen der Architektenschaft bis an die Grenze ausgeschöpft: bei der Festlegung von Honoraren, bei der Mitwirkung Angehöriger anderer Disziplinen, bei der Vergabe der Ausführungsplanung; dies waren durchwegs „dringliche" Probleme.

Damit konnte der Weg für einen oft rückhaltlosen Einsatz der Planungsgruppen für die Gesamtaufgaben und damit für deren Erfüllung freigemacht werden (übrigens: trotz hoher Honorare und großem Verfahrens-Apparat blieben die Planungskosten im Bereich von wenigen Promille der Baukosten).

C.2.1.3.

Bewährt hat sich die gezielte periodische Beschreibung der strategischen Leitlinien und eine kontrollierende Bewertung, ob sich diese Leitlinien für die Bewältigung der anstehenden Probleme auch eignen.

Zu jeder Sitzung wurden die Aufgabenstellungen (durch die Vorprüfung) schriftlich vorgelegt sowie die strategischen Leitlinien mit einer kontrollierenden Bewertung vom Vorsitzenden vorgetragen. Bestandteile dieser Vorlagen waren jeweils die Auflistung der zu bearbeitenden Probleme (Aufgabenstellung), die von anderen Mitwirkenden an die Jury gestellten Fragen und die aktualisierte und vervollständigte Darstellung des Arbeitsprogrammes (dieses wurde zu Beginn des Verfahrens aufgestellt und dann ständig fortgeführt).

C.2.1.4.

Der Vorsitzende setzte seine Entscheidungskriterien relativ diskret ein, um einzelne Beteiligte, die in strategischer Denkweise nicht geübt waren, nicht zu diffamieren.

C.2.1.5.

Einer ausreichenden Zahl von Mitgliedern der Beratenden Jury war an jeder Stelle klar, daß der Zwang zu strategischen Überlegungen bestand und immer wieder im Auge behalten werden mußte.

Dies wirkte sich in nahezu jeder Sitzung bzw. Kupplung aus. Von einzelnen, in geringerem Maße kooperationsbereiten Mitgliedern wurde jedoch immer wieder eine Debatte zu Formalfragen und zur Tagesordnung erzwungen.

Diese Debatte hatte zeitweilig gegenüber den strategischen Überlegungen Vorrang.

C.2.1.6.

Die periodische Beschreibung der Probleme und die Diskussion von Prioritäten für das weitere Vorgehen waren hierfür die geeignetsten Instrumente, um die Taktik und Strategie bewußt zu machen. Dabei wurde auch erkannt, daß starre formale Regeln die Entscheidungsfindung mitunter eher verschlechtern als verbessern.

C.2.1.7.

Es hat sich bewährt, den Arbeitsaufwand für die Sicherstellung einer ausreichenden Gesamt-Problemsicht aller Beteiligten hoch zu veranschlagen.

Es zeigte sich, daß der für die Gesamt-Problemsicht präliminierte Arbeitsaufwand immer wieder (vor allem von den Planungsgruppen) als Pufferzeit für Verzögerungen bei sektoralen Aufgaben „aufgebraucht" wurde; auch wurden mehrfach Detailbearbeitungen als Ersatzhandlung für gedanklich nicht bewältigte Gesamt- und System-Überlegungen durchgeführt. Es gab also viele Gründe, den Arbeitsaufwand für die Gesamt-Problemsicht hoch anzusetzen.

C.2.1.8.

Bei den regelmäßigen „Kupplungen" (= regelmäßige Zusammenkünfte aller Beteiligten) standen alle wichtigen Materialien und Unterlagen zur Verfügung und waren von den Urhebern zu vertreten. Dies bewirkte die Zurückstellung von Gesichtspunkten, die zwar eingebracht wurden, als Ergebnis der Diskussionen jedoch nicht weiter verfolgenswert angesehen werden mußten. Damit konnte immer wieder auf die zentralen Probleme zurückgeführt werden.

Im Laufe des Verfahrens wurden z. B. immer wieder Vorschläge zur Bebauung der mit dem Wasserbauprojekt gewonnenen Flächen vorgebracht oder ausgearbeitet. Die jeweils umfassend bereitgestellten Unterlagen ermöglichten es, diese von starken Interessen getragenen Vorschläge immer wieder auf ihre Substanz zurückzuführen und damit auszuscheiden. Zugleich ermöglichte das Verfahren aber auch, zu derart bereits ausgeschiedenen Vorschlägen neu auftretende Gesichtspunkte vorzubringen. Ihr Einfluß auf die zentralen Probleme wurde damit zwangsläufig überprüft — ein Vorgang, der im Normalverfahren regelmäßig unterbleibt.

C.2.1.9.

Für individuelles Studium der Unterlagen, für die persönliche Information und für informelle Orientierungsgespräche haben sich mindestens 30 % des Gesamtzeitaufwandes der Beratenden Jury (bezogen auf die Sitzungstage) als zweckmäßig erwiesen.

Für den Arbeitsfortschritt waren Arbeiten von Kleingruppen nach offiziellem Sitzungsschluß (oft bis in die späten Abendstunden hinein) unerläßlich und fruchtbar. Sehr oft konnten damit schier unlösbare inhaltliche oder redaktionelle Probleme gelöst werden. Auch die Zeit zwischen den Sitzungsperioden wurde von den Mitgliedern der Beratenden Jury zum Studium der Unterlagen benutzt, was zahlreiche Verbesserungen der Festlegungen und Empfehlungen bewirkte.

Die Unterlagen für eine „Kupplung" umfaßten oft hunderte

Textseiten sowie dutzende Pläne und graphische Darstellungen. Diese mußten in ihrer Gesamtheit zumindest überflogen und in Teilen vertieft durchgearbeitet werden. Die Ergebnisse der Sitzungsarbeit mußten wiederum in (oft umfangreichen) Texten beschlußreif festgehalten werden.

C.2.1.10.

Die Zeit für allgemeine Plenumsdiskussionen wurde kurz gehalten, um kleinen, möglichst gemischten Arbeitsgruppen die Möglichkeit zu geben, die Ergebnisse der Beratungen schriftlich festzuhalten.

In den Plenumsdiskussionen ist überdies die Gefahr des „Zum-Fenster-Hinausredens" viel größer als in der kleineren Arbeitsgruppe.

C.2.1.11.

Die schriftlich formulierten Ergebnisse waren im Plenum zu besprechen, zu korrigieren und danach zu beschließen. Erleichtert wurde dies dadurch, daß bereits im Formulierungsstadium der Kleingruppen für eine Zusammensetzung vorgesorgt wurde, die das Ausräumen von Gegensätzen zuließ.

In dieser Art wurden nahezu alle Empfehlungen der Jury bearbeitet. Ergebnisse wurden in den Kleingruppen immer wieder von einigen wenigen Mitwirkenden formuliert, die Formulierungen aber jeweils sofort von den Gruppenmitgliedern überprüft. Daher vertraten im Plenum in der Regel sämtliche Mitglieder der Kleingruppe deren Arbeitsergebnis.

C.2.1.12.

Bewährt hat sich eine eher ausführliche Ausarbeitung schriftlicher Ergebnisse. Damit verblieben auch nach Streichungen im Plenum brauchbare Systeme von Aussagen.

Trotz der guten Kooperation war es im Plenum zum Teil dem Zufall zuzuschreiben, ob ein Passus gebilligt wurde oder nicht. Ebenso waren scheinbar redundante Formulierungen notwendig, um immer wieder die interdisziplinären Sprachschwierigkeiten zu überwinden: eine von mehreren Seiten beleuchtete Aussage hat mehr Aussicht, verstanden zu werden, als eine präzise, aber einseitig formulierte.

C.2.1.13.

Bewährt haben sich eine Suchkartei (Dokumentation der vorliegenden Information) und das Zur-Verfügung-Halten der planlichen Unterlagen. In einem mehrjährigen Planungsverfahren hat sich dies deshalb als zweckmäßig erwiesen, weil damit aus Erinnerungslücken resultierende Streitigkeiten oder andere Informationsprobleme (z. B. die räumliche Vorstellung betreffend) rasch beseitigbar waren.

Der komplexe Gegenstand und die große Zahl mitwirkender Institutionen sollten den Einsatz derartiger Hilfsmittel selbstverständlich erscheinen lassen. Daß Bereitstellung der vorhandenen Information von den Beteiligten als Sonderfall empfunden wurde, zeigt, wie wenig systematische organisatorische Unterstützung Planungsprozesse normalerweise erfahren.

C.2.1.14.

Die strenge Unterscheidung zwischen den einzelnen Planungsebenen (Projekt, Bebauungsplan, Flächenwidmung,

Stadtentwicklung insgesamt, regionale und nationale Ebene) hat sich als nicht zweckmäßig erwiesen. Eine strenge Unterscheidung dieser Art stört in vielen Fällen die erfolgreiche Behandlung übergreifender Probleme.

Ebenso erwies sich als nicht zweckmäßig die strenge Unterscheidung zwischen Planungssektoren (bzw. -ressorts), wie Wohnbau, Verkehr, Wasserbau, Erholung, Wirtschaft u. a.

Die Bearbeitung der einzelnen Fragenkomplexe erfolgte meist simultan im Bereich der betroffenen zusammenhängenden Planungsebenen und -sektoren. Ein Beispiel ist die Ufergestaltung an der Neuen Donau, zu der neben Wasserbau- und Gestaltungsaspekten unmittelbar Gesichtspunkte der Ökologie, der Erholung (sowohl im Detail als auch im größeren Zusammenhang) und der Verkehrstechnik sowie der Flächenwidmung im weiteren Umkreis simultan bearbeitet und diskutiert wurden. Erst dadurch konnten umfassend abgestimmte Anweisungen relativ rasch an die Ausführungsplanung weitergegeben werden.

C.2.1.15.

Ein wichtiger Verfahrensgrundsatz war das Hinterfragen von Expertenmeinungen im Hinblick auf die Beurteilung ihrer Aussagenschärfe. Dadurch konnte besser zwischen gut abgesicherten und weniger gut abgesicherten Erkenntnissen unterschieden werden, was für die Entscheidungen des leitenden Kollegialorgans außerordentlich wichtig war.

Die Expertenmeinungen zum Ausmaß eines zu erwartenden Katastrophenhochwassers wurden etwa, trotz vehement vorgebrachter Einwände, als hinreichend abgesichert erkannt. Dagegen führte das Hinterfragen der Meinung derselben Experten über Gerinneführung und Ufergestaltung der Neuen Donau schließlich zu erheblichen Veränderungen, da sich in der umfassenden Diskussion einige zunächst anerkannte Voraussetzungen als zu wenig begründet erwiesen; diese Voraussetzungen lagen ebenso auf dem Gebiet der Stadtentwicklungs- und Bebauungsplanung wie auch im wasserbautechnischen und ökologischen Bereich.

C.2.1.16.

Unsicherheiten der Beratenden Jury waren am besten dadurch auszuräumen, daß verschiedene Personen und Gruppen unabhängig voneinander mit der Ausarbeitung von Alternativlösungen beauftragt wurden.

Dies erfolgte sowohl zu städtebaulichen Gestaltungsfragen (z. B. Entwürfe für die neu entstehende Landfläche vor dem Stadtteil Kaisermühlen), als auch für objektivierbare Fachfragen (z. B. Prognose der Nutzung neu entstehender Erholungsflächen). Dabei konkurrierten die Planungsgruppen (beauftragte Teams) untereinander; aber auch Fachdienststellen der Verwaltung wurden in solche Konkurrenzen einbezogen.

C.2.1.17.

Nur wenn Alternativlösungen bis hin zu wesentlichen Details ausgearbeitet sind, lassen sich ihre Vor- und Nachteile entsprechend abschätzen. Bei einem hohen Maß an Ungewißheit werden die Entscheidungen um so besser, je größer die Spannweite der Alternativvorschläge ist, die zur Diskussion gestellt werden.

Schon im Arbeitsprogramm waren dazu „Testprojekte" vorgesehen worden, mit denen von vornherein die Ausleuchtung der gegebenen Entwicklungs- und Gestaltungsspielräume angestrebt wurde. Die Mitwirkenden waren daher — im Gegensatz zur normalen Wettbewerbssituation — bereit, mit ihren Entwürfen auch an die Grenzen dieser Spielräume zu gehen und ihre Lösungen nicht nur im Bereich eines vermeintlichen Optimums zu suchen.

C.2.1.18.

Der Grundsatz der Berücksichtigung möglichst vieler Alternativen bezieht sich nicht nur auf die neue Organisationsstruktur, sondern auch auf außerhalb dieser Organisation stehende Personen oder Gruppen. Es bewährt sich, wenn grundsätzlich niemand ausgeschlossen ist, seine Ideen in den Entscheidungsvorgängen einzubringen.

Bei der Vorbereitung der gemeinsamen Sitzungen („Kupplungen") wurden nicht nur die durch die Projektorganisation eingebrachten Fragen und Vorschläge zur Diskussion gestellt, sondern auch außerhalb entstandene, wie etwa von Bürgerinitiativen aufgeworfene Fragen. In der während des Verfahrens gegebenen Situation fanden jedoch Diskussionen mit Außenstehenden nur außerhalb der gemeinsamen Sitzungen statt. Solche Konfrontationen in den Sitzungen hätten wahrscheinlich die Arbeits- und Entscheidungsfähigkeit nachteilig beeinflußt.

C.2.1.19.

Die Ausschöpfung des zur Verfügung stehenden intellektuellen Potentials wurde unter anderem dadurch sichergestellt, daß die periodische Veröffentlichung der Arbeitsergebnisse der Beratenden Jury in den Massenmedien Reaktionen auslösten, die prinzipiell wünschenswerte Rückkoppelungen darstellen und oft wesentliche Anregungen für die weitere Bearbeitung von Problemen enthalten.

Dies gilt vor allem für den Übergang von der ersten zur zweiten Stufe des „Wettbewerbes Donaubereich Wien". Fachleute, die auf die Vorgänge bis zum Abschluß der ersten Stufe in der Öffentlichkeit reagiert hatten, konnten nun in das Verfahren eingeschaltet werden. Mit den Massenmedien wurde in Pressekonferenzen und in Form von Gesprächen in kleinerem Kreis die Diskussion weitergeführt.

C.2.1.20.

Als unerläßlich stellte sich die Verfügbarkeit eines ständigen Entwurfsbearbeitungsapparates heraus. Im konkreten Fall bewährte sich der Einsatz der Gruppen des Planungsteams als Basis dieses Apparates und darüber hinaus der Einsatz der Experten der Verwaltung und der freiberuflichen Experten.

Mit der ständigen Verfügbarkeit von Entwurfsbearbeitern wurde ein gravierender Mangel üblicher Planungsprozesse ausgeschaltet. Entwürfe wurden erstellt, wenn sie gebraucht wurden; damit konnte manche Verzögerung vermieden werden.

C.2.1.21.

Die Abrufbarkeit problemrelevanter Leistungen gehört zu den unabdingbaren Verfahrensgrundsätzen. Reicht die vorhandene, also innerhalb der neuen Organisation gegebene fachliche Kompetenz oder Arbeitskapazität nicht aus, muß die Möglichkeit bestehen, grundsätzlich „von jedermann" die erforderlichen Leistungen zu erlangen. Von dieser Möglichkeit wurde mehrmals Gebrauch gemacht. Behinde-

rungen durch die politischen Instanzen oder durch die Verwaltung kamen so gut wie nicht wor.

Dies galt vor allem für Routineleistungen: Erhebung, Entwurf, Konstruktion, Berechnung. Es galt nicht im gleichen Maße für spezifische Planungsleistungen, die nicht in Gebührenordnungen verankert sind: Problemformulierung, Erfassung und Formulierung von Zielen und Bewertungen, Ermittlung von Entwicklungs- und Planungsspielräumen, Kontakt mit Betroffenen und anderen Interessenten usw. Diese Leistungen mußten von wenigen improvisiert werden.

C.2.1.22.

Der laufende Transfer von Informationen erfolgte zum Zwecke der Herstellung einer einheitlichen Diskussionsgrundlage zwar in Form von Arbeitspapieren und planlichen Darstellungen. Ein großer Teil des tatsächlich wirksamen Transfers von Informationen erfolgte jedoch argumentativ über Personen (Rede und Gegenrede in den Kupplungen und in informellen Gesprächen).

Der erste Tag jeder Kupplung war regelmäßig diesem Informationstransfer vorbehalten. Von der zentralen Projektleitstelle wurden hierfür laufend Gespräche während der gesamten Bearbeitungszeit geführt, sodaß der Vorprüfer immer in der Lage war, vorliegende Ergebnisse und Argumente zu überblicken und darüber Auskunft zu geben.

C.2.1.23.

Bewährt hat sich schließlich innerhalb der projektorientierten Organisation, daß die Vermischung politischer und fachlicher Organe vermieden wurde. Vertreter der Politik standen als Auftraggeber außerhalb der die Empfehlungen vorbereitenden bzw. festlegenden Personen und Gruppen, d. h. sie waren in die entsprechenden Arbeitsprozesse nicht direkt einbezogen.

Damit wurde der Erfahrung Rechnung getragen, daß Bearbeitungen zu Planungsfragen durch politische Organe undurchführbar sind. Vertreter der Politik haben die Aufgabe, Ergebnisse von Bearbeitungen zu überprüfen, Fakten und Arbeitsergebnisse zu bewerten und politisch wichtige Aktivitäten anzuregen und durchzusetzen.

Ein Beispiel: die Sofortmaßnahme zur Erholungsnutzung an den in Bau befindlichen Teilen der Neuen Donau wurden von den zuständigen Politikern rasch durchgesetzt.

C.2.2. Worauf besonders zu achten ist

C.2.2.1.

Das Strategische, also das Wichtige droht oft in den Hintergrund zu treten. Denn das Neue, Auffällige und die konkrete Situation fesseln viel stärker die Aufmerksamkeit der Beteiligten. Damit droht die Taktik des Augenblicks die Gesamtstrategie zu verdrängen. Deshalb ist die periodische Beschreibung der strategischen Leitlinien (die vorrangige Problemlösung) so außerordentlich wichtig, um die Beteiligten immer wieder mit der Gesamtproblematik und damit mit den letztendlich zu lösenden Aufgaben zu konfrontieren.

Die Beschreibung der strategischen Leitlinien war im Arbeitsprogramm vorgezeichnet; sie wurde in jeder „Kupplung" in den einleitenden Referaten des Vorsitzenden und im Vorprüfungsbericht vorgetragen und in Erinnerung gebracht, aber auch im Verlauf von Sitzungen, wenn die Debatten sich in Details zu verlieren drohten.

C.2.2.2.

Es wäre verfehlt, taktische Überlegungen angesichts der wichtigeren (strategischen) völlig unterdrücken zu wollen. Auch ihre Behandlung ist für die Stabilisierung von Gruppen bedeutsam. Insofern muß diese Tatsache auch im Hinblick auf übergeordnete Sachprobleme berücksichtigt werden.

So ist es etwa für Vertreter bestimmter Interessen im Kollegialorgan notwendig, diese Interessen immer wieder möglichst konkret vorbringen zu können. Erst wenn dies sichergestellt ist, ist der Weg frei für die Mitwirkungen der strategisch bestimmten Vorgangsweise.

C.2.2.3.

Die Gefahr besteht lediglich darin, daß bei einem Überwiegen taktisch bestimmter Interaktion die Gesamtzusammenhänge aus dem Auge verloren werden.

Wenn auch in keiner Phase des Verfahrens der Gesamtzusammenhang völlig in den Hintergrund gedrängt worden war, so dominierte doch oft stundenlang nur taktisch Relevantes. Es bedurfte oft erheblicher Anstrengungen des Vorsitzenden, die Diskussion wieder auf das Wichtige zurückzuführen.

C.2.2.4.

Projektorientierte Organisationsstrukturen und ihre Wirksamkeit bei der Lösung ressort- und hierarchieübergreifender Probleme können theoretisch kaum vermittelt werden. Ihre Vorteile können fast ausschließlich nur von jenen wahrgenommen werden, die sie in eigener Anschauung und Erfahrung erlebt haben. Deshalb sind sie Außenstehenden so schwer begreiflich zu machen.

So kann etwa die Tatsache, daß ein Projekt oder ein Problem politisch und innerhalb der Verwaltung außer Streit gestellt wurde, nicht immer unmittelbar nachgewiesen werden. Ohne dieses Verfahren wären jedoch viele konsensuell zustande gekommenen Ergebnisse nicht möglich gewesen.

C.2.2.5.

Ein wichtiges Kriterium ist die Übereinstimmung des leitenden Kollegialorgans mit der politischen Spitze. Diese Übereinstimmung läßt sich daran messen, wie weit die Empfehlungen akzeptiert werden oder nicht. Im konkreten Fall gab es kaum Probleme, die nicht überwunden werden konnten. Es war allerdings in schwierigen Situationen hin und wieder erforderlich, anstehende Probleme (zum Teil auch Mißverständnisse) in direkter Aussprache mit der politischen Spitze zu bereinigen.

Das Verhältnis zur politischen Spitze muß nicht völlig friktionsfrei sein, es müssen nur die Wege offenstehen, mögliche Konflikte offen auszutragen.

Die Wege, mögliche Konflikte mit der politischen Spitze offen auszutragen, sind nicht leicht offen zu halten. Wichtige Voraussetzungen hiefür waren unter anderem, daß an dem Verfahren Personen beteiligt waren, die sich den Zugang zur politischen Spitze auch außerhalb des Verfahrens verschaffen konnten, und daß zumindest in Einzelfällen die Bereitschaft bestand, dramatische Schritte zu unternehmen (z. B. ein Telegramm an den Bürgermeister), die von der politischen Spitze ernstgenommen wurden. Eine weitere unerläßliche Voraussetzung für das Vertrauensverhältnis zwischen leitendem Kollegialorgan und politischer Spitze war ein gutes und offenes persönliches Verhältnis von Jurymitgliedern zum zuständigen Amtsführenden Stadtrat. Dieses gute Verhältnis bestand im wesentlichen darin, Meinungsunterschiede ohne Rückwirkung auf die persönliche Integrität der Beteiligten austragen zu können.

C.2.2.6.

Experten sind üblicherweise darauf konditioniert — weil man es von ihnen erwartet — auch dann im vollen Besitz gesicherter Information zu scheinen, wenn sie unter einem gewissen Maß an Unsicherheit leiden. Das ist meist kein persönliches Problem, sondern ein Problem des Erkenntnisstandes ihrer jeweiligen Wissenschaft.

Für das persönliche Verhalten gibt es zwei Extreme. Entweder man zeigt sich besonders sicher, obwohl ausreichende Erkenntnisgewißheit nicht besteht, oder man schöpft den gegebenen Erkenntnisstand nicht völlig aus, weil man das Risiko scheut.

Beides erschwert gute Gesamtlösungen. Das leitende Kollegialorgan muß daher besonders darauf achten, welche der weiter oben genannten Verhaltensweisen bestimmte Experten mehr oder weniger bevorzugen. Einziges Mittel hierfür ist das kritische Hinterfragen der Expertenmeinungen.

Dieses kritische Hinterfragen erwies sich als wichtigste Stütze und als Motor des Verfahrens in fachlicher Hinsicht. Bald war der Ruf entwickelt, daß eine Aussage, die dieses Verfahren bestanden hatte, fast blind akzeptiert werden konnte. So konnten auch in Bereichen Innovationen durchgesetzt werden, die anfänglich kaum hinterfragt waren. Wasserbautechnische, verkehrstechnische und soziologische Positionen betraf dies ebenso wie Städtebau und Stadtplanung.

C.2.2.7.

Das Verständnis vieler Informationen hängt unter anderem von der Erweiterung der Wahrnehmungen der Beteiligten und von der intuitiven Erfassung der Hintergründe von Problemlösungsbeiträgen ab. Jeder ist zwar Fachmann auf seinem Gebiet, kann jedoch ihm fremde Fachbeiträge nur nach den in den Wissenschaften üblichen Kriterien der logischen Konsistenz von Aussagen, des Informationsgehaltes im Sinne eines Informationszuwachses und der Überprüfbarkeit beurteilen. Aus diesem Grund ist der Transfer von Informationen über Personen so wichtig. Rückfragen ermöglichen die Überprüfung der vorerwähnten Kriterien.

Deutlichstes Beispiel für diese Zusammenhänge war die Behandlung ökologischer Gesichtspunkte. Zu Beginn des Verfahrens (der ersten Wettbewerbsstufe) waren sowohl ökologische Kenntnisse, als auch die Bereitschaft auf diesen fußende Aussagen anzuerkennen, nur in geringem Maße vorhanden. Erst der persönliche Einsatz eines Mitgliedes des Kollegialorganes und die Fülle der von diesem eingebrachten Information verliehen den ökologischen Anforderungen im gesamten Verfahren das schließlich erreichte Gewicht.

C.2.2.8.

Um die erforderliche Kommunikationsdichte zu erzielen, bedarf es der unmittelbaren Auseinandersetzung der beteiligten Personen über einen längeren Zeitraum. Es ist zu beachten, daß schriftliche oder zeichnerische Informationen, die an andere übermittelt werden (z. B. an die Verwaltung) nur dann wirksam sind, wenn die an ihrer Weiterverarbeitung beteiligten Personen auch über die entsprechenden Hintergrundinformationen aus dem Verfahren verfügen. Vor allem aus diesem Grund ist die periodische „Kupplung" eine so wesentliche Drehscheibe für die Herstellung eines möglichst gleichgearteten Informationsstandes.

Oft mußte versucht werden, den erlangten Informationsstand nach einer „Kupplung" an Mitwirkende zu vermitteln, die an dieser nicht teilgenommen hatten. Dies erwies sich regelmäßig als äußerst schwierig. Die Folge dieser Beobachtung war, daß das Interesse bei den Mitwirkenden, an den „Kupplungen" teilzunehmen, fast durchwegs sehr groß war. Besonders die an Entwürfen Arbeitenden waren bestrebt, diese komplexe Informationsvermittlung direkt mitzuerleben. Dies war allerdings durch die Notwendigkeit eingeschränkt, die Zahl der Teilnehmer der „Kupplungen" aus gruppendynamischen Gründen ein bestimmtes Maß nicht übersteigen zu lassen.

D. Eigenarten sozialer Interaktion in fachlich heterogenen Gruppen

D.1. Zu den zentralen Problemen

An dieser Stelle soll von den zwischenmenschlichen Beziehungen die Rede sein. Überwiegend wird im Zusammenhang damit heute von sozialer Interaktion gesprochen.

Soziale Interaktion ist gegenseitige Beeinflussung von Personen und Gruppen durch Kommunikation.

Die Beeinflussungsversuche orientieren sich an bestimmten Regeln (formellen und informellen sozialen Normen). Generelle soziale Normen bereiten weiters keine Schwierigkeiten. Darüber hinaus gibt es jedoch auch gruppenspezifische Regeln sozialen Verhaltens, d. h. es gibt Regeln, die von Gruppe zu Gruppe verschieden sind.

Das Verhalten des Einzelnen wird von Regeln bestimmt, die ihm auf Grund seiner familiären, schulischen und beruflichen Sozialisation „richtig" erscheinen. Objektiv gesehen handelt es sich hier natürlich nicht um ein „Richtig" oder „Falsch", sondern um die subjektive Beurteilung der Zweckmäßigkeit oder ethischen Rechtfertigung bestimmter sozialer Regeln.

Die Zweckmäßigkeit von Spielregeln des Verhaltens ist sehr stark davon abhängig, was in der Kommunikationstheorie Prädispositionen genannt wird. Unter Prädispositionen versteht man den Zustand von Personen oder Gruppen, wie er sich aus der familiären, beruflichen, sonstigen Sozialisation und aus der jeweiligen psychischen (situativ bedingten) Lage ergibt.

In heterogen zusammengesetzten Gruppen, die einen innovativen Kooperationsstil voraussetzen, entstehen notwendigerweise beträchtliche Verhaltensunsicherheiten. Es müssen neue Regeln der Interaktion erlernt werden, um die neue Situation zu bewältigen.

Problemorientierte Organisationen müssen darauf Rücksicht nehmen.

D.2. Die Erfahrungen

D.2.1. Was sich bewährt hat

D.2.1.1.

Bei den sogenannten Kupplungen erlebte die Gesamtgruppe eine Klausursituation und damit eine ungewöhnlich weitgehende gegenseitige soziale Kontrolle. Dies bewirkte einen sehr intensiven Lernprozeß und den Zwang zur Austragung von Konflikten. Dieser Eigenart der Gruppendynamik konnte man nur dadurch entgehen, daß man entweder aus dem Geschehen ausstieg, oder aber eigene Vorschläge für die Konzeption gemeinsam akzeptabler Spielregeln des Verhaltens wirksam einbrachte.

Keiner der Beteiligten trat von seiner Aufgabe zurück, weil ihm diese Situation unannehmbar schien.

Zunehmend wurden aufgabenadäquate Regeln sozialen Verhaltens akzeptiert. Die Gruppe zeigte ein deutliches Konvergenzstreben im Sinne des Abbaues extremer Standpunkte. Dieser Vorgang wurde noch dadurch verstärkt, daß unter der Voraussetzung des Willens zum Verbleib in diesem sozialen System ein Zwang zur Aussöhnung mit andersgearteten Auffassungen bestand.

Extreme Standpunkte konnten sowohl abgebaut werden, wenn sie auf konkretem Wissen aufbauten — wie etwa in vielen angeschnittenen Ingenieurfragen — als auch in jenen gar nicht seltenen Fällen, in denen aus Unkenntnis Extrempositionen eingenommen worden waren. So trat etwa die anfängliche Ablehnung der über technische Projekte und Bebauungsplan hinausgehenden Argumentation durch einzelne Mitglieder des Kollegialorganes immer weiter in den Hintergrund. Obwohl die Planungserfordernisse auch weiterhin nicht immer voll erkannt und anerkannt wurden, bewirkten die aufgabenadäquaten Regeln sozialen Verhaltens ein Zurückstellen der gegen die umfassenden Planungserfordernisse gerichteten Interessen.

D.2.1.2.

Antipodensituationen wurden dadurch nicht unmöglich. Sie waren auch wichtig für die Ausleuchtung der vollen Spannweite der Problemerfassung und der Problemsicht.

Antipodensituationen traten vor allem zwischen Funktionären einer Interessenvertretung und leitenden Beamten, zwischen Architekten und Städtebauern sowie zwischen Vertretern der Bundesverwaltung und der Stadtverwaltung auf. Auch die Interessen am Bauen und Interessen an der Nutzung (Gestaltung) führten oft zu massiven Auseinandersetzungen.

D.2.1.3.

Koalitionsbildungen auf emotionaler Basis oder auf der Basis von Fachzugehörigkeiten, die in der Regel zu unerwünschten Verfestigungen führen, konnten vermieden werden. Als Beleg können hierfür wechselnde Koalitionen angeführt werden.

Es muß jedoch betont werden, daß über die gesamte Dauer des Verfahrens eine Koalition im Interesse der Aufgabe bestand, der eine sich nur wenig wandelnde Minderheit gegenüberstand. Die Stabilität dieser Koalition bewährte sich bei der Lösung grundlegender Probleme. Sie behinderte jedoch nicht das Austragen von Meinungsverschiedenheiten mit dem Ergebnis, daß es immer wieder auch zu wechselnden Koalitionen kam.

D.2.1.4.

Die unterschiedlichen Kompetenzschwerpunkte der Beteiligten bewirkten in gewissen Phasen der Beratungen schwer ertragbare tatsächliche oder vermeintliche Beteiligungsdefizite. Diese führten oft zu einem abrupten Wechsel in Richtung nicht zur Rede stehender Fragen. Dadurch konnten bestehende Spannungen oder potentielle Konfliktpunkte ausgeräumt werden, weshalb solche Situationen einen gewissen zeitlichen Spielraum zugesprochen erhielten. Der Grund hierfür wird im nächsten Punkt erläutert.

Das Hervorbrechen von Beteiligungsdefiziten ließ aber auch ein Wechselspiel zwischen zwei wesentlichen Teilgruppen erkennen: Wurde längere Zeit über Sach- und Fachfragen diskutiert, so wurde diese Diskussion nahezu regelmäßig von den beteiligten Interessenvertretern zugunsten einer Geschäftsordnungs- oder Verfahrensdebatte abgebrochen; doch auch die überaus langwierigen Verfahrensdiskussionen wurden schließlich immer wieder durch ostentatives Einwerfen von Sachfragen zu einem Ende gebracht.

D.2.1.5.

Eine problemorientierte Organisation benötigt Zeit für ihre Strukturierung. Es ist gefährlich, allzu rasch konkrete Entscheidungen zu verlangen, bevor sich neue Regeln sozialen Verhaltens entwickelt und bewährt haben. Situationen im Sinne „nützlicher Leerläufe" zu Beginn der Arbeit wurden daher in Kauf genommen. Sie dienten der Strukturierung der Gruppe.

„Nützliche Leerläufe" waren bis zum letzten Arbeitstag der Organisation immer wieder notwendig, um jeweils vor Behandlung schwieriger Sachfragen die Struktur der Gruppe zu festigen. Diese Struktur wandelte sich ständig, nicht zuletzt wegen äußerer Einflüsse.

Mehrmals traten dringende inhaltliche und auf Gestaltung orientierte Entscheidungsfragen auf, denen die Gruppe nicht gewachsen war. In solchen Fällen kam es — nach vergeblichen „nützlichen Leerläufen" — zu einer Scheinerledigung, die eher ein Ausklammern des Problems war. In der Normalorganisation der Planung kommt dies häufig vor.

Scheinerledigungen liegen dann vor, wenn die substantielle Planungsdebatte unterbleibt und unzulänglich überprüfte Festlegungen erfolgen. Solche Scheinerledigungen sind fast durchwegs von einem Mangel an geeigneten Vorschlägen (Entwürfen) begleitet.

Das Verfahren ließ es grundsätzlich zu, Probleme dieser Art neu aufzuwerfen, womit die Gefahr von Scheinerledigungen gemildert wurde.

D.2.1.6.

Negative Emotionen erwiesen sich ebenso wie positive Emotionen als wichtige Instrumente der Kontrolle von Entscheidungsvorgängen. Ihre Funktion ist evident: Sie dienen der Steuerung und Optimierung der Inhalte von Entscheidungen.

Sozial-emotionale Akte von Beteiligten können natürlich auch eine Stabilisierungsfunktion haben. Dies war ein Grund mehr, die weiter oben erwähnten nützlichen Leerläufe bis zu einem gewissen Grad zu begünstigen.

Immer wieder war zu beobachten, daß erhebliche Emotionen auftraten. Diese waren keineswegs auf nicht objektivierbare Fragen beschränkt. Sie betrafen auch technische Detailfragen, Geschäftsordnung, Ökologie, Arbeitsprogramm, Bewertung von Entwurfsqualitäten, Gesichtspunkte der Interessenvertretung. Die Reichweite von Emotionen war beträchtlich, wobei persönliche Auseinandersetzungen durchaus einen wesentlichen — und für das Arbeitsergebnis letztlich positiv zu bewertenden — Anteil ausmachten.

D.2.2. Worauf besonders zu achten ist

D.2.2.1.

Lernprozesse zur Erarbeitung neuer sozialer Regeln und das damit verbundene Konvergenzstreben von Gruppen bergen die Gefahr in sich, daß zeitweilig erforderliche harte Konfrontationen unterbleiben. Diese sind aber für die Lösung komplexer Probleme unerläßlich. Erforderlich ist daher das richtige Augenmaß für geeignete Relationen. Wichtigster Maßstab hierfür ist der Fortschritt bei der Problembewältigung.

Auch ein Lernprozeß besonderer Art wirkte dem Vermeiden harter Konfrontationen entgegen: die dem Managertyp zuzurechnenden Mitglieder des leitenden Kollegialorgans lernten, daß es in einer derartigen Organisation nicht — oder nur in Ausnahmefällen — darauf ankommen kann, einen Gegner ohne treffendes Sachargument mundtot zu machen, sondern daß letztlich unter dem Zwang der periodischen Klausursituation doch meist die weiterreichende Überlegung und die besser fundierte Argumentation den Ausschlag gibt.

D.2.2.2.

So wichtig eine Antipodensituation im Kollegialorgan zur Ausleuchtung der vollen Spannweite der Probleme ist, so groß ist die Gefahr des Zum-Fenster-Hinaussprechens. Die individuelle Attraktivität dieser Situation wird vermindert, wenn kleinere Arbeitsgruppen eingesetzt werden, deren relative Isolierung und Arbeitslast den Aspekt der Publikumswirksamkeit in den Hintergrund treten lassen.

Mit Hilfe dieser Erfahrung wurden manche kritische Situationen gelöst: wenn die Diskussion im Plenum durch gezielte Phrasen überdeckt wurde, trat bald die Forderung nach intensiverer Diskussion in Arbeitsgruppen auf, die auch meist zum gewünschten Erfolg führte.

D.2.2.3.

Wenn sozial-emotionale Interaktionsbedürfnisse durch Hinweise auf die eigentliche Aufgabenstellung allzusehr eingeengt werden, besteht die Gefahr unnötiger Instabilisierung der Gruppe. In solchen Fällen nimmt die Tendenz zur Scheinargumentation zu. Als Anlaß hierfür werden meist Verfahrens- oder Geschäftsordnungsprobleme in Anspruch genommen.

In solchen Fällen begannen manchmal selbst die konsequentesten Fachleute über die Geschäftsordnung zu reden. Dies war meist ein untrügliches Zeichen, daß kritische Kernfragen angeschnitten worden waren, zu denen noch nicht bekannt war, mit welchem Gewicht die Argumente vertreten würden und wer auf welcher Seite argumentieren würde.

E. Die projektorientierte Organisation im größeren Zusammenhang — das Problem der Kontinuität

E.1. Zu den zentralen Problemen

Problemorientierte Organisationen sind eine Ergänzung des Stab-Liniensystems in Politik und Verwaltung. Selbst wenn man diese Ergänzungsfunktion klar zu machen versucht, treten zwischen einer Linienorganisation und einer problemorientierten Organisation unausweichlich Spannungen auf. Über die tatsächlichen Machtverhältnisse darf man sich keinen Illusionen hingeben. Die traditionelle Organisationsform besitzt auf Dauer weit mehr Einfluß als die zeitlich limitierte problemorientierte Organisation. Wenn die daraus resultierenden Spannungen nicht bewältigt werden können, geht der Wert der Verfahrensinnovation verloren. Denn die aus den Empfehlungen des leitenden Kollegialorgans resultierenden Aufgaben öffentlicher Körperschaften werden auch in Zukunft durch die übliche Form der Linienorganisation wahrgenommen.

Es muß also bedacht werden, inwiefern eine nicht nur organisatorische, sondern auch räumliche, zeitliche und inhaltliche Kontinuität erzielt werden kann.

E.2. Die Erfahrungen

E.2.1. Was sich bewährt hat

E.2.1.1.

Nützlich hat sich die eindeutige Klarstellung erwiesen, daß eine problemorientierte Organisation nicht mit den bestehenden politischen Verhältnissen und auch nicht mit den bestehenden Verwaltungsstrukturen in Konkurrenz tritt. Ihre Ergänzungsfunktion kompensiert lediglich die Schwäche der üblichen Linienorganisation öffentlicher Verwaltung.

Zur gleichen Zeit wurden in Wien auch in anderen Verwaltungsbereichen Diskussionen um die Schwächen der Linienorganisation öffentlicher Verwaltung geführt.

Offensichtlich gewinnen problemorientierte Lösungsversuche wegen der Komplexität heutiger Verwaltungsaufgaben immer mehr an Bedeutung.

E.2.1.2.

Die Ergänzungsfunktion der problemorientierten Organisation konnte deshalb glaubwürdig vertreten werden, weil wichtige Exponenten der öffentlichen Verwaltung im leitenden Kollegialorgan (Beratende Jury) unmittelbar mitwirkten.

Dies ermöglichte es, in kritischen Fragen ad-hoc-Empfehlungen auszusprechen, die noch verwaltungsinterner Regelungen bedurften. Die Schaffung solcher Voraussetzungen konnte der Beratenden Jury von Spitzenbeamten bereits in den Sitzungen in Aussicht gestellt werden. Damit konnten viele Verfahren entscheidend abgekürzt werden.

E.2.1.3.

Die Ergänzungsfunktion muß eingebunden sein in die bestehenden Rechts- und Verwaltungsstrukturen. Dies geschah durch die Herbeiführung der erforderlichen Gemeinderatsbeschlüsse und durch die Berücksichtigung der formellen Grundlagen der Verwaltung, wie sie z. B. in Form von Geschäfteinteilungen zum Ausdruck kommen.

Die wichtigste Voraussetzung für diese Einbindung der Ergänzungsfunktion war, daß dieser Organisation keine Macht übertragen worden war, daß ihr bestimmte Aufgaben nicht formell delegiert wurden. Alle „Entscheidungsträger", das heißt, die verantwortlichen Politiker und Beamten, beachteten schließlich die Empfehlungen der Beratenden Jury Donaubereich Wien aus freien Stücken, d. h. auf Grund ihrer aus dem Verfahren gewonnenen Überzeugung. Sie konnten zwar im besonderen Einzelfall bewußt von diesen Empfehlungen abweichen — allerdings unter dem moralischen und politischen Zwang, diese Abweichungen zu begründen.

E.2.1.4.

Eine problemorientierte Organisation ist ein Unternehmen auf Zeit und abgestellt auf einen bestimmten Aufgabenbereich. Wenn ihre Resultate tatsächlich Niederschlag in zukünftigen Maßnahmen finden sollen, bedarf es einer nach gleichen Prinzipien aufgebauten Folgeorganisation, die jedoch in der Regel mit einem wesentlich geringeren personellen, sachlichen und finanziellen Aufwand auskommen kann. Die bewährte Grundstruktur sollte jedoch gleich bleiben. Denn der Transfer der Ergebnisse kann nur dann wirksam erfolgen, wenn Persönlichkeiten aus dem vorangegangenen Hauptverfahren in der Nachfolgeorganisation maßgeblich mitwirken. Dies wurde mit Abschluß der Aktivitäten der Beratenden Jury in die Wege geleitet.

Ein Wechsel der beteiligten Personen — der Fachleute und Beamten, wie der verantwortlichen Politiker — erwies sich für die Sache dort als nachteilig, wo die Kontrolle nicht mehr durch Augenschein der interessierten Öffentlichkeit erfolgen kann. Ein Bauprojekt ist von Außenstehenden kontrollierbar: man sieht das entstehende Gebäude und kann mit Plänen und Vorstellungen vergleichen; ein Planungsprozeß ist dagegen nur für den Mitwirkenden hinreichend durchschaubar.

E.2.2. Worauf besonders zu achten ist

E.2.2.1.

Es ist schwer verständlich zu machen, daß die Linienorganisation der Verwaltung überhaupt Schwächen hat. Solche Schwächen müssen daher an konkreten und einsichtigen Beispielen deutlich gemacht werden.

Die Linienorganisation ist für die Abwicklung der Aufgaben der Vollzugsverwaltung geeignet, nicht aber für die Dienstleistungsverwaltung oder für die planende Verwaltung. Wenn nun, wie es oft geschieht, unter Verwaltung nur die Ausführung ausdrücklicher Gesetzesaufträge verstanden wird, so kann es nicht offenbar werden, daß die Linienorganisation für den heute wesentlichen Teil der Verwaltungsaufgaben, eben Dienstleistungsverwaltung und planende Verwaltung, nicht die erforderlichen Voraussetzungen mitbringt.

Denn in diesen Verfahren gibt es z. B. kaum die in der Diskussion simulierbare Form von „Versuch und Irrtum", bevor endgültige Entscheidungen getroffen werden.

Die verantwortlichen politischen Mandatare müssen grundsätzlich die Möglichkeit haben, die Zusammensetzung des leitenden Kollegialorgans zu verändern. Ohne diese Veränderungsmöglichkeit wäre der Handlungsspielraum der politischen Mandatare unzulässig eingeschränkt. Es ist daher darauf hinzuwirken, daß solche Veränderungen die Kontinuität der problemorientierten Organisation nicht beeinträchtigen.

Die Zusammensetzung des leitenden Kollegialorgans wurde im Laufe der Tätigkeit der Projektorganisation „Donaubereich Wien" nur wenig verändert, und die durchgeführten Veränderungen waren ausschließlich durch Änderungen der Stellung einzelner Mitglieder in ihrer Hauptfunktion bedingt: Pensionierungen und die Übernahme einer neuen Aufgabe in einem anderen Tätigkeitsbereich waren die Gründe für die personellen Veränderungen in der Beratenden Jury.

E.2.2.3.

Das Ausschöpfen der politischen, rechtlichen und verwaltungsinternen Möglichkeit ist ein heikles Problem. Sowohl Politiker als auch Spitzenbeamte der Verwaltung sind oft gezwungen, bis an die Grenzen ihres Handlungsspielraumes heranzugehen. Dies ist nur möglich, wenn das an anderer Stelle bereits besprochene Vertrauensverhältnis hergestellt worden ist und erhalten werden kann.

Inhaltlich hat sich während des gesamten Verfahrens immer wieder gezeigt, daß die Handlungsspielräume sowohl für Fachleute und verantwortliche Beamte als auch für Politiker größer sind, als jeweils von vornherein anzunehmen wäre. In organisatorischer Hinsicht und auf Grund ihrer jeweiligen persönlichen strategischen und taktischen Situation (Karriere) wurden die Grenzen des Handlungsspielraumes von nahezu allen Beteiligten viel früher erreicht. Dieser Umstand erwies sich oft als die engere Randbedingung des Verfahrens.

E.2.2.4.

Die Nachfolgeorganisation lebt davon, daß die vorangegangene Kommunikationsdichte aufrechterhalten werden kann. Es muß daher die Bereitschaft aller Beteiligten bestehen, Meldungen und Rückmeldungen, im Sinne der eingebrachten Empfehlungen der Beratenden Jury, der Nachfolgeorganisation zu präsentieren. Geschieht dies nicht, ist der Aufwand der projektorientierten Organisation und der Nachfolgeorganisation sinnlos.

Allerdings gewinnen viele Ergebnisse ein gewisses Eigenleben. Selbst wenn man wollte, kann man etwa die Lernprozesse, die jeder einzelne Mitwirkende im Zuge des Verfahrens mitgemacht hat, nicht mehr rückgängig machen.

Das Ergebnis des Verfahrens liegt viel tiefer, als es nach den — an sich schon beachtlichen — projektmäßig sichtbaren Resultaten den Augenschein hat. Dadurch ist jedenfalls eine gewisse Kontinuität gewährleistet.

Reinhard Breit

Die Aufgabe „Donaubereich Wien", Hintergrund und Werdegang des „Wiener Modells" als Organisation planender Verwaltung

Vorbemerkungen

Für funktionsfähige planende Verwaltung gibt es noch nicht hinreichend realisierte Beispiele, um sie auch als praktisch gesicherte Art der Verwaltungstätigkeit der Gebietskörperschaften einsetzen zu können.

Der Widerspruch zwischen der Notwendigkeit, planend zu verwalten und der bisher ungelösten Schwierigkeit, diese planende Verwaltung zu organisieren, ergab auch das Grundproblem, das für den Wiener Donaubereich zu lösen war.

Die für die spezielle Aufgabe geschaffene Projektorganisation soll Gegenstand der folgenden Ausführungen sein.

Das „Wiener Modell" einer — wenn auch nur temporär ausgebildeten — Organisation planender Verwaltung soll den immer wieder auftretenden Argumenten entgegengestellt werden, daß für planende Verwaltung keine geeigneten Organisationsmodelle vorliegen und daß solche Modelle auch nicht realistisch konstruiert werden könnten.

Die hierarchisch vorgeprägte Auftragsverwaltung und die mit modernen Management-Techniken jedenfalls bewältigbare Dienstleistungsverwaltung können und sollen dabei nicht durch ein Modell der planenden Verwaltung ersetzt werden. Es geht vielmehr um eine durch die Entwicklungen der letzten Jahrzehnte notwendig gewordene Ergänzung des Systems der Verwaltungsorganisation, wie sie zumindest in allen industrialisierten Ländern auf lokaler, regionaler und nationaler Ebene auftritt.

Um dieses Modell spezieller planender Verwaltungstätigkeit präsentieren zu können, erscheint es notwendig, zunächst „Wien als Voraussetzung für das Wiener Modell" darzustellen und einiges an Hintergrundinformation über die Problembestimmung, über die „Situation Donaubereich Wien im Zeitablauf" zusammenzutragen. Dies soll im ersten Abschnitt dieses Beitrages erfolgen, dem sich eine Zusammenstellung der Aufgaben zum „Wiener Modell" anschließt.

Allgemein ist es noch kaum untersucht worden, wie Planungsprozesse tatsächlich ablaufen. Im zweiten Abschnitt dieses Beitrages sind deshalb Angaben zur Vorgeschichte und zum aktuellen Ablauf des gesamten betrachteten Vorganges dargestellt.

Die Projektorganisation „Donaubereich Wien", die der eigentliche Gegenstand der vorliegenden Betrachtung ist, wurde durch das Verfahren einer ersten Wettbewerbsstufe eingeleitet; die Vorgänge, die zur Ausbildung der zweiten Stufe dieses Verfahrens führten, sind Gegenstand des dritten Abschnittes.

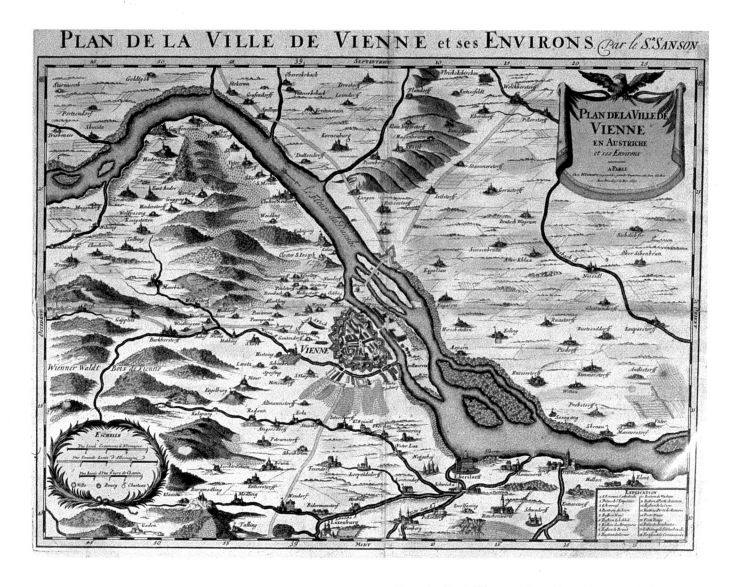

Plan der Stadt Wien und ihrer Umgebung von S. Sanson 1684

Der vierte Teil dieses Beitrages dient der Darstellung des Ablaufes der als besondere Projektorganisation ausgebildeten „zweiten Wettbewerbsstufe", die das präsentierte Modell einer planenden Verwaltungtätigkeit darstellt.

Schließlich wird noch ausführlicher auf den organisatorischen Aspekt einzugehen sein, aus dem auch die Verwendbarkeit der erlangten Ergebnisse zu beurteilen sein werden.

Mit dem „Wiener Modell" wurde der Versuch unternommen, ein funktionsfähiges Beispiel zu verwirklichen, mit dem gezeigt werden kann, daß es grundsätzlich möglich ist, planende Verwaltung zu organisieren. Selbstverständlich gelang dies, schon wegen der zeitlichen, räumlichen und inhaltlichen Begrenzung des Verfahrens, nur teilweise.

Ebenso selbstverständlich kann damit auch noch nicht eine beliebig wiederholbare und anwendbare Form der planenden Verwaltung angegeben werden.

Wichtigste Voraussetzung für jede Neuerung, für jede kreative Aktivität in der Verwaltung, ist aber der politische Wille auf der jeweils entscheidenden Ebene, das heißt, in der Regel an der Verwaltungsspitze. Der politische Wille, die anstehenden Probleme zu erfassen und zu lösen, ermöglicht es erst, die Vorgangsweisen planender Verwaltung zu entwickeln und einzusetzen.

A. Die Aufgabe und ihr Hintergrund

1. Kontext: Wien als Voraussetzung für das „Wiener Modell"

Wien und seine Bevölkerung können auf eine alte Tradition als Sonderfall einer Stadt und als Grenz- oder Ausnahmesituation zurückblicken.

Schon die geographische Lage erscheint als Schnittpunkt mehrerer Grenzen: Am östlichen Endpunkt der Alpen, zwischen den europäischen Kernräumen und dem Übergang zum Südosten und Osten des Kontinents vermittelnd; ein Punkt, in dem mehrere Klima- und Kulturräume zusammentreffen.

Historisch kann die Wiener Grenz- und Ausnahmesituation über zwei Jahrtausende verfolgt werden. Auch als Hauptstadt eines Weltreiches fand diese Stadt nicht den Weg, Mittelpunkt zu werden. Zumindest hatte Wien seine Bedeutung mit anderen Städten zu teilen, von denen es wieder nahe Grenzen trennten und trennen.

Wien war Residenzstadt einer Monarchie und wurde doch durch die Bürger geprägt. Wien spielte für die Industrialisierung der Länder im Umkreis eine entscheidende Rolle und wurde doch nie zur Industriestadt; auch als Handels- oder Bankenzentrum kann Wien nicht bezeichnet werden.

31

Wien war und ist Hauptstadt des deutschsprachigen Österreich, und dennoch hatte einige Zeit keine andere Stadt, auch nicht in der Tschechoslowakei, mehr Einwohner tschechischer Herkunft.

Kaum eine Großstadt ist so stark durch ihre Baugeschichte geprägt und wird dabei in solchem Maße durch jüngeren (gründerzeitlichen und neueren) Baubestand dominiert.

Auch die Geschichte der räumlich-gesellschaftlichen Planung für Wien fügt sich in das Bild der Stadt und ihrer Entwicklung. Wenn auch nur einzelne Punkte dieser Entwicklung allgemein bekannt sind, so gibt sie doch den Hintergrund zu den aktuellen Planungsvorgängen, über die im folgenden berichtet werden soll. Die verschiedenen Stadterweiterungen seit dem Mittelalter, das wechselnde Verhältnis zwischen Kernstadt und Vorstädten, die Eingemeindungen, die Kriegszerstörungen und der Wiederaufbau sowie der Sonderfall der Verkleinerung des Stadtgebietes nach der Wiedererrichtung der Republik Österreich und schließlich die Auswirkungen der Sonderstellung als Stadt und Bundesland, durch die unter anderem das Stadtumland in einem anderen Land des föderativen Staatsgebildes liegt, ergeben weitere Stichworte zur Charakteristik der Wiener Situation.

Daß die Planung dieser Stadt auf einem spezifischen Weg gesucht werden sollte, mag von vielen an der Wiener Stadtentwicklung Beteiligten oftmals gedacht oder auch ausgesprochen worden sein. Für die folgende Darstellung des Planungsvorganges zum Donaubereich Wien scheint der Neubeginn der Wiener Stadtplanung nach Abschluß der Wiederaufbauphase nach dem zweiten Weltkrieg der richtige Ansatzpunkt, die Entstehung eines „Wiener Modells" für einen umfassenden räumlich-gesellschaftlichen Planungsvorgang zu beschreiben.

In Gesprächen bei dem damals für Stadtplanung zuständigen Wiener Stadtrat wurde 1958 der Gedanke vorgebracht, zu den als künftige Notwendigkeiten erkannten Aufgaben frühzeitig umfassende Planungsvorgänge in Gang zu setzen. Dazu sei es überdies notwendig, den besonderen „Wiener Weg" zu finden, da einerseits die Wiener Verhältnisse sich so grundlegend von denen in anderen Städten, von den „normalen" Großstadtverhältnissen unterschieden, daß eine spezifische Art des Planungsvorganges entwickelt werden müßte, und da andererseits nur in diesem Falle der für die Bewältigung der Aufgaben notwendige subjektive Einsatz der Beteiligten und Betroffenen erwartet werden könne.

Als Kern dieser besonderen Wiener Aufgabe weiterer Stadtentwicklung, für die der spezifische Wiener Lösungsweg gefunden werden sollte, war die Stadterneuerung bezeichnet worden.

Grundsätzlich traf die Aufgabenstellung jedoch auch damals schon alle Problembereiche der Stadtentwicklung. In Wien standen neben der Stadterneuerung auch die Aufgaben der Stadterweiterung zur Deckung des anwachsenden spezifischen Flächenbedarfes, der Erhaltung der kulturellen und ökologischen Werte, der Bewältigung des Kommunikationsbedarfes (Verkehr) sowie der Erweiterung und Sicherung der Wirtschaftskraft in der Stadt im Vordergrund. Die steckengebliebene Entwicklung war im Rahmen der spezifischen räumlichen Situation der Stadt zu bewältigen.

Der Wiederaufbau war soweit abgeschlossen, daß an die Zwischenkriegszeit wieder anzuknüpfen, aber auch neue Entwicklungen einzuleiten möglich war. Man konnte nun auch versuchen, alte Gedanken wieder aufzunehmen, die wegen ihrer finanziellen Konsequenzen (oder auch weil sie noch nicht ausgegoren waren) immer wieder zurückgestellt worden waren.

In dieser Problem- und Entwicklungssituation kristallisierte sich bald das Stadtgebiet am linken Donauufer als besonderer Schwerpunkt heraus. Räumlich und gesellschaftlich war der Donaubereich ein vordringliches Problemgebiet der Wiener Stadtplanung.

Die Entwicklung, die zu dieser Situation führte, kann nur aus der Vorgeschichte erfaßt werden, aus der durch die Polarität von zentraler Macht und individuellen Entwicklungsimpulsen (etwa durch Adel und Wirtschaft in der Monarchie symbolisiert) bestimmten Einstellung gegenüber Planungsvorgängen, zu der die ordnungsstaatliche Organisation („die Beamten") als modifizierender Faktor beitrug.

In Wien kann die Bedeutung der Tradition von Zentralismus und Verwaltungsapparat für die Abwicklung von Planungsprozessen als besonders stark bezeichnet werden. Das bedeutet, daß freie Kooperation, Mitwirkung, Partizipation, Abstimmung der jeweils eigenen Handlungsweise auf Zusammenhänge sowie Berücksichtigung divergierender Ziele im Rahmen der „Wiener Tradition" noch nicht Fuß gefaßt hatten.

Diese Tradition bedeutet, daß Handlungen entweder dem Willen einer Obrigkeit entspringen, im freien Handlungsbereich eines Verfügungsberechtigten (Entwicklungsträgers) abgewickelt, oder aber durch vorgezeichnete, starre Verfahren geordnet werden. In dieses Schema paßte der Gedanke, einen „Wiener Weg" gemeinsamer Umweltgestaltung auszubilden, noch lange nicht hinein.

Der Vorschlag, einen notwendigerweise über den Rahmen von Obrigkeit, einzelnen Entwicklungsträgern und Verwaltung hinausgehenden Prozeß in Gang zu setzen, mußte wegen der traditionellen Einstellung auf geringes Verständnis stoßen; es war nicht zu erwarten, daß er unmittelbar realisiert werden könnte. Es waren mehrere Schritte notwendig, um solch einem Ergebnis näher zu kommen.

Den Kern des Vorschlages — wie er damals schon skizzenhaft ausgearbeitet worden war — bildete die Erfassung der an einer Problemsituation beteiligten Ziele und die Formulierung der in den Widersprüchen zwischen diesen Zielen bestehenden Probleme.

Soll eine vage erkannte Problemsituation (z. B. die Situation der „Notwendigkeit konsequenter Stadterneuerung", das Problem „Klärung oder Beseitigung der Ungewißheiten zu großen Projekten im Donaubereich") systematisch bewältigt werden, so setzt dies die Mitwirkung eines wesentlichen Teiles der Betroffenen oder zumindest eine Simulation solcher Mitwirkung voraus.

Der Gedanke der „Simulation" führte zu den bekannten Versuchen, spieltheoretische Techniken und mathematische Modelle einzusetzen. Beides erwies sich bald als nützlich, wenn die relevanten Zusammenhänge, Kriterien und Randbedingungen überschaubar und bekannt oder leicht erfaßbar sind und dabei nicht Grundsatzfragen angeschnitten werden; dies traf etwa auf verkehrstechnische Überlegungen in eng begrenztem Rahmen zu. Der Einsatz von spieltheoretischen Techniken und mathematischen Modellen brachte jedoch keinen Fortschritt auf jenem Weg, für den man sie ursprünglich einzusetzen dachte, nämlich auf dem zur Bewältigung sehr komplexer Aufgaben.

Zur Planung der Erneuerung im dicht bebauten Stadtgebiet oder zur Bewältigung der Problemsituation Donaubereich müssen andere Planungstechniken angewandt werden. Erst langsam konnte der „Wiener Weg" Gestalt gewinnen.

2. Problembestimmung

Die Situation „Donaubereich Wien" im Zeitablauf

Wien lag von Anfang an, das heißt, auch auf die Römerstadt Vindobona bezogen und seither bis zur Ausbildung der heutigen Problemsituation „Donaubereich Wien" im 19. Jahrhundert, nicht an der Donau — wie Paris an der Seine, London an der Themse oder Rom am Tiber —, sondern an der Grenze des kultivierten und später des städtisch besiedelten Gebietes gegen ein außenliegendes Land, gegen einen großen Agrarraum und vor allem gegen die siedlungsfeindliche Auzone.

Bis zur Zeit der Industrialisierung und des Eisenbahnbaues lag somit eine vor allem durch diese Grenzlage charakterisierte Problemsituation vor.

Ziele, die in der vorindustrialisierten Zeit verfolgt wurden und im Hinblick auf die räumlichen Konsequenzen in Konflikt standen, waren unter anderem auf militärische Sicherheit, Jagdmöglichkeiten, Agrarproduktion und Abgrenzung von benachbarten Ländern gerichtet. Strom und Aubereich blieben weitgehend unberührt, und man machte auch verhältnismäßig wenig Anstrengungen, dem Aubereich nutzbares Land abzuringen.

Dauerhafte Querungen der Auzone und ständige Strombrücken bestanden im Wiener Raum lange nicht. Selbst die Eisenbahn überquerte die Donau zunächst auf temporären Brücken.

Die Intensivierung der Verkehrsbeziehungen der Hauptstadt mit anderen Industrieräumen und Agglomerationen, die einsetzende rapide Stadterweiterung der Gründerzeit und der Beginn einer auf Wien bezogenen Entwicklung im gegenüber der Stadt gelegenen Gebiet am linken Donauufer (Floridsdorf) bewirkten eine grundsätzliche Veränderung der Problemsituation: nicht mehr die Grenzlage, sondern behinderte Verbindungen kennzeichneten sie nunmehr.

Seit Industrialisierung und Eisenbahnbau ist die Problemsituation im Wiener Donaubereich durch aktive Verfolgung von Zielen charakterisiert, die auf wesentliche Veränderungen des Zustandes gerichtet sind. Aber auch solche Ziele stehen untereinander in Konflikt, um so mehr allerdings mit manchen Gegebenheiten.

Ziele, die die Problemsituation des Wiener Donaubereiches in der Zeit des großen Stadtwachstums im neunzehnten Jahrhundert charakterisieren, sind unter anderem:

● Überwindung von Donaustrom und dessen Auraum als Hindernis; Errichtung von dauerhaften Querungen und Strombrücken; Verminderung der trennenden Wirkung

● Gewinnung von nutzbaren Flächen für die Stadterweiterung; Beseitigung oder Überwindung von Hindernissen, die einer eigengesetzlichen weiteren Ausweitung der Stadt entgegenstehen; Realisierung der Vorstellung von einer konzentrisch wachsenden Stadt

● Wien als Stadt an der Donau auszubauen; dabei sollte eine attraktive Wasserfront der Stadt entstehen

● Nutzung der Donau als internationale Schiffahrtsstraße, einschließlich der dazu notwendigen Ausbaumaßnahmen am Strom, Hafenbauten, Anschlußkanäle usw.

● Nutzung der durch Stadt, Verkehrssystem und Strom gegebenen Standorteignung für Industrie in der Niederung (das heißt im Donaubereich)

● Nutzung der natürlichen Qualitäten des Auraumes für Jagd, Fischerei und Erholung; in wachsendem Maße wurden solche Nutzungen nun auch für die breite Masse der Stadtbevölkerung angestrebt

Weitere angestrebte Nutzungen der natürlichen Ressourcen im Auraum waren: land- und forstwirtschaftliche Nutzung, Schottergewinnung, Wassergewinnung, Eisproduktion, Nutzung der Donau als Vorfluter

● Vermeidung oder Einschränkung von Gefährdungen, das heißt vor allem Hochwasserschutz

● Hinsichtlich der Einfügung der Donau in die Stadtstruktur traten gegensätzliche Ziele zur Führung des Hauptarmes der Donau auf: sowohl der heutige Donaukanal und der damalige Verlauf des Hauptarmes (etwa heutige Alte Donau) als auch andere Arme und vollständig neue Führungen wurden vertreten. Damit waren jeweils andere Vorstellungen von der Anordnung von Hafenanlagen (Stromländen, Hafen) und Einrichtungen der Wirtschaft verbunden; unter anderem standen sich die Ziele zentrumsnaher und randlich angeordneter Hafenanlagen gegenüber.

● Auch hinsichtlich der Stadtstruktur standen verschiedene grundsätzliche Zielvorstellungen miteinander in Konflikt: u. a. vollständige Integration des Gebietes links der Donau in den Stadtkörper einerseits und Ausbildung einer selbständigen Stadt (Floridsdorf) andererseits.

Diese Ziele veränderten sich im Laufe der Zeit nur wenig. Es traten jedoch später andere Ziele hinzu. Vor allem die Zielsetzungen des Natur- und Landschaftsschutzes sowie der Nutzung für verschiedene Sportarten und Erholungszwecke wurden erst später vertreten, ebenso das Ziel, Straßen zu bauen.

Das Eindringen von Bebauung und Verkehrsanlagen in den Aubereich um die Mitte des neunzehnten Jahrhunderts ergab eine fortschreitende Verschiebung der Gewichte der beteiligten Ziele in Richtung auf massive technische Eingriffe, die schließlich zur Regulierung der Donau (1870 bis 1876) führte.

Damit war der Weg für eine städtische Nutzung großer Teile des Auraumes frei und zu den bisher wirksamen Zielkonflikten kamen noch die zwischen den verschiedenen städtischen Nutzungen und Strukturvorstellungen hinzu.

Mit dem Ausklingen der Gründerzeit und dem Ende des ersten Weltkrieges veränderten sich die Gewichte der einzelnen Ziele wiederum wesentlich.

Für massive Bebauung und intensiven Ausbau war die wirtschaftliche Entwicklung nun zu eng begrenzt. Siedlung in Form von Einfamilienhäusern mit Gärten sowie Kleingärten traten als Wunschvorstellung in den Vordergrund, und in der Folge bedeckten diese Nutzungen auch erhebliche Teile des Wiener Donaubereiches.

Eine neuerliche Verschiebung der Zielgewichte brachten die Eingliederung Österreichs in das Großdeutsche Reich und der zweite Weltkrieg. Die Zielvorstellungen, die diese

Das Chronikon Melicense besagt, daß das Hochwasser 1501 eine Elle über dem Hochaltar der Marktkirche stand.*) Es konnte daher die Wasserhöhe sichergestellt werden.

*) In Übersetzung lautet die bezügliche Stelle des Chronikons: „In diesem Jahr (1501) war eine sehr große Überschwemmung, die am Tage vor Mariä Himmelfahrt (d. i. am 14. August) begann und beinahe 10 Tage hindurch anhielt. Derartige ungeheuere Wassermassen hat man innerhalb 100 Jahren kaum gesehen, wie eine Greisin von 107 Jahren aus dem Markte (Melk) bezeugte. Getreide und Heu, so von manchen eingeheimst waren, gingen in der Donau zugrunde, was geschnitten auf den Feldern lag, verdarb infolge des Regens durch Fäulnis. Durch alle Städte und Ortschaften an der Donau ergoß sich eine solche Wasserflut, daß man mit Kähnen fahren konnte. Der Strom stürzte Häuser vom Grund aus ein, zwei trieb er samt den Inwohnern an Melk vorbei gegen Osten. Wiesen nnd Gärten bedeckte er mit Sand, Bäume riß er nieder, und Weingärten verheerte er. Ganze Ställe, Scheunen und allerlei Hausrat schwammen Tag und Nacht den Strom hinab. Große Ortschaften endlich und einzelne Höfe verwüstete tobend die Donau derart, daß man kaum ein Haus unversehrt sah. Ein Teil der Bevölkerung lachte, der andere weinte. Hier und in zahllosen Gegenden Böhmens kamen infolge von Teichbrüchen zur Nachtzeit viele Leute ums Leben, und es erfüllte sich an ihnen fast die Weissagung Habakuks: „(Und lässest) die Menschen (gehen) wie Fische im Meer." (Habakuk I, 14). Am Gestade reichte der Abgrund, als man ihn mit einer Schnur maß, 14 Weberellen und eine Spanne über den gewöhnlichen Wasserstand in die Höhe. In der Kirche der seligsten Jungfrau im Markte, wohin die Flut ebenfalls eindrang, stand sie zur selben Zeit eine Elle hoch über dem Hochaltar, warf die Stühle um und wühlte die Gräber auf. Die vergoldeten Altarbilder brachten einige Männer, die auf einem Kahn durch die Türe in die Kirche hineinfahren mußten, hinaus, damit sie nicht durch die Nässe litten. Der Schaden, den dieses wilde Meer anrichtete, ist unberechenbar und unbeschreiblich."

Die Planungsaufgabe, für die das „Wiener Modell" entwickelt wurde, hat tief in die Geschichte reichende Wurzeln. Ein Zeugnis hiefür enthält die „Melker Chronik" mit einem Bericht über das Donauhochwasser des Jahres 1501, das als das bisher größte gilt.

kurze Epoche kennzeichneten, ähnelten zum Teil jenen der stärksten Wachstumsphase der Gründerzeit: Wachstum der Stadt über die Donau hinweg in Form dichter Strukturen, Hafenausbau, die Errichtung von Flugplätzen und ähnliches, stand wieder im Vordergrund.

Als sich die Entwicklung nach dem zweiten Weltkrieg soweit konsolidiert hatte, daß über den Wiederaufbau hinaus auf längere Sicht konzipiert werden konnte, kristallisierte sich nochmals eine neue Gewichtung all der bereits bekannten an der Stadtentwicklung im Wiener Donaubereich beteiligten Ziele heraus.

Keiner dieser Gesichtspunkte konnte nunmehr über die anderen dominieren. Wirtschaftsentwicklung und Machtstrukturen ließen es auch nicht mehr zu, daß einzelne ihre Interessen ohne weiteres durchzusetzen vermochten. Zunächst war in dieser Situation allerdings auch das Interesse am Wiener Donaubereich gering: wohl existierten Vorschläge zum Ausbau der Donau, für Kraftwerksbauten, für den Ausbau von Stadtteilen und Industriegebieten am Strom und schließlich für den Ausbau des Hochwasserschutzes. Doch nur langsam gewann diese neue Entwicklung Gestalt.

Von der Öffentlichkeit kaum bemerkt wurden immer mehr Investitionen in diesem Raum vorbereitet und eingeleitet. In diesen Baumaßnahmen fanden wieder alle bisher schon berührten Ziele ihren Ausdruck. Mit der Zeit mußten auch alle zwischen diesen Zielen schwebenden Konflikte wieder sichtbar werden.

Und dies war der Zeitpunkt, in dem jenes Planungsverfahren, das uns im weiteren beschäftigen soll, eingeleitet werden mußte.

Um Ausmaß und Gewicht der nun zu bewältigenden Problematik ermessen zu können, seien nur die wichtigsten Projekte angeführt, die für den Wiener Donaubereich zu diesem Zeitpunkt (etwa Ende der fünfziger bis Mitte der sechziger Jahre) vorbereitet und zum Teil bereits ausgeführt wurden: Ausbau des Hochwasserschutzes, zwei kalorische Kraftwerke und ein Kraftwerk im Donaustrom, die Wiener internationale Gartenschau 1964, die Bürogebäude für internationale Organisationen (allgemein als UNO-City bezeichnet), die Großkläranlage für Wien, die Kanalisation für die Stadtteile links der Donau, ein neues Grundwasserwerk, Autobahnen entlang des Stromes und diesen querend, mehrere neue Donaubrücken, Schnellbahn- und U-Bahn-Querungen über den Strom, ein neues Bezirkszentrum und darüber hinaus noch Wohn- und Arbeitsstätten in großem Ausmaß.

3. Aufgaben

Aus Kontext, Problemsituation und vorangegangenem Planungsprozeß sind die Aufgaben zum „Wiener Modell" abzulesen.

Nicht alle Probleme müssen zwangsläufig auch gelöst werden. Manche Zielkonflikte kommen nicht zum Ausbruch, weil die einzelnen Ziele von ihren Trägern nicht aktiv verfolgt werden; andere Probleme verlieren durch den Zeitablauf ihren Konfliktgehalt; wieder andere werden in Bereiche verlagert, von denen aus kein Einfluß mehr auf die ursprünglichen Zielgegenstände ausgeübt wird. Mancher Konflikt überlebt sich auch mit den beteiligten Personen.

Die Lösung der in einem Problemfeld nach Abzug all dieser vorübergehenden Probleme verbleibenden Konflikte zwischen Zielen (untereinander, oder mit Gegebenheiten) bilden die Aufgabe eines umfassenden Planungsprozesses.

Im Problemfeld des Wiener Donaubereiches war für mehrere Gruppen solcher Einzelprobleme die Suche nach einer Lösung unumgänglich geworden. Das Bewußtsein dieser Notwendigkeit war auch verhältnismäßig weit verbreitet. Der entscheidende Schritt zur Aufgabenstellung war es jedoch, die verschiedenartigen Gruppen von Teilaufgaben untereinander in Verbindung zu setzen und unter dem Licht einer Gesamtaufgabe zu betrachten.

Den Anlaß gab die Teilaufgabe, für das isoliert erstellte wasserbautechnische Projekt zur Verbesserung des Hochwasserschutzes in Wien die Zusammenhänge mit der unmittelbaren Umgebung und mit den ebenso unmittelbar verbundenen Sachbereichen soweit zu bearbeiten, daß der Bau annähernd reibungslos abgewickelt werden kann. Einige Architekten nannten diese Aufgabe „Behübschen des technischen Projektes"; doch schon diese Teilaufgabe hätte weit mehr als Äußerlichkeiten zum Gegenstand gehabt.

Als zweite Gruppe von dringend zu lösenden Problemen (das heißt als zweite Teilaufgabe) drängte sich sofort die große Menge von Projekten auf, die, wie bereits erwähnt, im Wiener Donaubereich innerhalb des Bauzeitraumes des verbesserten Hochwasserschutzes realisiert werden sollten. Ähnlich wie für das Hochwasserschutzprojekt waren auch für diese Projekte Zusammenhänge und Konsequenzen (im Hinblick auf Raum, Gesellschaft, Gestalt, Wirtschaft, Ökosystem) nur höchst unzulänglich erfaßt und bearbeitet worden. Zielkonflikte bestanden dazu in großer Zahl.

Das südöstliche Ende der Donauinsel und die anschließenden Augebiete:

Der Sporn der Donauinsel ist bereits ausgeführt. Der oberhalb anschließende Abschnitt der Neuen Donau wird der letzte im Bauablauf sein.

In das Verfahren waren vor allem folgende Projekte einbezogen worden:

- Ausbau des Hochwasserschutzes an der Donau, einschließlich des Ausbaues von Schleuse und Wehr Nußdorf, Maßnahmen am Donaukanal und an den Wiener Häfen.

- Linker Donau-Sammelkanal, einschließlich der Düker- und Pumpwerkbauten bis zur Kläranlage Kaiserebersdorf, sowie der Anschlüsse der bestehenden Sammelkanäle.

- Wassergewinnungsanlagen im oberen und unteren Abschnitt der Donauinsel, einschließlich der Zusammenhänge mit dem bestehenden Wasserwerk Lobau; die Baumaßnahmen hängen mit weiterer Wassergewinnungs- und -verteilungsanlagen zusammen: Wasserwerke Nußdorf und Floridsdorf-Wasserpark, Leitungsbauten von den Wasserwerken aus und über die Brücken.

- Marchfeld-Bewässerungskanal, Anlagen zur Bewässerung im Marchfeld.

- Dotierung der Alten Donau, der Altwässer und der alten Augebiete (Lobau) mit zusätzlichem Wasser aus der Donau.

- Autobahn A 22 entlang des linken Hochwasserschutzdammes (Hubertusdammes) einschließlich ihrer Knoten und Anschlußstellen sowie der landschaftlichen Einbindung dieser Anlagen (als Bestandteil der „Tangente Wien").

- Querung der Donau durch die Autobahn A 20/A 5 über die sogenannte Brigittenauer Brücke, einschließlich der Einbindung in die Bebauung im 20. Bezirk, der Untertunnelung der Alten Donau und der Einbindung in die Landschaft (dieses Projekt ist in großen Teilen heute als überholt zu betrachten).

- Weitere Teile des Autobahnnetzes: Ostautobahn-Flughafenautobahn A 4, Autobahn-Außenring (Querung der Donau und nordöstliche Anschlußstrecke sind jedoch in Frage gestellt bzw. überholt).

- Brückenprojekte: Zusätzliche Donaubrücken (Brigittenauer Brücke, U-Bahn-Brücke und Brücke der Außenring-Autobahn; dazu kam der Neubau der Floridsdorfer Brücke und der eingestürzten Reichsbrücke, wodurch eine gesonderte U-Bahn-Brücke nun entfällt).

- Ausbau von Schnellstraßen sowie sonstigen Bundesstraßen und Hauptverkehrsstraßen einschließlich der Knoten und Brückenanschlußbauten.

- U-Bahn-Linien U 1 (Abschnitt Praterstern—Kagran mit Donauquerung) und U 6.

- Internationales Amtssitz- und Konferenz-Zentrum Wien (IAKW „UNO-City") sowie dessen Folge- und Nebenprojekte.

- Ausbau von Hafenanlagen (Freudenau, Albern, Lobau).

- Donau-Staustufe und Kraftwerk Wien.

- Zahlreiche Hochbauprojekte, wie Verwaltungsbauten im Bereich Reichsbrücke—Nordbahnhofgelände (DDSG, Bundesbahnen, Pensionsversicherungsanstalt usw.), Wohnhausanlagen, ein islamisches Kulturzentrum usw. Zusammen mit den erfaßten privaten Bauvorhaben waren über fünfzig größere aktuelle Projekte zu beachten.

- Projekte zum Ausbau von Sport- und Erholungseinrichtungen sowie Grünanlagen, Ausgestaltung der Landschaft und Maßnahmen für den Naturschutz.

Die dritte Teilaufgabe kann mit den Stichworten „Ökologie, Naturschutz und Freizeit" umrissen werden. Viele Probleme dieses Sachbereiches drängten auf eine Lösung, wenig Aussicht auf befriedigende Lösungen war zu erkennen.

Als vierter, eine Bearbeitung fordernder Problemkomplex waren die vielen städtebaulichen, kommunalen und regionalen offenen Fragen zu betrachten, die in räumlichem oder sachlichem und zeitlichem Zusammenhang mit den bisher skizzierten Aufgaben standen. Schon die ersten Überlegungen zur Bearbeitung der anlaßgebenden Aufgabe hatten eine Kettenreaktion von Folgefragen und Folgekonflikten ans Tageslicht gebracht.

Die fünfte Teilaufgabe — last but not least — bestand schließlich in der Frage nach dem „Wie" der Lösung all der angeschnittenen Teilaufgaben. Für die Abwicklung derartiger komplexer Planungsprozesse lagen weder Erfahrungen noch Vorbilder vor. Wohl aber war einem Teil der in diesem System von partiellen Planungsprozessen Involvierten die Notwendigkeit bewußt, einen spezifischen Weg zu diesem „Wie" der umfassenden räumlich-gesellschaftlichen Planung zu suchen. Darauf ist ja im ersten Punkt dieses Beitrages bereits hingewiesen worden.

Die Aufgabenstellung des Verfahrens „Donaubereich Wien" ist an mehreren Stellen festgehalten worden. Einige dieser programmatischen Aussagen sollen hier wiedergegeben werden:

Das beauftragte Planungsteam hielt in seinem Anbot (Oktober 1974) fest: „Im Rahmen einer zweiten Wettbewerbsstufe wird, in Form eines kooperativen Gutachterverfahrens als Arbeitsphase, ein Stadtentwicklungsplan für den Donaubereich Wien und die daraus abzuleitenden Vorschläge zu Flächenwidmungs- und Bebauungsplänen, im besonderen Nutzungs- und Gestaltungsvorschläge für Donauinsel und Entlastungsgerinne, inklusive Einfügung dieser Konzepte in die Stadtstruktur angeboten." Diese Formulierung läßt allerdings kaum Zweifel über das Maß an Verständnis für die Aufgabe, das von den beteiligten Architekten erreicht werden konnte.

Der Erläuterungsbericht zu dem vom Wiener Gemeinderat am 25. Oktober 1974 angenommenen Beschlußantrag enthält folgende Formulierung:

„Zur Gestaltung des Donaubereiches in Wien und zur Einleitung abgestimmter Entwicklungsvorgänge im Zusammenhang mit dem Bau des verbesserten Hochwasserschutzes wird . . . eine zweite Wettbewerbsstufe durchgeführt."

„Aufgabe der zweiten Wettbewerbsstufe ist es, die im Donaubereich ablaufenden Entwicklungs- und Planungsvorgänge zu einer Konzeption zusammenzuführen und dabei die zur Abstimmung der verschiedenen Vorgänge und Anforderungen aufeinander erforderlichen Entwurfsbearbeitungen durchzuführen. Die Bearbeitung der zweiten Wettbewerbsstufe wird auf der Auswertung der Ergebnisse der ersten Stufe aufbauen und das Ziel eines integrierten Planungsprozesses anstreben. In diesem Rahmen steht auf Grund des gegebenen Zeitdruckes die projektmäßige Bearbeitung der in den nächsten Jahren durchzuführenden Maßnahmen im Vordergrund."

In der Ausschreibung der ersten Wettbewerbsstufe (Mai 1973) sind unter anderem folgende Aussagen zur Aufgabenstellung enthalten:

„Hauptaufgabe des Wettbewerbes Donaubereich Wien ist es, Vorschläge zur Einfügung der Entwicklung im engeren Donaubereich in die Gesamtentwicklung und Gesamtstruktur des Wiener Raumes zu erlangen."

„Neben der Frage nach der Integration des Donaubereiches in den Stadtkörper bzw. nach der Erhaltung des Landschaftsraumes im Wettbewerbsgebiet wird die Frage zu beantworten sein, inwieweit Gestaltungsmaßnahmen im Wettbewerbsgebiet die Stadtgestalt in ihrer Gesamtheit als auch in ihrer Differenziertheit, in ihrem historischen und kulturellen Wert sowie in der Kontinuität ihrer zeitlichen Entwicklung berücksichtigen."

„Das städtebauliche Konzept soll die Schaffung einer möglichst naturnahen Umwelt zum Ziel haben."

„Die technischen und ökonomischen Faktoren der Entwicklung im Großstadtraum müssen sowohl einer umfassenden als auch einer im Detail wirksamen Gestaltung eingefügt werden, soll das Ziel eines Lebensraumes mit hoher Qualität erreicht werden." Weiters:

„Es ist das Ziel der Stadt Wien, den Donaubereich zu aktivieren. Dieses Anliegen soll mit dem Wettbewerb besonders im Sinne einer Vorbereitung der Entscheidung über Gestalt und anzustrebende Nutzung der künftigen Donauinsel verfolgt werden."

In der Veranstaltung eines städtebaulichen Ideenwettbewerbes sieht der Auslober insoferne die beste Vorgangsweise zur Gewinnung von sinnvollen und möglichen Lösungsvarianten, als dadurch eine große Zahl von Fachleuten als Wettbewerbsteilnehmer in den Planungsprozeß einbezogen und Voraussetzungen für die Ausweitung der Meinungsbildung über die grundsätzlichen Zielsetzungen der städtebaulichen Entwicklung im Donaubereich geschaffen werden. Es zeigt sich, daß mit der vorgeschlagenen Vorgangsweise ein fortschreitender, kooperativer Planungsprozeß eingeleitet werden muß, der auch nicht mit der zweiten Stufe des Wettbewerbes einen Abschluß finden kann.

„. . . die beiderseits der Donau fortschreitende Stadtentwicklung gibt ebenso wie die notwendig gewordenen Maßnahmen des Hochwasserschutzes die Chance, diesem Raume jene hervorragende Stellung in der Wiener Stadtgestalt zu verleihen, die der Vereinigung so bestimmender Elemente der Landschaft und der Stadt entspricht. Damit ist eine der größten Gestaltungsaufgaben der Wiener Stadtentwicklung gestellt."

Das als Aufgabe gestellte Gestaltungsproblem besteht in einem teilweisen Widerspruch zwischen zwei anerkannten Zielsetzungen: „Der Forderung nach Erhaltung der ursprünglich gegebenen, natürlichen Fluß- und Aulandschaft beiderseits der Donau und deren Aktivierung als städtischem Erholungsraum steht der Ruf nach städtebaulicher Integration dieses Raumes in die Stadt, wie er sich etwa im Schlagwort ‚Wien an die Donau' manifestiert, gegenüber."

Als einzelne Bestandteile der Aufgabe werden angeführt:

Das Gestaltungsproblem des Bereiches der Donau in Wien.

Tief in die an die Donau angrenzenden Stadtteile hineinreichende Auswirkungen der Gestaltungsmaßnahmen, sowohl in funktioneller als auch in struktureller Hinsicht.

Umwandlungs- und Erneuerungsprozesse, als deren Kristallisationspunkte die zentralen Bereiche des 2., 20., 21. und 22. Bezirkes sowie das Gelände des IAKW anzusehen sind.

Bewältigung der durch jene Verkehrswege, welche die Donau queren und begleiten, gegebenen Standortvoraussetzungen für zahlreiche und verschiedenartige städtische Funktionen.

Aktivierung des Donaubereiches.

Vorbereitung der Entscheidung über Gestaltung und anzustrebende Nutzung der künftigen Donauinsel (im Wege der Gewinnung von sinnvollen und möglichen Lösungsvarianten).

Erlangung verschiedener städtebaulicher Konzepte samt ihrer Einbindung in die Stadtstruktur (1. Wettbewerbsstufe).

Vorschläge für die Konkretisierung der städtebaulichen Konzepte.

„Diese Aufgabenstellung wurde für die zweite Wettbewerbsstufe durch die materiellen und organisatorischen Empfehlungen der Jury (erste Wettbewerbsstufe — Abschlußbericht der Jury) weiter ausgeführt.

Das Verfahren der beiden Stufen des Wettbewerbes Donaubereich Wien ist im Programm ebenso wie in den Empfehlungen der Jury zur zweiten Wettbewerbsstufe darauf ausgerichtet worden, den gesamten gegebenen Gestaltungsspielraum zu erfassen und innerhalb dieses großen Rahmens den Weg der weiteren Entwicklung in bester Weise zu bestimmen.

Aus dieser gesamten Aufgabenstellung ergeben sich in der zweiten Wettbewerbsstufe besondere Aufgaben der einzelnen Teile der Projektorganisation, die im Arbeitsprogramm ausführlich dargelegt und für die einzelnen Phasen aufgegliedert wurden."

B. Zur Geschichte des Planungsprozesses

4. Zur Vorgeschichte

Das früheste Datum, auf das im Zusammenhang des Wiener Donaubereiches immer wieder zurückgegriffen wird, ist der Zeitpunkt des bisher größten registrierten Katastrophenhochwassers der Donau bei Wien (1501), dessen Abflußmenge mit rund 14.000 m³/sec etwa der Dimensionierung der heute in Bau befindlichen Anlagen entspricht.

Nach den Hochwasserkatastrophen von 1830 und 1862 wurde schließlich 1864 eine Kommission zur Erörterung der Donauregulierung bei Wien eingesetzt, womit formell jener Teil des hier zu beschreibenden Planungsvorganges begann, der sich auf den Hochwasserschutz bezog.

Sehr bald wurde in den Beratungen unter verschiedenen Vorschlägen das „Donaudurchstich-Projekt" zur Durchführung ausgewählt, das am 12. September 1868 die kaiserliche Genehmigung erhielt. 1869 lief die Bauvorbereitung an, 1870 wurde der Bau begonnen. Am 30. Mai 1875 erfolgte die feierliche Eröffnung des Durchstiches mit der Durchfahrt einer Flotte der „DDSG" mit 18 Schiffen.

Schon dieser Planungsprozeß war durch äußere ökonomische Interesseneinflüsse einseitig beeinflußt worden: Um einen vorhandenen Maschinenpark günstig einsetzen zu können, wurde die Form des nahezu gradlinigen

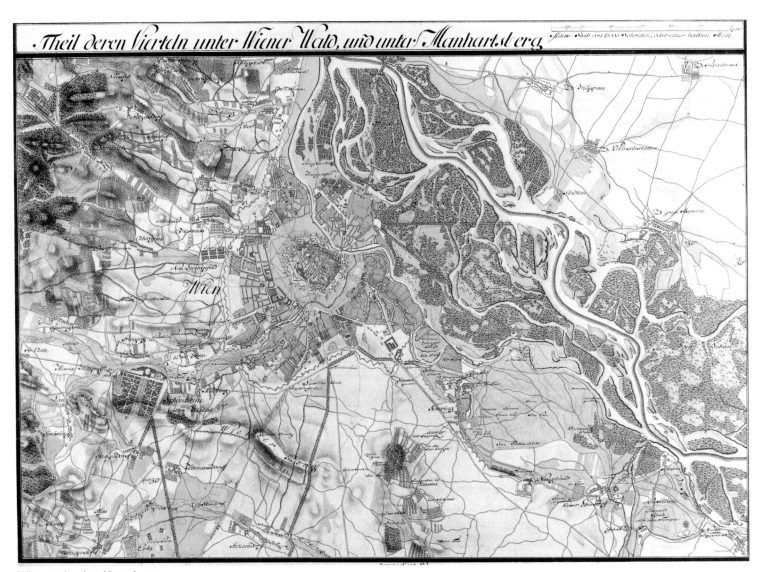

Wien und seine Umgebung
Josephinische Landesaufnahme 1773 bis 1781

Der Großteil der Landschafts- und Siedlungselemente aus der Zeit vor der Industrialisierung und der Großstadtentwicklung hat Spuren in der heutigen Stadtstruktur hinterlassen. Damit sind allerdings auch viele Störungen als Probleme der Landschafts- und Siedlungsgestalt erhalten geblieben; man denke nur an die bis heute unbewältigte Situation des Zuganges zur Stadt von Norden her, an die Verdrängung des Kleinods „Neugebäude" aus der weiteren Stadtentwicklung oder an die Verstärkung struktureller Probleme im Gürtelbereich, die durch den späteren Eisenbahnbau hervorgerufen worden ist.

Im Donaubereich ging die Veränderung von Struktur und Gestalt dagegen viel tiefer und weiter: nicht nur Nutzung und Funktion wurden verändert, sondern auch die Struktur. Zusätzliche Konflikte in der weiteren Stadtentwicklung waren die Folge. Diese Konflikte überlagern sich nun dem bereits dargelegten Gegensatz zwischen der Siedlungsfeindlichkeit der Auzone und dem Bedürfnis nach Erweiterung der Stadt in der Ebene.

Die Donau in der Wiener Pforte
(Kahlenberg bei Wien, Mitte 19. Jahrhundert)

Die Donauauen bei Wien (Friedrich Brand, um 1870)

Als dominierendes Element der Landschaftsgestalt des Wiener Donaubereiches stellt der Leopoldsberg (mit Kahlenberg und anschließenden Rücken und Terrassen) einen festen Angelpunkt dar. An seinem Fuße drängen sich entsprechend die Gestaltungsprobleme auf engstem Raume zusammen.

Unterhalb der Wiener Pforte bildete die Donau ein weit aufgefächertes Augebiet aus, dessen frühere Ausdehnung den heutigen Kernraum jener Problematik absteckt, die im Verfahren „Donaubereich Wien" bearbeitet worden ist.

Durchstiches gewählt. Dies entsprach allerdings auch der damals gerade modernen Vorstellung von technisch bestimmter Gestaltung (dem Technologie-Verständnis).

Der Strom bildete damals die Grenze des Wiener Stadtgebietes. Eisenbahngesellschaften waren eine wesentliche Triebfeder für Entwicklungs- und Planungsprozesse, und das nicht nur im Wiener Donaubereich; sie stellten damals den weitaus wichtigsten Interessenten und Träger überörtlicher Planung dar, wenn sich auch diese Planungstätigkeit jeweils auf einen rigid begrenzten Projektrahmen bezog.

In dieser Bauzeit wurden überdies fünf Strombrücken errichtet, deren letzte 1876 fertiggestellt werden konnte: Ostbahnbrücke (1870) und Nordwestbahnbrücke (über die heute die Schnellstraße S 2 führt, 1870 bis 1872) waren die ersten, denen noch die Nordbahnbrücke (1872—1874), die Floridsdorfer Brücke (Kaiser-Franz-Josef-Brücke, 1872—1874) und die spätere Reichsbrücke (1872—1876) folgten.

Nahezu gleichzeitig mit der Donauregulierung rollten in Wien die ersten Vorgänge einer Stadtplanung ab, wie man sie seit dieser Zeit in nahezu allen Industriestaaten kennt: Ein General-Regulierungs-Plan wurde, ebenfalls mit Hilfe eines Wettbewerbes, vorbereitet und erstellt, Nutzungszonen wurden für das gesamte Stadtgebiet ausgewiesen und Verkehrsnetze wurden entworfen, die das zu bebauende Gebiet strukturieren sollten.

In den Entwürfen und Planfestlegungen dieser Zeit spielte der Wiener Donaubereich nur soweit eine wesentliche Rolle, als er rechts des neuen Strombettes lag. Hier wirkten sich die Planungshoheit der schon erweiterten Reichshaupt- und Residenzstadt sowie realistische Nutzungsinteressen entscheidend aus.

Am linken Ufer entwickelte sich in dieser Zeit der Industrievorort Floridsdorf, zunächst als selbständige Gemeinde und seit 1908 als Teil des Wiener Stadtgebietes. Kleinere Ansätze bildeten die Erweiterungen der alten Dörfer Kagran und Stadlau sowie der direkt an der Reichsbrücke entstehende neue Stadtteil Kaisermühlen. Eisenbahn und Industrie waren die Merkmale der beginnenden städtischen Besiedlung im linksufrigen Teil des Wiener Donaubereiches.

Waren vor der großen Donauregulierung nur kleine bäuerliche Ansiedlungen sowie wassergebundene Siedler (Fischer und Müller) in das hochwassergefährdete Gebiet vorgedrungen, so entstanden nun bereits Anlagen und Bebauung auf dem ehemals regelmäßig überschwemmten Gelände in einem Ausmaß, daß Hochwasserschutz auch am linken Ufer zu einer wirtschaftlich maßgeblichen Frage wurde. Am rechten Ufer waren nunmehr nur die Bauten in dem schmalen Streifen zwischen Ufer (Lände) und Hochwasserkante gefährdet. Am linken Ufer dagegen erstreckte sich die Gefährdung im Falle eines Dammbruches über viele Quadratkilometer besiedlungsfähigen Landes, deren Verbauung mit Wohn- und Arbeitsstätten man in naher Zukunft erwartete.

Bereits 1897 und 1899 traten Hochwasser auf, die neuerlich Zweifel am Ausreichen der Dimensionierung der Schutzanlagen (auf 11.700 m³/sec.) auslösten. Deshalb wurde auch 1901 bis 1908 ein „generelles Regierungsprojekt für die Ergänzung der Hochwasserschutzmaßnahmen in Wien" (auf 14.000 m³/sec. dimensioniert) ausgearbeitet. Zugleich und in den folgenden Jahren und Jahrzehnten entstanden auch in mindestens 16 Varianten weitere Vorschläge zur Lösung des technischen Problems des ausreichenden Hochwasserschutzes für die Großstadt

an der Donauau. 1918 lagen bereits zu allen Alternativen dieser Problemlösung, einschließlich des nunmehr ausgeführten Parallelgerinnes „Neue Donau" Vorschläge bereit.

Es muß angenommen werden, daß die realisierte Lösung vor allem schon so bald als unzulänglich erschien, weil bei ihrem Entwurf die nachfolgende Entwicklung — eben die Besiedlung des Aubereiches links des Stromes — nicht hinlänglich beachtet worden war. Am rechten Ufer war dagegen zum Zeitpunkt der Projektierung die Stadtentwicklung so weit fortgeschritten, daß die (bereits offensichtlich gewordenen) Erfordernisse beim Entwurf auch berücksichtigt worden waren.

Ein weiterer grundlegender Faktor der Planungsprozesse zum Donaubereich in der Gründerzeit war die Einstellung (oder Grundannahme), daß es der öffentlichen Hand obliege, lediglich eine — allerdings großzügig bemessene — Mindestausstattung an Infrastruktur zu erstellen; für die durch Wirtschaftstätigkeit notwendig werdenden Ergänzungen haben dann die Interessenten zu sorgen.

Auf den Hochwasserschutz im Wiener Donaubereich angewendet, bedeutet dies die Annahme, daß im Zuge der Errichtung von Wohn- und Industriebauten im nunmehr vom Strom getrennten Aubereich die Straßen- und Grundstücksflächen auf ein über dem zu erwartenden Hochwasser gelegenes Niveau aufgeschüttet werden würden. In den zentraler gelegenen und daher besser verwertbaren Stadtteilen am rechten Ufer war dies auch geschehen. Die erwartete Rendite der Grundstücke am linken Ufer ließ solche Investitionen jedoch anscheinend nicht zu. Die historische Entwicklung, von Wirtschaftskrisen über den ersten Weltkrieg zu neuerlichen Wirtschaftskrisen, verhinderte schließlich, daß die wachstumsorientierte Rechnung aufging.

Historische Darstellung wasserbautechnischer Maßnahmen (Nußdorfer Stromgabelung; Jakob. von Hollstein 1666)

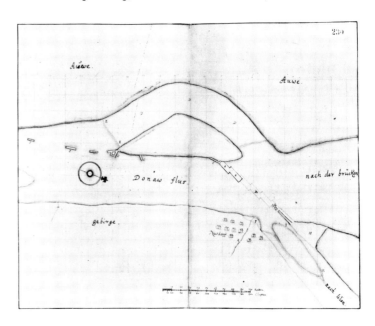

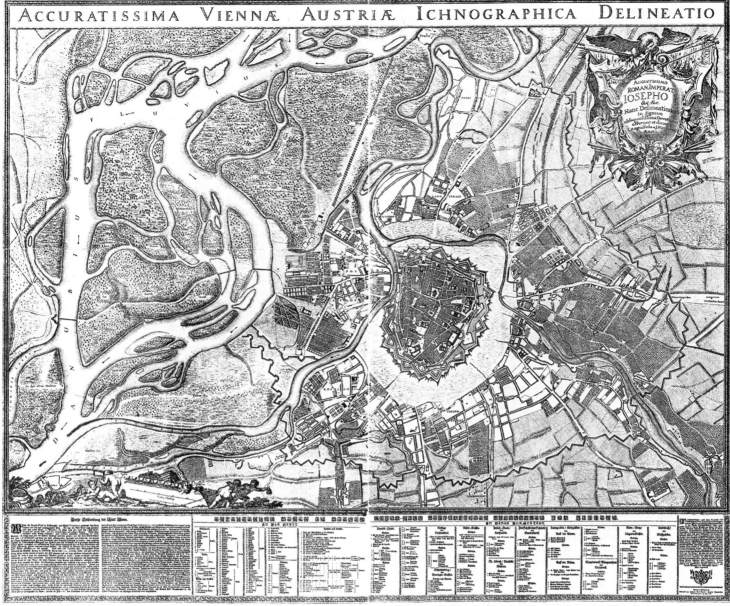

ACCURATISSIMA VIENNÆ AUSTRIÆ ICHNOGRAPHICA DELINEATIO

Plan von Wien und Umgebung aus dem Jahre 1706 von Leander Anguissola und Jacob Marinoni

Der historische Plan zeigt die große Bedeutung der Donau und ihres Aubereiches für Struktur und Entwicklung der Stadt.

Als besondere Gestaltungsaufgabe stellte sich, wie bereits dargelegt, auch in diesem Planungsprozeß die Bewältigung von Problemen heraus, die ihre Wurzel in historischen Gegebenheiten haben. Trotz reichlich vorhandenen Materials zeigt sich eine nur durch intensive interdisziplinäre Forschungstätigkeit zu schließende Informationslücke.

◄

Baumaßnahmen zum Hochwasserschutz, zur Stabilisierung des Stromlaufes und zur Querung des Stromes durch Verkehrswege reichen weit in die Geschichte zurück; damit waren auch immer wieder Ansätze zu Planungsprozessen im Donaubereich Wien gegeben.

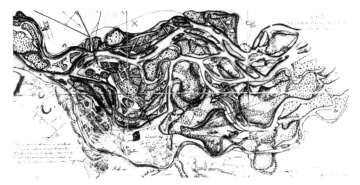

Ältester erhalten gebliebener Vorschlag für einen Donaudurchstich (Spalart 1760)

Vorschlag von J. v. Mihalik (1865)
Bebauung in der Abschlußphase

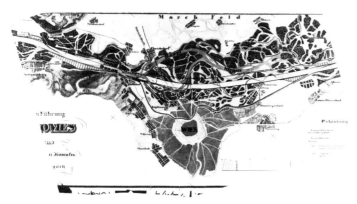

Das Durchstich-Projekt des L. Forgach (1840)

Gegenüberstellung von vier Vorschlägen zur Donauregulierung (1866)

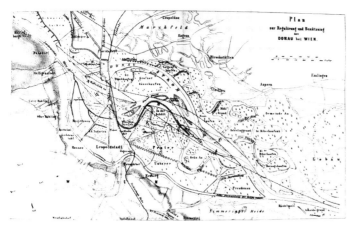

Ein Regulierungsvorschlag von J. Baumgartner (1862)

Die erste Darstellung der 1868 endgültig festgelegten und dann verwirklichten Trasse der Donauregulierung

Für ein derart großes Augebiet eines Stromes am Übergang vom Gebirge zum Flachland sind häufige Überschwemmungen und ständige Verlagerung der Arme charakteristisch. Für Verkehrswege und Siedlung sind das sehr ungünstige Voraussetzungen. Seit Beginn der Industrialisierung, der Verkehrsentwicklung und des Stadtwachstums im 19. Jahrhundert sind daher immer wieder Vorschläge zur Regulierung des Donaustromes bei Wien gemacht worden, die mit den wachsenden Möglichkeiten der Technik zunehmend radikaler wurden.
Nahezu alle Alternativen und Varianten des jüngsten Planungsverfahrens traten dabei schon auf.
Die Darstellungen machen die Spannung zwischen historischen Strukturen und Auswirkungen der technischen Projekte spürbar.

Seite 41 oben

Sowohl der siedlungsfeindliche Charakter des Auraumes und seine Auswirkungen auf die wasserbautechnische Aufgabenstellung der Donauregulierung als auch die Reichweite der städtebaulichen Probleme sind in dieser Darstellung ablesbar gemacht.

Seite 41 unten

Die Stadt erhält neuen Entwicklungsraum; das Entstehen neuer Probleme ist bereits in dieser Projektzeichnung deutlich erkennbar.

Vogelschau des Wiener Donaubereiches um 1848

Vogelschau des projektierten Zustandes nach Fertigstellung des Donaudurchstiches (1878)

Zeitungsstich nach einer Zeichnung von J. Schönberg 1875

Vorschlag zu Hafenanlagen im Bereich Alte Donau — Bruckhaufen.

Mit dem Bau des Donaudurchstiches war eine Reihe von technischen Anlagen, vor allem Brückenbauten, unmittelbar verbunden. Größere Bedeutung als heute maß man damals der Schiffahrt zu, wie es auch eine relativ große Zahl von Hafen- und Länden-Projekten zeigt.

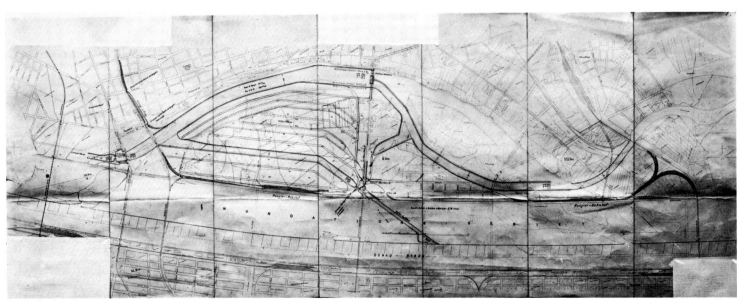

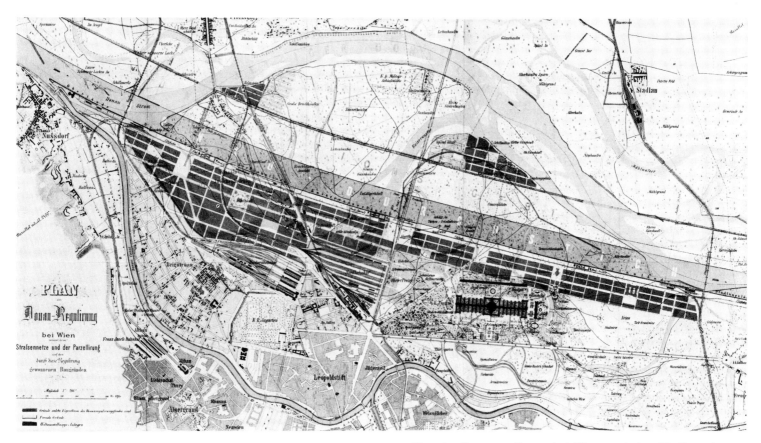

„Plan der Donauregulierung bei Wien samt dem Straßennetze und der Parzellierung auf den durch diese Regulierung gewonnenen Baugründen"

Für die an das neu angelegte Strombett und das Inundationsgebiet beiderseits angrenzenden Gebiete erwartete man in einem überschaubaren Zeitraum weitgehende Verbauung mit Wohn- und Arbeitsstätten in der für das gründerzeitliche Stadtwachstum typischen Art dichter, funktionell gemengter Struktur.

Vorschläge zum Ausbau nach der Donauregulierung

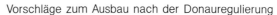

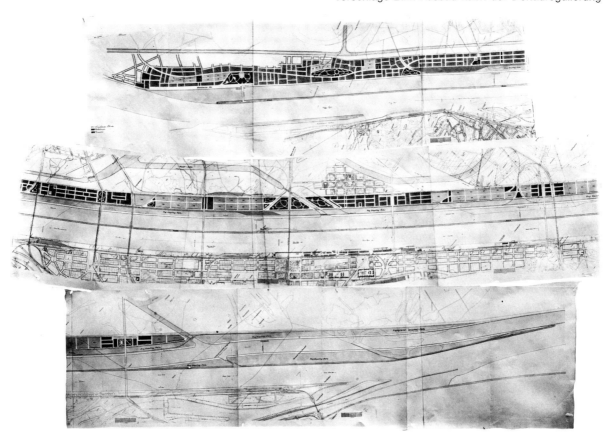

45

Hochwasser-Überflutungen, einige typische Beispiele
Noch 1848 (siehe Darstellung S. 43) war das Augebiet kaum be-
siedelt, so daß für einen größeren Betroffenenkreis wirksame
Hochwasserschäden vor allem an den Verkehrswegen auftraten.
Besiedlung und bauliche Investitionen im überflutungsgefährdeten
Gebiet nahmen bis zu Beginn des hier behandelten Verfahrens
so stark zu, daß der in ihrer räumlichen Erstreckung gleichgeblie-
benen Gefährdung entgegenzutreten unerläßlich wurde.

Generelles wasserbautechnisches Projekt „Donauhochwasserschutz Wien, Projekt 1969" (Projektierung: A. Zottl und H. Zottl,
Zivilingenieure für Bauwesen, Wien).

Dem Wettbewerb „Donaubereich Wien" lag ein den technischen
Anforderungen im engeren Sinne entsprechendes Projekt für den
Umbau des Donaustromes einschließlich des Inundationsgebietes, der Hafenanlagen und der jeweils abschließenden Dämme
vor. Die langfristig beabsichtigte Errichtung einer Donau-Staustufe
für Schiffahrt und Stromerzeugung konnte in dieses Projekt eingefügt werden. Außer den vorerst nur schematischen Konzeptionen für das Grünraum-System im Rahmen der Wiener Stadtstruktur war jedoch noch keine Vorstellung für die Einbindung dieses
Projektes in Stadtstruktur und Stadtgestalt erarbeitet worden. Nur
eine umfassende Konzeption kann aber zu einem Ausführungsprojekt führen, das der komplexen Problemstellung gerecht wird.

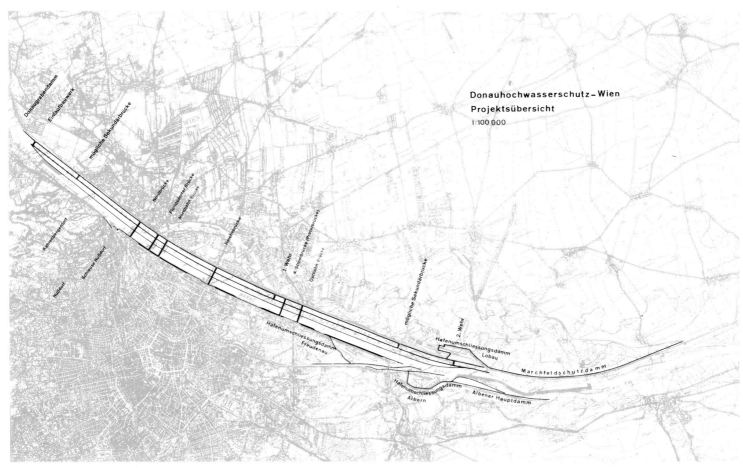

Übersicht über das wasserbautechnische Projekt Donauhochwasserschutz Wien

ÜBERSICHTSPROFIL 1:3000

Im Wiener Stadtgebiet werden 65 km², im Umland 105 km² Siedlungs- und Augebiet vor Überflutungen geschützt (die blaue Fläche in der Darstellung zeigt die weiterhin durch Hochwässer überfluteten Gebiete, die Augebiet und landwirtschaftliches Gebiet umfassen).

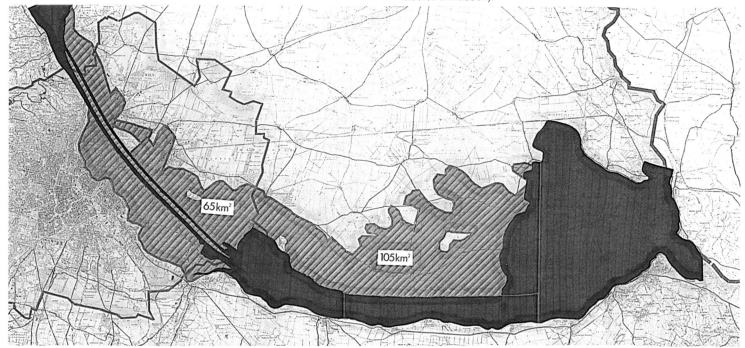

Überflutungsbereich an der Donau im Wiener Stadtgebiet und stromabwärts bis zur Mündung der March
Einschränkung des Überflutungsbereichs durch das zu Beginn des Planungsverfahrens vorliegende wasserbautechnische Projekt.

Es wurde geschätzt, daß etwa 350.000 Einwohner, 140.000 Wohnungen mit 6,5 Millionen m² Wohnnutzfläche sowie 9.500 Betriebe mit 60.000 Beschäftigten durch die projektierten Maßnahmen besser vor Hochwasserschäden geschützt werden.

Die Problematik der Überflutungen weist in den einzelnen Teilen des betroffenen Bereiches große Unterschiede auf:
Im verbauten Stadtgebiet sind vor allem Wohn- und Arbeitsstätten sowie Infrastrukturanlagen vor Schaden zu schützen; in den angrenzenden Gebieten intensiverer Landwirtschaft bedürfen die Ortslagen des selben Schutzes. Im noch bestehenden Auwald würde sich dagegen gerade das Ausbleiben der Überflutungen schädlich auswirken. Das Projekt stellt in dieser Hinsicht bereits eine Kompromißlösung dar, bei der dem Schutz der Siedlung Vorrang zukam.

Überschwemmungen im dicht bebauten Wiener Stadtgebiet 1847 (Aquarell von Leander Russ).

Wien um 1893, im Vordergrund das Gelände der Weltausstellung
(Vogelschau, Ölbild von Josef Langl)

Bauarbeiten am Donaudurchstich
(Allgemeine Illustrierte Zeitung)

Das Hochwasser 1975 füllt Strombett und Inundationsgebiet aus:
Reichsbrücke und rechtes Stromufer

Bagger, der beim Bau des Donaudurchstiches eingesetzt worden ist.

Die Donauregulierungskommission 1864 und der Donauregulierungsfonds waren als Instrumente errichtet worden, Projektierung und Bau der Hochwasserschutzanlagen im Wiener Raum zu betreiben und zu sichern. Ihre Wirkungsdauer war in Anbetracht der erneut auftretenden Problematik 1899 verlängert worden. Dieses, wenn auch auf relativ kleine Teile des Planungsprozesses (nämlich auf die Projektierung der baulichen Hochwasserschutzmaßnahmen) beschränkte Planungsinstrument wurde 1927, wohl auf Grund der veränderten politischen Situation, aufgelöst. Die Planungsaufgaben lasteten ab nun einerseits auf der wasserwirtschaftlichen Behörde (dem Bundesministerium für Land- und Forstwirtschaft) sowie auf den Bundesländern Wien und Niederösterreich, denen das betroffene Gebiet angehört.

Die politische und wirtschaftliche Entwicklung ließ es in dieser Zeit nicht zu, daß neuerlich Projektierung und Baumaßnahmen zur Lösung des latenten Problems begonnen worden wären. Vorschläge und Überlegungen führten jedoch immer wieder zu einzelnen Schritten in dem weiter schwebenden Planungsprozeß.

Die Bundesländer hatten mit dem nach 1918 entstandenen System von Verfassungen des Bundesstaates die räumliche Planung als neue Kompetenz erhalten. Nach dem Zusammenbruch der Monarchie war diese Formalisierung einer der Hauptaufgaben des Souveräns notwendig geworden, was allerdings erst langsam in das Bewußtsein drang.

Bis zu diesem Zeitpunkt war Wien noch Bestandteil seiner Region (Niederösterreich) gewesen, seither erstreckt sich der Wiener Donaubereich über zwei Bundesländer der Republik Österreich. Allerdings war noch vor dem ersten Weltkrieg die bis dahin selbständige Industriegemeinde Floridsdorf zu Wien gekommen, so daß ein Großteil der gravierenden Probleme des Wiener Donaubereiches tatsächlich auch Wiener Stadt- und Landesgebiet betrafen. Später (1939) wurde Wien nochmals vergrößert — um dann nach dem zweiten Weltkrieg wieder etwas reduziert zu werden.

Diese Gebietsveränderungen wirkten sich allerdings im Rahmen des hier behandelten Problemkreises vor allem auf die Siedlungsentwicklung, auf Verteilung und Ausstattung der Baugebiete aus. Die technische Aufgabe des Hochwasserschutzes blieb durchwegs an zentraler Stelle verankert.

Diese Randbedingungen ergaben ein zum Teil recht unübersichtliches Konglomerat von Planfestlegungen für die städtebauliche Entwicklung im Donaubereich, aus dem der Strom selbst und die verbliebenen Augebiete weitgehend ausgeklammert geblieben waren.

Bauten und Aktivitäten wurden vor allem im Rahmen von Ressortgrenzen und fachlichen Spezialgebieten behandelt, vorbereitet und durchgeführt. Die geringe Dichte solcher Vorgänge ließ es zu, diese voneinander isoliert abzuwickeln, ohne daß sich allzu offensichtliche Mängel ergeben hätten.

Immer stärker wurde jedoch die Unsicherheit der Entscheidungsträger und Spezialisten. Konkrete Beispiele hiefür sind etwa, daß wasserbautechnisch und -rechtlich als notwendig bezeichnete Abholzungen im Inundationsgebiet durch viele Jahre unterlassen wurden, oder daß in der wasserbautechnischen Diskussion immer wieder mit städtebaulichen Erfordernissen argumentiert wurde, obwohl weder Bearbeitungen, die solche Erfordernisse ergeben könnten, vorlagen, noch entsprechende Fachleute in die Bearbeitung eingeschaltet wurden.

Die Planungsgeschichte des Wiener Donaubereiches für den Zeitabschnitt vom ersten Weltkrieg bis zum Abschluß des Wiederaufbaues nach dem zweiten Weltkrieg wäre wert, eingehend dargestellt zu werden. Gerade wegen ihrer signifikanten (historischen und methodischen) Probleme muß jedoch der Versuch unterbleiben, diese Geschichte hier in einer Kurzfassung skizziert darzubieten; lediglich einige Anhaltspunkte sollen festgehalten werden:

Die Bauordnung für Wien aus dem Jahre 1929 enthält einen Abschnitt Stadtplanung, der als das erste österreichische Raumordnungsgesetz gilt. Dies bildete die Grundlage, daß der Wiener Donaubereich (im Stadtgebiet) bereits frühzeitig (das heißt vor dem zweiten Weltkrieg) nahezu vollständig durch rechtsgültige Bebauungspläne erfaßt worden ist. Die räumliche Entwicklung wurde somit durch ein ordentliches Rechtsinstrument gesteuert; die Funktion des Bebauungsplanes und besonders des Flächenwidmungsplanes als Planungsinstrument war allerdings noch nicht erkannt und daher auch noch nicht hinlänglich ausgeübt worden.

Von 1938 bis 1945 wurde räumliche Planung als Entwurfsaufgabe der autoritären Führung betrachtet. Verschiedene Entwürfe liegen vor; manche Projekte wurden diesen Entwürfen entsprechend auch im Donaubereich ausgeführt: Hafenanlagen, der Beginn des projektierten Donau-Oder-Kanales, Industrieanlagen. Die formelle Festlegung eines städtebaulichen Gesamtentwurfes war wohl angestrebt worden, es kam jedoch nicht mehr dazu.

Die im Zusammenhang mit dem zweiten Weltkrieg entstandenen wesentlichen Veränderungen im Bestand an Bauten, Nutzungen und Naturgegebenheiten innerhalb des Wiener Donaubereiches liegen in der Betrachtung der Planungsprozesse außerhalb des kontinuierlichen Ablaufes, da sie in relativ geringem Maße an Vorhergehendes anknüpften und auch die dabei verfolgten Gedanken und Vorgänge nur wenig unmittelbare Fortsetzung erfuhren.

Allerdings sollte hervorgehoben werden, daß gerade in dieser Epoche neben den autoritäre Systeme kennzeichnenden Gestaltungsversuchen auch erstmals Andeutungen umfassender räumlicher Planung auftraten, die gerade den Wiener Donaubereich betrafen. Diese Tatsache war in der Folge für die Einleitung von Planungsprozessen sehr hinderlich; die Assoziation autoritärer Staatsführung schob lange Zeit den Gedanken umfassender Planung aus dem Bereich politischer Realität hinaus. Gerade durch das Mißverständnis der Gleichsetzung von Planung und totalitärer Macht wurde die Ausbildung wesentlicher Merkmale der Demokratie verhindert, oder doch stark verzögert.

Zum Donauhochwasserschutz entstanden auch in dieser Zeit weitere Vorschläge, wie etwa 1940 der Projekt-Entwurf „Hochwasser-Grüngürtel", der die Schaffung eines Umfluters außerhalb des Überschwemmungsgebietes zeigt, ein Vorschlag, der schon 1911 einmal verworfen worden war.

Nach dem Ende des zweiten Weltkrieges standen die Probleme des Donaubereiches in Wien gegenüber dem Wiederaufbau nach den Kriegszerstörungen im Hintergrund. Dennoch enthalten etwa die Ergebnisse der richtungsweisenden „Wiederaufbau-Enquete" 1946 grundlegende Zielformulierungen auch für den Donaubereich. „Wien an die Donau" war ein Kernsatz, der in der weiteren Planung immer wieder auftritt, jedoch kaum in Festlegungen oder Maßnahmen Niederschlag findet. Der Grund hiefür ist im Mangel an Kenntnis der Probleme und der aus diesen abzuleitenden Aufgaben zu suchen, die erst im Verfahren „Donaubereich Wien" erstmalig formuliert werden konnten.

In aller Stille hatte jedoch inzwischen ein wesentlicher Teil der Umgestaltung im engeren Donaubereich begonnen: die Industrie- und Verladeanlagen am rechten Donauufer wurden nur zum Teil wieder aufgebaut; ihre Absiedlung oder Umsiedlung in die auszubauenden Hafenanlagen wurde schrittweise vorbereitet. Für diese Flächen war bis dahin noch kein Flächenwidmungsplan und kein Bebauungsplan festgesetzt worden. Das rechte Donauufer wurde oberhalb der Reichsbrücke mit Gemeinderatsbeschluß Anfang 1954, der untere Abschnitt gegen Ende des selben Jahres als Grünland gewidmet. Mit diesem Vorgriff wurde die Durchführung des Hochwasserschutzprojektes am rechten Ufer erst ermöglicht.

1955 wurde der österreichische Staatsvertrag abgeschlossen, die Besatzungstruppen zogen ab. Jene Phase des Wiederaufbaues war nunmehr abgeschlossen, in der es überwiegend um die Wiederherstellung eines funktionsfähigen Zustandes der Stadt ging. Mit diesem Zeitpunkt begann eine „zweite Gründerzeit" für Wien, mit der auch die Problematik des Donaubereiches virulent wurde. Nahezu gleichzeitig — im Juli 1954 — verlieh jedoch auch ein Naturereignis der hier behandelten Aufgabe neuerlich Aktualität: Ein Donauhochwasser erreichte mit ca. 10.000 m³/sec. zwar nicht die Ausbau-Abflußmenge der bestehenden Hochwasserschutzanlagen, wohl aber deren tatsächliche Grenze der Standfestigkeit. Wenige Stunden längeres Anhalten oder nur geringes weiteres Steigen der Hochwasserflut hätte zur Katastrophe geführt. An dieser Stelle beginnt die aktuelle Geschichte des Planungsprozesses „Donaubereich Wien".

5. Zur aktuellen Geschichte des Planungsprozesses

In der Folge des Julihochwassers 1954 begannen neue Aktivitäten zur Lösung des Hochwasserschutzproblems. Allerdings beschränkte man sich — wie oft beim Akutwerden eines latenten Problems — auf bereits formulierte Ziele, und auch auf diese nur, soweit sie mit technischen Maßnahmen unmittelbar verfolgt werden konnten: Im Inundationsgebiet wurde bald in größerem Maße der Aufwuchs ausgeholzt; Terrainkorrekturen im unteren Abschnitt sollten ebenfalls die unmittelbare Gefährdung vermindern helfen. Die für den Hochwasserschutz zuständige Abteilung des Magistrates der Stadt Wien erstellte einen generellen Entwurf für den verbesserten Hochwasserschutz an der Donau in Wien (fertiggestellt 1957), der als Grundlage für das Behördenverfahren zum Bau der notwendigen Anlagen gedacht war. Etwas später verfaßte das Bundesstrombauamt (als technische Zentralstelle und Gutachter der zentralen Behörde) einen „Studienbericht über eine Erhöhung der Hochwasserschutzanlagen" (1958).

Eine arbeitsfähige Stadtplanungsorganisation existierte zu dieser Zeit in Wien nicht. Es nimmt daher auch nicht Wunder, außer einigen eher literarischen Formulierungen in den bis dahin vorliegenden Ergebnissen der mit Stadtplanung Beauftragten, keinerlei Hinweise auf einen Planungsprozeß zum Problemkomplex „Donaubereich Wien" finden zu können. Wie bereits erwähnt, gehörten diese Arbeiten auch noch überwiegend der Wiederaufbauphase an, über die sie nur in noch nicht gefestigten Ansätzen hinausweisen konnten.

Die Jahre des verselbständigenden Wandels in der Nachkriegszeit (etwa 1955 bis 1960) brachten eine Reihe von Vorgängen, Entwicklungen und Ereignissen, die auf den Donaubereich und den ihn betreffenden Planungsprozeß noch einschneidende Einflüsse ausüben sollten. Einige der wichtigsten dieser Daten sollen dazu als Nachweis dienen:

Im Oktober 1955 wurde ein Planungsausschuß für Wien und Niederösterreich gegründet, der später noch mehrfach umgewandelt werden sollte, jedenfalls aber vom Bewußtsein Verantwortlicher zeugte, daß gemeinsame Probleme der beiden Bundesländer bestanden, in denen Hochwasserschutz und räumliche Entwicklung des Donaubereiches eine wesentliche Rolle spielten.

Die „erste Wiener Straßenverkehrsenquete" tagte im November 1955. Auch hier wurden mit Donaubrücken, Bäderverkehr, Donauufer-Verkehrswegen sowie verschiedenen Entwürfen und Vorschlägen zu Teilen der Verkehrsnetze bereits Elemente der Donaubereichsproblematik in andeutungsweise eingeleitete Planungsprozesse eingebracht. Vom 15. Jänner 1957 bis 20. Mai 1959 bestand dazu auch die Verkehrsplanungskommission.

1957 fiel endlich der Beschluß, mit der Bestellung eines Stadtplaners für Wien der Behandlung von Planungsaufgaben im Rahmen der Stadtverwaltung einen festen Halt zu bieten. Dieser Versuch führte zum „städtebaulichen Grundkonzept" von 1961 und zur späteren Einrichtung einer Stadtplanungsabteilung bzw. -gruppe.

1958 wurde der Stadtplaner bestellt. Im selben Jahre wählte die Internationale Atomenergieorganisation (IAEA) als erste große Teilorganisation der Vereinten Nationen Wien als ständigen Sitz. Damit wurde die Wahl eines Standplatzes für jenes Bürogebäude aktuell, das später als „Internationales Amtssitz- und Konferenzzentrum Wien" — oder „UNO-City" — im Zentrum des Donaubereiches errichtet wurde.

Die Arbeitsgruppe um den neuen Stadtplaner wurde auch bald mit Fragen des Donaubereiches konfrontiert: Grundlagenuntersuchungen über zusätzliche Donaubrücken (1959), das Bezirkszentrum in Floridsdorf, die Strukturierung der Flächensiedlungen, die Verlandung der Donau-Altwässer, die ökologische Situation der Lobau, das Schicksal des begonnenen Donau-Oder-Kanales, die Veränderungen der Alten Donau und die Anlage neuer Stadtteile waren einige dieser Aufgaben, die den nordöstlichen Teil des Stadtgebietes, das heißt, den Donaubereich betrafen. Für die zugehörigen Stadtteile am rechten Donauufer waren Stadterneuerung, die weitere Verwendung der Kohlenumschlagplätze am Nordbahnhof sowie anderer Bahnanlagen, der Hafenausbau, Industrieansiedlung und der Ausbau des 20. Bezirkes einige entsprechende Schwerpunkte.

Im Rahmen dieser noch wenig strukturierten Planungsprozesse sind Funktion und Tätigkeit der „Gemeinderätlichen Stadtplanungskommission" besonders hervorzuheben, da diese das einzige formalisierte Verbindungsglied zwischen Planungsbearbeitungen, Verwaltungstätigkeit und Betroffenen einerseits und politischer Festlegung andererseits darstellte. Aufgabe der Kommission, an deren Sitzungen Mandatare und Beamte teilnahmen, war die intensive Vorberatung von Gegenständen der Stadtplanung, um dem Gemeinderat dann gesicherte Beschlußanträge vorlegen zu können.

Diese Kommission hat in der Zeit von ihrer Gründung (1958) bis zur Empfehlung, das vorgelegte Hochwasserschutzprojekt auszuarbeiten (1963), in einem Großteil der

16 Sitzungen Fragen des Donaubereiches behandelt. Mit einer Zusammenführung dieser Fragen wurde sie allerdings erst viel später, bei der Vorbereitung des Wettbewerbes Donaubereich Wien befaßt.

Als Beispiele für Probleme aus dem Donaubereich, die von der Gemeinderätlichen Stadtplanungskommission behandelt worden sind, können etwa angeführt werden: Standort der vorgeschlagenen 3. und 4. Donau-(Straßen-)-Brücken (1960), Verkehrsplanung im nördlichen Teil Wiens, der überwiegend dem Donaubereich angehört (1961), Flächenwidmungsplan-Entwurf für ganz Wien (1961) sowie das „Städtebauliche Grundkonzept", das heißt der Abschluß der ersten Phase der Tätigkeit des Stadtplaners, das am 30. November 1961 auch vom Gemeinderat zur Kenntnis genommen wurde.

Parallel zu diesen Planungsarbeiten und Beratungen war die wasserbautechnische Bearbeitung des Hochwasserschutzprojektes so weit gediehen, daß — auch unter einem beginnenden ersten politischen Interesse an dem Projekt — die Erkenntnis erlangt worden war, nicht ohne weiteres einen einzigen Entwurf zu Festlegung und Ausführung vorschlagen zu können.

Zur Beratung dieses Problemes wurde die „Hochwasser-Studienkommission" beim Österreichischen Ingenieur- und Architekten-Verein (also an möglichst neutraler Stelle) ins Leben gerufen, die drei Jahre lang arbeitete (1962 bis 1965), bis sie zu einer abschließenden Empfehlung gelangte. Diese Kommission war auf Grund der Vorstellung gebildet worden, das Problem umfassend interdisziplinär und neutral zu beurteilen und einer Lösung näher zu bringen. Dennoch waren in ihr neben den unmittelbar betroffenen technischen Disziplinen alle anderen Gesichtspunkte nur durch einen einzigen Raumplanungsfachmann vertreten, der selbstverständlich auch nicht maßgeblich in die Beratungen eingreifen konnte. Der

Schlußbericht enthält dem entsprechend ausschließlich Wasserbau-Gesichtspunkte.

Dieser Studienkommission lagen 27 Vorschläge vor, die schließlich bis auf zwei (Erhöhung der Dämme: Vorschlag des Bundesstrombauamtes; Parallelgerinne im Überschwemmungsgebiet: Projekt der Stadt Wien) ausgeschieden wurden.

Bereits 1963, also lange vor Abschluß der Tätigkeit der Studienkommission war durch die Gemeinderätliche Stadtplanungskommission und andere Organe der Stadt deren Projekt festgelegt worden. Die Zusammenhänge und Folgeprobleme sowie Folgemaßnahmen im Donaubereich waren allerdings nicht behandelt worden. Lediglich die Notwendigkeit, die vorgeschlagene Donauinsel als Grün- und Erholungsraum auszugestalten und zu erhalten, war erkannt und nach skizzenhafter Darstellung auch unverbindlich festgelegt worden.

Für die Schwierigkeiten, die mit einem umfassenden Planungsprozeß überwunden werden müssen, ist charakteristisch, daß kein einziges wasserbautechnisches Projekt soweit ausgearbeitet war, daß eine Beurteilung aus einem anderen fachlichen Aspekt möglich gewesen wäre, ja einige der Alternativen mußten für die Studienkommission erst so weit skizziert werden, daß wenigstens eine wasserbautechnische Beurteilung möglich wurde (wie noch später auszuführen, wurde das wichtigste Konkurrenzprojekt, die Erhöhung der Dämme, überhaupt erst für die Jury Donaubereich Wien in vervielfältigbarer Form graphisch dargestellt).

Inzwischen waren in wesentlichen Teilen des Donaubereiches umwälzende Entwicklungen im Gange: Die Wiener Internationale Gartenschau 1964 (WIG 64) wurde auf einer ehemaligen Mülldeponie im zentralen Teil des Aubereiches durchgeführt — eine angrenzende Fläche wurde später für die „UNO-City" herangezogen.

Vogelschau der Vorstellung von der Gestaltung des engeren Donaubereiches, die im Rahmen der Bearbeitung des „Städtebaulichen Grundkonzeptes" für Wien (1961) erstellt worden ist.

Auf der Donauinsel und in den Uferbereichen wurde Grün- und Erholungsnutzung vorausgesetzt.

1964 begann auch die Projektierung für den größten neuen Stadtteil, den die „zweite Gründerzeit" Wien bescherte: die Großfeldsiedlung. Die Gemeinderätliche Stadtplanungskommission befaßte sich 1965 mit diesem Entwurf, aber auch mit einer wesentlichen Ausweitung und räumlichen Verbindung des „Wald- und Wiesengürtels", einer großen geschützten Grünzone, die Wien nun auch im Donaubereich umschließen sollte (dies wurde dann auch wesentlicher Bestandteil der Empfehlungen der Beratenden Jury Donaubereich Wien).

Im Bundesstraßengesetz 1964 wurden erstmals wesentliche Teile eines übergeordneten Straßennetzes im Wiener Raum formell festgelegt. Daraus entstanden Vorgaben und weitere Probleme für den Donaubereich.

Auch das Problem der „wilden Siedlungen" im Auraum sollte nunmehr einer Lösung zugeführt werden (Gemeinderätliche Stadtplanungskommission Juli 1965). Damit wurde eine Gesamtüberarbeitung der Flächenwidmung im Donaubereich (21. und 22. Bezirk am linken Donauufer) eingeleitet, die unter anderem die Rückwidmung großer unbebauter und nicht erschlossener Baulandflächen in Grünland nach sich zog. In diesem Zusammenhang ist auch auf die Frage des Ausbaues von Flugplätzen im Wiener Raum hinzuweisen, zu der damals für den Donaubereich einschneidende Probleme behandelt wurden (da ja ein Großteil der alternativen Standorte im weiteren Donaubereich zu suchen waren).

1966 wurde überdies der Vertrag über den „Europakanal" Rhein—Main—Donau in Duisburg unterzeichnet, der für die Entwicklung im Wiener Donaubereich bei manchem große Hoffnungen erweckte, mit denen sich Planungsprozesse hätten befassen müssen. Zugleich erklärte das tschechoslowakische Bautenministerium, daß der Donau-Oder-Elbe-Kanal in den siebziger Jahren gebaut werden soll. Auch die Empfehlung der Donaukommission, die Fahrtrinne der Donau bis Wien auf 3,5 m (das heißt für 3000-t-Kähne) auszubauen, fällt in diese Zeit.

1967 folgte die Industrie-Entwicklungs-Organisation der Vereinten Nationen (UNIDO) der IAEA als zweite große UN-Organisation mit der Festlegung ihres Sitzes in Wien. Die Bundesregierung beschloß in der Folge, die Amtssitze für IAEA und UNIDO sowie ein Konferenzzentrum auf dem Gelände zwischen Wagramer Straße und Donaupark (WIG 64) im Zentrum des Donaubereiches zu errichten. Damit ist das größte Hochbauprojekt in diesem Gebiet eingeleitet. 1968/69 wurde dann der Architektenwettbewerb für den „Amtssitz Internationaler Organisationen Donaubereich" abgewickelt, dem sich ein weiteres Vorbereitungsverfahren anschloß, dem entsprechend nunmehr das Bauwerk vor der Fertigstellung steht.

In den drei Jahren vor dem entscheidenden Beschluß über das Hochwasserschutzprojekt (1966 bis 1969) wurden die Planungsarbeiten für den Donaubereich bis zu einem gewissen Grade abgerundet:

über alle beteiligten Bezirke lagen nun umfassende Bearbeitungen vor;

das übergeordnete Straßennetz hatte im Entwurf seine später festgelegte Form erhalten (Bundesstraßengesetz 1971);

eine Flächenbilanz über das gesamte Stadtgebiet hatte den Rahmen für Stadterweiterung und Stadterneuerung abgesteckt;

spezielle Konzepte, etwa für die Aufschließung von Betriebsansiedlungsgebieten, für Zentren, für Bäder und

Freizeiteinrichtungen konnten nunmehr den Entscheidungen zugrundegelegt werden;

die Realisierung des Wiener Betriebsflächen-Aufschließungsprogrammes begann im Donaubereich auf zwei Flächen (Scheydgasse und Trabrennvereins-Gründe);

Studien über den Aufwand für die städtebauliche Entwicklung und deren Möglichkeiten wurden angestellt;

Wiens Chancen an der Donau waren untersucht worden.

C. Einleitung des Verfahrens und erste Wettbewerbsstufe

6. Der unmittelbare Anlaß für die Einleitung des Verfahrens

Am 12. Dezember 1969 faßte der Wiener Gemeinderat den Beschluß, das Hochwasserschutzprojekt in der von den Dienststellen der Stadt gemeinsam mit Ziviltechnikern und Gutachtern ausgearbeiteten Form auszuführen. Dieses Projekt bietet für 65 km² im Wiener Gemeindegebiet mit über 400.000 Einwohnern und rund 9000 Betrieben sowie für mehr als 100 km² Flächen in Niederösterreich gesicherten Schutz vor Überflutung.

Mit der Erklärung zum bevorzugten Wasserbau war 1968 die wichtigste Voraussetzung für die Finanzierung und damit für den Bau geschaffen worden.

Im Juli 1970 erteilte schließlich das zuständige Bundesministerium für Land- und Forstwirtschaft die wasserrechtliche Bewilligung. Auf Grund dieser behördlichen Genehmigung wurden nunmehr die Detailprojekte ausgearbeitet.

Ende 1970 begann der Bau des linken Donau-Sammelkanals, das Baulos 1 des „Entlastungsgerinnes" selbst (Neue Donau) wurde 1971 vergeben (vom Hafen Lobau stromaufwärts bis zum Wehr 1). Beim Einlaufbauwerk begann der Bau Mitte 1972. Zusätzliche Hochwasserschutz-Maßnahmen im Bereich Kahlenbergerdorf bis Wehr Nußdorf (am oberen Ende des Bereiches am rechten Donauufer) wurden bereits Ende 1971 fertiggestellt, der Umbau des Wehres Nußdorf (Abzweigung des Donaukanals) begann im Juli 1971 und wurde 1976 abgeschlossen.

Mit dem Beginn der Bauarbeiten ergab sich die zwingende Notwendigkeit, die bauliche und landschaftliche Gestaltung des auszuführenden Projektes zu bearbeiten und die zwangsläufigen Folgemaßnahmen zu überlegen; diese Überlegungen waren ja seit mehreren Jahren unterbrochen.

Mit dem Baubeginn war aber auch die Öffentlichkeit auf dieses Projekt aufmerksam geworden. Waren verschiedene publizierte Zwischenergebnisse nahezu ohne öffentliche Reaktion geblieben, so führte der sichtbare Baubeginn — sicher auch unter dem Einfluß der inzwischen erfolgten Verbreitung des Gedankengutes über Umwelt- und Naturschutz sowie ökologischer Erkenntnisse — zu heftigen Auseinandersetzungen und „Bürgerinitiativen".

Im Herbst 1971 wurden die Überlegungen zur Einleitung eines umfassenden Planungsprozesses (zur Lösung der durch das Hochwasserschutzprojekt akut gewordenen Probleme des Wiener Donaubereiches) auch von den Entscheidungsträgern anerkannt. Allerdings konnte keine bewährte Vorgangsweise angeboten werden, sondern lediglich die möglichst vollständige Durchführung des erforderlichen

Planungsprozesses mit Hilfe der Fachleute der berührten Disziplinen und der Betroffenen angeraten werden. Dazu wurde auch festgestellt, daß erhebliche Arbeitskapazität für die Planungsbearbeitung im engeren Sinne (das heißt für die zusammenführenden Arbeitsgänge) zur Verfügung gestellt werden müsse, wenn die Bearbeitung Erfolg versprechen soll. Gerade die letztgenannte Anforderung wurde nicht erfüllt und — wie noch gezeigt werden wird — auch im später entwickelten Verfahren zum Schaden des Ergebnisses nur im Minimalausmaß zugestanden.

In dieser Situation wurde noch im Herbst 1971 ein Konsulent beauftragt, einen Vorschlag zur Vorgangsweise auszuarbeiten. Obwohl diese Arbeit keine direkt weiter verfolgbaren Ansätze ergab, so führte sie doch zu der Anregung, mit Hilfe eines Wettbewerbsverfahrens sich an eine geeignete Vorgangsweise heranzutasten.

Die Erfahrungen mit dem vom Februar 1970 bis Juni 1971 veranstalteten „Internationalen städtebaulichen Ideenwettbewerb Stadterweiterung Wien Süd" hatten bei den Entscheidungsträgern Sympathien für diese Vorgangsweise ergeben.

Gerade die Erfahrungen mit dem Wettbewerb „Wien Süd" hatten jedoch gezeigt, daß ein einfaches Wettbewerbsverfahren für eine derartige Aufgabe zu starr ist und überdies nicht den geeigneten Personenkreis anspricht. Dennoch konnte der Auslober erst mit Hilfe der Interessenvertretung der Architekten von der Zweckmäßigkeit eines zweistufigen Verfahrens überzeugt werden. Als Nachteil ergab sich dabei die bereits erwähnte Beschränkung des Teilnehmerkreises auf befugte Architekten (wenn auch unter deren Leitung stehende Teams angeregt wurden).

Bevor die Dokumentation des Planungsprozesses Donaubereich Wien hinsichtlich des eingeleiteten Verfahrens fortgesetzt wird, soll noch eine Reihe von Vorgängen nachgetragen werden, die zwischen konkretem Anlaß (Ende 1969) und tatsächlichem Beginn des Verfahrens (Ende 1972) noch auf Inhalt und Problemstellung des Verfahrens einwirkten.

Mit Beginn der Phase 1969 bis 1976 in der Wiener Stadtplanung waren grundlegende Arbeitsergebnisse einem weiteren Kreise zugänglich gemacht worden: Das Verkehrskonzept für Wien und Leitlinien für die Wiener Wirtschaft wurden in Buchform herausgegeben (1970) und bildeten seither unerläßliche Arbeitsunterlagen. Ebenfalls 1970 begann die Realisierung der zweiten Etappe des Betriebsflächen-Aufschließungsprogrammes, der zwei zusätzliche Gebiete im Donaubereich angehörten (Simmeringer Hauptstraße und Teile der Großfeldsiedlung); die dritte Etappe folgte 1971, mit drei Gebieten im Donaubereich (Erdberger Mais, Simmeringer Haide, Siemensstraße).

Mit der Neubewertung des Bundes-Autobahn- und -Straßennetzes (Bundesstraßengesetz 1971) entstanden weitere Vorgaben für das Verfahren.

Anfang 1971 wurde die „IAKW-AG" gegründet, eine Organisationsgesellschaft, deren Aufgabe die Errichtung der bereits erwähnten „UNO-City" ist.

Ein weiteres Ereignis im organisatorischen Bereich der nationalen Raumplanung verdient hier noch erwähnt zu werden: Anfang 1971 konstituierte sich die Österreichische Raumordnungs-Konferenz (ÖROK), mit der versucht wurde, Raumordnungsfragen in einem über die einzelnen Kompetenzbereiche hinausgehenden Rahmen, durch Vertreter von Bund, Ländern, Gemeinden und Inter-

essenvertretungen gemeinsam zu diskutieren und so aus der Tagespolitik herauszuhalten.

Für die Arbeit am Donaubereich selbst wurden in dieser Zeit mehrere Gutachten erstellt:

Vorarbeiten zu Stadtentwicklungsplänen wurden 1970 für den Großteil des Donaubereiches bearbeitet, so daß zu Beginn des Verfahrens ein, wenn auch recht heterogenes, doch weitreichendes Material vorlag.

Die Bearbeitung von Spezialfragen, wie die Möglichkeiten zu ingenieurbiologischen Maßnahmen oder die Beeinflussung des Grundwassers im Bereich des geplanten Inundationskanales, klimatologische Angaben, Grünraumplanungen für Prater, Alte Donau und Lobau, sowie die Beurteilung eines Projektes der Schwechat-Teilregulierung, rundet die für den Donaubereich relevanten Planungsvorgänge in den Jahren 1969 bis 1972 ab.

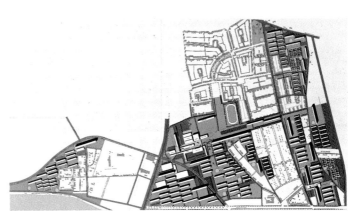

Bebauungsvorschläge für zentrale Teile des Bezirkes Donaustadt (aus dem Planungskonzept Wien, 1961)

In der Zeit zwischen den Weltkriegen hat sich im Wiener Stadtgebiet links der Donau — und damit auch im durch Überflutung gefährdeten Bereich — Bebauung mit Einfamilienhäusern über große Flächen ausgedehnt. Ende der fünfziger Jahre zeigte dann der gestiegene Wohnraumbedarf die Möglichkeit und Notwendigkeit tiefgreifender struktureller Veränderungen durch neue Komplexe dichterer Wohnbebauung und durch die systematische Anlage von Zentren. Einheitliche städtebauliche Gestaltung prägte die Entwicklung im östlichen Teil des Wiener Donaubereiches in dieser Phase.
Die Stadtstruktur wurde mit Rücksicht auf die Problematik des Donaubereiches und auf den bereits vorliegenden wasserbautechnischen Vorschlag zum Hochwasserschutz ausgestaltet.

Gestaltung des zentralen Bereiches Floridsdorf (aus dem Planungskonzept Wien, 1961)

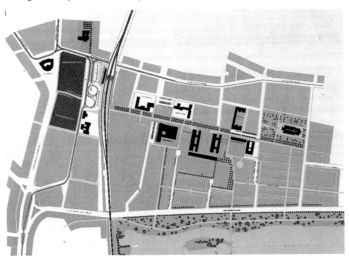

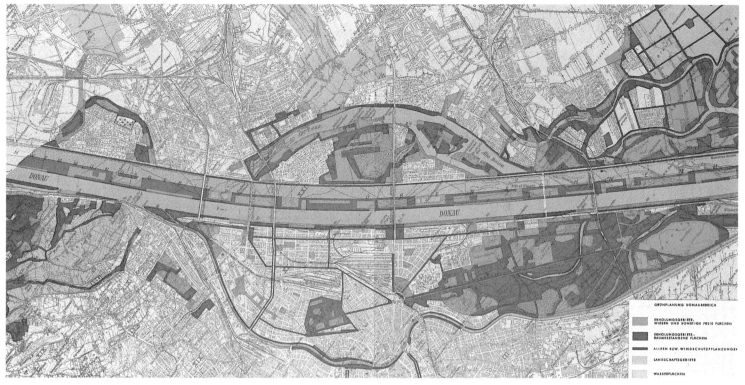

„Grünplanung Donaubereich" aus dem Planungskonzept Wien ▲
1961

Der engere Donaubereich erscheint im „Planungskonzept Wien"
als eines der großen, strukturbestimmenden Elemente des Grünraumsystems, das Erholungsflächen in großem Ausmaß aufzunehmen geeignet ist. Bebauung der Donauinsel oder freier Ufer-
gebiete war nicht konzipiert worden.

Nordteil des Donaubereiches gegen Südosten (Luftbild Juni 1981)

Mit dem Einlaufbauwerk hatten Mitte 1972 die Bauarbeiten auch
im Nordteil begonnen. Etwa ein Kilometer unter dem Einlaufbauwerk ist auch in der Linienführung der Neuen Donau die Ausfor-
mung der entwickelten Gestaltungsgrundsätze erkennbar. Die
Autobahn (A 22) wird zu gleicher Zeit gebaut. ▼

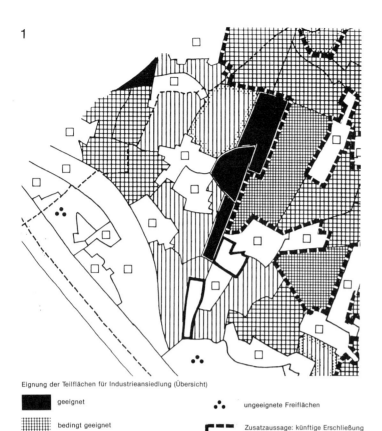

1

Eignung der Teilflächen für Industrieansiedlung (Übersicht)

▮	geeignet	∴	ungeeignete Freiflächen
▦	bedingt geeignet	┌▪▪	Zusatzaussage: künftige Erschließung für die Eignung maßgeblich
▦	unter stärker einschränkenden Bedingungen geeignet	⠂⠂⠂	für die Eignung nicht maßgeblich
⦀	minder geeignet		
☐	ungeeignet (Wohn- und Erholungsgebiete)	└	bestehende Industriegebiete

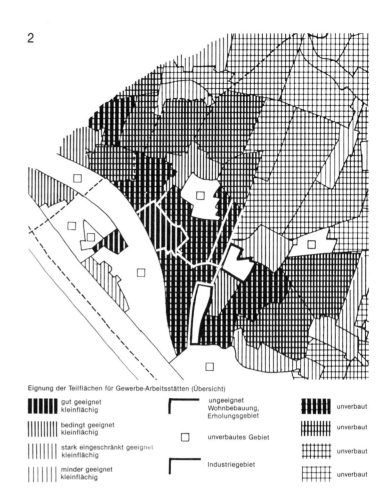

2

Eignung der Teilflächen für Gewerbe-Arbeitsstätten (Übersicht)

▊	gut geeignet kleinflächig	┐	ungeeignet Wohnbebauung, Erholungsgebiet	▦	unverbaut
⦀	bedingt geeignet kleinflächig	☐	unverbautes Gebiet	▦	unverbaut
⦀	stark eingeschränkt geeignet kleinflächig			▦	unverbaut
⦀	minder geeignet kleinflächig	└	Industriegebiet	▦	unverbaut

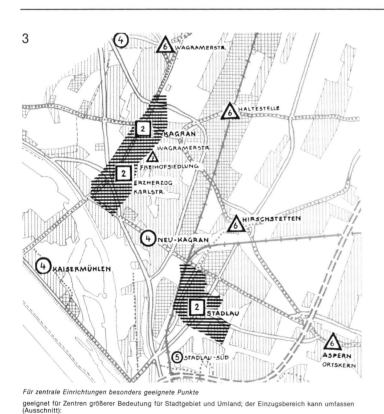

3

Für zentrale Einrichtungen besonders geeignete Punkte

geeignet für Zentren größerer Bedeutung für Stadtgebiet und Umland; der Einzugsbereich kann umfassen (Ausschnitt):

▨ ②	Teile des Umlandsektors, größere Teile des Stadtgebietes nordöstlich der Donau

geeignet für lokale Zentren

④	mit größerem Einzugsbereich		periphere Punkte und sonstige Ansatzpunkte
		◬₆	mit unbestimmten Entwicklungschancen (vom Umfang künftiger Entwicklungen abhängig)
⑤	mit kleinerem Einzugsbereich.	◬ᵢ	mit stark eingeschränkten Entwicklungschancen

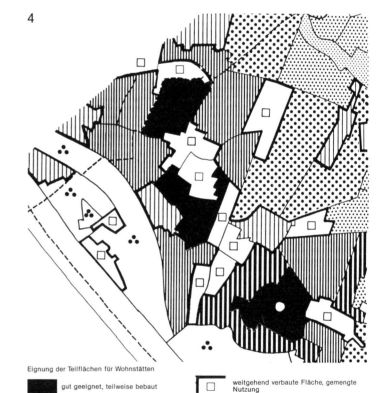

4

Eignung der Teilflächen für Wohnstätten

▮	gut geeignet, teilweise bebaut	☐	weitgehend verbaute Fläche, gemengte Nutzung
▮⦿	gut geeignet, jedoch beste landwirtschaftliche Flächen	⠂⠂⠂	minder geeignet
⦀	gut geeignet, Erschließung erforderlich	⠄⠄⠄	minder geeignet, unerschlossene Freiflächen
⦀	bedingt geeignet, Rücksicht auf andere Nutzungen erforderlich	⠁⠁⠁	randliche Lage, höchstwertige landwirtschaftliche Nutzfläche
⦀	bestehende Wohnbebauung	∴	nicht geeignet

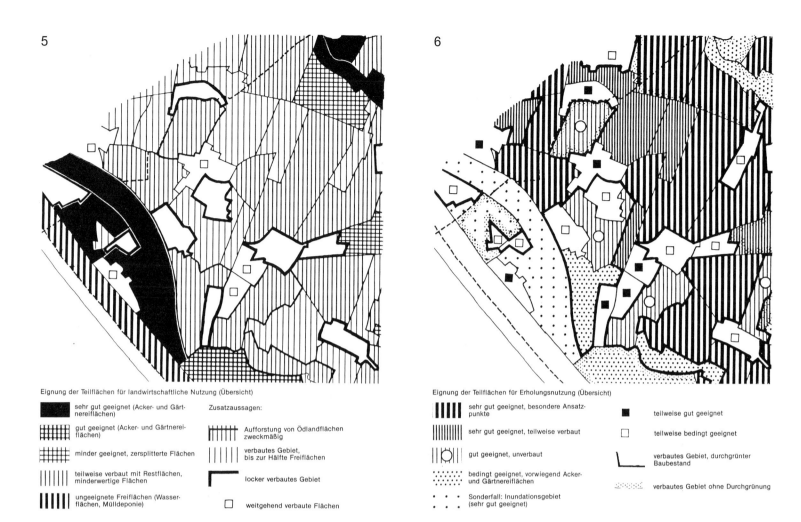

5

Eignung der Teilflächen für landwirtschaftliche Nutzung (Übersicht)

	sehr gut geeignet (Acker- und Gärtnereiflächen)	Zusatzaussagen:
	gut geeignet (Acker- und Gärtnereiflächen)	Aufforstung von Ödlandflächen zweckmäßig
	minder geeignet, zersplitterte Flächen	verbautes Gebiet, bis zur Hälfte Freiflächen
	teilweise verbaut mit Restflächen, minderwertige Flächen	locker verbautes Gebiet
	ungeeignete Freiflächen (Wasserflächen, Mülldeponie)	weitgehend verbaute Flächen

6

Eignung der Teilflächen für Erholungsnutzung (Übersicht)

	sehr gut geeignet, besondere Ansatzpunkte	teilweise gut geeignet
	sehr gut geeignet, teilweise verbaut	teilweise bedingt geeignet
	gut geeignet, unverbaut	verbautes Gebiet, durchgrünter Baubestand
	bedingt geeignet, vorwiegend Acker- und Gärtnereiflächen	verbautes Gebiet ohne Durchgrünung
	Sonderfall: Inundationsgebiet (sehr gut geeignet)	

Überblick über Entwicklungsmöglichkeiten im Wiener Donaubereich. Darstellung für einen Ausschnitt im Bereich des Zentrums Donaustadt

1 Eignung für Industrieansiedlung
2 Eignung für Gewerbe-Arbeitsstätten
3 Eignung als Standort zentraler Einrichtungen
4 Eignung für Wohnstätten
5 Eignung für Erholungsnutzung
6 Eignung für landwirtschaftliche Nutzung

Zwischen 1958 und 1964 ist für den Großteil des Wiener Donaubereiches ermittelt worden, in welchem Maße die einzelnen Teilgebiete Voraussetzungen für die künftige Entwicklung der verschiedenen städtischen Funktionen bieten (Untersuchungen über die Eignung für Industrie, Gewerbe, zentrale Einrichtungen, Wohnen, Erholung, Land- und Forstwirtschaft). Damit konnten Lösungsspielräume für die strukturellen Probleme dieses Raumes ebenso erkannt, wie Anregungen zu Gestaltungsalternativen gewonnen werden.

Aus der Gegenüberstellung der einzelnen Eignungsaussagen kann auf Planungsprobleme geschlossen werden, die in der weiteren Stadtentwicklung zu lösen sein werden. Die später durchgeführten Bearbeitungen zur Stadtentwicklungsplanung bauten daher unter anderem auf den Eignungsuntersuchungen auf.
Für die Flächen im engeren Donaubereich (Donauinsel und Uferbereiche) zeigte sich auch, daß die Eignung für Erholungsnutzungen eindeutig gegenüber der für andere potentielle Nutzungen überwiegt. Das bedeutet unter anderem, daß für jede andere Nutzung (etwa Wohn- oder Betriebsstätten) übermäßig große Infrastrukturinvestitionen getätigt werden müßten.

Die Wiener Stadt- und Landesplanung stand 1964 bis 1970 vor der Aufgabe, eine Vielzahl von Entwicklungsmöglichkeiten und Maßnahmen der Stadtverwaltung im Donaubereich so zu beeinflussen, daß im Zusammenhang gesehen ein möglichst großer Beitrag zur Lösung der gegebenen Probleme geleistet werden konnte. Dies wurde schrittweise mit Analysen der Entwicklungsgebiete und Aufstellung von Zeit- und Kostenprogrammen für die kommunalen Ausbaumaßnahmen nach Teilgebieten versucht. Ein Resultat dieser Arbeiten war die Einführung „mittelfristiger Finanzplanung" für die kommunale Investitionstätigkeit. Für den komplexen Planungsprozeß im Donaubereich Wien entstanden so unerläßliche Grundlagen.

Entwicklungsanalyse Donaustadt; vorgesehene Flächenwidmung ▶

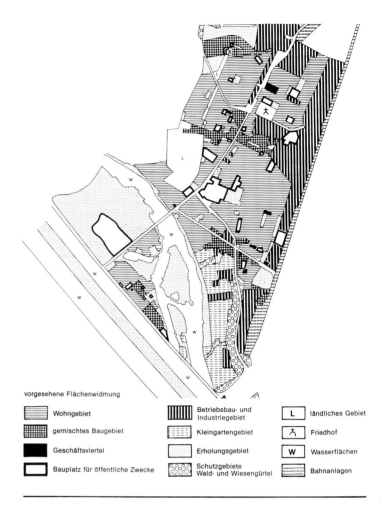

Entwicklungsanalyse Donaustadt; Ablaufdiagramm mittelfristiger städtebaulicher Maßnahmen für ein Teilgebiet ▼

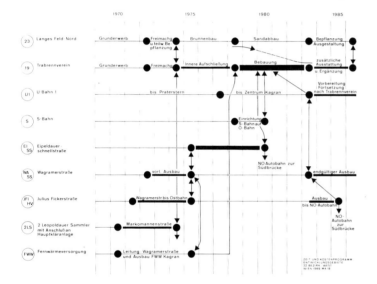

vorgesehene Flächenwidmung

Wohngebiet	Betriebsbau- und Industriegebiet	L ländliches Gebiet
gemischtes Baugebiet	Kleingartengebiet	Friedhof
Geschäftsviertel	Erholungsgebiet	W Wasserflächen
Bauplatz für öffentliche Zwecke	Schutzgebiete Wald- und Wiesengürtel	Bahnanlagen

Erste städtebauliche Ideenskizze für eine UNO-City (Ernst W. Heiss 1965), erstellt anläßlich der Auswahl des Standortes.

Das prominenteste Hochbau-Projekt, das gleichzeitig mit dem verbesserten Hochwasserschutz im Wiener Donaubereich verwirklicht worden ist, ist der für Organisationen der Vereinten Nationen erstellte Gebäudekomplex. Vielfältige Wechselbeziehungen und Konflikte waren in Zusammenhang mit diesem Bau zu berücksichtigen und zu bewältigen; sie trugen zu der Erkenntnis bei, daß die im Donaubereich Wien auftretende Konzentration von öffentlichen Investitionen nur mit Hilfe eines komplexen Planungsverfahrens befriedigend bewältigt werden kann.

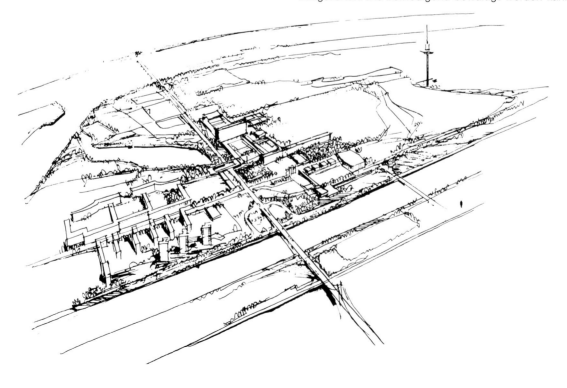

Donaustaustufe Wien, eine der Varianten
Übersichtslageplan mit dem Hauptbauwerk und Anlagen im Bereich der Einmündung des Donaukanals.

Zu den projektierten Großbauten im Wiener Donaubereich zählt auch das Projekt einer Donaustufe (Kraftwerk und Schiffahrtsschleuse). Varianten in Standort und Ausführung dieses Bauwerkes sind durch den Bauträger erstellt worden. Zu einem alle Zusammenhänge umfassenden komplexen Planungsprozeß kam es jedoch bisher nicht. Auch in das hier behandelte Verfahren konnte die Donaustufe Wien nicht einbezogen werden.

In der Darstellung ist eine Variante wiedergegeben, die sich an die Hochwasserschutz-Variante einer Verbreiterung des Strombettes anlehnt. Die nunmehr auszuführende Variante ist in Leitprojekt und Flächenwidmungsplan aufgenommen worden (siehe Faltpläne am Ende des Buches).

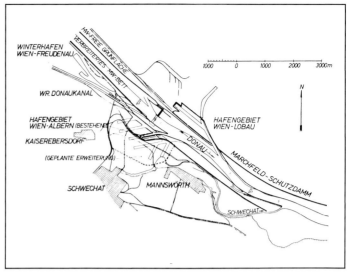

Bezirkszentrum Floridsdorf Am Spitz, Probleme und Vorschläge

Im Zuge der tiefgreifenden Veränderungen, denen der weitere Wiener Donaubereich in der Epoche der Stadterweiterung unterworfen war, wurden Entwicklungsmöglichkeiten und Ausbauerfordernisse der Zentren eingehend untersucht. Im Verfahren „Donaubereich Wien" konnte auf die Ergebnisse dieser Studien immer wieder zurückgegriffen werden.

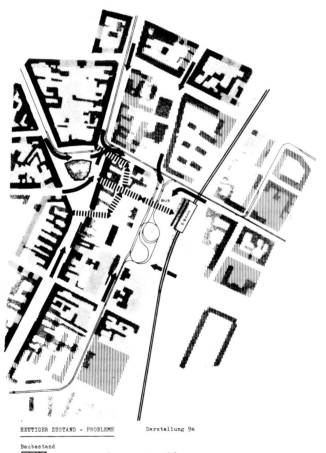

HEUTIGER ZUSTAND - PROBLEME   Darstellung 9a

Baubestand

▪ Bebaute Flächen (nach Luftbild 1961)

― Bestehende Geschäftsfronten (Straßenfront der Häuser mit zentralen Einrichtungen)

Derzeit gültige Flächenwidmung

▪ Gemischtes Baugebiet, teilweise Geschäftsviertel; Unterbringung zentraler Einrichtungen in hoher Randbebauung zulässig

▫ Gemischtes Baugebiet, teilweise Geschäftsviertel, Bauklasse I oder II; Unterbringung zentraler Einrichtungen zulässig

▪ Wohngebiet, Bauklasse III; Unterbringung zentraler Einrichtungen nur in sehr beschränktem Umfang zulässig

Massenverkehrslinien

― Schnellbahn und Bahnhof

― Straßenbahn

Fußgängerverkehr

➤ Zuwege zum Verkehrszentrum und zum geplanten Einkaufszentrum

◀▪▪▪▪ Erforderliche Fußwege zwischen Verkehrszentrum, geplantem Einkaufszentrum und bestehendem zentralen Bereich; gesicherte Straßenübergänge notwendig, möglichst als Passagen oder Überführungen

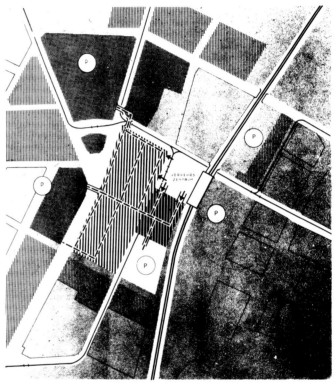

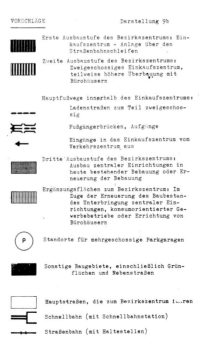

VORSCHLÄGE   Darstellung 9b

▮ Erste Ausbaustufe des Bezirkszentrums: Einkaufszentrum - Anlage über den Straßenbahnschleifen

▯ Zweite Ausbaustufe des Bezirkszentrums: Zweigeschossiges Einkaufszentrum, teilweise höhere Überbauung mit Bürohäusern

Hauptfußwege innerhalb des Einkaufszentrums: Ladenstraßen zum Teil zweigeschossig

▭▭▭ Fußgängerbrücken, Aufgänge

← Eingänge in das Einkaufszentrum vom Verkehrszentrum aus

▦ Dritte Ausbaustufe des Bezirkszentrums: Ausbau zentraler Einrichtungen in heute bestehender Bebauung oder Erneuerung der Bebauung

▥ Ergänzungsflächen zum Bezirkszentrum: Im Zuge der Erneuerung des Baubestandes Unterbringung zentraler Einrichtungen, konsumorientierter Gewerbebetriebe oder Errichtung von Bürohäusern

Ⓟ Standorte für mehrgeschossige Parkgaragen

▪ Sonstige Baugebiete, einschließlich Grünflächen und Nebenstraßen

▢ Hauptstraßen, die zum Bezirkszentrum fü...ren

― Schnellbahn (mit Schnellbahnstation)

― Straßenbahn (mit Haltestellen)

7. Die Einleitung des Verfahrens

Mit dem offiziellen ersten Spatenstich für den verbesserten Hochwasserschutz hatten Ende Mai 1972 nach dreijährigen Vorarbeiten die Bauarbeiten an Neuer Donau und Donauinsel voll eingesetzt. Wenige Monate vor diesem Ereignis hatten die formellen Gespräche zwischen den Trägern des Projektes — Bund und Stadt Wien — über die Anforderungen an die Gestaltung des zu erwartenden Ergebnisses und über die Abwicklung der dazu erforderlichen Bearbeitungen begonnen.

Am 2. März 1972 stimmte die Gemeinderätliche Stadtplanungskommission dem Vorschlag zu, „im Wege eines Ideenwettbewerbes zu Anregungen hinsichtlich der städtebaulichen Nutzung der Donauinsel zu kommen".

Damals wurde noch die Durchführung eines einstufigen Ideenwettbewerbes (also auch nicht eines auf ein Ausführungsprojekt zielenden Verfahrens) empfohlen. Damit sollte für die notwendige weitere Bearbeitung die größte Vielfalt an Anregungen gewonnen werden, ohne das Verfahren selbst bereits festlegen zu müssen. Die Vorstellung von der mehrstufigen komplexen Vorgangsweise hatte sich noch nicht durchgesetzt.

Besonderer Wert wurde auf die Vorsorge gelegt, daß Nutzungsvorschläge, die eine Beeinträchtigung des Donauraumes in der Stadtlandschaft ergeben würden, von vornherein ausgeschlossen werden. Eine „Negativliste" mit den erforderlichen Einschränkungen der zulässigen Nutzungsvorschläge sollte deshalb noch erarbeitet werden. Dieser Beschluß kann als der erste Erfolg im Konflikt mit einer Bebauungs-Spekulation betrachtet werden.

Die Vorbereitung des Wettbewerbes wurde nun sowohl im Rahmen der Stadtverwaltung als auch durch beauftragte Experten rasch vorangetrieben.

Ende 1972 waren dann die Vorarbeiten für den Wettbewerb soweit abgeschlossen, daß das von der Ingenieurkammer (der Standesvertretung der potentiellen Wettbewerbsteilnehmer) vorgeschriebene Ausschreibungsverfahren eingeleitet werden konnte.

Die Mitwirkung der Ingenieurkammer in dieser Phase der Einleitung des Verfahrens hatte zwei entscheidende Veränderungen zur Folge: Der zulässige Teilnehmerkreis wurde — wie bereits erwähnt — auf die formell für städtebauliche Bearbeitungen und Aufgaben der örtlichen Raumordnung allein befugten Architekten eingeschränkt (interdisziplinäre Teambildung wurde den Teilnehmern dabei nahegelegt). Die zweite Änderung brachte den Durchbruch des ursprünglichen Vorschlages, mit einem zweistufigen Wettbewerb zu einem komplexeren Verfahren (man dachte etwa an eine Modifikation der „Gutachterverfahren", wie sie damals gerade Mode waren) überzuleiten.

Diese Vorschläge wurden von den Entscheidungsträgern rasch akzeptiert, so daß schon kurze Zeit danach (24. November 1972) der Gemeinderat dem Antrag auf Genehmigung der finanziellen Mittel für die erste Wettbewerbsstufe zustimmte und damit das Verfahren in Gang setzte.

Als Ergänzung zu den vorgelegten Unterlagen war dabei vom Gemeinderat lediglich die Erstellung von Gutachten über ökologische und biologische Gesichtspunkte zum Hochwasserschutz in Wien sowie über grünplanerische Gesichtspunkte zur Ausgestaltung der Insel zwischen Donau und Entlastungsgerinne gefordert worden. Solche Gutachten waren grundsätzlich für das der ersten Stufe folgende Verfahren bereits vorgesehen gewesen. Sie lagen dann zur Vorprüfung der ersten Wettbewerbsstufe vor, fanden aber — der Aufgabenstellung entsprechend — erst in der zweiten Stufe konkrete Verwendung.

Wieder erscheint es notwendig, in die Darstellung des Verfahrensablaufes einige Bemerkungen über Vorgänge einzuschieben, die nur in lockerem Zusammenhang mit diesem standen, jedoch wesentliche Einflüsse ausübten oder besonders bezeichnend für die Situation waren:

Im Frühjahr 1972 hatten sich kommunalpolitisch interessierte Bewohner des 21. Wiener Gemeindebezirkes (angeregt durch den für das Verfahren Donaubereich Wien zuständigen amtsführenden Stadtrat, der Mandatar dieses im Donaubereich gelegenen Bezirkes war) in einem „Floridsdorfer Kreis" zusammengefunden, um Gedanken, Kritik und Vorschläge zur Ausgestaltung und Nutzung des engeren Donaubereiches zu sammeln und einer weiteren Behandlung zuzuführen.

Schon Ende 1970 hatte eine Veranstaltung „Rettet die Lobau" einiges Aufsehen erregt, mit der Gesichtspunkte des Naturschutzes, des Umweltschutzes und der Ökologie für den Donaubereich erstmals vehement in der Öffentlichkeit vertreten worden waren.

In den folgenden Jahren hatten sich zu diesem Thema mehrere „Aktionen" und „Bürgerinitiativen" entwickelt, die mit ihrer Wirkung in der Öffentlichkeit zu jenem Gesinnungswandel beitrugen, der sich dann in Richtung auf die Berücksichtigung der ökologischen Gesichtspunkte vollzogen hatte.

Der Zeitströmung größerer Bürgernähe und Diskussionsbereitschaft entsprach auch die Veranstaltung der „Wiener Stadtentwicklungsenquete" in den Jahren 1972 und 1973. Im Februar 1972 war ein Entwurf „Leitlinien für die Stadtentwicklung" als Thesen zu einem Generalplan einer umfassenden öffentlichen Diskussion vorgelegt worden.

Nach dem Bekanntmachen durch Aussendungen und Vorträge waren zahlreiche Diskussionen in den Bezirken und in den zehn Arbeitskreisen abgewickelt worden. Im Juni 1973 lagen die aus diesen Diskussionen entstandenen Abschlußberichte der Arbeitskreise vor. Die „Stadtentwicklungsenquete" war als „Großversuch demokratischer Meinungssuche und Meinungsfindung in einem permanenten Entwicklungsprozeß" bezeichnet worden. Die unmittelbaren Konsequenzen waren gering, obwohl — auch für den Donaubereich — wesentliche Fragen angeschnitten worden waren. Anregung und Kanalisierung der Diskussion waren jedoch erzielt worden. Ebenso wie mit Wiederaufbauenquete, Verkehrsenquete, Planungsgemeinschaft Wien-Niederösterreich und ÖROK (Österreichische Raumordnungskonferenz) war hier der Versuch eingeleitet worden, Planungsprozesse in einem breiteren gesellschaftlichen und personellen Kreis einzuführen, als dies allgemein üblich war. Es ist dies als erstes Tasten in jene Richtung aufzufassen, die mit der „Projektorganisation Donaubereich Wien" dann eingeschlagen wurde.

Bürgerinitiativen, Diskussionsveranstaltungen und Planungsvorgänge regten viele Fachleute an, Vorstellungen zum Hochwasserschutzprojekt und zur Entwicklung im Donaubereich festzuhalten und in die öffentliche Auseinandersetzung einzubringen. Vom Beginn der öffentlichen Diskussion (1970) bis in die zweite Wettbewerbsstufe (etwa 1974) wurden immer wieder Vorschläge zu Teilfragen oder auch utopische Gedanken vorgebracht.

8. Die erste Wettbewerbsstufe

Die erste Wettbewerbsstufe begann im Februar 1973 Gestalt anzunehmen: Die Ingenieurkammer und das Bundesministerium für Bauten und Technik nominierten je drei Juroren, nachdem die Stadt Wien bereits die Fachjuroren und ihre eigenen Vertreter in der Jury bekanntgegeben hatte.

Die erste vorbereitende Sitzung der Jury fand vom 26. bis 28. März statt. Nach Konstituierung der Jury wurden sehr eingehend Fragen zum Hochwasserschutzprojekt behandelt; Wettbewerbsabwicklung, -aufgabe und -bedingungen waren weitere Gegenstände. Der vom Vorprüfer ausgearbeitete Ausschreibungsentwurf wurde diskutiert und inhaltlich wesentlich gekürzt, was im Verfahren später zu Unklarheit, Mißverständnissen und Mehrarbeit führte, die Konsensbildung jedoch erleichterte.

Die zweite vorbereitende Sitzung der Jury (25. bis 26. April 1973) brachte die Genehmigung der Ausschreibung durch die Jury, so daß nach Freigabe des Wettbewerbes durch die Ingenieurkammer (3. Mai 1973) diese mit der Einschreibung der Teilnehmer (bis 25. Mai 1973) und der Aussendung der Wettbewerbsunterlagen beginnen konnte.

Bei den vorbereitenden Sitzungen bildete das Streitgespräch um Formalfragen und um das wasserbautechnische Projekt den Schwerpunkt.

Zur üblichen Fragebeantwortung kam die Jury zu ihrer dritten Sitzung (22. und 23. Oktober 1973) zusammen. Auf Grund mehrerer kritischer Stellungnahmen zu dem Wettbewerb (als Beispiel sei die „Stellungnahme der Zentralvereinigung der Architekten Österreichs zum Wettbewerb Donaubereich Wien" vom 16. Juli 1973 erwähnt) gab die Jury in dieser Sitzung eine Erklärung ab, die sich nochmals mit dem anlaßgebenden wasserbautechnischen Projekt auseinandersetzte und betonte, daß die Chancen von Teilnehmern, die sich nicht an das vorgegebene Hochwasserschutzprojekt halten würden, bei der Beurteilung nicht reduziert würden. In dieser Sitzung wurde der Einsendeschluß mit 15. März 1974 festgelegt. Eine vierte vorbereitende Sitzung (18. und 19. April 1974) diente der Orientierung zur weiteren Vorgangsweise unter dem Vorsitz des ersten Stellvertretenden Vorsitzenden.

Die oben erwähnte Kritik berührt wesentliche verfahrensmäßige Probleme, die in der Vorbereitung zum Wettbewerb bearbeitet und von den Kritikern nur aus einem anderen Blickwinkel entdeckt worden waren, aber nicht hinreichend in ihrem Zusammenhang erkannt werden konnten. Es ging in dieser (und vieler ähnlicher) Kritik vor allem um zwei Fragen:

● Warum wird nicht ein Projekt-(Entwurfs-)wettbewerb mit verbindlichen, detaillierten Vorgaben veranstaltet? Und:

● Warum wurde der (Planungs-)Wettbewerb nicht schon viel früher veranstaltet?

Im Grunde genommen bedeutet beides die (irrelevante) Frage, warum nicht bereits 1869 ein umfassender Planungsprozeß begonnen und durchgeführt worden sei, statt der eng begrenzten Projektierung, die tatsächlich durchgeführt worden ist.

In der Antwort auf solche Kritik wurde wieder versucht, Aufgabe und Notwendigkeit von Planungsprozessen klar zu machen. Daß dies selbst innerhalb der Jury in den vier vorbereitenden Sitzungen noch nicht restlos gelungen war, läßt die Schwierigkeit der Aufgabe ahnen.

Einen weiteren Hinweis auf die Schwierigkeit der angeschnittenen Problematik gibt die Tatsache, daß im November 1973 der „Vorschlag zur Verbesserung des Hochwasserschutzes in Wien durch Stabilisierung und Erhöhung der Dämme (Bundesstrombauamtprojekt)" erstmalig für die Jury als Kurzfassung graphisch dargestellt wurde. Eine ausführliche Projektbeschreibung lag dabei nicht vor.

Dieser Vorgang ist zur Analyse und Beurteilung des Planungsprozesses besonders bemerkenswert; zeigt er doch, daß Alternativprojekte und Testprojekte im allgemeinen nicht ausgearbeitet und auch nicht einem größeren Kreis zugänglich gemacht werden. Selbst im Falle eines derart großen Projektes mit seinen sich über hunderttausende Betroffene, hunderte Quadratkilometer, und zumindest über Jahrzehnte erstreckenden Auswirkungen wurde nur das Ausführungsprojekt in einem Maß bearbeitet, das zur Not eine Beurteilung durch Fachleute erlaubte, die nicht unmittelbar mit dem Projekt befaßt waren.

Als Lehre aus diesem Vorgang kann die Erkenntnis mitgenommen werden, daß zur Einführung umfassender und in der Demokratie notwendiger Planungsprozesse ein wesentlich größerer Aufwand auch bei der Ausarbeitung und vor allem Publikation von Alternativprojekten betrieben werden sollte.

Die beurteilenden Sitzungen der Jury in der ersten Wettbewerbsstufe fanden vom 27. bis 31. Mai 1974 und, nach eingehender zusätzlicher Vorprüfung, vom 17. bis 22. Juni 1974 statt.

Gleich zu Beginn entzündete sich wieder eine heiße Diskussion an der Tatsache, daß die Bauarbeiten am Hochwasserschutzprojekt parallel zum Wettbewerb unvermindert auf Grund des ursprünglichen, rein technisch orientierten Projektes fortgesetzt wurden. Dieses Problem wurde in dramatischer Weise auch dem Wiener Bürgermeister vorgetragen, der zusagte, durch Umdisponieren von begonnenen Bauarbeiten den von der Jury erkannten Erfordernissen entgegenzukommen. Dies bedeutete nicht mehr und nicht weniger, als daß nunmehr Empfehlungen der Jury direkt in die Bauausführung eingreifen konnten.

Der Bürgermeister stimmte zugleich einer Abänderung des Verfahrens für die zweite Wettbewerbsstufe in dem später durchgeführten Sinne zu. Damit war die Möglichkeit eröffnet, eine neue Form der Abwicklung eines Planungsprozesses zu entwickeln. Der Abschlußbericht der Jury für die erste Wettbewerbsstufe brachte eine realistische Vorstellung von einem derartigen Verfahren, wie sie in der zweiten Stufe auch realisiert wurde.

Die Vorprüfung der eingesandten Arbeiten erfolgte in zwei Phasen: von Mitte März bis 26. Mai 1974 sowie zwischen den Beurteilungssitzungen der Jury vom 1. bis 16. Juni 1974. Im besonderen wurde dabei die Aufgabenstellung für die zweite Wettbewerbsstufe an Hand der Ideen der ersten Stufe konkretisiert.

Im übrigen brachten die beurteilenden Sitzungen der Jury das geforderte Ergebnis: Von den 45 eingesandten Projekten wurden 8 im ersten und 23 im zweiten Bewertungsrundgang ausgeschieden; nach eingehender Bearbeitung der Projekte, nach mehreren Wiederaufnahmeanträgen und Diskussion der aufgetretenen Beurteilungsprobleme wurden fünf Projekte prämiiert und dem Auslober zur Weiterarbeit empfohlen, sechs weiteren Projekten wurde eine Prämie verliehen. Weiteren fünf Projekten wurde ein Spesenersatz zuerkannt.

Als Ergebnis der ersten Wettbewerbsstufe hat der Abschlußbericht der Jury wesentliche Bedeutung. Dieser ent-

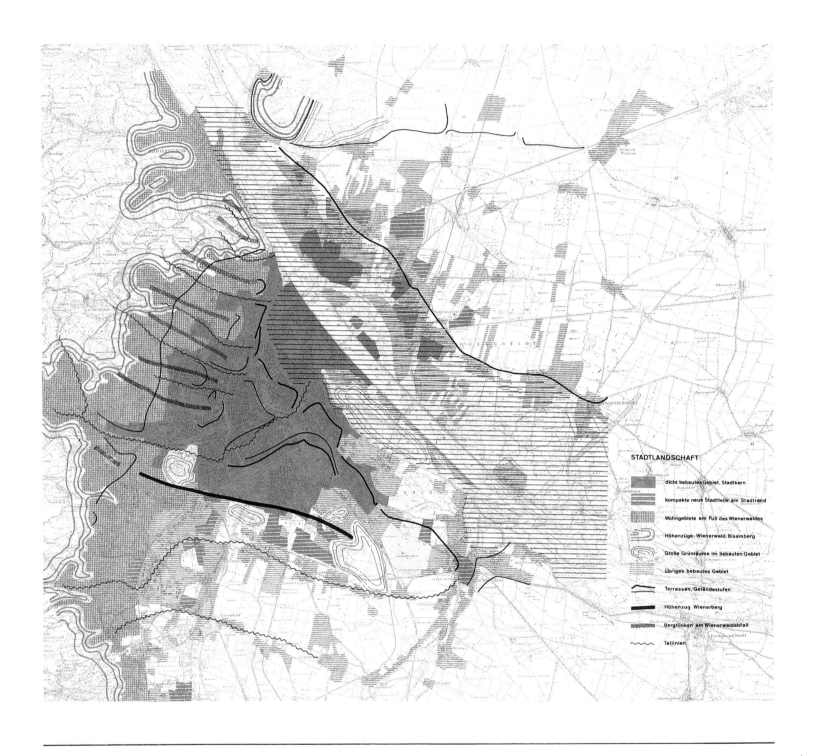

STADTLANDSCHAFT

dicht bebautes Gebiet, Stadtkern

kompakte neue Stadtteile am Stadtrand

Wohngebiete am Fuß des Wienerwaldes

Höhenzüge: Wienerwald, Bisamberg

Große Grünräume im bebauten Gebiet

übriges bebautes Gebiet

Terrassen, Geländestufen

Höhenzug Wienerberg

Bergrücken am Wienerwaldabfall

Tallinien

Den Teilnehmern an der als herkömmlicher städtebaulicher Ideenwettbewerb durchgeführten ersten Stufe des Planungsverfahrens „Donaubereich Wien" wurde eine Reihe von Darstellungen zur Verfügung gestellt, die Einblick in die zu bearbeitende Problematik gaben. Im Folgenden werden die wichtigsten dieser Wettbewerbsunterlagen wiedergegeben (soweit sie sich für die Wiedergabe eignen; großmaßstäbige Karten scheinen deshalb nicht auf).

1. Die Stadtlandschaft

In der Darstellung „die Stadtlandschaft" sind die großen Gestaltelemente des Wiener Raumes hervorgehoben, mit denen sich die Planung im Donaubereich auseinanderzusetzen hat und die die Grobstruktur der Stadtgestalt bestimmen.

zu S. 64 ▶

3. Die Stadtentwicklung

Die historische Entwicklung der Stadt von frühen Anfängen an spiegelt sich auch in der heute bestehenden Stadtgestalt. Da in der Problematik des Wiener Donaubereiches viele offene Einzelfragen enthalten sind, die ihre Wurzeln in der bisherigen Stadtentwicklung haben, kommt diesem Überblick große Bedeutung zu.

2. Zentren, Gliederung des Stadtkörpers

Die funktionelle und bauliche Struktur des Stadtgebietes weist eine deutliche Gliederung auf, die durch die Verteilung der Konzentrationen zentraler Funktionen verschiedener Stufen und Dimensionen unterstrichen wird. Die Darstellung gibt einen instruktiven Einblick in diese Struktur; mit ihrer generalisierenden Gliederung war sie auch Grundlage konzeptiver Überlegungen zur Weiterentwicklung der Wiener Stadtstruktur insgesamt.

zu S. 65 ▶

4. Die Stadtstruktur

Die Verbindung baulicher und funktioneller Kriterien dient, ebenso wie die Einführung des historischen Aspektes (siehe S. 64), der Verfeinerung und Konkretisierung der Vorstellung von der Stadtgestalt, die in den vorangegangenen Darstellungen skizziert worden ist.

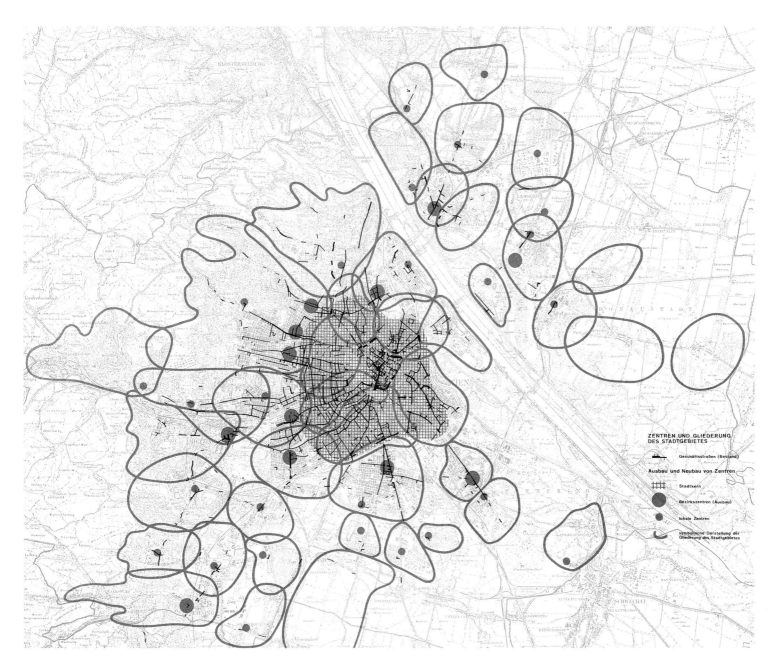

ZENTREN UND GLIEDERUNG
DES STADTGEBIETES

━━━━ Geschäftsstraßen (Bestand)

Ausbau und Neubau von Zentren

⊞⊞⊞ Stadtkern

● Bezirkszentren (Ausbau)

• lokale Zentren

symbolische Darstellung der
Gliederung des Stadtgebietes

DIE STADTENTWICKLUNG

Altstadt und alte Ortskerne (unregelmäßig, zum Teil beplant, zum Teil stark überformt)

Geschlossene Anlagen vor 1840, heute weitgehend überbaut (weitmaschiger Raster)

Mengung von Flächen, die vor 1840 erschlossen und zum Teil bebaut wurden, mit gründerzeitlicher Erschließung und Bebauung (eng- und weitmaschiger Raster)

Vorwiegend gründerzeitliche Erschließung und Bebauung (Raster)

Vorwiegend Anlagen der Zwischen- und Nachkriegszeit

Mengung von Elementen der Stadtrandnutzung (Betriebe, einzelne Wohnbauten, Kleingartenflächen, unbebaute Flächen) (noch nicht ausgeprägter Grundriß)

Vorwiegend gründerzeitliche Villen und Einfamilienhäuser (Rastergrundriß am Stadtrand)

Vorwiegend jüngere Einfamilienhausbebauung (Siedlungsgrundriß)

Altanlagen (Schlösser etc.)

Jüngere Anlagen (Krankenhäuser etc.)

Industrieanlagen

E **Erholungsflächen** (Anlagen, etc.)

G **Gärtnereien**

Bahn- und Hafenanlagen

$ **Weinbaugebiete**

✈ **Flughafen**

Wald

DIE STADTSTRUKTUR

DICHT UND MEHRGESCHOSSIG BEBAUTE GEBIETE – HOHE EINWOHNER- BZW. ARBEITSPLATZDICHTE

City

Hauptgeschäftsstraßen

  Wohngebiete mit großem Anteil zentraler Einrichtungen und gewerblicher Nutzung

  Wohngebiete mit sehr starkem Gewerbeanteil

  Wohngebiete mit durchschnittlichem Anteil an zentralen Einrichtungen und Gewerbe

MÄSSIG DICHT UND UNTERSCHIEDLICH HOCH BEBAUTE GEBIETE – MÄSSIGE EINWOHNER- UND ARBEITSPLATZDICHTE

  Wohngebiete mit großem Anteil an Industrie- und Gewerbenutzung

  Wohngebiete mit durchschnittlichem bis geringem Anteil an zentralen Einrichtungen und Gewerbe

● Wichtige zentrale Punkte der randlichen städtischen Wohngebiete

LOCKER BZW. TEILWEISE UND NIEDRIG BEBAUTE GEBIETE – GERINGE EINWOHNER- UND ARBEITSPLATZDICHTE

Wohngebiete mit sehr geringem Anteil an zentralen Einrichtungen und Gewerbe

Industriegebiete und größere Einzelbetriebe

Bahn- und Hafenanlagen

Flughafen

Größere öffentliche Anlagen (z. T. mit öffentlichen Einrichtungen)

Grünanlagen, Friedhöfe

Erholungsgebiete

Weinbaugebiet

Gärtnereien

Auwald   Wald

Wasserflächen

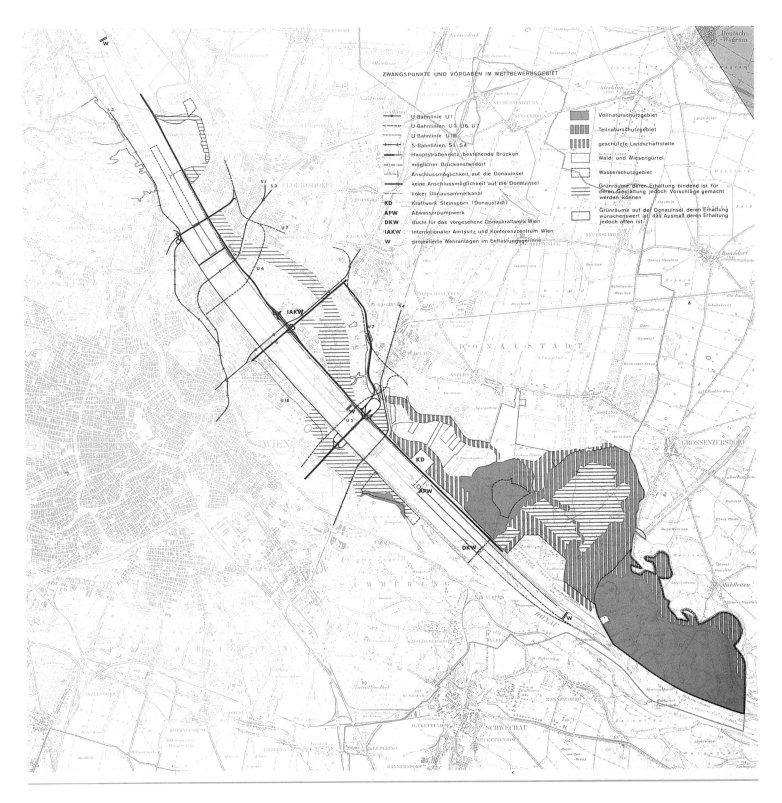

ZWANGSPUNKTE UND VORGABEN IM WETTBEWERBSGEBIET

U-Bahnlinie U1	
U-Bahnlinien U3, U6, U7	
U-Bahnlinie U1B	
S-Bahnlinien S1, S4	
Hauptstraßennetz, bestehende Brücken	
möglicher Brückenstandort	
Anschlussmöglichkeit auf die Donauinsel	
keine Anschlussmöglichkeit auf die Donauinsel	
linker Donausammelkanal	
KD Kraftwerk Steinsporn (Donaustadt)	
APW Abwasserpumpwerk	
DKW Bucht für das vorgesehene Donaukraftwerk Wien	
IAKW Internationaler Amtssitz und Konferenzzentrum Wien	
W projektierte Wehranlagen im Entlastungsgerinne	

Vollnaturschutzgebiet

Teilnaturschutzgebiet

geschützte Landschaftsteile

Wald- und Wiesengürtel

Wasserschutzgebiet

Grünräume, deren Erhaltung bindend ist, für deren Gestaltung jedoch Vorschläge gemacht werden können

Grünräume auf der Donauinsel, deren Erhaltung wünschenswert ist, das Ausmaß deren Erhaltung jedoch offen ist

5. Zwangspunkte und Vorgaben

Als Zwangspunkte wurden räumliche (lokale) Gegebenheiten und Festlegungen bezeichnet, die weitgehend unverändert erhalten, berücksichtigt oder eingehalten werden müssen: Baubestand, für den eine Veränderungswahrscheinlichkeit nicht gegeben ist, übergeordnete Verkehrslinien und -anlagen, Anlagen der technischen Infrastruktur, festgelegte Schutzgebiete, Festlegungen hinsichtlich der wasserbautechnischen Erfordernisse zum Hochwasserschutz. Als Vorgaben wurden dagegen Festlegungen bezeichnet, die für das Wettbewerbsgebiet grundsätzlich getroffen worden waren, für die jedoch im einzelnen ein Spielraum verblieb, wie z. B. projektierte Verkehrslinien, Grünanlagen, oder Detailangaben zum Hochwasserschutzprojekt.

6. Ausschnitte aus dem wasserbautechnischen Projekt ▶

Die Festlegungen hinsichtlich des wasserbautechnischen Hochwasserschutzprojektes sollten in der zweiten Wettbewerbsstufe aufgrund der Ergebnisse der ersten Stufe Modifikationen und Präzisierungen erfahren. Da die Baumaßnahmen zu Beginn des Wettbewerbsverfahrens bereits begonnen hatten, hatten die unmittelbar mit dem Bau der Hochwasserschutzanlagen verbundenen Probleme in der Bearbeitung Vorrang; hier bot die direkte Umsetzung der Verfahrensergebnisse in die bauliche Realität sichtbare Erfolge, wie auch die Möglichkeit der Kontrolle von Ergebnissen bereits während des Verfahrens eine besondere Chance bot.

Grundlage: Wasserbautechnisches Projekt
(A. Zottl, H. Zottl, Zivilingenieure für Bauwesen, Wien 1971)

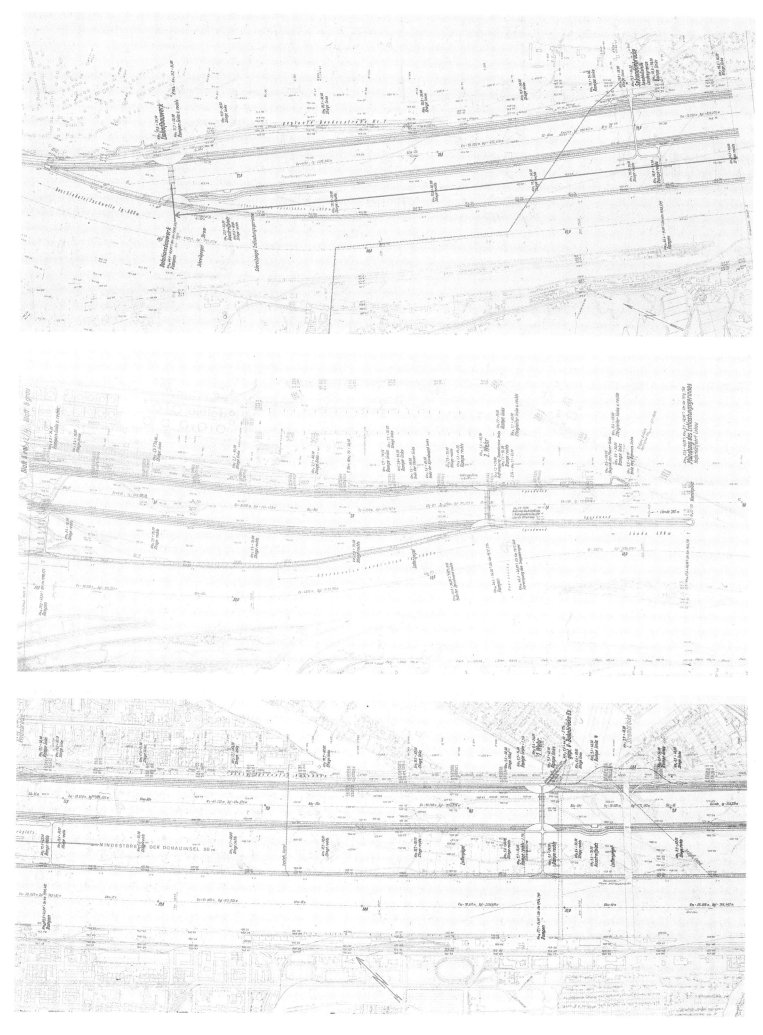

7. Luftbildplan (1971)

◀ Nordteil des Donaubereiches, Luftbild 1959

Donaustrom und Inundationsgebiet vor Beginn der Projektierung

Luftbild; Inundationsgebiet, Strom und Hafen Freudenau ▶
(1968)

Die Bauarbeiten haben noch nicht begonnen; die Wege
auf dem Inundationsgebiet lassen auf intensive Erholungsnutzung schließen; am rechten Stromufer haben noch
kaum Absiedlungen stattgefunden.

Baumaßnahmen, die mit dem Verfahren in Zusammen-
hang stehen, sind am Wehr und Schleuse Nußdorf, beim
Hafen Albern, unterhalb der Praterbrücke sowie beim
Donauparkgelände zu erkennen.

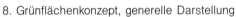

GRÜNFLÄCHENKONZEPT — generelle Darstellung

Höhenzüge: Wienerwald, Bisamberg, Wienerberg
Erhaltung als Grünzone rechtlich gesichert oder Sicherung
angestrebt; Ausgestaltung erforderlich

Aubereich der Donau
Erhaltung als Grünzone großteils rechtlich gesichert;
Ausgestaltung teilweise erforderlich

Agrar- und Weinbaubereiche am Stadtrand
Erhaltung rechtlich gesichert oder Sicherung angestrebt;
Ausgestaltung teilweise möglich

Vorgesehene Grünbereiche, besondere Ansatzpunkte
Ausgestaltung angestrebt, sowie unbebaute Gebiete innerhalb
deren die Ausgestaltung von Grünräumen angestrebt wird
(Ausgestaltung von Schotterteichen, Windschutzpflanzungen usw.)

Größere ausgestaltete Grünanlagen
Im bebauten Gebiet (Parkanlagen, Sportanlagen, Friedhöfe)

Projekt lfd. Nr. 7
Verfasser: E. Christoph, H. Lintl

8. Grünflächenkonzept, generelle Darstellung

Dargestellt sind lediglich die großen, formell gesicherten oder zur
Festlegung als Schutzgebiete vorgesehenen Grünflächen im Wiener Stadtgebiet.

Die in der ersten Wettbewerbsstufe prämiierten Projekte

Die erste Wettbewerbsstufe diente einerseits der Erlangung einer
Vielfalt von Vorschlägen zur Einfügung der Entwicklung im engeren Donaubereich in die Gesamtentwicklung und Gesamtstruktur
des Wiener Raumes; andererseits bildeten die Verfasser der
ersten fünf prämiierten Projekte das „Planungsteam" der zweiten
Wettbewerbsstufe. Aus diesen fünf Projekten ist im folgenden jeweils die Darstellung des städtebaulichen Konzeptes für das
Wettbewerbsgebiet wiedergegeben (Originalmaßstab 1:10000).
Die Reihung erfolgt nach der laufenden Einsendungsnummer und
stellt keine Wertung dar.

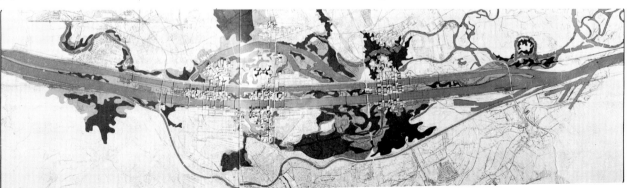

MULTIFUNKTIONALE
KOMMUNIKATIONS-
KOMPLEXE IN DEN
BEREICHEN BESTER
ERREICHBARKEIT
DURCH
U-BAHN UND S-BAHN

ERHOLUNGS-
EINRICHTUNGEN IM
ZUGE REGIONALER
GRÜNKEILE FÜR
NAHERHOLUNGSZWECKE
OHNE STARKEN
PUBLIKUMSVERKEHR

ERSCHLIESSUNG DURCH
EIN GEBÄUDE-
INTEGRATIONSFÄHIGES
KABINENSYSTEM
MIT ANSCHLUSS AN
PARKGARAGEN AUF
BEIDEN DONAUUFERN

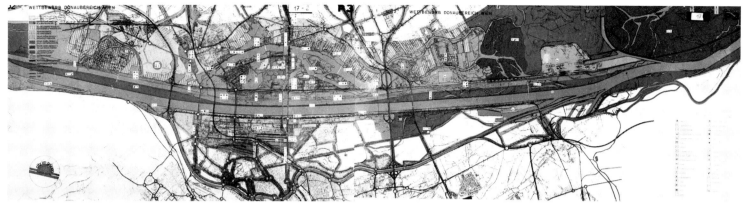

Projekt lfd. Nr. 17
Verfasser: H. Marschalek, G. Ladstätter, N. Gantar

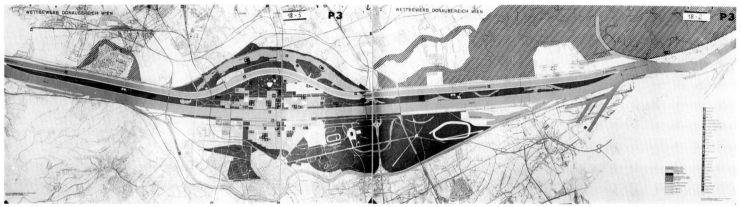

Projekt lfd. Nr. 18
Verfasser: H. Ekhart, St. Hübner

Projekt lfd. Nr. 21
Verfasser: H. Potyka, G. Kattinger, H. Werner, E. Fröhlich, A. Karger, L. Janig

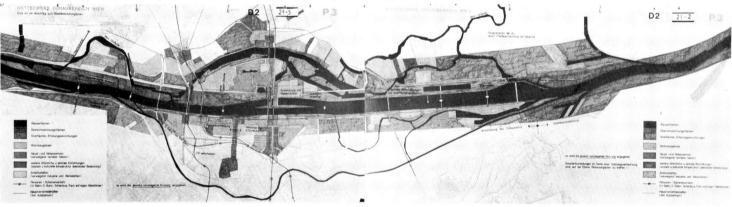

Projekt lfd. Nr. 34
Verfasser: H. Glück, K. Becker, W. Höfer

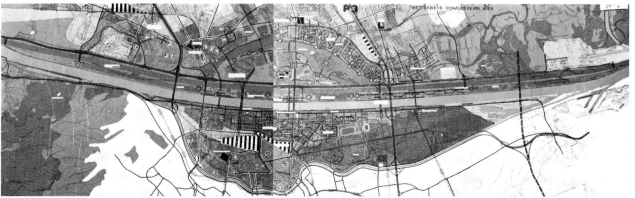

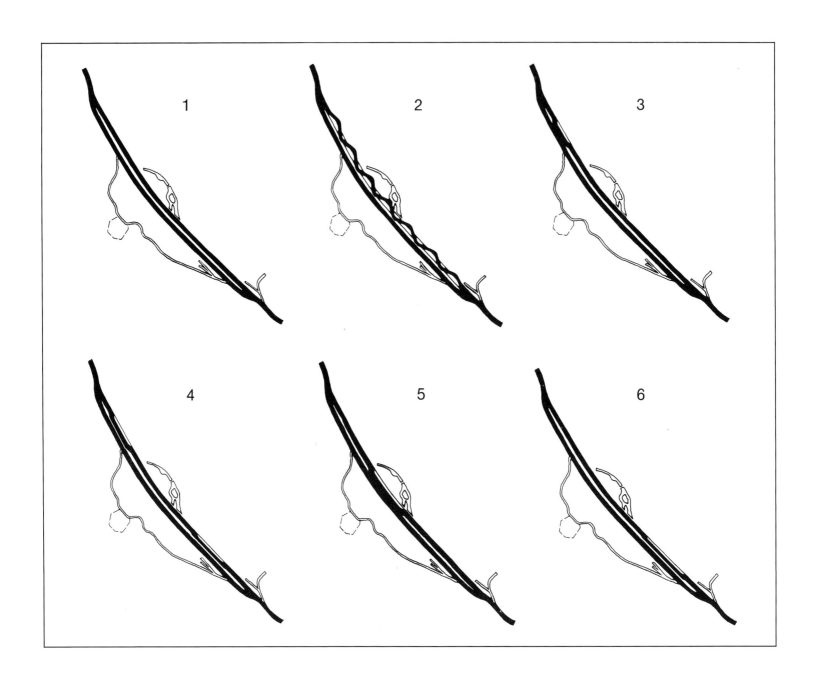

Auswertung der Ergebnisse der ersten Wettbewerbsstufe

Vor Abschluß der ersten Stufe wurden die Einsendungen durch die Vorprüfung ausgewertet. Als Beispiele für diese Auswertung werden im Folgenden ausgewählte Typen der vorgeschlagenen Hochwasserschutz-Lösungen und der dargestellten Grünflächen-systemteile wiedergegeben. Trotz der wirksamen Einschränkungen der Gestaltungsmöglichkeiten ergab sich eine erhebliche Vielfalt, die grundlegende Voraussetzung für die Einleitung des weiteren Verfahrens war.

Die Vielfalt der Hochwasserschutz-Lösungen blieb mit wenigen Ausnahmen im Rahmen einer Variation der in den Vorarbeiten entwickelten Lösung. Dies erscheint sowohl in der Wettbewerbs-ausschreibung und im Wesen des schließlich ausgeschriebenen Architekten-Wettbewerbes begründet, als auch durch reale Ein-schränkungen des Lösungsspielraumes bedingt. Trotz der aus-drücklichen Erklärung der Jury, daß von der Wettbewerbsaus-schreibung abweichende Lösungen des Hochwasserschutz-Problems nicht zum Ausscheiden des Teilnehmers führen, bevor-zugten die Teilnehmer überwiegend die Beibehaltung der vorge-gebenen Lösung.

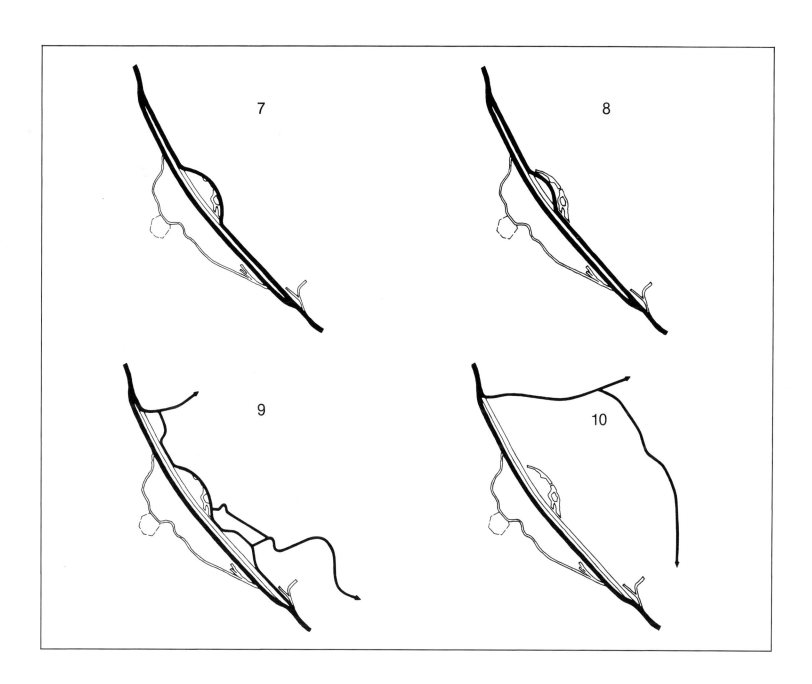

A. Typen vorgeschlagener Hochwasserschutzlösungen in Relation zum ausgeschriebenen wasserbautechnischen Projekt

1 Keine oder geringe Abweichungen; vereinzelt wird eine Verbindung zwischen Alter Donau und Entlastungsgerinne („Neue Donau") hergestellt.

2 Abweichungen sind über die gesamte Länge des Entlastungsgerinnes („Neue Donau") vorgeschlagen; vereinzelt wird eine Verbindung zwischen Alter Donau und Entlastungsgerinne hergestellt.

3 Nur im nördlichen Bereich sind Abweichungen vorgeschlagen

4 Abweichungen im nördlichen und südlichen Bereich

5 Abweichungen im Mittelteil, vereinzelt Verbindung zwischen Alter Donau und Entlastungsgerinne („Neuer Donau")

6 Abweichungen im südlichen Bereich

7 Führung des Entlastungsgerinnes durch die Alte Donau

8 Führung des Entlastungsgerinnes parallel zur Alten Donau

9 Veränderung des Strombettes, vorhandene Gerinne als Umfluter

10 Umfluter

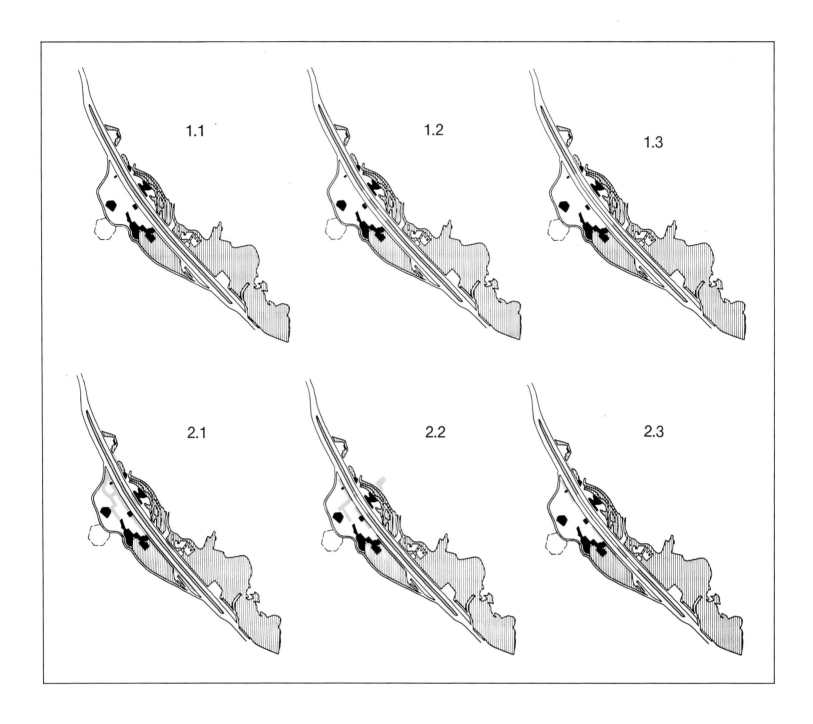

Auswertung der Ergebnisse der ersten Wettbewerbsstufe

B. Typen vorgeschlagener Grünflächensysteme
    1.1 Beibehaltung des vorgegebenen Grünsystems
        Donauinsel ausschließlich oder nahezu ausschließlich
        Grünfläche
    1.2 Beibehaltung des vorgegebenen Grünsystems
        Donauinsel vorwiegend Grünfläche
    1.3 Beibehaltung des vorgegebenen Grünsystems
        Donauinsel nur beschränkt als Grünfläche genutzt
    2.1 Vergrößerung des vorgegebenen Grünsystems
        Donauinsel ausschließlich oder nahezu ausschließlich
        Grünfläche
    2.2 Vergrößerung des vorgegebenen Grünsystems
        Donauinsel vorwiegend Grünfläche
    2.3 Vergrößerung des vorgegebenen Grünsystems
        Donauinsel nur beschränkt als Grünfläche genutzt

Als besonders schwierige Aufgabe erwies sich im gesamten Verfahren die Einbindung des engeren Donaubereiches (Projektgebiet) in ein übergeordnetes Grünsystem, zu dem konzeptive Aussagen zu erarbeiten waren.

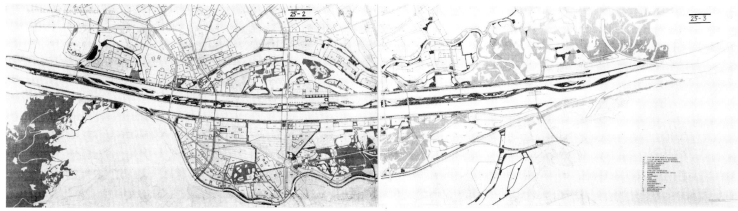

Projekt lfd. Nr. 25
Verfasser: Th. Wiala,

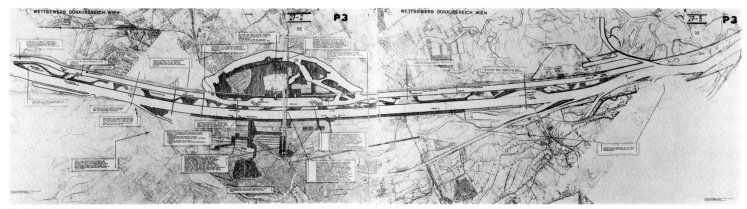

Projekt lfd. Nr. 27
Verfasser: G. I, Groebner, P. K. Filipsky

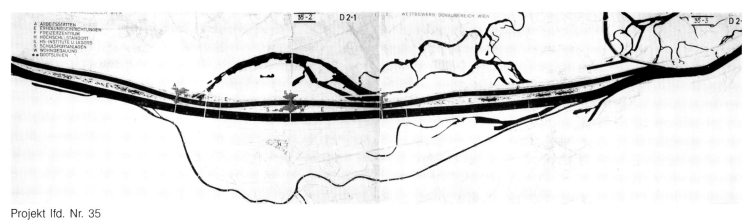

Projekt lfd. Nr. 35
Verfasser: H. Hoffmann, G. Heufler, H.-J. Tschom

In der ersten Wettbewerbsstufe wurden außer den fünf zur Heranziehung bei der 2. Wettbewerbsstufe vorgeschlagenen Projekten elf weitere prämiiert bzw. als Nachrücker gereiht. Von diesen werden hier drei exemplarisch gezeigt, die verhältnismäßig weit an die schließlich erarbeitete Gesamtlösung angenäherte Vorschläge enthalten. Die Problematik einer teilweisen Verbauung der Donauinsel wurde in mehreren Beiträgen angeschnitten; überzeugende Verbauungsvorschläge lagen schließlich nicht vor.

hält allgemeine Grundsätze (zu Planungsvorgängen und Bewertungen), Angaben zu den Nutzungs- und Entwicklungsdispositionen, Hinweise auf wichtige Problembereiche, Gestaltungsprinzipien, Hervorhebung sozialer Aspekte und der ökologischen Erfordernisse, sowie die Beurteilung hinsichtlich des Hochwasserschutzes und des zeitlichen Ablaufes der Bauarbeiten.

Der zweite Teil des Abschlußberichtes brachte in Form organisatorischer Empfehlungen die Grundlage zur Abwicklung der zweiten Wettbewerbsstufe und besonders zum Aufbau der „Projektorganisation Donaubereich Wien".

D. Projektorganisation Donaubereich Wien: Das Modell

9. Die zweite Wettbewerbsstufe: „Projektorganisation Donaubereich Wien"

Grundlagen der zweiten Wettbewerbsstufe waren neben dem Abschlußbericht der Jury und den eingereichten Arbeiten aus der ersten Stufe die ursprünglich für ein komplexes Verfahren erarbeiteten Ausschreibungsteile und Überlegungen.

Mit den Beurteilungssitzungen der Jury war die erste Wettbewerbsstufe abgeschlossen, die Tätigkeit der Jury und der übrigen am Wettbewerb Mitwirkenden jedoch ging ohne größere Unterbrechung weiter; wenn auch zunächst auf organisatorische Vorgänge konzentriert.

Unmittelbar nach Abschluß der ersten Stufe wurde vom Vorsitzenden der Jury und vom Vorprüfer ein Entwurf für das Arbeitsprogramm der zweiten Wettbewerbsstufe ausgearbeitet, der in der ersten Sitzung der Jury in der zweiten Wettbewerbsstufe (16. bis 18. September 1974) genehmigt wurde.

In dieser Sitzung gab sich die Jury die neue Bezeichnung „Beratende Jury", um die neuartige Position im Rahmen der Projektorganisation zu dokumentieren. Die Forderung nach einer Geschäftsordnung für Jury und Projektorganisation wurde aufgestellt. Die konkrete Arbeit der Projektorganisation leitete die Diskussion einer „Zusammenstellung der offenen wasserbautechnischen Fragen betreffend das Entlastungsgerinne" mit dem „Planungsteam" (den fünf zur Weiterbearbeitung herangezogenen Planungsgruppen, die in der ersten Stufe bestimmt worden waren) ein.

Das Arbeitsprogramm war anschließend Gegenstand eingehender Beratungen mit den fünf Planungsgruppen; es wurde schließlich zum verbindlichen Bestandteil der Verträge (Anbot und Auftrag), mit denen die Planungsgruppen zur Arbeit in der gesamten zweiten Wettbewerbsstufe herangezogen wurden.

Die Verträge mit dem Planungsteam gehörten auch zu den Grundlagen für den Gemeinderatsbeschluß vom 25. Oktober 1974, mit dem die zweite Wettbewerbsstufe formell genehmigt wurde, womit die Arbeit beginnen konnte.

Aufgabe der zweiten Wettbewerbsstufe war, wie im Antrag an den Gemeinderat formuliert worden war, die im Donaubereich ablaufenden Entwicklungs- und Planungsvorgänge zu einer Konzeption zusammenzuführen und dabei die zur Abstimmung der verschiedenen Vorgänge

und Anforderungen aufeinander erforderlichen Entwurfsbearbeitungen durchzuführen.

Die Bearbeitung der zweiten Wettbewerbsstufe sollte dabei auf der Auswertung der Ergebnisse der ersten Stufe aufbauen und das Ziel eines integrierten Planungsprozesses anstreben. In diesem Rahmen stand auf Grund des gegebenen Zeitdruckes die projektmäßige Bearbeitung der in den folgenden Jahren durchzuführenden Maßnahmen im Vordergrund.

Als Ergebnisse der zweiten Wettbewerbsstufe wurden angestrebt:

- die abgestimmte Ausarbeitung eines Stadtentwicklungsplanes für den gesamten Donaubereich;
- Planungsergebnisse im Maße eines Flächenwidmungsplanes und teilweise eines Bebauungsplanes für die entstehende Donauinsel und die unmittelbar von den auslösenden Maßnahmen betroffenen Flächen, sowie
- Vorschläge zur Abänderung des Bebauungsplanes an jenen Stellen des Donaubereiches, an denen durch die Entwicklung wesentliche Abänderungen notwendig werden;
- weiters waren in allen betroffenen Teilgebieten und zu allen Teilaufgaben Einzel- und Detailvorschläge („Testprojekte") auszuarbeiten, bei denen dies notwendig war, um die angestrebte Entwicklung oder Gestaltung zu erzielen oder darzustellen.

Zunächst waren jedoch noch einige Vorfragen zu klären, die vor allem das Maß der Weiterbehandlung „abweichender" wasserbautechnischer Vorschläge betraf. Zugleich flossen schon Ergebnisse der ersten Wettbewerbsstufe und der Juryberatungen in die Bauarbeiten am Hochwasserschutz ein: Baumbestand wurde erhalten und dazu eine Verschwenkung des „Entlastungsgerinnes" eingeleitet.

Die zweite Sitzung der Beratenden Jury (18. November 1974) hatte Vorfragen zum Gegenstand; auch die Geschäftsordnung der Jury wurde dabei beschlossen.

Die fünf „Planungsgruppen" des Planungsteams brauchten schließlich noch bis Anfang 1975, um sich zu formieren und um eine Lösung der Frage zu finden, ob gemeinsam, in Arbeitskreisen oder von allen Gruppen getrennt gearbeitet werden soll. Erst im Laufe der weiteren Arbeit kristallisierte sich ein lebendiges Wechselspiel zwischen getrennten Vorschlägen, Gliederung in zwei Arbeitskreise (alle Spezialgebiete in jeder der fünf Planungsgruppen erstklassig zu vertreten und vollständig zu bearbeiten, erwies sich als unzweckmäßig und unökonomisch) und geschlossenes Auftreten des Teams heraus.

Die Mitwirkung der Magistratsdienststellen wurde intern geregelt: Die der Stadtbauamtsdirektion zugeordneten Dienststellen des Wiener Magistrates (das heißt sämtliche mit technischen Gegenständen befaßten Abteilungen außer den Betrieben der Stadtwerke) wurden zu Beginn der zweiten Wettbewerbsstufe (Oktober 1974) über Einrichtung und Aufgaben der Projektorganisation Donaubereich sowie im besonderen der Projektleitstelle informiert.

Gleichzeitig wurden diese Dienststellen angewiesen, in allen die Planung im Donaubereich Wien betreffenden Fragen den Kontakt mit der Stadtplanung (bzw. der Projektleitstelle) herzustellen und der Projektorganisation jede notwendige Unterstützung zu gewähren.

Um den damit eingeleiteten Informationsfluß sicherzustellen, wurde darüber hinaus von jeder Stelle eine

Kontaktperson zur Mitwirkung an den Bearbeitungen genannt.

Später konnte diese problemorientierte Organisation auf die gesamte Stadtverwaltung ausgedehnt werden.

Die Aufgabe, sämtliche relevanten Vorgänge und Probleme in die Bearbeitung durch die Projektorganisation einzubringen, wurde allerdings durch diese Art lockerer Matrizenorganisation nicht erfüllt. Mit Ausnahme der sachlich ohnehin zwingend gegebenen Zusammenhänge konnten keine neuen Verbindungen hergestellt werden, die zu einer Zusammenarbeit geführt hätten.

Dagegen war deutlich ein größeres passives Interesse für die gestellte Aufgabe, auch bei von dieser nicht berührten Beamten, zu verzeichnen. Der interne Bekanntheitsgrad des Verfahrens stieg deutlich.

Ebenfalls im Herbst 1974 wurden weitere Elemente der Tätigkeit der neuen Projektorganisation ausgebildet:

Die Projektleitstelle konstituierte sich als steuernde Arbeitsgruppe, der die Vertreter der Stadt Wien und des Bundesministeriums für Bauten und Technik in der Jury sowie die Vorprüfung angehörten. Innerhalb der Projektleitstelle hatte die Vorprüfung die Funktion der inhaltlichen Zusammenführung, Steuerung und Bearbeitung; zusammenführende Planungsbearbeitung konnte nur an dieser Stelle stattfinden. Der Projektleitstelle (der zwei Beamte in hoher leitender Position, deren Stellvertreter sowie der Vorprüfer mit seinem Stellvertreter angehörten) stand ein eigens eingerichtetes Büro zur Verfügung (vier Mitarbeiter), das die administrative Arbeit zu bewältigen hatte. Dieses Büro war außerhalb der Stadtverwaltung tätig.

Mit Einrichtung der Projektorganisation begannen regelmäßige Zusammenkünfte und Baustellenbesuche; besonders hervorzuheben ist unter diesen der wöchentliche „Jour fix", bei dem zwischen Projektleitstelle und Planungsteam die jeweils anfallenden Fragen in formloser Atmosphäre sehr intensiv besprochen werden konnten. Die Planungsgruppen wurden überdies von Mitgliedern der Projektleitstelle zumindest vor den Jurysitzungen besucht, um das gegenseitige Informationsniveau möglichst hoch zu halten.

Im Herbst 1974 setzte auch noch vor dem eigentlichen Arbeitsbeginn des Planungsteams die Tätigkeit gesondert beauftragter Experten und Gutachter ein. Ökologische und wasserbautechnische Fragen standen hiebei im Vordergrund.

10. Der zeitliche Ablauf der Bearbeitungen

Das Arbeitsprogramm sah eine Gliederung der Arbeit in der zweiten Wettbewerbsstufe in vier Phasen von je sechs Monaten und somit eine Gesamtdauer von zwei Jahren vor:

Grundsätzlich sollte jede dieser Phasen mit der Formulierung des detaillierten Arbeitsprogrammes durch Vorprüfung und Jury beginnen. Etwa in der Mitte der Phase sollte in gemeinsamer Beratung der Mitglieder der Projektorganisation (Jury, Planungsteam, Projektleitstelle, Experten) die Bearbeitung abgestimmt werden.

Den Abschluß jeder Phase sollte wieder eine gemeinsame Beratung bilden, in der entsprechende Empfehlungen an die Auslober ausgesprochen wurden und das detaillierte Arbeitsprogramm für die folgende Phase festzulegen war.

Diese gemeinsamen Beratungen wurden als „Kupplungen" bezeichnet.

Das Einlaufbauwerk

Die Bauarbeiten am „Entlastungsgerinne" hatten am 29. Mai 1972 begonnen. Das Einlaufbauwerk wurde 1972 bis 1974 errichtet. Der Zeitdruck durch die fortschreitenden Bauarbeiten am anlaßgebenden Projekt war ein besonderes Kennzeichen des Verfahrens „Donaubereich Wien".

a) Die erste Phase

Die erste Phase war vom 1. November 1974 bis 30. April 1975 vorgesehen. Sie sollte mit Auftragsvergabe an das Planungsteam und Vorliegen der Aufgabenformulierung beginnen. Das angestrebte Ergebnis war es — neben dem Einüben der neuen Arbeitsweise —, „den Bagger einzuholen", das heißt, konkrete Vorschläge für die Anlage, Gestaltung und Nutzung der äußeren Teile des Projektgebietes (Neue Donau, Donauinsel und Donaustrom, einschließlich der Ufer) vorzulegen, die zuerst durch die bereits begonnenen Bauarbeiten betroffen werden würden. Durch die erfolgte Zusicherung, daß bei den Bauarbeiten die Ergebnisse unmittelbar berücksichtigt werden, war dieser Vorgangsweise gegenüber einer konsequenten Abfolge von Projektierungsbearbeitungen (vom Großen zum Detail) der Vorzug zu geben.

Das detaillierte Arbeitsprogramm für die erste Phase war schon mit dem Gesamt-Arbeitsprogramm festgelegt und im Rahmen der ersten Sitzung der Beratenden Jury, 16. bis 18. September 1974, dem Planungsteam bekannt gemacht worden.

Bevor die eigentliche Aufgabe der ersten Phase bearbeitet werden konnte, war noch der dazu notwendige Konsens über die zu realisierende wasserbautechnische Alternative herzustellen: unter den Vorschlägen der fünf Planungsgruppen in der ersten Wettbewerbsstufe waren zwei grundlegend abweichende Lösungen enthalten. Dieser Konsens konnte erst in der besonders einberufenen Sitzung am 18. November 1974 erzielt werden.

Südteil des engeren Donaubereiches
Luftbild 1980

Die Bauarbeiten am Entlastungsgerinne („Neue Donau") hatten
vor Wettbewerb und komplexem Planungsverfahren begonnen.
Die Ergebnisse konnten in diesem ersten Bauabschnitt (von der
Steinspornbrücke abwärts) nur schrittweise wirksam werden. Das
Luftbild zeigt hier folgende Veränderungen gegenüber dem zu-
grundegelegten wasserbautechnischen Projekt:
• Am linken Ufer der Neuen Donau blieben Baumreihen und
  -gruppen stehen, deren Beseitigung vorgesehen war.
• Ein Altarm, der „Tote Grund", blieb weitgehend mit seinem
  Baumbestand erhalten; seine Wasserfläche wurde mit der
  Neuen Donau verbunden.
• Die Oberflächengestaltung der Donauinsel folgte bereits nach
  einem kurzen Abschnitt den im Verfahren ausgearbeiteten
  Grundsätzen. Auch an der Stromseite der Insel wurden Verfla-
  chungen der Ufer zur Erhaltung des Baumbestandes durchge-
  führt. Erkennbare Veränderungen der Linienführung der Neuen
  Donau konnten erst im weiteren Planungsprozeß realisiert
  werden.

Die Neufassung der Ausführungspläne für das Hochwasserschutzprojekt nach den im Verfahren entwickelten Grundsätzen
und Konzeptionen war das unmittelbar wirksame attraktive
Hauptergebnis des Verfahrens. Demgegenüber treten die — pla-
nungsmethodisch entscheidenden — Gesamtergebnisse geradezu in den Hintergrund (Leitprojekt, Nutzungskonzept, Stadtentwicklungsplan).
Ein typischer Ausschnitt aus den Ausführungsplänen für die
Gestaltung der modifizierten Hochwasserschutzanlagen ist
nebenstehend wiedergegeben.

Rechtes Stromufer
unterhalb des
DDSG-Schiffahrtszéntrums
(1981)

Ausschnitt aus der Ausführungsplanung für das nun modifizierte Hochwasserschutzprojekt

Die erste vollständige „Kupplung" (gemeinsame Sitzungs-periode der gesamten Projektorganisation) fand vom 24. bis 28. Februar 1975 statt. Sie diente in intensiver gemeinsamer Arbeit der Abstimmung der Vorstellungen vor allem zwischen Planungsteam und Jury, aber auch zwischen diesen und den Bauträgern des Hochwasser-schutzprojektes sowie den beigezogenen Experten. Die fünf Planungsgruppen hatten ihre Vorschläge zur Lösung der Aufgabe der ersten Phase in Form von Plänen und ausführlichen Berichten dargelegt. Durch den Vorprüfer waren aus den vorliegenden Grundlagen und Arbeits-ergebnissen die offenen Fragen ausgearbeitet worden, zu denen eine Stellungnahme, eine Beurteilung oder Emp-fehlung der Jury notwendig erschien. Das Ergebnis waren ausführliche Festlegungen (Empfehlungen an Planungs-team und Auslober) der Jury zu Leitprinzipien, Nutzungs- und Gestaltungsprinzipien, sowie zur konkreten Gestaltung der behandelten Teile des Hochwasserschutzprojektes (Südteil, Nordteil und rechtes Donauufer) und angren-zender Teile des Bearbeitungsgebietes. Festlegungen zu Organisation und Arbeitsprogramm sowie die grundsätz-liche Entscheidung über die Führung des „Entlastungsge-rinnes" auch im Mittelteil rundeten das Ergebnis dieser „Kupplung" ab.

Von der ersten Kupplung an fanden die Jurysitzungen im selben Gebäude statt, in dem auch das Büro der Projekt-leitstelle untergebracht war, so daß während der Sitzun-gen die Unterlagen in größtmöglichem Ausmaß zur Ver-fügung standen. Diese räumliche Konzentration der Arbeit hat sich als sehr förderlich erwiesen.

Nach der ersten Kupplung konnte die Arbeit an den dring-lichen Teilen des Projektgebietes intensiv fortgesetzt wer-den. Überdies befaßte sich am 7. April 1975 auch die Gemeinderätliche Stadtplanungskommission mit dem Donaubereich und empfahl dem Gemeinderat, den Magistrat anzuweisen, den Zielsetzungen der Juryempfeh-lungen (vorbehaltlich der Erteilung der wasserrechtlichen Genehmigung) vollinhaltlich zu entsprechen.

Den Abschluß der ersten Phase brachte die 2. Kupplung (4. Sitzung der Beratenden Jury) vom 5. bis 10. Mai 1975.

Schwerpunkte der Beratungen waren, dem Arbeits-programm entsprechend, konkrete Vorschläge zur Gestal-tung der von den Bauarbeiten vordringlich betroffenen Teile des Hochwasserschutz-Projektgebietes: Grundsätz-liche Empfehlungen zur Gestaltung des Projektgebietes, ökologische Vorschläge, Festlegung von Ufertypen, Entwurf eines Leitprojektes für den Südteil, Massenbilanz und Deponiemöglichkeiten für den erforderlichen Aushub, Konsequenzen der beabsichtigten Trinkwassergewinnung auf der Donauinsel, sowie die projektierte Autobahn ent-lang der „Neuen Donau".

Auch während dieser Sitzung ergaben sich gravierende Konflikte hinsichtlich wasserbautechnischer Fragen und der technischen Bewältigung der Gestaltungsaufgabe durch die für diese Baumaßnahmen Verantwortlichen.

Die 2. Kupplung schloß mit ausführlichen Festlegungen der Jury ab, die folgende Gegenstände erfaßten:

Grundsätze der Gestaltung der Donauinsel, Gestaltung des Südteiles und des Nordteiles insgesamt, Linienführung der Neuen Donau, Nutzung und Zugänglichkeit, Land-schaftsgestaltung, Lösung der Fragen hinsichtlich des Wehres 1 und des „Toten Grundes", sowie des künftigen Kraftwerkstandortes. Weitere Festlegungen wurden zum rechten Donauufer, zu den Verkehrsprojekten, zur Frage der Deponie von Überschußmaterial, zu den ökologischen Vorschlägen und zu wasserbautechnischen Fragen gefaßt.

Dem Gesamt-Arbeitsprogramm entsprechend wurde auch das detaillierte Arbeitsprogramm für die 2. Phase erstellt. Wie zu den übrigen Festlegungen hatte auch zum detail-lierten Arbeitsprogramm der Vorprüfer auf Grund der vorliegenden Ergebnisse und Grundlagen den Entwurf ausgearbeitet.

b) Die zweite Phase

Laut Gesamt-Arbeitsprogramm sollte die zweite Phase am 1. Mai 1975 beginnen und bis 30. Oktober 1975 abge-schlossen werden. Als Ergebnisse waren planerische Kon-zepte für den gesamten Donaubereich, Testprojekte, die Festlegung der konkretisierenden Gesamtvorschläge so-wie das detaillierte Arbeitsprogramm für die dritte Phase angestrebt.

Auch die zweite Phase konnte zeitlich programmgemäß abgewickelt werden. In der 3. Kupplung (= 5. Sitzung der Beratenden Jury, 7. bis 11. Juli 1975) waren die Behand-lung des Mittelteiles des engeren Projektgebietes und des rechten Donauufers die Schwerpunkte der Beratungen auf Projektebene.

Darüber hinaus lagen bereits Vorschläge auf der Ebene eines Stadtentwicklungsplanes vor. Die Vorbereitung der an das Verfahren anschließenden Ausführungsplanung stand jedoch im Vordergrund des Interesses. Dennoch konnte gerade bei dieser Kupplung ein beträchtlicher Teil der Empfehlungen zum Stadtentwicklungsplan festgelegt werden.

Noch während der 2. Phase ergab sich die Notwendigkeit, einen Projektbestandteil für die Gestaltung des Mittelteiles festzulegen (Verschwenkung der Gerinneachse). Ebenso, wie eine Reihe anderer Detailentscheidungen, konnte auch diese auf Grund des (durch das gewählte Verfahren) offenliegenden Planungsstandes auf kurzem Wege unter Heranziehung der Projektorganisation gefällt werden. Auch hiebei zeigte sich, daß auch kritische und schwer-wiegende Fragen so aus dem tagespolitischen Konflikt herausgehalten werden können.

Am 22. August 1975 trat ein Exekutivkomitee der Jury zusammen, um dringliche Fragen zum nunmehr auf dem „kritischen Weg" der Projektsabwicklung liegenden Nord-teil des Hochwasserschutzprojektes zu beraten.

Die zweite Phase wurde mit der 4. Kupplung (= 6. Sitzung der Beratenden Jury, 22. bis 27. September 1975) im wesentlichen abgeschlossen. Zu den Schwerpunkten der 2. Phase (Stadtentwicklungsplan, Mittelteil, Ausführungs-planung für den Süd- und Nordteil des Hochwasserschutz-Projektgebietes, weitere Projekte im Donaubereich) wurden Festlegungen getroffen. Eine ausdrückliche For-mulierung des Arbeitsprogrammes für die dritte Phase unterblieb jedoch, da zu allen behandelten Themen Fragen offen geblieben sind, die im Zuge der dritten Phase zu beantworten sein würden. Besonders zur grund-legenden Konzeption für den Mittelteil waren Jury und Planungsteam noch weit von einem Konsens oder einer Festlegung entfernt.

Das geringe Interesse, das dem Arbeitsbereich „Stadt-entwicklungsplan" entgegengebracht wurde, erleichterte es dagegen, für diesen schrittweise ein zusammen-hängendes System von Aussagen aufzubauen. Erhebliche Konflikte barg dagegen das Thema Ausführungsplanung, was allerdings leicht verständlich wird, wenn man die damit verbundenen materiellen Gesichtspunkte bedenkt und berücksichtigt, daß kommerziell geführte Büros an dem Verfahren beteiligt waren.

c) Die dritte Phase

Die dritte Phase sollte aufgrund des Gesamt-Arbeitsprogrammes einen konkretisierten Vorschlag für die Planung des Donaubereiches erbringen, der sowohl die erforderlichen Aussagen zum Stadtentwicklungsplan, als auch einen Gesamtentwurf eines Flächenwidmungsplanes und Entwürfe zum Bebauungsplan für jene Teile des Planungsgebietes umfaßt, die durch die behandelten Projekte wesentlichen räumlichen Veränderungen unterworfen sein würden.

Für das Projektsgebiet der Hochwasserschutz-Maßnahmen sollte zum Abschluß der dritten Phase ein vollständiges Leitprojekt vorliegen, auf dem die nachfolgende Ausführungsplanung aufbauen können sollte.

Damit wäre die inhaltliche Aufgabe des Verfahrens erfüllt gewesen. Als Ergebnis der dritten Phase sollte schließlich das detaillierte Arbeitsprogramm für die abschließende vierte Phase vorliegen, die vor allem den Zweck hatte, die bis dahin erlangten Ergebnisse in den weiteren Verwaltungs- und Projektsablauf überzuführen.

Da die Bearbeitungen in immer größerem Umfange direkt in Maßnahmen mündende Ergebnisse erbrachten, waren zwischen den Jurysitzungen immer mehr Vorgänge erforderlich, die zu Detailfestlegungen führten. Derartige Vorgänge betrafen in der dritten Phase unter anderem die Führung der Straßen im Projektsbereich, den linken Donau-Sammelkanal, die Kostenermittlung zu den einzelnen Projekten, die zusätzlich vorgesehene Donaubrücke, Details der Führung der Neuen Donau, das vorgesehene Wassergewinnungsgebiet und den Umbau der Floridsdorfer Brücke.

In der 5. Kupplung (= 7. Sitzung der Beratenden Jury, 26. bis 29. Jänner 1976) wurden dementsprechend auch alle anstehenden Fragen angeschnitten und zum Teil näher behandelt. Ausführungsplanung und Gestaltung des Mittelteiles nahmen darunter, neben den üblichen Formaldiskussionen, breiten Raum ein. Zum Mittelteil konnte entgegen den Richtlinien des Arbeitsprogrammes noch keine Einigung auf einen der Vorschläge erzielt werden. Somit waren hier weiterhin Alternativen zu bearbeiten.

Nachdem in der ersten und zweiten Phase den ökologischen und technischen Gesichtspunkten breiter Raum gegeben wurde, traten nun auch soziologische Studien in den Vordergrund.

Noch vor Abschluß der dritten Phase wurde nochmals der Gemeinderätlichen Stadtplanungskommission über die Arbeitsergebnisse der Projektorganisation Donaubereich Wien berichtet (9. März 1976). Die Jurybeschlüsse wurden dabei zustimmend zur Kenntnis genommen.

Mit der 6. Kupplung (= 8. Sitzung der Beratenden Jury, 26. bis 30. April 1976) wurde die dritte Phase weitgehend abgeschlossen. Eine endgültige Empfehlung zur kritischsten aktuellen Frage, der Gestaltung des Mittelteiles, konnte allerdings auch in dieser Kupplung nicht erzielt werden. Somit mußte sich das Planungsteam — im Gegensatz zu den Intentionen des Arbeitsprogrammes — auch in der vierten Phase mit Entwurfsaufgaben zum Leitprojekt (für den Bereich des Hochwasserschutzprojektes) befassen.

Als formelles Hauptergebnis der vierten Phase sollte jedoch ein ausführlicher und umfassender Schlußbericht erstellt werden, für den in der 6. Kupplung Aufgabenteilung und Gliederung erarbeitet wurden. Zur Bearbeitung der offenen Fragen zum Stadtentwicklungsplan fand sich auf Grund dieser Situation keine Zeit mehr, zumal auch die Planungsgruppen sich wieder mehr auf die Projektsebene konzentrierten — mit der Möglichkeit, unmittelbar Einfluß auf bauliche Gestaltungen auszuüben. Als wichtige Aufgabe, die jedenfalls noch zu einem Ergebnis geführt werden müsse, zeigte sich das Nutzungskonzept für den Projektsbereich.

d) Die vierte Phase

Zu Beginn der vierten Phase — die im Gesamt-Arbeitsprogramm als Reserve ausgewiesen war — wurde in einem gesonderten Arbeitsgang versucht, einen Überblick über die insgesamt noch offenen Fragen zu erstellen. Damit wurde vor allem das Ziel verfolgt, zu Abschluß des Verfahrens die notwendigen Folgemaßnahmen angeben zu können, seien es nun Konsequenzen aus Ergebnissen der zweiten Wettbewerbsstufe, oder seien es nicht abgeschlossene Bearbeitungen oder offene Fragen, mit denen sich die Projektorganisation noch nicht befaßt hatte.

Mit Gemeinderatsbeschluß vom 30. Juni 1976 wurde die Auftragsvergabe zur Ausführungsplanung für den gesamten Bereich der Neuen Donau und der Donauinsel genehmigt. Wenn sich auch die tatsächliche Vergabe noch lange hinauszog, so war mit diesem Beschluß doch der erste entscheidende Schritt zu einer Kontinuität der Bearbeitung für den Donaubereich in Wien getan.

Die 7. Kupplung (= 9. Sitzung der Beratenden Jury, 5. bis 9. Juli 1976) sollte laut Gesamt-Arbeitsprogramm die vorletzte Jurysitzung des gesamten Verfahrens sein. Sie fand sogar einen Monat vor dem ursprünglich vorgesehenen Zeitpunkt statt.

Ihre Gegenstände waren die erforderlichen Festlegungen zum Mittelteil und die Vorbereitung des Schlußberichtes. Zugleich sollte das letztemal mit dem Planungsteam gemeinsam beraten werden.

Auch bei der siebenten Kupplung konnte kein Konsens über die Lösung des Projektabschnittes „Mittelteil" erzielt werden. Überdies zeigten sich von außen ausgeübte Versuche, die Diskussion wieder in die Tagespolitik zu ziehen. Die Effizienz der Arbeit mußte unter dieser Tatsache leiden.

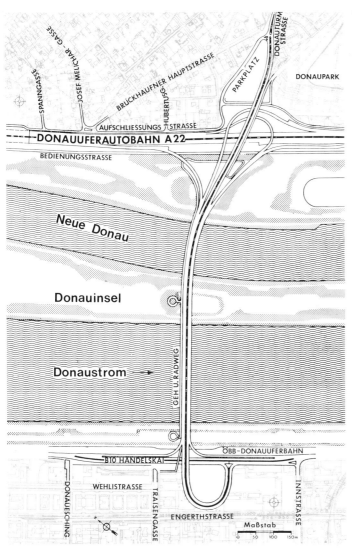

1

2

3

4

5

6

Illustrationen zum Bauvorgang des modifizierten Hochwasserschutzes

1. Übersichtsplan Brigittenauer Brücke

Für die umstrittene zusätzliche (5.) Donaubrücke konnte eine Abstimmung zwischen Brückenprojekt und Ausführungsplanung von Neuer Donau und Donauinsel erzielt werden. Standort, örtliche und überörtliche Einbindung der Brücke konnten jedoch mangels hinreichender Vorarbeiten nur in geringem Maße den Grundsätzen des komplexen Verfahrens entsprechend überprüft werden; dies trifft auch auf die bauliche Gestaltung der Brücke zu.

2. Rechtes Stromufer oberhalb der Floridsdorfer Brücke

Der Ausbau der Bahnanlagen des Frachtenbahnhofes Brigittenau-Vorortebahn führte dazu, daß eine Ausgestaltung des Stromufers keinen Platz fand; die Erhöhung der Hochwasserkante konnte nur noch durch eine Mauer erzielt werden. Hier konnte auch mit Hilfe des Planungsverfahrens kein Einfluß mehr ausgeübt werden.

3. Bahngelände am rechten Stromufer

Die gedrängte Lage von Strom, Hochwasserschutzdamm, Bahnanlagen, Hauptverkehrsstraße und Wohnbebauung ergab kaum bewältigbare Aufgaben.

4. Rechtes Stromufer, ehemaliger Getreidespeicher

Das Gebäude ist ein bemerkenswertes Dokument industrieller Baugestaltung und der wechselhaften Geschichte des Wiener Donaubereiches. Im Zuge der Ausführungsplanung für den Hochwasserschutz am rechten Stromufer konnte — den erarbeiteten Grundsätzen entsprechend — das Gebäude erhalten werden; es soll zu einem Hotel umgebaut werden.

5. Landtransport der Pontonbrücke, die beim Bau der „Neuen Donau" eingesetzt wurde.

6. Donaubereich, Luftbild 1977

Bei Abschluß des Verfahrens war die Neue Donau vom Kraftwerk Donaustadt abwärts bis in die Nähe des Ölhafens, sowie vom Einlaufbauwerk bis zur Schwarzlackenau ausgebaut, das Wehr I stand im Rohbau fertig, das Abwasserpumpwerk (Vordergrund links) war in Bau, der linke Donausammelkanal über große Strecken fertiggestellt; die UNO-City stand im Rohbau, der Neubau der Reichsbrücke war mit dem Projektwettbewerb eingeleitet.

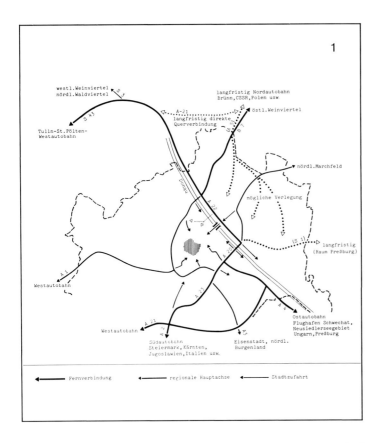

westl.Weinviertel
nördl.Waldviertel

S 5

S 45

Tulln-St.Pölten-
Westautobahn

A 1

Westautobahn

A 21

Westautobahn

A 1

Südautobahn
Steiermark,Kärnten,
Jugoslawien,Italien usw.

langfristig Nordautobahn
Brünn,CSSR,Polen usw.

A-21
langfristig direkte
Querverbindung

östl.Weinviertel

Donau

A 22

nördl.Marchfeld

mögliche Verlegung

langfristig
(Raum Preßburg)

Ostautobahn
Flughafen Schwechat,
Neusiedlerseegebiet
Ungarn,Preßburg

Eisenstadt, nördl.
Burgenland

◄─── Fernverbindung   ◄─ ─ ─ regionale Hauptachse   ◄····· Stadtzufahrt

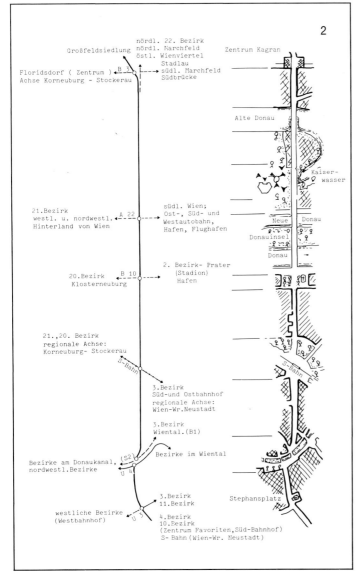

nördl. 22. Bezirk
nördl. Marchfeld
östl. Wienviertel
Stadlau
südl. Marchfeld
Südbrücke

Großfeldsiedlung

Floridsdorf (Zentrum)   B 2
Achse Korneuburg - Stockerau

Zentrum Kagran

Alte Donau

Kaiser-
wasser

21.Bezirk
westl. u. nordwestl.   A 22
Hinterland von Wien

südl. Wien;
Ost-, Süd- und
Westautobahn,
Hafen, Flughafen

Neue   Donau

Donauinsel

Donau

20.Bezirk   B 10
Klosterneuburg

2. Bezirk- Prater
(Stadion)
Hafen

21.,20. Bezirk
regionale Achse:
Korneuburg- Stockerau

S-Bahn

S-Bahn

3.Bezirk
Süd-und Ostbahnhof
regionale Achse:
Wien-Wr.Neustadt

3.Bezirk
Wiental.(B1)

Bezirke am Donaukanal,   (S2)
nordwestl.Bezirke   U 4

Bezirke im Wiental

3.Bezirk
11.Bezirk

Stephansplatz

westliche Bezirke
(Westbahnhof)   U 3

4.Bezirk
10.Bezirk
(Zentrum Favoriten,Süd-Bahnhof)
S-Bahn(Wien-Wr. Neustadt)

e) Eine Katastrophe veränderte die Situation

Bald nach der letzten (7.) Kupplung brachte der Einsturz der Wiener Reichsbrücke (1. August 1976) wesentliche Veränderungen für das Verfahren „Donaubereich Wien".

Zunächst trat der Amtsführende Stadtrat, in dessen Wirkungsbereich sowohl das Verfahren Donaubereich Wien, als auch Bau und Erhaltung von Brücken fiel, zurück.

Sein Nachfolger leitete die Veranstaltung eines Projektwettbewerbes für den Neubau der Reichsbrücke ein.

Da die Reichsbrücke als integrierender Bestandteil des Donaubereiches zu betrachten ist, wurde eine enge Verbindung zwischen den beiden Wettbewerbsverfahren angestrebt.

Die Jury wurde zu einer außerordentlichen Sitzung einberufen (10. Sitzung der Beratenden Jury, 29. September und 1. Oktober 1976).

Dabei wurde von den Veranstaltern und der Ingenieurkammer festgelegt, daß sechs Brückenbaufachleute mit der Beratenden Jury Donaubereich Wien zusammen die Jury des Projektwettbewerbes Reichsbrücke bilden sollten. Diese neue Jury konstituierte sich noch am 29. September 1976. Anschließend faßte die Beratende Jury Donaubereich Wien zu der noch ausständigen Festlegung der Führung der Neuen Donau im „Mittelteil" (Bereich Reichsbrücke) den abschließenden Beschluß.

Die Jury des Wettbewerbes „Reichsbrücke" hatte ihre zweite Sitzung vom 8. bis 11. November. Anschließend (12. November) tagte nochmals die Beratende Jury Donaubereich Wien (11. Sitzung).

Die Themen dieser Sitzung waren: Erstellung des Leitprojektes für den Mittelteil des Hochwasserschutz-Projektes; Festlegung des Termines für die Abschlußsitzung, sowie Art der abschließenden Information der Öffentlichkeit über die Ergebnisse zum Donaubereich Wien (in Form einer Ausstellung).

Reichsbrücke: Entwurfszeichnung zum Ausführungsprojekt „Kettenbrücke", S. Theiß und H. Jaksch 1933

Reichsbrücke

Raumordnungs-Gutachten zur Reichsbrücke
(W. Jäger 1976)

Nach dem Einsturz der Reichsbrücke wurden in der beratenden Jury und in der Wiener Stadtverwaltung eingehende
Überlegungen zur Orientierung der notwendigen Maßnahmen angestellt. Funktion und Gestaltungserfordernisse wurden in allen Dimensionsstufen räumlicher Planung überprüft. Dem aus regionaler Sicht erstellten Gutachten sind
Übersichten über die Funktion der Reichsbrücke für Fern-
verbindungen sowie über die Analyse der innerstädtischen
Hauptachse, der die Brücke angehört, entnommen.
(Seite 84)

1. Lage der Reichsbrücke im bestehenden und künftig möglichen Fernstraßennetz

2. Die innerstädtische Hauptachse: Die an ihr liegenden
Flächen, ihre Funktionen und ihr bauliches Erscheinungsbild

Die eingestürzte Reichsbrücke, Aug./Sept. 1976 ▶

Das Ausführungsprojekt 1933 von der Ostauffahrt gesehen

Ersatzbrücken für Straßenbahn und Straßenverkehr. Luftbild 1977

Die Reichsbrücke mußte nach dem Einsturz am 1. Aug. 1976 wegen Hochwassergefahr und Schiffahrt in kürzester Zeit geräumt werden. Nach fünfeinhalb Monaten war das Strombett wieder frei; schon nach drei Monaten war die Straßenbahn-Behelfsbrücke in Betrieb, Anfang 1977 auch eine Straßen-Behelfsbrücke.

Nach dem Projekt-Wettbewerb konnte ebenso rasch mit dem Neubau begonnen werden. Das Luftbild zeigt das Hochwasserschutzprojekt von Nord- und Südteil bereits in den Mittelteil des engeren Donaubereiches vorgedrungen.

Entwicklungsachse Reichsbrücke—Kagran, Luftbild Sept. 1980

Die neue Reichsbrücke ist nahezu fertig; ebenso die U-Bahn bis zum Zentrum Donaustadt, erschließt auch die UNO-City (Baubeginn 1973, Fertigstellung 1979).

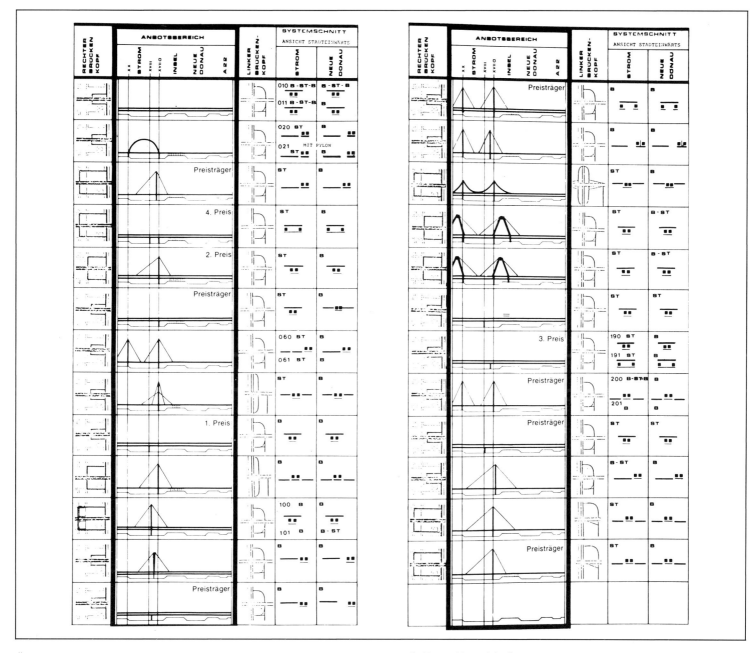

Übersicht über die zum Projektwettbewerb Reichsbrücke eingereichten Projekte

Die Entwürfe zeigen eine Vielfalt an Variationen einiger weniger
System-Typen. Als ausschlaggebendes Kriterium wirkte, dem Prinzip des Projektwettbewerbs entsprechend, die verbindliche An-
botssumme. Der Zeitdruck verhinderte es, auch dieses Projekt
einem mehrstufigen Planungsverfahren zu unterwerfen, wie es
sich für derart komplexe Aufgaben als zweckmäßig herausgestellt
hat.

f) Der Abschluß

In der Folge wurde weiter am Leitprojekt für den Projektsbereich des Hochwasserschutzes sowie an den Abschlußberichten der Jury und der Planungsgruppen gearbeitet.

Nachdem die Entwürfe zum Leitprojekt vorlagen und die
Abschlußberichte ausgesendet worden waren, fand die
Schlußsitzung der Beratenden Jury Donaubereich Wien
vom 21. bis 26. März 1977 statt. Dabei wurden die
Abschlußberichte der Planungsgruppen sowie die Jury-
Abschlußberichte beraten.

Im zusammenfassenden Vorprüfungsbericht wurden die
vorliegenden Ergebnisse der Aufgabenstellung dem
Arbeitsprogramm gegenübergestellt. Daraus ergab sich,
daß nach Beschluß der Abschlußberichte alle formellen
Erfordernisse erfüllt worden sind und daß die Projektorganisation Donaubereich Wien ihre Funktion weitgehend
erfüllt hat. Durch die Ereignisse, die sich aus dem
Einsturz der Reichsbrücke ergaben, war es nicht mehr
möglich gewesen, den begonnenen Planungsprozeß wirksam in die nachfolgenden und laufenden Vorgänge der
Stadtverwaltung einzubringen. Auch der Einfluß auf die
Bundesverwaltung war geringer geblieben, als zu hoffen

gewesen war: umfassende Planungsprozesse erschienen dort nach wie vor nicht realisierbar. Im Zeitablauf hat sich ausschließlich durch das nicht vorhersehbare Ereignis des Einsturzes der Reichsbrücke eine Verzögerung von etwa fünf Monaten ergeben, die notwendig waren, um den Projektwettbewerb Reichsbrücke in den Rahmen der Ergebnisse des Verfahrens „Donaubereich Wien" einzufügen. Alle diese Abweichungen vom angestrebten Ziel lagen jedoch außerhalb jenes Bereiches, den zu beeinflussen in der Macht der Jury und der anderen Mitwirkenden stand. Die Arbeit der Projektorganisation Donaubereich Wien konnte somit als erfolgreich abgeschlossen betrachtet werden.

Als Ergebnis des gesamten Verfahrens sind viele Teilergebnisse in Verwaltungsvorgänge, Projekte, Baumaßnahmen sowie in Zielvorstellungen der Bevölkerung und der Entscheidungsträger bereits während des Verfahrens eingeflossen. Darüber hinaus lagen nunmehr folgende formellen Ergebnisse vor:

● Allgemeiner Bericht der Beratenden Jury.

● Empfehlungen zum Stadtentwicklungsplan für den gesamten Donaubereich.

● Empfehlungen zum Leitprojekt für das vom Hochwasserschutz-Projekt unmittelbar betroffene Gebiet.

● Empfehlungen für Folgemaßnahmen; das sind jene Erfordernisse, die in der Folge des Verfahrens erfüllt werden müssen, um die festgelegten Ziele erreichen zu können.

    Es sind dies:
    ○ Folgemaßnahmen zu Ausführungsplanung und Baudurchführung;
    ○ Folgemaßnahmen auf der Ebene des Leitprojektes;
    ○ Folgemaßnahmen auf der Ebene „Stadtentwicklung";
    ○ Organisationserfordernisse, Folgeorganisation.

● Die Abschlußberichte der fünf Planungsgruppen.

● Die Gutachten, Materialsammlungen und Auswertungen, die für die Projektorganisation — für Jury, Projektleitstelle, Planungsteam und beteiligte Dienststellen — im Laufe des Verfahrens erstellt worden sind.

● Die bereits eingeleitete Ausführungsplanung entsprechend dem angeführten Leitprojekt.

● Zusätzliche Ausführungen zu den Abschlußberichten, die von Juroren, Experten und anderen am Verfahren Beteiligten ausgearbeitet worden sind.

Luftbild März 1977
Der noch vor dem Verfahren begonnene Abschnitt der Neuen Donau unterhalb der Steinspornbrücke sowie das Augebiet — Dechanthäufel und Lobau —, in das die Siedlung bereits vorgedrungen ist.

Als letztes, aber nicht geringstes Ergebnis muß zum Abschluß die Erfahrung und Erkenntnis genannt werden, um die alle an der Arbeit „Donaubereich Wien" Beteiligten reicher geworden sind.

Ein Teil der Ergebnisse — soweit sie hiefür geeignet vorlagen — wurde in den auf den Abschluß folgenden Monaten in den Bezirken des Donaubereiches als Wanderausstellung gezeigt. Die Abschlußberichte wurden publiziert („der aufbau", Monographie 6: Wettbewerb Donaubereich, 2. Wettbewerbsstufe, Wien 1977). Die von der Beratenden Jury geforderte Errichtung einer Nachfolgeorganisation erfolgte Anfang 1978, in stark abgeschwächter Form, auf den Projektsbereich des Hochwasserschutzprojektes beschränkt.

Der „Tote Grund" im Südteil der Donauinsel, der als erste große Veränderung des wasserbautechnischen Hochwasserschutzprojektes in nur wenig verändertem Bestand als „Ökozelle" erhalten werden konnte.

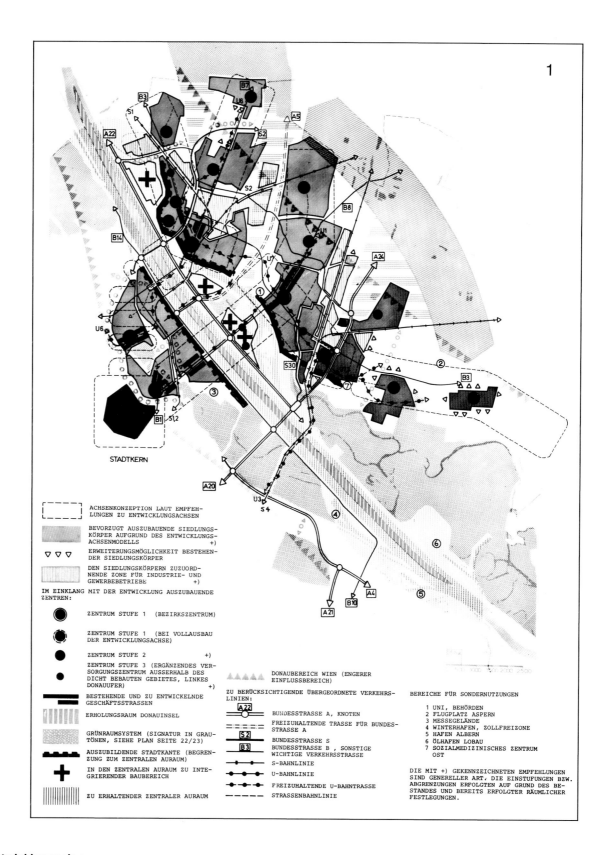

ACHSENKONZEPTION LAUT EMPFEH-
LUNGEN ZU ENTWICKLUNGSACHSEN

BEVORZUGT AUSZUBAUENDE SIEDLUNGS-
KÖRPER AUFGRUND DES ENTWICKLUNGS-
ACHSENMODELLS   +)

ERWEITERUNGSMÖGLICHKEIT BESTEHEN-
DER SIEDLUNGSKÖRPER

DEN SIEDLUNGSKÖRPERN ZUZUORD-
NENDE ZONE FÜR INDUSTRIE- UND
GEWERBEBETRIEBE   +)

IM EINKLANG MIT DER ENTWICKLUNG AUSZUBAUENDE
ZENTREN:

ZENTRUM STUFE 1 (BEZIRKSZENTRUM)

ZENTRUM STUFE 1 (BEI VOLLAUSBAU
DER ENTWICKLUNGSACHSE)

ZENTRUM STUFE 2   +)

ZENTRUM STUFE 3 (ERGÄNZENDES VER-
SORGUNGSZENTRUM AUSSERHALB DES
DICHT BEBAUTEN GEBIETES, LINKES
DONAUUFER)   +)

BESTEHENDE UND ZU ENTWICKELNDE
GESCHÄFTSSTRASSEN

ERHOLUNGSRAUM DONAUINSEL

GRÜNRAUMSYSTEM (SIGNATUR IN GRAU-
TÖNEN, SIEHE PLAN SEITE 22/23)

AUSZUBILDENDE STADTKANTE (BEGREN-
ZUNG ZUM ZENTRALEN AURAUM)

IN DEN ZENTRALEN AURAUM ZU INTE-
GRIERENDER BAUBEREICH

ZU ERHALTENDER ZENTRALER AURAUM

DONAUBEREICH WIEN (ENGERER
EINFLUSSBEREICH)

ZU BERÜCKSICHTIGENDE ÜBERGEORDNETE VERKEHRS-
LINIEN:

A22 BUNDESSTRASSE A, KNOTEN

FREIZUHALTENDE TRASSE FÜR BUNDES-
STRASSE A

S2 BUNDESSTRASSE S

B3 BUNDESSTRASSE B , SONSTIGE
WICHTIGE VERKEHRSSTRASSE

S-BAHNLINIE

U-BAHNLINIE

FREIZUHALTENDE U-BAHNTRASSE

STRASSENBAHNLINIE

BEREICHE FÜR SONDERNUTZUNGEN

1 UNI, BEHÖRDEN
2 FLUGPLATZ ASPERN
3 MESSEGELÄNDE
4 WINTERHAFEN, ZOLLFREIZONE
5 HAFEN ALBERN
6 ÖLHAFEN LOBAU
7 SOZIALMEDIZINISCHES ZENTRUM
  OST

DIE MIT +) GEKENNZEICHNETEN EMPFEHLUNGEN
SIND GENERELLER ART, DIE EINSTUFUNGEN BZW.
ABGRENZUNGEN ERFOLGTEN AUF GRUND DES BE-
STANDES UND BEREITS ERFOLGTER RÄUMLICHER
FESTLEGUNGEN.

Empfehlungen zum Stadtentwicklungsplan

1. Empfehlungen zum Stadtentwicklungsmodell
   (Zusammenfassung)
In ihrer Schlußsitzung (21.—25. März 1977) verabschiedete die
beratende Jury ihre Abschlußberichte, unter denen die Empfehlungen zum Stadtentwicklungsplan neben dem allgemeinen Bericht, den Empfehlungen zum Leitprojekt und den Empfehlungen
für Folgemaßnahmen eine besondere Rolle spielten. Die „Hauptaufgabe des Wettbewerbes, Vorschläge zur Einfügung der Entwicklung im engeren Donaubereich in die Gesamtentwicklung
und Gesamtstruktur des Wiener Raumes zu erlangen" und wirksam zu machen, kann nur durch eine große Zahl von Planungsprozessen in allen Teilen des Donaubereiches erfüllt werden;

diese können nicht alle in das umfassende Planungsverfahren integriert werden. Die Ergebnisse des Verfahrens müssen deshalb
in geeigneter Form dargestellt und in die Teilplanungsprozesse
eingebracht werden.
Die obenstehende Darstellung ist eine Überlagerung der im folgenden einzeln wiedergegebenen sektoralen Empfehlungen zum
Stadtentwicklungsplan.

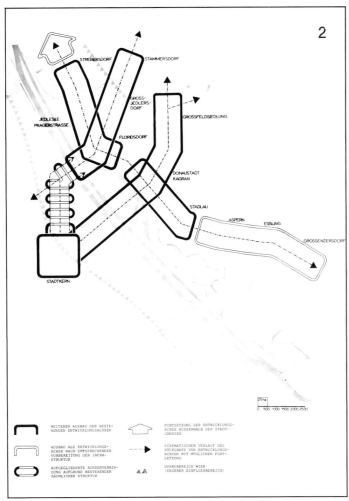

2

WEITERER AUSBAU DER BESTE-
HENDEN ENTWICKLUNGSACHSEN

AUSBAU ALS ENTWICKLUNGS-
ACHSE NACH ENTSPRECHENDER
VORBEREITUNG DER INFRA-
STRUKTUR

AUFGEGLIEDERTE ACHSENVERBIN-
DUNG AUFGRUND BESTEHENDER
RÄUMLICHER STRUKTUR

FORTSETZUNG DER ENTWICKLUNGS-
ACHSE AUSSERHALB DER STADT-
GRENZEN

SCHEMATISCHER VERLAUF DES
RÜCKGRATS VON ENTWICKLUNGS-
ACHSEN MIT MÖGLICHER FORT-
SETZUNG

DONAUBEREICH WIEN
(ENGERER EINFLUSSBEREICH)

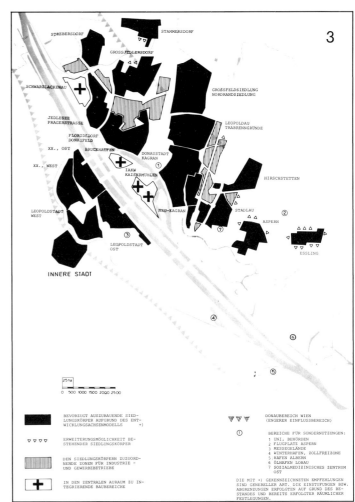

3

BEVORZUGT AUSZUBAUENDE SIED-
LUNGSKÖRPER AUFGRUND DES ENT-
WICKLUNGSACHSENMODELLS +)

ERWEITERUNGSMÖGLICHKEIT BE-
STEHENDER SIEDLUNGSKÖRPER

DEN SIEDLUNGSKÖRPERN ZUZUORD-
NENDE ZONEN FÜR INDUSTRIE -
UND GEWERBEBETRIEBE

IN DEN ZENTRALEN AURAUM ZU IN-
TEGRIERENDE BAUBEREICHE

DONAUBEREICH WIEN
(ENGERER EINFLUSSBEREICH)

BEREICHE FÜR SONDERNUTZUNGEN:
1 UNI, BEHÖRDEN
2 FLUGPLATZ ASPERN
3 MESSEGELÄNDE
4 WINTERHAFEN, ZOLLFREIZONE
5 HAFEN ALBERN
6 ÖLHAFEN LOBAU
7 SOZIALMEDIZINISCHES ZENTRUM
OST

DIE MIT +) GEKENNZEICHNETEN EMPFEHLUNGEN
SIND GENERELLER ART. DIE EINSTUFUNGEN BZW.
ABGRENZUNGEN ERFOLGTEN AUF GRUND DES BE-
STANDES UND BEREITS ERFOLGTER RÄUMLICHER
FESTLEGUNGEN.

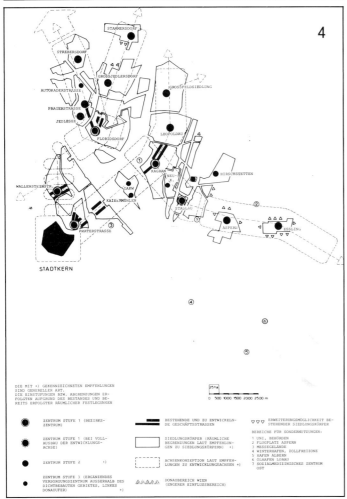

4

DIE MIT +) GEKENNZEICHNETEN EMPFEHLUNGEN
SIND GENERELLER ART.
DIE EINSTUFUNGEN BZW. ABGRENZUNGEN ER-
FOLGTEN AUFGRUND DES BESTANDES UND BE-
REITS ERFOLGTER RÄUMLICHER FESTLEGUNGEN

ZENTRUM STUFE 1 (BEZIRKS-
ZENTRUM)

ZENTRUM STUFE 1 (BEI VOLL-
AUSBAU DER ENTWICKLUNGS-
ACHSE)

ZENTRUM STUFE 2 +)

ZENTRUM STUFE 3 (ERGÄNZENDES
VERSORGUNGSZENTRUM AUSSERHALB
DES DICHTBEBAUTEN GEBIETES, LINKES
DONAUUFER)

BESTEHENDE UND ZU ENTWICKELN-
DE GESCHÄFTSSTRASSEN

SIEDLUNGSKÖRPER (RÄUMLICHE
BEGRENZUNGEN LAUT EMPFEHLUN-
GEN ZU SIEDLUNGSKÖRPERN) +)

ACHSENKONZEPTION LAUT EMPFEH-
LUNGEN ZU ENTWICKLUNGSACHSEN +)

DONAUBEREICH WIEN
(ENGERER EINFLUSSBEREICH)

ERWEITERUNGSMÖGLICHKEIT BE-
STEHENDER SIEDLUNGSKÖRPER

BEREICHE FÜR SONDERNUTZUNGEN:
1 UNI, BEHÖRDEN
2 FLUGPLATZ ASPERN
3 MESSEGELÄNDE
4 WINTERHAFEN, ZOLLFREIZONE
5 HAFEN ALBERN
6 ÖLHAFEN LOBAU
7 SOZIALMEDIZINISCHES ZENTRUM
OST

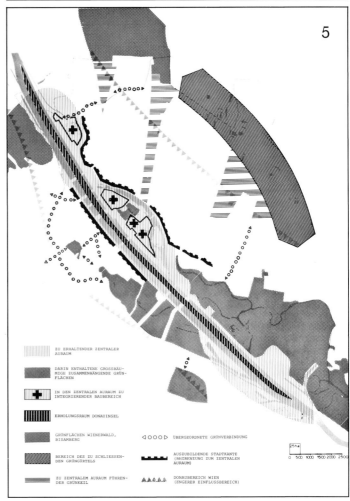

5

ZU ERHALTENDER ZENTRALER
AURAUM

DARIN ENTHALTENE GROSSRÄU-
MIGE ZUSAMMENHÄNGENDE GRÜN-
FLÄCHEN

IN DEN ZENTRALEN AURAUM ZU
INTEGRIERENDER BAUBEREICH

ERHOLUNGSRAUM DONAUINSEL

GRÜNFLÄCHEN WIENERWALD,
BISAMBERG

BEREICH DES ZU SCHLIESSEN-
DEN GRÜNGÜRTELS

ZU ZENTRALEM AURAUM FÜHREN-
DER GRÜNKEIL

ÜBERGEORDNETE GRÜNVERBINDUNG

AUSZUBILDENDE STADTKANTE
(BEGRENZUNG ZUM ZENTRALEN
AURAUM)

DONAUBEREICH WIEN
(ENGERER EINFLUSSBEREICH)

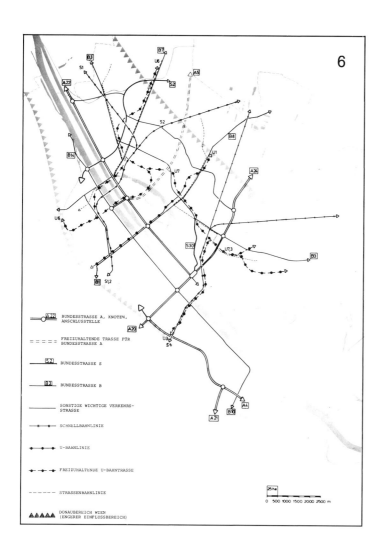

6

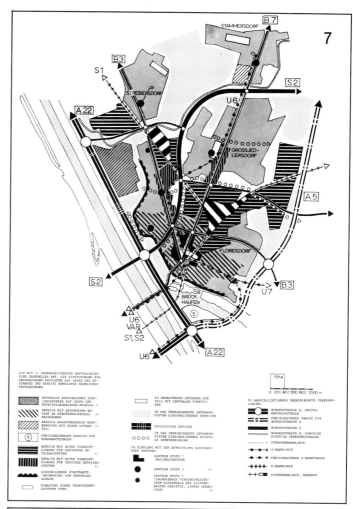

7

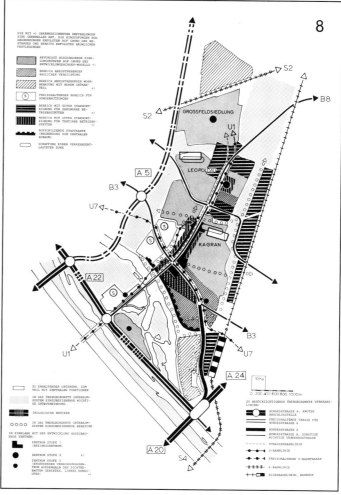

8

Empfehlungen zum Stadtentwicklungsplan (Fortsetzung)

Die hier wiedergegebenen Darstellungen sind Bestandteil der Abschlußberichte der beratenden Jury und sind dort durch textliche Festlegungen ergänzt (Übergeordnete Grundsätze, Grundsätze zu naturräumlichen Aspekten, zu städtischen Funktionen, sowie zur Stadtgestaltung; räumlich-strukturelle Aussagen zur Stadtentwicklung).

2. Empfehlungen zu Entwicklungsachsen
3. Empfehlungen zu Siedlungskörpern
4. Empfehlungen zu Zentren
5. Empfehlungen zum Grünraumsystem
6. Empfehlungen zum Verkehr; Linienschema

Empfehlungen zum Stadtentwicklungsplan: Spezielle Aussagen zu Teilbereichen

Die oben wiedergegebenen Empfehlungen für den gesamten Wiener Donaubereich wurden für die betroffenen Stadtteile detaillierter und im einzelnen konkretisiert ergänzt. Diese Empfehlungen haben etwa den Inhalt eines generalisierten Flächenwidmungsplanes. Sie sollten Grundlage einer Überarbeitung oder Neufassung des Flächenwidmungsplanes sein.

7. Empfehlungen zum Teilbereich 21. Bezirk
8. Empfehlungen zum Teilbereich 22. Bezirk West

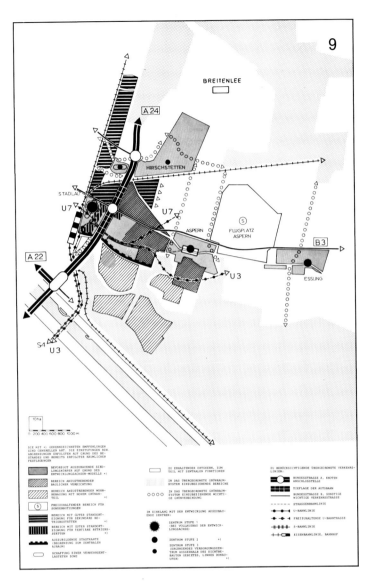

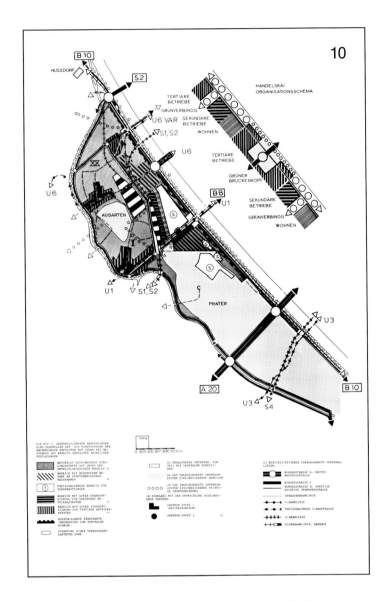

Empfehlungen zum Stadtentwicklungsplan: Spezielle Aussagen zu Teilbereichen (Fortsetzung)

9. Empfehlungen zum Teilbereich 22. Bezirk Ost
10. Empfehlungen zum Teilbereich rechtes Donauufer

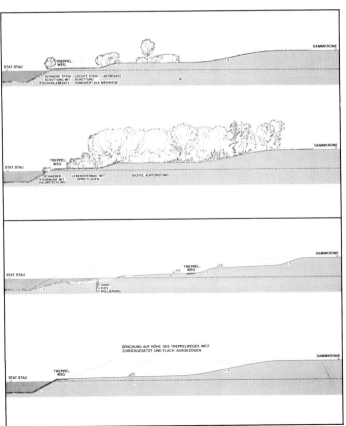

◀   ▶

Empfehlungen zum Leitprojekt
(siehe auch beiliegenden Faltplan)

Regelprofile zum Leitprojekt

Die Reliefgestaltung in den Uferbereichen der Donauinsel und der Neuen Donau ist von entscheidender Bedeutung für Nutzung, Gestaltung, ökologische Behandlung, Verkehrserschließung und schließlich die technische Tauglichkeit der gesamten Anlagen des Projektgebietes. Die im Verfahren entwickelten und von der beratenden Jury für die Ausführungsplanung empfohlenen Regelprofile sind deshalb nebenstehend wiedergegeben.

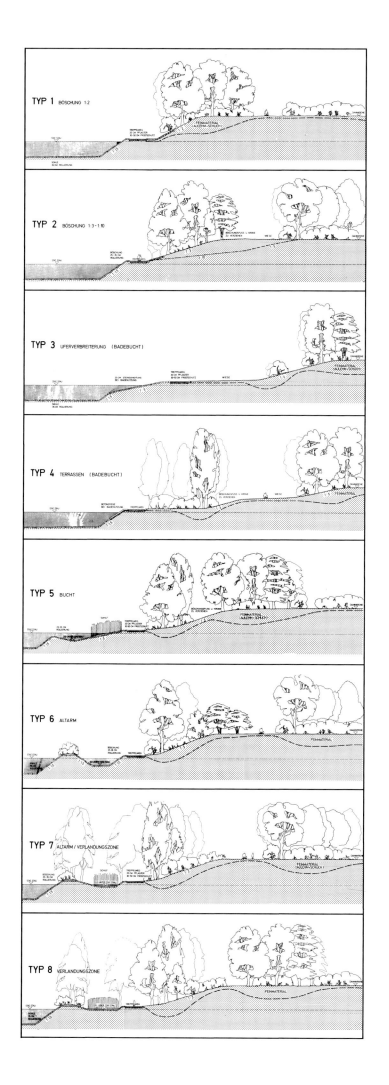

TYP 1 BÖSCHUNG 1:2

TYP 2 BÖSCHUNG 1:3 - 1:10

TYP 3 UFERVERBREITERUNG (BADEBUCHT)

TYP 4 TERRASSEN (BADEBUCHT)

TYP 5 BUCHT

TYP 6 ALTARM

TYP 7 ALTARM / VERLANDUNGSZONE

TYP 8 VERLANDUNGSZONE

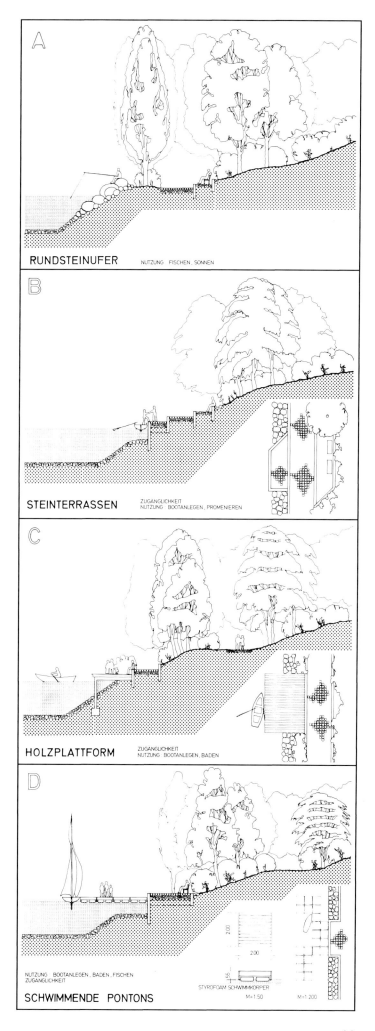

A RUNDSTEINUFER NUTZUNG : FISCHEN , SONNEN

B STEINTERRASSEN ZUGÄNGLICHKEIT
NUTZUNG : BOOTANLEGEN , PROMENIEREN

C HOLZPLATTFORM ZUGÄNGLICHKEIT
NUTZUNG : BOOTANLEGEN , BADEN

D SCHWIMMENDE PONTONS NUTZUNG : BOOTANLEGEN , BADEN , FISCHEN
ZUGÄNGLICHKEIT
STYROFOAM SCHWIMM-KÖRPER M=1:50 M=1:200

Neue Donau und „Toter Grund"

Altwasser und Baumbestand wurden erhalten

„Testprojekte"

Ein wesentliches Element des Planungsverfahrens war die Bearbeitung erkannter Probleme in Form von „Testprojekten". Damit sind konkrete Lösungsvorschläge gemeint, die — mit Alternativen — besonders für räumlich-funktionelle und Gestaltungs-Probleme ausgearbeitet werden, die nicht mit Bauprojekten verbunden sind, für die somit kein unmittelbarer Druck auf Durchführung eines Vorschlages besteht. Mit dieser Vorgangsweise soll unter anderem erreicht werden, daß bei der Bearbeitung die Lösung des angesprochenen Problems im Vordergrund steht, und nicht die Erfüllung eines aus bestimmten Interessen vorgeprägten Auftrages. Dieses Ziel konnte nur teilweise erreicht werden.

Testprojekt „Toter Grund"
Dem ursprünglichen wasserbautechnischen Projekt entsprechend sollte dieses Altwasser vollständig überschüttet werden. Aufgabe der Testprojekt-Bearbeitungen war es, Wege zu finden, den Bestand als „Ökozelle" zu erhalten. Grundsätzliche ökologische Fragen waren ebenso zu klären, wie wasserbautechnische Probleme zu lösen.

Grüngestaltung für eine Wohnstraße in Floridsdorf Planungsgruppe Glück-Becker-Höfer/Grasberger)

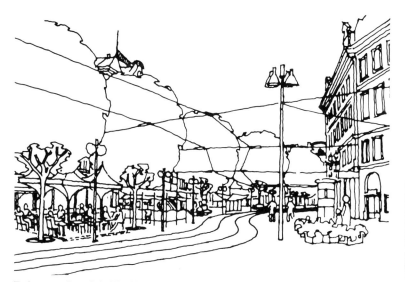

Fußgängerbereich Floridsdorf Am Spitz; Verkehrsberuhigung in einem zentralen Bereich (Planungsgruppe Glück-Becker-Höfer/Grasberger)

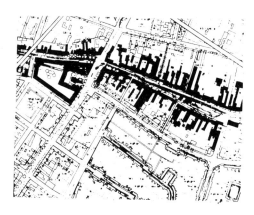

◀ „Revitalisierung Kagran"
(Planungsgruppe Ekhart-Hübner)

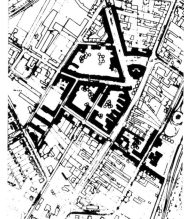

Testprojekte für Straßen- und Platzräume ▶

g) Weiterführung

Die Beratende Jury hat in ihrem Abschlußbericht als wesentlichen Bestandteil der notwendigen Folgemaßnahmen „Empfehlungen zur Nachfolgeorganisation" und zu weiteren Organisationserfordernissen ausgesprochen. Aufgrund der politischen Entwicklung seit dem 1. August 1976 wurde diesen Empfehlungen nur teilweise Folge geleistet.

Die Weiterführung eines Teiles der Planungsarbeit und eine gewisse Kontinuität in organisatorischer und personeller Hinsicht fußen auf den Empfehlungen der Gemeinderätlichen Stadtplanungskommission, die in ihrer 34. Sitzung (23. Juni 1977) den Abschlußbericht der Beratenden Jury zur Kenntnis genommen und zugleich empfohlen hat, eine „Koordinationsstelle Donaubereich Wien" einzurichten; damit sollte unter anderem die bis dahin tätige Projektleitstelle ersetzt werden (Weisung des Magistratsdirektors vom 27. September 1977).

Darüber hinaus wurde ein „Beirat Donaubereich" eingerichtet, der beratende Funktion auszuüben hatte.

Der „Beirat Donaubereich Wien" konstituierte sich in der Sitzung vom 30. November 1977, nachdem die „Koordinationsstelle Donaubereich Wien" (KDW) ihre Tätigkeit bereits am 3. Oktober 1977 aufgenommen hatte.

Der „Beirat" legte seinen Abschlußbericht mit Schlußempfehlungen dem Gemeinderat vor, der diese am 17. Oktober 1979 zustimmend zur Kenntnis nahm. Während der Beirat sich daraufhin auflöste, setzt die „Koordinationsstelle Donaubereich Wien" ihre im Bereich der Geschäftsgruppe Stadtplanung begonnene Tätigkeit seither im Bereich der Geschäftsgruppe „Umwelt und Bürgerdienst" fort.

Als Nachfolgeorganisation für den Beirat Donaubereich Wien konstituierte sich ein informelles Leitungsgremium („Stadträtekomitee"), dem die in der Verwaltung amtsführenden Politiker (Stadträte) der sachlich betroffenen Geschäftsgruppen angehörten.

Im Gegensatz zum Gedanken des „Wiener Modells", der Planungsorganisation Donaubereich Wien, beschränkte und beschränkt sich weiterhin die Tätigkeit der Nachfolgeorganisation auf den Projektbereich des Hochwasserschutzes beziehungsweise auf den engeren Donaubereich.

Aufgabe der „Koordinationsstelle Donaubereich Wien" und des „Beirates Donaubereich Wien" war im besonderen, „ein Höchstmaß an Abstimmung der von den einzelnen Ressorts im Zusammenhang mit dem Leitprojekt wahrzunehmenden Interessen zu gewährleisten. Dies wird vor allem durch die Mitwirkung an der Erstellung von Bauzeit-, Kosten- und Ablaufplänen oder durch die Beteiligung in sonstiger Weise an der Lösung einschlägiger ressortübergreifender Probleme geschehen."

Der „Beirat Donaubereich Wien" hatte dabei die Aufgabe, den Donaubereich betreffende Vorschläge, Empfehlungen und Anregungen zu erarbeiten und die Stadtverwaltung bei der Planung und Ausführung von Gestaltungsmaßnahmen und Einrichtungen in dem vom Leitprojekt Donaubereich Wien erfaßten Gebiet zu beraten.

Die Nachfolgeorganisation war somit auf projektorientierte Tätigkeit konzentriert und hat die Planungsfunktion weitgehend verloren, was auch aus der Zusammensetzung des Beirates hervorgeht: Mitglieder des Stadtsenates und des Gemeinderates von Wien, Vertreter des Bundes und des Landes Niederösterreich, die Bezirksvorsteher der betrof-

fenen Bezirke, Vertreter der betroffenen Magistratsdienststellen und einiger Interessenvertretungen, die Vertreter der „Planungsgruppen" der zweiten Wettbewerbsstufe. Der ehemalige Vorsitzende der Beratenden Jury und andere Mitwirkende der Projektorganisation wurden nur als Konsulenten oder zu einzelnen Fachfragen beigezogen.

Unter den Bearbeitungen, die von den beiden Nachfolgeorganisationen (vor allem „KDW") durchgeführt worden sind, können im besonderen erwähnt werden:

● Bericht zum Bauzeit-, Kosten- und Ablaufplan.

● Mitwirkung an Bauvorbereitungsarbeiten, unter anderem zu Maßnahmen am rechten Donauufer, an den Bahnanlagen am rechten Donauufer, hinsichtlich Deponieflächen usw.

● Mitwirkung an der Ausführungsplanung, einschließlich der Erstellung des Nutzungskonzeptes für den Projektbereich, sowie an Detailbearbeitungen (Badebuchten, Fußgängerbrücken, Ausgestaltung des „Toten Grundes", Grundwasserdotierung der Lobau, landschaftliche Einbindung des Abwasser-Pumpwerkes).

● Mitwirkung an größeren Teilprojekten, wie: Segelhafen, Regattastrecken, Campingplätze, Wasserskilift, Sportanlagen, Motorboothafen.

● Mitwirkung an den anderen betroffenen Projekten, vor allem Autobahn A 22 (Grünbrücken), Brückenbauten (Reichsbrücke, Floridsdorfer Brücke, Brigittenauer Brücke, Rohrbrücke) und Hochbauten (Gebäude der „DDSG").

● Mitwirkung an Sofortmaßnahmen zur Nutzbarmachung der jeweils fertiggestellten Teile der Grün- und Wasserflächen, Erstellung von Folgeeinrichtungen.

● Mitwirkung an der Umsetzung der Ergebnisse in rechtliche Festlegungen (Flächenwidmungsplan, Verordnungen).

● Öffentlichkeitsarbeit (Ausstellung, Presseführungen, Fragebogenaktionen, Organisation von Veranstaltungen).

● Mitwirkung an Sicherheitsmaßnahmen.

Die Ausführungsplanung wurde auch nach Auflösung der Projektorganisation weitgehend im Sinne der Empfehlungen der Jury Donaubereich Wien bearbeitet und nahezu zum Abschluß gebracht. Weitere Planungsbearbeitungen für den Donaubereich blieben dagegen auf wenige Ansätze beschränkt, wie es das Beispiel eines zusätzlichen städtebaulichen Wettbewerbes für den zentralen Bereich des Bezirkes Donaustadt zeigt.

Großes Verdienst der Mitglieder der Nachfolgeorganisation ist die ständige und aufopfernde Kontrolle der Bau- und Entwicklungsvorgänge; nur durch diese — wenn auch weitgehend auf den Projektbereich des Hochwasserschutzes eingeschränkte — Kontinuität der Organisation und ihrer Bearbeiter konnten wesentliche Teile des Planungsprozesses „Donaubereich Wien" auch nach Abschluß der Tätigkeit im Rahmen des hier dargestellten „Wiener Modells" erhalten und in die bauliche Realität umgesetzt werden.

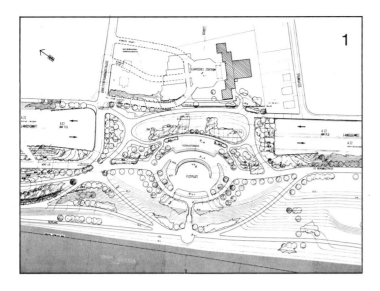

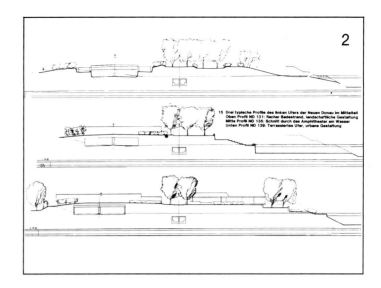

Details zur Ausführungsplanung

1. Grundriß der Grünbrücke vor dem Islamischen Zentrum über der Autobahn A22. Die Autobahn wurde weitgehend gegen die angrenzenden Grünräume abgeschirmt.

2. Drei charakteristische Profile des linken Ufers der Neuen Donau im Mittelteil
Oben: flacher Badestrand, landschaftliche Gestaltung
Mitte: Schnitt durch das „Amphitheater" am Wasser
Unten: Terrassiertes Ufer, urbane Gestaltung

3. Platzartige Erweiterung der Wege am rechten Stromufer unterhalb der Floridsdorfer Brücke

4. Grünbrücken über der Autobahn A22 vor dem Jedleseer Aupark als Verbindung zwischen den Erholungsflächen an der Neuen Donau und dem Grünsystem des angrenzenden Stadtteiles.

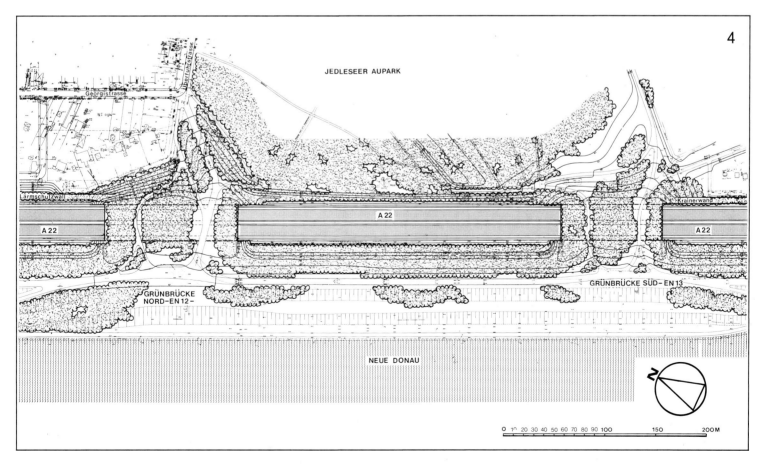

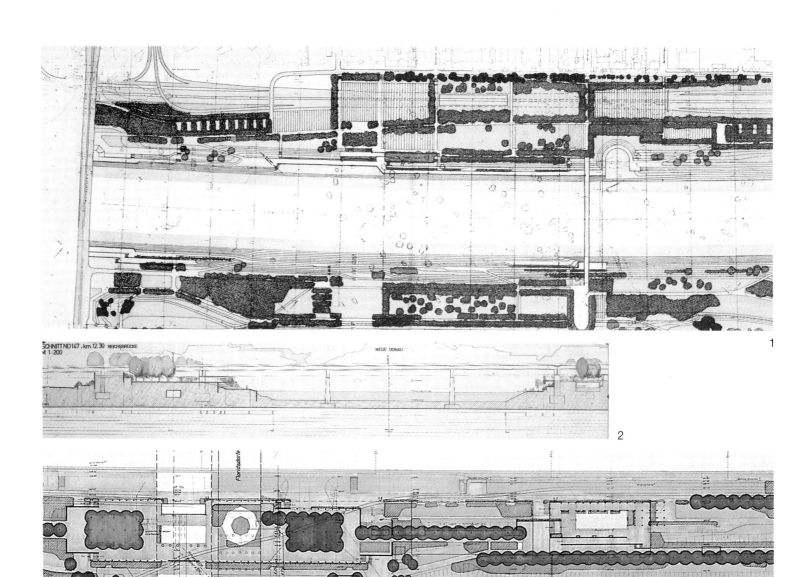

1

SCHNITT NO 147 , km 12.30 REICHSBRÜCKE

NEUE DONAU

2

Floridsdorf

Handelskai

3

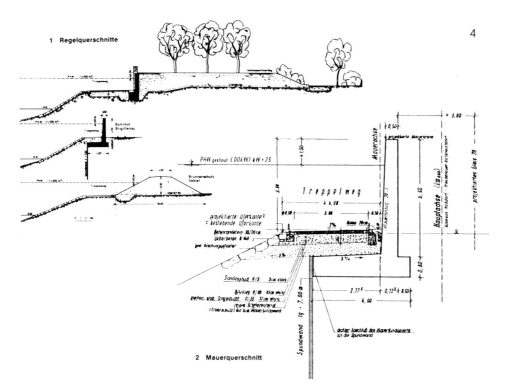

1 Regelquerschnitte

Bahnhof Brigittenau

PHW gestaut (DOKW) GW = 75

Brunnenschutz Gebiet

Treppelweg

projektierte Uferkante = bestehende Uferkante

2 Mauerquerschnitt

Mauerachse

Hauptachse (Basar)

4   Details zur Ausführungsplanung (Fortsetzung)

Ausschnitte aus den Gestaltungsplänen, die von den in zwei Arbeitskreisen zusammengefaßten Planungsgruppen aus dem Verfahren Donaubereich Wien im Anschluß entsprechend den Empfehlungen der beratenden Jury erstellt worden sind. Die Bauausführung erfolgt nach diesen Plänen.

1. Das Vorland Kaisermühlen und der zugehörige Abschnitt der Donauinsel (unterhalb der Reichsbrücke)

2. Schnitt durch die Neue Donau bei der Reichsbrücke (U-Bahn-Station)

3. Uferpromenade am rechten Donauufer bei der Floridsdorfer Brücke

4. Umsetzung des Entwurfes (3) in Ausführungspläne

5. Nordteil Neue Donau und Insel mit Grünbrücken über der Autobahn A 22 und Segelhafen

6. Schnitt durch die Neue Donau und die anschließende Badebucht beim Segelsee vor der UNO-City

5

6

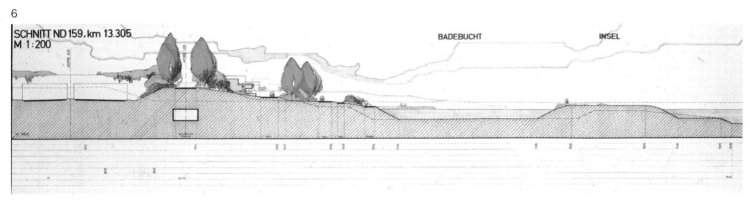

SCHNITT ND 159, km 13.305
M 1:200

BADEBUCHT   INSEL

Mittelteil des engeren Donaubereiches, Blick vom Leopoldsberg (1981)
Das Bett der Neuen Donau ist bereits bis vor die UNO-City vorgedrungen; die nördlichen Teile der Insel sind begrünt, der teilweise erhaltene Baumbestand gab der Insel schon kurz nach Fertigstellung ein natürliches Aussehen.
Lediglich ein kurzer Abschnitt im Mittelteil, um die Reichsbrücke und vor Kaisermühlen, zeigt noch Form und Bewuchs des Inundationsgebietes.
Die Brigittenauer Brücke wird gerade montiert (fertiggestellt 1982), die neue Reichsbrücke ist bereits fertiggestellt (eröffnet 8. Nov. 1980), der Verlust der charaktervollen alten Brücken macht sich schmerzlich bemerkbar.

Böschung nach Regelprofil entsprechend dem wasserbautechnischen Projekt 1969 im Südteil bei der Steinspornbrücke, ausgeführt 1972/73, rechts daneben: anschließender Uferabschnitt, ausgeführt auf Grund der Ergebnisse des Verfahrens Donaubereich Wien 1974/75

Linkes Ufer der Neuen Donau: Die alte Baumkulisse wurde erhalten, der wasserbautechnisch gebotene Treppelweg fügt sich der Landschaft ein.

Ufergestaltung am rechten Ufer des Donaustromes

1 Ausführung der Ufergestaltung am rechten Brückenkopf der Floridsdorfer Brücke (Sommer 1982)

2 Ausführung der Ufergestaltung unterhalb des Schiffahrtszentrums der DDSG bei der Reichsbrücke

Entwürfe zur Gestaltung der Kaipromenade am rechten Stromufer (E. W. Heiss)

3 Platz am nordwestlichen Endpunkt der Uferanlagen

4 Brunnenanlage

5 Einbindung des Uferpfeilers der Flordisdorfer Brücke

Neubaugebiete im Donaubereich: Wohnhausanlagen und Einkaufszentrum in Groß-
jedlersdorf

Struktur- und Entwicklungsprobleme in den an
den ehemaligen Aubereich angrenzenden Gebieten links der Donau haben sich durch die
starke Bautätigkeit der vergangenen Jahre
noch verstärkt. Zu ihrer Lösung beizutragen
war eine Aufgabe des Verfahrens „Donaubereich Wien", dessen Ergebnisse allerdings
nur im engeren Projektgebiet selbst einen unmittelbar zu erkennenden Niederschlag fanden.
Für die städtebauliche Gestaltung im weiteren
Donaubereich konnten nur Grundsätze aufgestellt werden.

Problembereich Praterbrücke—Stadlau

Gestaltungsprobleme, die in Zusammenhang
mit dem engeren Donaubereich stehen, reichen weit in die benachbarten Stadtteile hinein: Brückenanschluß, Autobahnknoten, Deponie für Überschußmaterial aus der Neuen
Donau, Erhaltung eines Grünraumsystems,
Grundwasserprobleme und Altwässer sind dazu
nur einige Stichworte.

Luftbild Sommer 1983

Luftbild Mai 1979

Donaubereich, Zustand August 1981

Die Reste des alten Inundationsgebietes vor
Kaisermühlen unterstreichen das Ausmaß
der Veränderungen im engeren Donaubereich. Auf dem Bild sind neben der
Neuen Donau und der Donauinsel als weitere durch das Verfahren beeinflußte Baumaßnahmen zu erkennen: Reichsbrücke und
Brigittenauer Brücke; Autobahn (A 22) und
Sammelkanal entlang der Neuen Donau,
Anschluß der UNO-City, U-Bahn (Linie U 1
nach Kagran)

Wehr 1 und Praterbrücke: trotz der Konzentration technischer Bauten mußte es erreicht
werden, daß die Grünräume Donauinsel und
linkes Ufer der Neuen Donau ihren inneren
Zusammenhang nicht verlieren.

Luftbild Juni 1981

11. Der organisatorische Aspekt

Zum Abschluß sollen einige Hinweise auf den organisatorischen Aspekt des „Modells Wien", der Projektorganisation Donaubereich Wien, angefügt werden: Die Aufgabenstellung „Donaubereich Wien" hat Probleme in der Verwaltungsorganisation aufgedeckt, die mit der Projektorganisation modellhaft und zumindest vorübergehend einer Lösung näher gebracht werden sollten.

Die Ausgangssituation war durch folgende Gegebenheiten charakterisiert:

● Die Aufgabe lag überwiegend im staatlich-öffentlichen und kommunalen Bereich, denen sie zum Teil sogar ausdrücklich vorbehalten ist.

● An der Problemsituation waren zwei Gebietskörperschaften (Bund und Stadt Wien) direkt beteiligt, weitere (Land Niederösterreich, einige Gemeinden) nur randlich. Somit war vor allem die Kooperation zwischen Bundes- und Landes- bzw. Gemeindeverwaltung zu organisieren.

● Das auslösende Projekt lag nahezu ausschließlich im Bereich einer weitgehend selbständigen Bundes-Fachdienststelle und der entsprechenden, im übertragenen Wirkungsbereich tätigen Stelle der Wiener Landesverwaltung. Es war deshalb notwendig, die Kooperation dieses Fachbereiches mit den anderen auf Bundes- und Landesebene, sowie mit dem Wirkungsbereich der Gemeinde Wien zu organisieren.

● Voraussetzungen (Kompetenzen) für umfassende und zusammenführende Planung bestehen nur auf Gemeinde- und Landesebene, nicht aber auf Bundesebene. Die Initiative zur umfassenden Planung und zu deren Organisation mußte deshalb von (Gemeinde bzw. Land) Wien ausgehen.

● Die beteiligten Verwaltungskörper, besonders der Magistrat der Stadt Wien, sind hierarchisch organisiert. Diese Organisationsform widerspricht den grundlegenden Anforderungen, die an die Organisation von Planungsprozessen zu stellen sind.

● In der Organisation beider beteiligten Gebietskörperschaften sind behördliche Verfahren und politische Verantwortung ausgeformt und teilweise voneinander getrennt; fachliche Arbeit und Verantwortung sowie Planungsverantwortung sind jedoch weder rechtlich noch organisatorisch ausgebildet. Die Verantwortung hinsichtlich Planung und fachlicher Richtigkeit war deshalb organisatorisch klarzustellen, fachliche Bearbeitungen und Planungsbearbeitung waren zu organisieren.

● Nur ein geringer Teil der für einen umfassenden Planungsprozeß erforderlichen Vorgänge kann im Rahmen der bestehenden Verwaltungsorganisation abgewickelt werden. Es war daher notwendig, zusätzliche, qualifizierte Arbeitskapazität zu erschließen und organisatorisch heranzuziehen.

● Die Wiener Stadtplanung war eine (hierarchisch organisierte) Gruppe innerhalb des Stadtbauamtes (der ebenfalls hierarchischen Organisation der technischen Dienststellen der Stadtverwaltung). Die einzelnen Abteilungen der Stadtverwaltung unterstehen einerseits dem Magistratsdirektor als oberstem Leiter der Beamten, andererseits einem politischen Mandatar als amtsführenden Stadtrat, der die politische Verantwortung trägt.

Diese Verwaltungsstruktur läßt interne Kontakte nur auf dem „Dienstweg" über die nächste gemeinsame hierarchische Stufe zu. Kontakte mit Institutionen oder Personen außerhalb der Stadtverwaltung sind nur für wenige Fälle und wenige Personen vorgesehen.

Um den erforderlichen Planungsprozeß auch nur im Mindestumfang abwickeln zu können, mußte für verwaltungsinterne Kontakte zur Aufgabe „Donaubereich Wien" der Weg über die Hierarchie ausgeschaltet werden; für Kontakte nach außen mußte die Organisation ebenfalls geöffnet werden, und zwar sowohl für die formal notwendigen Verbindungen als auch für die Mitwirkung sämtlicher Entwicklungsträger.

● Die Dimension der Aufgabe ergab einen besonders großen Kreis potentieller Mitwirkender und Betroffener; deren Repräsentanten mußten deshalb in das Verfahren einbezogen werden.

Hinsichtlich der Erschließung notwendiger Arbeitskapazitäten war dies vor allem die Ingenieurkammer (zur Vertretung des Standes der staatlich befugten und beeideten Ziviltechniker errichtete Kammer).

Es muß als selbstverständlich gelten, daß die angedeuteten organisatorischen Erfordernisse nicht vollständig erfüllt werden konnten. Schon das Ziel für das angestrebte Modell einer Projektorganisation mußte es sein, mit sehr geringen organisatorischen Eingriffen möglichst viel in der angedeuteten Richtung zu erreichen.

So erwies sich etwa die Forderung nach Mitwirkung der betroffenen Entwicklungsträger als nicht erfüllbar, wenn man nicht größere und unkontrollierbare politische Entwicklungen auslösen wollte. Dieses Risiko konnte jedoch wegen des Zeitdruckes nicht eingegangen werden. Die Organisation wurde deshalb auf die beteiligten Verwaltungskörper und die heranzuziehenden Techniker beschränkt.

Die notwendige, möglichst umfassende und möglichst vollständige Repräsentation der Gesichtspunkte (der Betroffenen sowie der berührten Fachgebiete) war deshalb einerseits durch die Struktur der Projektorganisation, andererseits durch das Heranziehen von Experten geeigneter Fachgebiete anzustreben.

Aus dieser Situation wurde der dann auch durchgeführte Organisationsvorschlag entwickelt. Die Merkmale dieser Projektorganisation und eine Gegenüberstellung der realisierten organisatorischen Struktur und der Abwicklung mit den oben angedeuteten Anforderungen sollen abschließend skizziert werden.

Die Funktionen der einzelnen Elemente der Projektorganisation:

● Die Jury war organisatorisch mit mehrfacher Funktion belastet: Ihre Hauptaufgabe war es — mit Hilfe der übrigen Glieder der Projektorganisation — dem Auslober (Bund und Stadt Wien) Zielvorstellungen (Entwürfe) und Handlungsvorschläge zu empfehlen.

Um diese Aufgabe erfüllen zu können, war die Jury im Rahmen der Projektorganisation und deren Regeln (z. B. festgelegtes Gesamt-Arbeitsprogramm und Formulierung des Auftrages an das Planungsteam) befugt, Aufträge zu erteilen und Arbeitsanweisungen zu geben. Weiters war es dazu notwendig, daß die Jury alle bearbeiteten Inhalte (einschließlich besonders der Arbeitsergebnisse des Planungsteams) berät und beurteilt.

Die Jury hatte darüber hinaus bei Entwurfsvorgängen mitzuwirken und selbst Entwurfsbearbeitungen durchzuführen (z. B. das „Leitprojekt" für Donauinsel, Neue Donau und rechtes Donauufer wurde, aufgrund von Teilentwürfen des Planungsteams, von der Jury bearbeitet).

Im Rahmen der Projektorganisation hatte die Jury aber auch die entscheidende Funktion, Meinungen und Differenzen abzugleichen, zwischen den verschiedenen Teilen der Projektorganisation zu vermitteln und intern verbindliche Beschlüsse zu fassen.

Um die grundlegende Aufgabe der gesamten Projektorganisation erfüllen zu können, mußte die Jury zwei weitere Funktionen ausüben: Sie mußte eine möglichst vollständige und ausgewogene Repräsentation der inhaltlich beteiligten und berührten Fachgebiete in den Arbeitsergebnissen bewirken — und sie mußte schließlich trachten, daß in diesen Arbeitsergebnissen die Gesichtspunkte der Bewohner, Benützer, Besucher und Interessenten des zu bearbeitenden Gebietes möglichst weitgehend und in abgewogenem Maße berücksichtigt sind.

Damit sollte der Tatsache Rechnung getragen werden, daß die Projektorganisation aus dem Bestreben entstanden ist, eine geeignete Vorgangsweise für die Bewältigung eines Problemkomplexes zu entwickeln, in dem viele Sachbereiche und ein großer, heterogener Kreis von Betroffenen miteinander verbunden sind.

● Zentrales Organ der Projektorganisation war die bereits beschriebene Projektleitstelle. Ihre Funktion war die Zusammenführung der Teile der Bearbeitung von Grundlagen, Informationen und Ergebnissen. Sie hatte ebenso dafür zu sorgen, daß jeder an der Projektorganisation Beteiligte die erforderlichen Grundlagen, Informationen und Ergebnisse erhielt. Funktion der Projektleitstelle war es ebenso, die gesamte Arbeit — und damit vor allem die Zusammenarbeit sämtlicher Teile — organisatorisch zu leiten und zu betreiben.

Planungsbearbeitungen im engeren Sinne (inhaltliche Zusammenführung und umfassende Auswertung, Problembestimmung, Vorschläge im Zusammenhang Beurteilen usw.) können in einer größeren Organisation nur an einer Stelle erfolgen, an der sowohl inhaltlich als auch organisatorisch alle Fäden zusammenlaufen. Dies war deshalb eine der Hauptaufgaben der Projektleitstelle und wurde vom Vorprüfer durchgeführt. Arbeitskräfte wurden ihm dazu nicht zur Verfügung gestellt; diese Feststellung ist zur Beurteilung des gesamten Verfahrens entscheidend, da sie das Verhältnis von Formalerfordernis zu substantieller Tätigkeit deutlich werden läßt.

Zu dieser Funktion gehörte es auch, die im Laufe des Verfahrens auftretenden Aufgaben zu formulieren; eine Funktion, die nur von zentraler Position aus, aber ohne direkte Weisungsbefugnis ausgeübt werden kann.

Eine weitere Funktion der Projektleitstelle war es, Lücken in Grundlagen, Abläufen und Bearbeitungen zu schließen. Für während der Arbeit auftretende Erfordernisse konnte nicht jeweils gesondert Vorsorge getroffen werden, sie waren daher von der Projektleitstelle zu erfüllen.

Die Projektleitstelle hatte jedoch über die angeführten Funktionen hinaus organisatorische Aufgaben zu erfüllen, die, wie bereits ausgeführt, für das ganze Verfahren konstituierend waren: Sie hatte innerhalb der

beteiligten Verwaltungskörper die außergewöhnlichen Kontakte (außerhalb des „Dienstweges") herzustellen und ebenso die Verbindung zwischen den beteiligten Verwaltungsstellen und den herangezogenen Außenstehenden (Planungsteam, Experten und fallweise auch andere) zu bewirken.

● Das „Planungsteam", bestehend aus fünf „Planungsgruppen" (ausgewählten Preisträgern der ersten Wettbewerbsstufe), hatte die Funktion, zu gestellten Teilaufgaben (Problemen) Lösungsvorschläge zu erarbeiten und dazu zweckmäßig erscheinende Expertenbeiträge zu erstellen bzw. erstellen zu lassen. Das Planungsteam war somit der Entwurfsapparat der Projektorganisation. Zu dieser Funktion gehörte weitgehende Wahlfreiheit des Entwurfes: es waren nicht Ziele, sondern Probleme vorgegeben.

Ausdrücklich waren — entsprechend Arbeitsprogramm, Anbot und Auftrag — Planungsbearbeitungen im engeren Sinne nicht Aufgabe des Planungsteams. Dieses sollte vielmehr die Vielfalt der im Planungsprozeß erforderlichen Entwurfsgedanken beistellen.

Aus der Polarität verwaltungsinterner und außerhalb der Verwaltung stehender Elemente der Projektorganisation ergab sich für das Planungsteam überdies die Funktion, Kontakte mit den „Betroffenen" herzustellen und auszuwerten. Wie bereits ausgeführt, hatte es sich als nicht realisierbar herausgestellt, die Mitwirkung der Bewohner, Benützer, Besucher und Interessenten des „Donaubereiches Wien" direkt in das Verfahren einzubauen. Dieser Mangel konnte auf dem Wege über die Planungsgruppen teilweise ausgeglichen werden.

Die Angehörigen des Planungsteams, einschließlich der herangezogenen Experten, sollten aber auch mit Hilfe dieses Verfahrens durch einen Lernprozeß in die Mitwirkung an Planungsprozessen eingeführt werden; in der Ausgangssituation fehlten für solche Prozesse nahezu alle Voraussetzungen.

● Die in die Projektorganisation einbezogenen Verwaltungsdienststellen und Verwaltungsangehörigen hatten unterschiedliche Funktionen auszuüben.

Die erste Funktion war es, Grundlagen, Informationen und zu verarbeitendes Material in den Prozeß einzubringen, denn diese Voraussetzungen lagen fast ausschließlich bei Verwaltungsdienststellen vor. Diese einleitende Funktion war aber auch über das gesamte Verfahren dauernd auszuüben. Eine zweite Funktion war es, Expertenleistungen, vor allem hinsichtlich der berührten Verwaltungsvorgänge, zu erbringen. Dabei mußte oft das zu erwartende Ergebnis von Verwaltungsverfahren vorweg bestimmt werden, um sie in einer Art Simulationsverfahren ohne den für die ordentliche Abwicklung erforderlichen Zeitaufwand in das Verfahren einbringen zu können.

Die zweite Hauptfunktion sollte im Einbringen der Ergebnisse aus der Arbeit der gesamten Projektorganisation in die Aktivitäten der Auslober, in Verwaltungsverfahren und Vorgänge der eigenen Wirkungsbereiche von Stadt- und Bundesverwaltung bestehen. Auch dies kann nur eine dauernde Funktion sein und durfte sich nicht auf die Übernahme fertiger Produkte beschränken. Besonders muß darauf hingewiesen werden, daß auch Vorgangsweisen — also Dynamik im Gegensatz zur Statik des abgeschlossenen Entwurfes oder Gutachtens — zu übernehmen waren.

Damit ist eine dritte Hauptfunktion der Verwaltungsstellen und der ihnen Angehörenden im Rahmen des Verfahrens „Donaubereich Wien" berührt: Sie sollten einem tiefgreifenden Lernprozeß unterworfen werden, um sie in die ersten Anfangsgründe planender Verwaltung einzuführen; denn die Tätigkeit der Verwaltung beschränkt sich heute noch weitgehend auf „Auftragsverwaltung" und „Dienstleistungsverwaltung". Der Schritt zur planenden Verwaltung steht, sowohl organisatorisch als auch hinsichtlich Ausbildung, Gesetzen und Rollenverständnis der Beteiligten, noch vor uns.

● Den fünften Teil der Projektorganisation bezeichnete die Jury in ihren „organisatorischen Empfehlungen" zum Abschluß der ersten Wettbewerbsstufe einfach als „die allenfalls erforderlichen Experten".

Die Funktion erscheint eindeutig: zu jeder, durch die übrigen Mitwirkenden nicht lösbaren Frage sollten die erforderlichen Informationen, Aussagen und Urteile bei jeweils kompetenten Persönlichkeiten abgerufen werden können. Allerdings stellte sich sehr bald heraus, daß in der Regel zu diesen Fragen auch außerhalb von Jury, Projektleitstelle, Planungsteams und Verwaltung nicht viel mehr Aussage zu erwarten war.

Die Funktion entwickelte sich tatsächlich mehr zu einem quasi marktwirtschaftlichen Regulativ: die Möglichkeit, konkurrierende Aussagen zu beschaffen, motivierte Teilnehmer und Mitwirkende zu vertiefter, konkreter und vor allem offener Aussage und Beurteilung.

Für die Experten verblieb die Funktion, fallweise notwendige Bearbeitungen auszuführen, die vom Planungsteam nicht im Rahmen seines Auftrages erbracht wurden.

Der schon mehrfach erwähnte Lernprozeß war zwar nicht beabsichtigte Funktion der Experten, stellte sich aber in relativ großem Ausmaß ein.

Einzelne der herangezogenen Experten wurden in das Verfahren in einem Maße integriert, daß sie von Juroren oder Mitgliedern der Projektleitstelle kaum noch unterschieden werden konnten.

● „Der Auslober" und seine Funktion müssen schließlich ebenfalls noch als Element der Projektorganisation erläutert werden:

Der Wettbewerb Donaubereich Wien wurde von der Stadt Wien (zugleich Gemeinde- und Landesverwaltung) und von der Republik Österreich (vertreten durch das Bundesministerium für Bauten und Technik) veranstaltet.

Beide Auslober (oder Veranstalter) sind Grundeigentümer und zugleich verantwortliche öffentliche Verwaltung sowie sachlich und räumlich zuständige Behörden für das Gebiet des auslösenden Projektes.

Über diese drei Funktionen hinaus kam vor allem der Stadt Wien (Gemeinderat, Bürgermeister und Stadtsenat) die Funktion eines Ergebnisse politisch und formell legitimierenden Organes zu: Die Ergebnisse des Verfahrens können nur wirksam werden, wenn sie durch das zuständige gewählte Gremium entsprechend festgelegt worden sind. (Im allgemeinen wird diese Funktion als „Entscheidungsfunktion" bezeichnet, obwohl Entscheidungen in diesem Rahmen gegenüber der formellen Festlegung die seltene Ausnahme bilden.)

Die konzipierten und notwendigen Funktionen der Elemente der Projektorganisation konnten selbstverständlich nur teilweise erfüllt werden. Abschließende Ergebnisse sind in einem derart komplexen Planungsprozeß nur zu einzelnen Teilfragen zu erwarten. Das hier beschriebene Verfahren kann deshalb nur als über einen bestimmten Zeitabschnitt in besonderer Form intensivierte Planungsaktivität zu einem großen, dauernd zu verfolgenden Problemkreis betrachtet werden.

Ein gangbarer Weg wurde gezeigt. Schon die bisher sichtbar gewordenen Ergebnisse weisen die Ausbaufähigkeit dieses Weges nach. Und der Aufwand lag trotz des Prototyp-Charakters der Projektorganisation im Bereich üblicher Planungskosten; in einer Größenordnung, die bereits von den Folgen geringer Planungsmängel weit überschritten wird.

Es war der Versuch, für die Dauer konzentrierter gemeinsamer Arbeit die Mängel spürbar zu vermindern, die jedem menschlichen Handeln anhaften. Dahinter stand die Hoffnung, die Organisation einer Stadt um einen kleinen Schritt besser auf die Aufgaben der Zukunft vorbereiten zu können.

Die Donauinsel unterhalb der Wehres I, Luftbild 1984

Der dargestellte Abschnitt zwischen Wehr I und Steinspornbrücke wurde 1979 und 1980 gebaut; Neupflanzungen heben sich noch deutlich vom erhaltenen Baumbestand ab.

Fedor Wenzler

Der Wandel von Aufgabe und Planungsspielraum

Aus der Sicht eines Jurors

Einleitung und Vorbemerkungen zu den Besonderheiten des Verfahrens

(zur Aufgabe des gesamten Verfahrens)

Aufgabe und Planungsspielraum sollen aus der internen Sicht eines Jurors dieses speziellen Verfahrens geschildert werden. Es spiegelt sich somit darin auch der Vorgang, mit dem sich der Juror erst in die besondere Aufgabe einarbeiten mußte.

Die Beschreibung erstreckt sich auf den ganzen „Wettbewerb Donaubereich Wien", von der ersten Zusammenkunft der Juroren bis zur Abschlußsitzung der zweiten Wettbewerbsstufe. Sie führt somit von der anfänglichen Vorstellung eines „klassischen" zweistufigen Wettbewerbes bis zum Abschluß der als „Wiener Modell" bezeichneten Vorgangsweise.

Rückblickend kann gesagt werden, daß die Aufgabe der Jury im gesamten Verfahren darin bestand, den Spielraum zu erfassen, abzutasten und ihn dann auszunützen, um die beste Lösung der gegebenen Probleme zu erzielen.

Vorerst aber hatte ein Großteil der Juroren seine Aufgabe darin gesehen, die Funktionen einer herkömmlichen „klassischen" Jury in einem Architekten-Wettbewerb auszuüben. Es war aber weder eine klassische Jury, noch ein herkömmlicher Architekten-Wettbewerb.

Im einfachen zweistufigen Architekten-Wettbewerb verändert sich die Aufgabe nur am Übergang von der ersten in die zweite Stufe.

Im Wiener Modell eines zweistufigen Verfahrens — das immer noch Wettbewerb genannt wurde — wandelten sich sowohl die Gesamtaufgabe als auch die Aufgaben der Jury und der anderen Mitwirkenden während des gesamten Verfahrens ständig: in den vorbereitenden Sitzungen und bei den Beurteilungsberatungen der ersten Stufe, im Zuge der Vorbereitung der zweiten Stufe und dann mit dem Ablauf jeder der vier Phasen der Arbeit in der „Projektorganisation Donaubereich Wien".

Diese ständige Veränderung der Aufgaben kennzeichnet den Übergang von der herkömmlichen Jury zu dem als „Beratende Jury" bezeichneten Organ neuer Art. Auch dieser Wandel hat sich schrittweise von Beginn an vollzogen. Ihn herbeizuführen war ein wesentlicher Teil der Jury-Aufgabe.

Eine herkömmliche „klassische" Jury hat eine vorgegebene Aufgabenstellung, festgelegte Kriterien zur Beurteilung und einen ebenfalls vorgegebenen Lösungsspielraum. Ihre Aufgabe bleibt schließlich darauf beschränkt, die eingebrachten Entwürfe nach ihrer Qualität zu reihen und dem Auslober unverbindlich den erstgereihten Entwurf zur Ausführung zu empfehlen. Die klassische Jury kann darüber hinaus noch Empfehlungen zur weiteren Bearbeitung des prämiierten Entwurfes aussprechen.

Das herkömmliche zweistufige Wettbewerbsverfahren wird angewendet, wenn die gestellte Aufgabe so viel Arbeit erfordert, daß sie nicht in vollem Ausmaß allen Teilnehmern zugemutet werden kann; nach einer generellen ersten Stufe wird die weitere Ausarbeitung der Wettbewerbsprojekte nur noch von einer kleineren Anzahl ausgewählter Teilnehmer verlangt. Die Jury hat dabei auch in beiden Stufen zusammen keine andere Aufgabe als beim normalen einstufigen Wettbewerb. Auch die Aufgabe der Wettbewerbsteilnehmer kann in der zweiten Stufe nicht wesentlich verändert werden.

Die neue Beratende Jury hatte als neue Funktion eine Leitungsaufgabe hinzugewonnen. Zur Leitungsfunktion in diesem Sinne gehört es vor allem: Probleme zu formulieren, aus den erfaßten Problemen Bearbeitungs-Aufgaben abzuleiten, auf Grund dieser wieder an die anderen Teile der Projektorganisation konkrete Aufträge zu geben, sowie die Ergebnisse solcher Aufträge zu prüfen, zu diskutieren und zu bewerten. Schließlich gehört es zu dieser Leitungsaufgabe, bestimmte Ergebnisse im Sinne von Prioritäten dem Auslober zur Festlegung und Durchführung zu empfehlen. Die erste Aufgabe der neuen Beratenden Jury war es aber, an der Klärung der Aufgabenstellung selbst entscheidend mitzuwirken. Auch diese Aufgabe behielt über das ganze Verfahren ihre Gültigkeit.

In der konsequenten Suche nach der Lösung der Probleme, im Zusammenwirken von Jury, Experten, Fachdienststellen der Verwaltung und der Leitung der Stadtplanung (Projektleitstelle), war die beständige Leitlinie zu sehen, die von Anfang des Wettbewerbes bis zum Abschluß der Tätigkeit der Projektorganisation bewahrt werden konnte.

Im Gegensatz zum herkömmlichen Wettbewerbsverfahren hatte das Verfahren zum Donaubereich in Wien einen direkten Zusammenhang mit Ausführungsplan und Baudurchführung der Großprojekte im engeren Donaubereich. Das Verfahren hatte die Bauausführung leitend zu begleiten; Planung und Ausführung hatten sich gegenseitig zu beeinflussen.

Erst aus der Ausführung kann jene Kenntnis der Probleme gewonnen werden, die Voraussetzung für bis ins Detail auf die Leitgedanken abgestimmte und zugleich unmittelbar zu realisierende Vorschläge ist.

Als materielle Basis dieser organisatorischen Aufgabe wirkte die Notwendigkeit, eine dauernde Lösung für den Hochwasserschutz zu finden, die zugleich den Gewinn neuer städtischer Räume mit hoher Qualität als allgemein zugängliche Erholungsflächen mit sich bringt.

Die Notwendigkeit der besonderen Form interdisziplinärer Zusammenarbeit hat sich — wenn auch nicht ohne Schwierigkeiten — am erfolgreichsten in der erzielten besseren Gestaltung der bereits auf Grund der Jury-Empfehlungen ausgeführten Teile des Hochwasserschutzprojektes — der Donauinsel und der Neuen Donau — gezeigt. Das im Verlauf der zweiten Wettbewerbsstufe erarbeitete Leitprojekt ist das unmittelbar auf Ausführungsplanung und Ausführung einwirkende Ergebnis der ursprünglich gestellten und dann laufend modifizierten Aufgabe.

Disposition und Wandel der Aufgabe
Vorbereitende Jurysitzungen und erste Wettbewerbsstufe

Zu Beginn der Jurytätigkeit, in den vorbereitenden Sitzungen der ersten Wettbewerbsstufe, erschien die Aufgabe zunächst stark eingeschränkt und für die Jury der hergebrachten Art eines Architekten-Wettbewerbes entsprechend. Einige Juroren betrachteten den ganzen Wettbewerb deshalb als Alibivorgang zur „Behübschung und Sanierung" eines technischen Projektes, das einseitig nach vordergründigen ökonomischen und technischen Kriterien bearbeitet worden war.

Der weitere Donaubereich und die Aufgaben zum Stadtentwicklungsplan waren zu diesem Zeitpunkt noch nicht in das Blickfeld der Juroren gerückt. Die Mitglieder sahen sich vorerst vor die Aufgabe gestellt, sich in der gegebenen Situation zurechtfinden zu müssen und für sich die Möglichkeiten der angebotenen neuen Vorgangsweise zu nutzen.

Die ersten Sitzungen der Jury, die vorbereitenden Sitzungen vor der eigentlichen Abwicklung der ersten Wettbewerbsstufe, waren für die Klärung und Entwicklung der Aufgabe unbedingt nötig.

Der Verhaltensspielraum der Jury wurde in dieser Vorbereitungsphase gegenüber der „klassischen" Jury eines Architektenwettbewerbes erheblich erweitert.

Schon in den ersten Beratungen über das Hochwasserschutz-Projekt wurde von den Juroren die Aufgabe erkannt, daß an dem Projekt selbst wesentliche Änderungen anzubringen sein werden.

Das Wasserbau-Projekt für den Hochwasserschutz an der Donau in Wien wurde zu Beginn des Verfahrens von einigen Juroren in seiner Zweckmäßigkeit bestritten. Anlaß dazu gaben nicht nur gestalterische Kriterien, sondern auch unterschiedliche Auffassungen von der Gesamtaufgabe und auch von der wasserbautechnischen Aufgabe.

Dieses zunächst umstrittene Projekt fand aber dann in seinen wesentlichen Grundzügen doch grundsätzlichen Konsens als Ausgangs-Voraussetzung.

Die Grenzen der Aufgaben einer „klassischen" Wettbewerbs-Jury wurden bereits mit diesen Vorgängen in den vorbereitenden Sitzungen der ersten Wettbewerbsstufe überwunden; viel mehr noch weicht das Ergebnis der Jury-Arbeit der ersten Stufe insgesamt von dem einer herkömmlichen entsprechenden Abwicklung ab.

Ein erster Sieg der Jury im Kampf um ein nach allen fachlichen Richtungen ausgewogenes Arbeitsergebnis gelang schon in diesen vorbereitenden Sitzungen: Enge Grenzen, die vom Standpunkt der Wasserbautechnik aus ursprünglich als unumstößlich behauptet worden waren, konnten von ihren Verfechtern nicht mehr gehalten werden. Die beteiligten Wasserbautechniker begannen vielmehr, die Grenzen des technisch gegebenen Spielraumes zu überprüfen und weiter hinaus zu schieben. Damit ermöglichten sie es, die übrigen Gesichtspunkte tatsächlich zu beachten und damit die schrittweise klarer gewordene Gesamtaufgabe zu verfolgen.

Die Aufgabe wandelte sich im Zuge des Verfahrens in mehreren Schüben, die immer weiter von der Alibifunktion, von Behübschung und Sanierung des technischen Projektes wegführten.

Der erste Schub erfolgte in den vorbereitenden Sitzungen. Das ursprünglich starre Wasserbauprojekt wurde wesentlich verändert, und zwar hinsichtlich:

- Führung der Trasse des neuen Donau-Parallelgerinnes.

- Größe der Wasserflächen; dieser Faktor wird durch die Notwendigkeit der Massenverteilung (Massenausgleich) und durch Wasserführungsprobleme kompliziert.

- Gestaltung der Ufer, besonders im Hinblick auf Erholungszwecke.

Mit dieser Erweiterung des Planungsspielraumes ergab sich auch eine Erweiterung des Planungsgebietes; der gesamte Donaubereich trat als Aufgabenstellung nun langsam in das Bewußtsein aller Juroren.

Dennoch führte der Versuch, eine umfassende Klärung der Aufgabenstellung auch für die Juroren herbeizuführen, zu einer relativ engen Abgrenzung der Entwurfsaufgabe und ihres Spielraumes in der Ausschreibung und in der Vorstellung der Juroren. Das neue Gerinne neben der Donau und die Donauinsel standen dabei eindeutig im Vordergrund.

Zum Abschluß der vorbereitenden Sitzungen fand der im Zuge der Diskussionen eingeengte und etwas veränderte Entwurf der Wettbewerbsausschreibung die Billigung der Jury. Die konkreten Aufgaben der ersten Wettbewerbsstufe waren damit fixiert.

In den zur ersten Wettbewerbsstufe eingereichten Entwürfen hatten diese Aufgaben und die angegebenen Grenzen des Entwurfsspielraumes unterschiedlich Niederschlag gefunden.

Der Spielraum wurde wohl in den vorgelegten Entwürfen weit angedeutet, konnte aber in der ersten Stufe noch nicht so weit konkretisiert werden, daß die Vorschläge zur konkreten Formulierung der weiteren Aufgabenstellung hätten herangezogen werden können.

Ein Hauptgegenstand der Juryberatungen zum Abschluß der ersten Wettbewerbsstufe mußte somit die Klärung und Formulierung der Aufgaben für die zweite Stufe sein. Erst jetzt kam die ganze Reichweite der Gesamtaufgabe zum Durchbruch. Die Jury erkannte ihre Aufgabe zum Abschluß der ersten Wettbewerbsstufe darin, einerseits aus dem Kreis der Teilnehmer das Planungsteam auszuwählen, das im Verfahren der zweiten Wettbewerbsstufe als Entwurfsbearbeiter eingesetzt werden sollte, andererseits einen praktikablen Vorschlag für die Organisation der zweiten Wettbewerbsstufe vorzulegen.

Ein besonderer Aspekt dieser Aufgaben war, daß durch die Aussagen der Jury zum Abschluß der ersten Wettbewerbsstufe kein Entwurfsgedanke festgelegt werden durfte, um den in der zweiten Stufe beabsichtigten Planungsprozeß nicht in unzulässiger Weise von vornherein einzuschränken.

Vom Wettbewerbsverfahren zur Projektorganisation

Der zweite große Schub im Wandel der Aufgabe führte von der noch in der Art des herkömmlichen Wettbewerbsverfahrens anonym durchgeführten ersten Wettbewerbsstufe zur „Projektorganisation Donaubereich Wien".

Nicht unwesentlich trug die Erkenntnis zu diesem zweiten Wandel der Aufgabenstellung bei, daß bei dem gegebenen Baufortschritt an Hochwasserschutz und anderen

Projekten ein direkter Zugriff der Jury zu Ausführungsplanung und Bauablauf unerläßlich sei.

Diese Erweiterung der Aufgabe machte es zusammen mit den übrigen Erfordernissen des weiteren Planungsverfahrens notwendig, eine grundlegend neue Organisationsform für die zweite Wettbewerbsstufe zu entwickeln. Diese Organisationsform, ihre Elemente und deren spezielle Aufgaben wurden an anderer Stelle behandelt (siehe Seite 12f.) und sollen deshalb nicht nochmals dargestellt werden.

Im Sinne der Umwandlung des Wettbewerbsverfahrens in einen umfassenden Planungsprozeß waren für die zweite Stufe als Aufgaben vor allem Vorgänge formuliert worden und nicht Zielvorstellungen, die das Arbeitsergebnis vorweggenommen hätten. Auch aus diesem Grunde haben die Aufgaben während des weiteren Ablaufes noch Ergänzungen erfahren können.

Den einzelnen Elementen der Projektorganisation waren im Rahmen des Arbeitsprogrammes spezielle Aufgaben übertragen worden, die zur Erläuterung des erfolgten Wandels der Gesamtaufgabe angeführt werden sollen (als Ergänzung zu der Darstellung der Funktion dieser Elemente auf Seite 13ff.):

● Aufgabe der Beratenden Jury war es im besonderen, im Einvernehmen mit dem Auslober Richtlinien für den gesamten Vorgang und die einzelnen Bearbeitungen zu geben, die fachliche Arbeit und deren Ergebnisse zu bewerten und den Auslobern Empfehlungen zu unterbreiten.

Die Beratende Jury hatte weiters die Aufgabe, die Durchführung der planerischen Arbeiten zu überwachen und zur fachlichen Arbeit beizutragen, indem die Juroren auf Grund ihrer Kenntnisse Beiträge, Anregungen und Kritiken einbrachten.

● Aufgabe der Projektleitstelle war entsprechend die Überwachung sämtlicher Arbeiten, wobei auftretende Mängel und Lücken durch Anordnungen, Beiziehen außenstehender Experten und eigene Beiträge auszugleichen waren. Die Projektleitstelle hatte weiters die durch die Jury zu behandelnden Gegenstände vorzubereiten, Informationen und Kommunikation sicherzustellen, die laufende Dokumentation sowie die sachliche und finanzielle Administration, das Protokoll, den Terminplan und das Planungsjournal zu führen. Die Projektleitstelle hatte überdies die Aufgabe, in geeigneter Weise an den Arbeiten des Planungsteams mitzuwirken.

● Aufgabe des Planungsteams war im besonderen die gestalterische Durcharbeitung aller jener Abschnitte, die aus ingenieurtechnischen Gründen ohne Verzug gebaut werden mußten. Insbesondere mußten Entwürfe für die Uferzonen und die Aufschüttungsflächen sowie Deponien ausgearbeitet werden. Bei der Entwurfsbearbeitung war das Ziel zu verfolgen, zukünftige Nutzungen so wenig wie möglich zu präjudizieren. Einem derart elastischen Planungskonzept müßten insbesondere die erforderlichen Anschlüsse und Aufschließungen entsprechen, die in ihrer Minimalform und späteren Ausbaufähigkeit zukünftige Entwicklungen nicht verbauen dürfen.

Dies waren die primären Aufgaben des Planungsteams in der ersten Phase der zweiten Wettbewerbsstufe. In der zweiten Phase bekamen die Gruppen des Planungsteams weitere Aufgaben. Die wesentlichsten davon sind:

Erarbeitung von realistischen städtebaulichen Entwicklungsalternativen für den engeren und weiteren Donaubereich.

Die Leitlinien für kurz- und mittelfristig zu treffende Entscheidungen auf Grund der gewählten Entwicklungskonzeption herauszuarbeiten.

Strukturkonzeptionen für den gesamten Planungsbereich im Hinblick auf Nutzung, Gestaltung und Verkehrsorganisation zu erarbeiten.

Auf Grund von Festlegungen der Beratenden Jury waren vertiefte Entwürfe für den Mittelbereich der Donauinsel und der Neuen Donau zu erarbeiten.

Schließlich war in der zweiten Phase noch eine Reihe von Testprojekten für jene Projekte und anstehenden Entwicklungen auszuarbeiten, die die Gestalt des Donaubereiches maßgeblich zu beeinflussen geeignet waren: Einbindung der „UNO-City" (IAKW), der projektierten neuen Donaubrücken (Brigittenauer Brücke, Floridsdorfer Brücke) usw.

In der dritten Phase konzentrierte sich die Aufgabe des Planungsteams auf Grund der Empfehlungen der Jury auf die eingehendere Bearbeitung des „Mittelteiles", das heißt, des an der zentralen Entwicklungsachse liegenden Teiles des engeren Planungsgebietes.

Hier lag die entscheidende Entwurfsaufgabe, für die detaillierte Vorschläge auszuarbeiten waren.

Die Aufgaben der Projektorganisation waren bald nach Beginn der zweiten Wettbewerbsstufe klargestellt. Es gab vorerst nur noch geringe Konflikte um diese Aufgabe, etwa im Zusammenhang mit der Ausarbeitung einer Geschäftsordnung.

Auf die Diskussion der vorbereitenden Sitzungen und des Abschlusses der ersten Wettbewerbsstufe zurückgreifend, erhielt im Laufe der zweiten Stufe die Aufgabe, direkt in das Baugeschehen einzugreifen, immer größere Aktualität. Konnte das Verfahren formell nicht direkte Anweisungen an die Bauausführung erbringen, so waren doch alle Beteiligten überzeugt, daß es Aufgabe der Projektorganisation sei, auch für die Umsetzung der erlangten Entwürfe und Empfehlungen in das Baugeschehen zu sorgen.

Dieser Aufgabe wurde durch die Erstellung eines neuen „Leitprojektes" — zunächst für die dringlichen beiden äußeren Drittel des Projektbereiches — Rechnung getragen. Sodann war die Betreuung der Ausführungsplanung auf Grund des Leitprojektes und der übrigen Festlegungen der Jury Aufgabe der Projektorganisation.

Wenn auch die weitere Wirkung auf Ausführungsplanung und Bauausführung nur indirekt — vor allem Auswirkung der im Verfahren abgewickelten Lernprozesse — ausgeübt werden kann, so zeigte sich damit doch ein weiterer Schub des Wandels der Aufgabe: waren bis dahin die üblichen steuernden Maßnahmen der Raumordnung als Aufgabe gestellt, so erfolgte nun der Übergang zur Ausführungsplanung, zur Projekts- und Maßnahmenstufe der räumlichen relevanten Planung.

Für das gesamte Verfahren war, wie einleitend bereits festgestellt, ein ständiger Wandel von engem zu weitem Spielraum, vom Projektsgebiet des Hochwasserschutzgebietes zum gesamten Donaubereich, dann vom herkömmlichen Architekten-Wettbewerb zum Planungs-Wettbewerb und weiter zur komplexen Projektorganisation charakteristisch; in der zweiten Wettbewerbsstufe vollzog sich weiters im Planungsteam der Wandel von Konkurrenz zur Kooperation und schließlich noch die Ergänzung der

Nordteil des Donaubereiches, Blick gegen Nordwesten (1982)

Die Baumaßnahmen sind weitgehend fertiggestellt; die Bepflanzung ist noch im Gange.

Die Baumaßnahmen in diesem Abschnitt sind 1972 mit dem Einlaufbauwerk (im Hintergrund) begonnen, von diesem stromabwärts fortgesetzt und 1980 weitgehend abgeschlossen worden. Die Autobahn (A 22) ist 1981 provisorisch in Betrieb genommen worden; ihre trennende Wirkung durch Grünbrücken und Fußgängerstege abzumildern war ein wichtiges Anliegen.

Floridsdorf, der 21. Wiener Gemeindebezirk, gliedert sich in zwei Entwicklungsachsen auf, die im Zentrum „Am Spitz" zusammentreffen. Die Empfehlungen der beratenden Jury zum Stadtentwicklungsplan nehmen diese auf barocke Straßenplanung und späteren Eisenbahnbau zurückgehende Struktur auf, die weitgehend durch die über die Donaubrücken führenden Verkehrswege bestimmt ist (Luftbild 1981).

Mittelteil des Donaubereiches
Bauzustand August 1981; Blick gegen
Südosten

Der letzte Abschnitt im Mittelteil — vor dem
Stadtteil Kaisermühlen — wurde gerade in
Angriff genommen.

Bei der Gestaltung im Projektgebiet der
Hochwasserschutzmaßnahmen (engerer Donaubereich) wurde getrachtet, Beziehungen
mit der Struktur der angrenzenden Gebiete
aufzunehmen. Die Brückenbauten konnten
in diesen Vorgang nur bedingt einbezogen
werden, Maßnahmen in den angrenzenden
Gebieten kamen nicht zum Zuge.

Die Entwicklungsachse Reichsbrücke—
Kagran, an der die UNO-City, das neue Bezirkszentrum und eine Reihe neuer Wohngebiete bis zur Großfeldsiedlung liegen,
wurde von der beratenden Jury in ihren
Empfehlungen zum Stadtentwicklungsplan
als eine Grundlinie der Stadtstruktur im
Donaubereich hervorgehoben.

gesamten Raumplanungsaufgabe durch die Mitwirkung an der Ausführungsplanung.

Die einzelnen Fachgebiete, die an dem interdisziplinären Verfahren beteiligt waren, durchliefen aber auch einen wesentlichen Wandel: sowohl die Rolle der Fachgebiete als auch ihre Aufgabenstellung veränderten sich im Laufe des Verfahrens. Dies gilt sowohl für Wasserbautechnik, Städtebau und Verkehrstechnik, wie für Soziologie und Raumplanung.

Am Beispiel der ökologischen Aufgabenstellung soll auf derartige Veränderungen aufmerksam gemacht werden: war die Ökologie zu Beginn und in den vorbereitenden Jurysitzungen der ersten Wettbewerbsstufe noch eher als generelle Hintergrundinformation für technische, architektonische und landschaftliche Gestaltung betrachtet worden, so gelangte sie in der Beurteilung der Ergebnisse der ersten Wettbewerbsstufe durchbruchartig in den Vordergrund des Interesses. In der zweiten Wettbewerbsstufe, das heißt, in der Arbeit der „Projektorganisation Donaubereich Wien", war der ökologischen Aufgabe bereits eine unangefochtene maßgebliche Position eingeräumt worden.

Im Zuge des Wandels der Aufgaben im gesamten Verfahren wurde die unlösbare Verbindung von Landschaftsgestaltung und Ökologie mit dem Wasserbau immer deutlicher. Dabei ist hervorzuheben, daß sich ein offensichtliches Zusammenwirken von Landschaftsgestaltern, Ökologen sowie beauftragten und konsultativen Wasserbauern ergab.

Schwerpunkte der Problemstellung

Die in diesem Beitrag bisher eher abstrakt dargestellten Aufgaben des komplexen Planungsverfahrens werden erst mit aktivem Leben erfüllt, wenn sie auf die konkrete Problemsituation projiziert werden. Probleme waren auf Grund des Materials, das der Jury zur Verfügung stand, in großer Zahl zu erkennen. Zum besseren Verständnis der Aufgaben soll daher im folgenden auf einige dieser Probleme hingewiesen werden. Diese Probleme können zum Teil durch Grundsätze verdeutlicht werden, die zu ihrer Lösung führen. Solche Grundsätze stehen auch oft in offensichtlichem Widerspruch zu Gegebenheiten, so daß mit ihnen das Problem hinreichend charakterisiert erscheint.

Auf der Ebene eines Stadtentwicklungsplanes waren schon in der ersten Wettbewerbsstufe sowohl Aufgaben gestellt als auch Vorschläge eingebracht worden. Dabei war allerdings die volle Komplexität der Aufgabe, Entwicklungsprobleme eines relativ großen Teiles der Stadt zu lösen, nicht bewältigt worden.

In der zweiten Wettbewerbsstufe war es Aufgabe der Jury, zum Teil auf Grund der Vorschläge des Planungsteams, Grundsätze zu Aussagen auf der Ebene eines Stadtentwicklungsplanes festzulegen; diese Grundsätze kennzeichnen die Problemsituation auf dieser Ebene und sollten Grundlage detaillierter Planung sowie der Tätigkeit einer Nachfolgeorganisation sein.

Die **Grundsätze zur Stadtentwicklung,** die in diesem Zusammenhang festgelegt worden waren, enthielten — neben der generellen Zielsetzung, daß eine hohe Qualität des Lebensraumes für alle Bevölkerungsgruppen sicherzustellen ist, wobei die Wohn-, Freizeit- und Erholungswerte gesteigert und ein qualitativ entsprechendes Angebot an

Arbeitsstätten angestrebt werden sollen — unter anderem folgende Aussagen, die für die weitere Bearbeitung maßgeblich wurden:

● Den natürlichen Voraussetzungen und ökologischen Zusammenhängen ist gerade im Donaubereich besonderes Gewicht beizumessen; deshalb muß besonders angestrebt werden, einen funktionsfähigen Naturhaushalt zu erhalten bzw. wieder herzustellen.

● Im Donaubereich sollen alle städtischen Grundfunktionen Platz finden; eine einseitige Strukturierung des gesamten Gebietes sollte vermieden werden.

● Das Wesen der Stadt Wien, ihre spezifischen Bedingungen und Erfordernisse sollen zur Richtlinie der Zuordnung der verschiedenen Funktionen bzw. Nutzungen und der Gestaltung im Donaubereich werden.

● Einem spezifischen und effektiven Zusammenwirken durch Mengung verschiedener Nutzungen sollte der Vorzug gegenüber räumlicher Trennung gegeben werden; lediglich sich gegenseitig störende Nutzungen sollten getrennt werden.

● Innerhalb der Verkehrssysteme soll dem öffentlichen Verkehr und wenig störenden Verkehrsarten besonderes Gewicht verliehen werden. Dies gilt vor allem für verkehrsentlastete Zonen — Fußgänger und Radfahrer bevorzugt — im engeren Donaubereich, in Wohn- und Erholungszonen sowie in zentralen Bereichen.

● Der Ausbau der Verkehrssysteme — vor allem auch eines zusammenhängenden Fuß- und Radwegnetzes — sollte zur Verwirklichung der angestrebten Raumstrukturen gezielt eingesetzt werden.

● Der Ausbau und die Abrundung bestehender Siedlungskörper sollen Vorrang vor der Errichtung neuer Stadtteile haben; Erneuerungs- und Erweiterungsmaßnahmen haben bestehende Siedlungsstrukturen grundsätzlich zu berücksichtigen.

● Weil das entscheidende naturräumliche Element für das Stadtgebiet an der Donau und den gesamten Wiener Raum der Charakter einer Fluß- und Aulandschaft ist, sollten solche Bestände möglichst erhalten und betont werden, wobei die Polarität zwischen Wienerwald- und Aulandschaft zu betonen ist.

● Bei Wohnbebauung sollten unterschiedliche Wohnformen berücksichtigt werden und auf jeweils entsprechende, gut geeignete Standorte Bedacht genommen werden.

● Im Rahmen der notwendigen Ansiedlung von Arbeitsstätten sollte der Donaubereich eine erhebliche Aufwertung erfahren; ein Ausgleich der einseitigen Struktur des Arbeitsplatzangebotes soll angestrebt werden. Dem tertiären Sektor, den zentralen Funktionen und der sozialen Infrastruktur sollte dabei Vorrang gegeben werden; Schwerpunkte sollten gebildet werden. Die Ansiedlung von Arbeitsstätten soll auch zur Verminderung der einseitig auf die Stadtteile rechts der Donau gerichteten Pendelwanderung dienen.

● Der Ausgangspunkt der Stadtgestaltung im Donaubereich sollten die Natur- und die Kulturlandschaft, insbesondere Relief und Charakter der Aulandschaft sein. Die Integration des Donauraumes in den Stadtkörper Wiens sollte unter Betonung der Kontraste zwischen dem zentralen Landschafts- und Erholungsraum und den angrenzenden dicht bebauten Stadtteilen bewirkt werden.

- Bei der Gestaltung des engeren Donaubereiches sollten Strom, Insel und Neue Donau samt den außenliegenden Ufern eine Einheit bilden. Gestaltungsmerkmale wie Überflutungsbereiche, Erweiterungen der Wasserflächen und Höhenentwicklung des Reliefs sollten in großzügiger Form eine wesentliche Rolle im Rahmen der gesamten Stadtgestaltung erhalten. Ebenso sollten die bebauten Gebiete so gegliedert sein, daß sie Orientierung und Identifikation ermöglichen.

- Die funktionelle Verbindung und Verklammerung der Stadtteile beiderseits der Donau war eine der grundlegenden Aufgaben des gesamten Verfahrens. Dies sollte durch die bereits angeführten Grundsätze sowie durch die vom Zentrum ausstrahlenden Großformen der Entwicklungsachsen erreicht werden.

- Im Donaubereich sollte der abschließenden Bebauungsfront am rechten Ufer des Donaustromes entlang der vorhandenen Stadtkante eine entsprechende Wasserfront außerhalb der aktivierbaren Altwässer am linken Donauufer gegenübergestellt werden. Innerhalb dieses Raumes sollte sich Bebauung im wesentlichen auf die bereits bebauten Bereiche beschränken.

In dieser Form zeigen sich Hauptprobleme des Planungsgebietes Donaubereich Wien aus der Sicht von Jurymitgliedern nach dreijähriger Arbeit.

Die Problemsicht mußte sich in dieser Zeit erst klären. Jeweils neu eingebrachte Informationen und neue Erkenntnisse brachten dabei mehrfach einen Wandel der Problemsicht und der aus dieser resultierenden Auffassung von den zu bewältigenden Aufgaben der Projektorganisation.

Teilprobleme des engeren Donaubereiches

Die Kenntnis und Bewertung der Probleme des gesamten Planungsgebietes hat sich während des Verfahrens getrennt von den Vorstellungen über die Problematik des engeren Donaubereiches, das heißt, des vom Hochwasserschutzprojekt direkt betroffenen Raumes entwickelt. Dennoch standen und stehen Gesamtproblematik und Teilprobleme sowie generelle Aufgabenstellung und Einzelaufgaben in sehr enger Beziehung zueinander. Veränderungen in der Auffassung der einen Seite des Aufgabenkomplexes zogen jeweils einen Wandel auch auf der anderen Seite nach sich.

Für die Bearbeitung des Projektbereiches der Hochwasserschutzanlagen (engerer Donaubereich) ergaben sich unter anderem folgende Probleme als Gestaltungsaufgaben:

- Neue Donau

  Die Aufgabe wandelte sich von der gestalterischen Überarbeitung eines „Entlastungsgerinnes" zur Gestaltung der „Neuen Donau" als zentralem und selbständigem Hauptfaktor im Wiener Donaubereich.

  Im einzelnen ergab sich daraus eine Verschiebung der Achse der Neuen Donau so, daß auch an ihrem linken Ufer für Erholungszwecke nutzbare Flächen entstehen können; diese Verschiebung beträgt in den beiden äußeren Dritteln ca. 25 bis 50 m, im Mittelteil sollte sie noch stärker sein.

  Um das Ausmaß der nutzbaren Wasserfläche faktisch und optisch zu erhöhen, wurden zunächst einzelne

Ausweitungen vorgesehen. Im Verlaufe der Beratungen konzentrierte sich diese Vorstellung weitgehend auf den sogenannten „UNO-See" als großzügige Ausweitung im Mittelteil. Bei dieser Veränderung der Vorstellungen spielte die Auseinandersetzung mit den technischen Anforderungen des Hochwasserschutzes eine entscheidende Rolle.

- Nutzungen auf Donauinsel und Uferflächen

  Obwohl mehrfach Vorstellungen zum Teil intensiver baulicher Nutzung von Insel und äußeren Ufern eingebracht worden waren, kam die Zielvorstellung des vorwiegend für Erholungszwecke genutzten Grünbereiches schließlich eindeutig zum Durchbruch. Dem entsprechend wurde dann auch festgelegt, daß die beiden äußeren Teile des engeren Donaubereiches (vor allem der Insel) extensiver Erholungsnutzung dienen sollen, der mittlere Teil der selben Nutzung, jedoch mit hoher Intensität.

  Die Nutzungsfestlegungen sind dabei mit der ökologischen Belastbarkeit der einzelnen Flächen abzustimmen.

  Die Bewältigung des Problems baulicher Nutzungen führte zur Festlegung, daß größere bauliche Anlagen auch für Sport- und Erholungsnutzungen — selbst im intensiv zu nutzenden Mittelteil — vermieden werden sollen.

- Erschließung der Donauinsel

  Nutzung und Gestaltung der Donauinsel bestimmen die notwendige Erschließung. Nach eingehender Analyse und Beratung dieses Problems drang die Überzeugung durch, daß für die festgelegte Nutzung, wegen der naturnah durchzuführenden Landschaftsgestaltung und aus ökologischen Gründen sowie im Verhältnis der Belastbarkeit, die Verkehrserschließung eng begrenzt werden und nur die Erfordernisse von Einsatzfahrzeugen erfüllen soll. Die Erschließung durch die übrige technische Infrastruktur soll auf das Minimum begrenzt bleiben.

  Diese Festlegungen wurden zunächst für die — naturnah zu gestaltenden — äußeren Drittel der Insel getroffen. Entsprechende Grundsätze wurden im Zuge der Entwicklung auch auf den stärker durchzugestaltenden Mittelteil übertragen.

- Ökologische Gesichtspunkte

  Für die Donauinsel und die äußeren Ufer von Donaustrom und Neuer Donau war schon generell festgelegt worden, daß sie in Übereinstimmung mit dem Landschaftscharakter der Donauauen zu gestalten sind. Dies zwingt zur Berücksichtigung ökologischer Gesichtspunkte, die oft einschneidende Bedingungen ergeben. Es wurde unter anderem die Ausbildung ökologisch vielseitiger Lebensräume und ökologischer Brücken gefordert, die sowohl zwischen den einzelnen Teilen der Donauinsel, als auch mit der weiteren Donaulandschaft entsprechende Beziehungen herstellen sollen. Im Detail waren die Erhaltung von Ökozellen und die Durchführung ökotechnischer Versuche als Aufgaben zu sehen.

- Gestaltung der Hochwasserschutzanlagen

  Um die bereits festgelegten Anforderungen zu erfüllen, war es zunächst notwendig, Großformen zu schaffen, wie etwa Erweiterungen der Wasserflächen, Ausbildung von Überflutungszonen, sowie Gestaltung der Höhenentwicklung des Inselkörpers und der Ufer.

Abschnitt um die Nordbrücke (Sept. 1980); Verbindung zwischen Nordbrücke und Autobahn (A 22) in Bau

Donaubereich vom Leopoldsberg gegen Südosten ▶

Das nördliche Ende des Bearbeitungsgebietes: das Einlaufbauwerk, mit dem die Wasserführung der Neuen Donau bei Hochwasser reguliert wird. ▶

Südteil des Donaubereiches, Blick gegen Südosten 1981; im Vordergrund der Bauabschnitt, mit dem die Bauarbeiten begonnen hatten (Steinspornbrücke), im Hintergrund der als letzter Bauabschnitt vorgesehene Standort des zweiten Wehres und der Rohrbrücke vom Hafen Lobau zur Raffinerie Schwechat.

Ausschnitt aus dem Nordteil: Im Vordergrund eine der Grünbrücken zwischen Aupark Jedlesee und linkem Ufer der Neuen Donau (Hintergrund: Leopoldsberg)

Die Gesamtgestaltung und die Formensprache bis ins Detail mußten sich entsprechend in die Struktur des Donauraumes im Wiener Becken mit seiner weitgehend ebenen Oberfläche einfügen, dessen Mitte der Donaustrom mit seiner Aulandschaft bildet.

Besondere Beachtung mußte der Ufergestaltung zugewendet werden; dem Typus der Flußlandschaft entsprechend sollten die Ufer grundsätzlich — jedoch in wechselndem Ausmaß — flacher ausgebildet werden.

Die Landschaft des engeren Donaubereiches ist nun, den generellen Festlegungen entsprechend, in den beiden äußeren Dritteln in naturnahem, im Mittelteil in antropogenem bis städtischem Charakter zu gestalten.

- Führung der Hochleistungsstraße A 22 (Donauufer-Autobahn)

  Eines der schwierigsten Teilprobleme des gesamten Verfahrens war die „A 22", bei deren Beurteilung sich harte Widersprüche zwischen mehreren bereits festgelegten Grundsätzen, den betroffenen Gegebenheiten und dem erforderlichen Zeitablauf ergaben.

  Aufgrund eingehender Überprüfungen setzte sich die Überzeugung durch, daß eine annähernd dem ursprünglichen Projekt entsprechende Führung am zweckmäßigsten sei.

  Um die Mängel auszugleichen, die anfangs dazu geführt hatten, die vorgeschlagene Autobahntrasse in Frage zu stellen, wurden unter anderem folgende Festlegungen getroffen:

  Technischer Lärmschutz ist überall dort anzuordnen, wo die Emissionen der Autobahn für die Bevölkerung erhebliche Beeinträchtigungen hervorrufen.

  Der Geräuschpegel ist unter anderem durch Geschwindigkeitsbeschränkung und geräuscharme Fahrbahndecken gering zu halten.

  Übergänge über die Autobahn sind in entsprechender Anzahl und Anordnung zu errichten, um eine Abschnürung der Uferbereiche zu vermeiden.

  Anschlußstellen sind möglichst sparsam auszubilden und konsequent landschaftlich einzubinden.

- Massenausgleich

  Ein Grundgedanke des ursprünglichen Hochwasserschutzprojektes war es, das Aushubmaterial des Entlastungsgerinnes unmittelbar neben diesem als neu entstehende Insel aufzuschütten. Sollen im Inundationsgebiet bestehende Au- und Wasserflächen erhalten bleiben oder ähnliche angelegt werden, sollen weiters die Donauinsel und das linke Ufer der Neuen Donau naturnah gestaltet werden, so gelingt es nicht mehr, auf die ursprünglich beabsichtigte Art das Aushubmaterial unterzubringen. Es war nun eine wesentliche Aufgabe der Projektorganisation, Wege zu finden, den Überschuß an Aushubmaterial außerhalb der Insel- und Uferbereiche unterzubringen.

- Rechtes Donauufer

  Problematik und Gestaltungsaufgabe für den Bereich des rechten Stromufers unterschieden sich grundlegend von denen des übrigen Hochwasserschutz-Projektsbereiches. Sie erfordern wesentlich stärkeres Eingehen auf bestehende Bebauung, Rechtsbestand, Einzelprojekte und Einzelinteressen. Im unmittelbaren Uferbereich waren daher bis zum Vorliegen von Detail-

konzepten und -plänen keine präjudizierenden Maßnahmen einzuleiten. Durch die Projektorganisation waren vordringlich Grundsätze (wie z. B. Sicherstellung durchgehender Begehbarkeit) sowie Gestaltungsvorschläge für die bereits von den vom Ufer abzusiedelnden alten Umschlag- und Industrieanlagen freigemachten Flächen auszuarbeiten.

Für die Bearbeitung des Mittelteiles des engeren Donaubereiches als Schwerpunktgebiet des im städtebaulichen Maßstab zu bearbeitenden Raumes waren besondere Aufgaben zu erfüllen.

Als „Mittelbereich" wurde jener Abschnitt des engeren Donaubereiches bezeichnet, in dem sowohl die bestehenden Donaubrücken die Verklammerung der Stadtteile beiderseits des Stromes sichtbar machen, als auch die Bebauung bereits bis an den Strom vorgedrungen ist.

Die wichtigste Entwicklungsachse der Stadt führt hier vom Zentrum aus durch den Donaubereich. Sie quert hier Donaustrom, Neue Donau und Alte Donau. An ihr liegen unter anderem die UNO-City, der Donaupark (Wiener Internationale Gartenausstellung 1964) und das Zentrum des 22. Wiener Gemeindebezirkes.

Zu Beginn der zweiten Wettbewerbsstufe wurden wegen der Dringlichkeit der Ausführungsplanung für die beiden äußeren Drittel des engeren Donaubereiches und wegen der noch unübersichtlichen komplexen Problematik des Mittelteiles für diesen noch keine präjudizierenden Festlegungen getroffen. Erst zum Abschluß der zweiten Phase faßte die Jury Beschlüsse, mit denen die weitere Planungsarbeit stärker auf den Mittelteil konzentriert wurde.

Über die konkrete Gestaltung dieses Mittelteiles herrschten innerhalb der Jury unterschiedliche Meinungen. Deshalb konnte auch erst sehr spät ein Konsens gefunden werden. Einige Beispiele für Teilprobleme, die für den Mittelteil des engeren Donaubereiches gelöst werden mußten, sollen die Schwierigkeiten zeigen, die vor einer Festlegung überwunden werden mußten.

- Am linken Ufer liegt der Stadtteil Kaisermühlen, der in die Entwicklungsachse eingebunden werden muß, hiefür fehlen jedoch wesentliche Voraussetzungen.

- Die zu erwartende intensive Nutzung des Mittelteiles erfordert eine intensive Erschließung, die in Widerspruch zu manchen generell festgelegten Grundsätzen gelangen würde.

- Der Einbau der Donauufer-Autobahn (A 22) bereitet an den Schnittpunkten mit den die Donau querenden Entwicklungsachsen besondere Probleme.

- Auch die projektierte U-Bahn, vor allem deren Station auf der Insel, ließ sich nicht ohne Konflikte in die gewonnenen Konzeptionen einfügen.

- Detaillierte Vorschläge für Nutzung und Gestaltung der sehr weit unterschiedlichen Teile der Insel im Mittelteil (verschmälerter Abschnitt beim „UNO-See" und anschließende breitere Abschnitte) machten individuell unterschiedliche Zielvorstellungen deutlich.

- Die ökologischen Zusammenhänge auf der Insel und die stadtklimatischen Auswirkungen waren zu berücksichtigen; dies bereitet bei intensiver Nutzung oder Bebauung erhebliche Schwierigkeiten.

- Das wasserbautechnische Projekt war schließlich den Erfordernissen entsprechend abzuändern.

Die Gestaltung des gesamten Mittelteiles sollte in städtischer Form und auf die Funktionen abgestimmt erfolgen. Dabei sollte für alle Teile das weitgehende Primat der Nutzung für Erholung, Freizeit und Vergnügen gelten. Dem visuellen Aspekt der schon erwähnten funktionellen Verklammerung war Rechnung zu tragen.

Die Jury einigte sich schließlich, eine Zielsetzung zu verfolgen, die keine Bebauung innerhalb des Projektgebietes, also auch nicht auf dem sogenannten „Vorland Kaisermühlen", zuläßt. Ein Bestandteil dieser Zielsetzung wurde eine Bemessung der Tiefe dieses Vorlandes nach einem für die Erholungsnutzung erforderlichen Maß.

Zur Ausführungsplanung

Wie bereits ausgeführt, zeichnete sich das Verfahren der zweiten Wettbewerbsstufe „Donaubereich Wien" besonders durch die unmittelbare Umsetzung von Ergebnissen der kooperativen Bearbeitung in Änderungen des Ausführungsprojektes aus.

Diese unmittelbare Verbindung der Bearbeitungen auf den Ebenen Stadtentwicklungsplan, Flächenwidmungsplan, Bebauungsplan und Projekt- oder Ausführungsplan war ein grundlegender Anspruch, aus dem die besondere Projektorganisation entsprang, deren Tätigkeit hier behandelt wird.

Diese neue Projektorganisation mußte mit der bereits tätigen Organisation von Projektierung und Ausführung verknüpft werden. Dabei waren besonders folgende Grundsätze und Aufgaben zu erfüllen:

● Die Aufträge zur Ausführungsplanung wurden von den zuständigen Dienststellen außerhalb des Rahmens der Projektorganisation Donaubereich Wien erteilt. Dabei waren aus den Festlegungen der Jury konkrete Ausführungspläne abzuleiten.

Es mußten auch eine laufende Ausführungsberatung und entsprechende begleitende Bearbeitungen durch die Projektorganisation sichergestellt werden. Diese Zusammenarbeit war unter anderem notwendig, um jene Informationen und Ergebnisse der mehrjährigen Arbeit am Wettbewerb in die Ausführungsplanung einzubringen, die nicht als Empfehlung der Jury oder in anderer schriftlicher Form weitergegeben werden konnten und auch nicht planlich zum Ausdruck gebracht worden waren.

● Zwischen der Projektorganisation zur Planung für den Donaubereich, Ausführungsplanung und Bauausführung sollte ständig Kontakt bestehen und direkte Rückkopplung sichergestellt sein.

● In der Ausführungsplanung sollte interdisziplinäre Bearbeitung sichergestellt sein und die Einhaltung der Juryempfehlungen gewährleistet werden.

Den Auslobern wurde deshalb empfohlen, sich die Erfahrungen und den Wissensstand des Planungsteams zunutze zu machen und dessen Mitglieder mit der Ausführungsplanung zu beauftragen. Dies erfolgte dann auch, wenn auch erst nach einigen Verzögerungen.

● Eine laufende Überprüfung der Einhaltung der Juryempfehlungen in den Projektierungs- und Bauvorgängen war ebenfalls durch die Projektorganisation sicherzustellen. Dazu wurde die Projektleitstelle mit der laufenden Dokumentation und Beobachtung beauftragt. Über allfällige Abweichungen war dann den Juroren umgehend zu berichten.

Die Erfüllung dieser Aufgaben erforderte eine dreistufige Vorgangsweise mit folgenden Ergebnissen:

Leitprojekt: Die für die Ausführungsplanung maßgeblichen Empfehlungen und Festlegungen der Jury wurden in Form eines zusammenfassenden Planes und einer Reihe verbaler Zielformulierungen festgehalten.

Vorprojekt: Das Leitprojekt wurde vom Planungsteam weiter detailliert.

Ausführungsprojekt: Von interdisziplinär zusammengesetzten Arbeitsgruppen, die aus dem Planungsteam und zusätzlichen Experten gebildet worden sind, wurde schließlich im Auftrag der für den Schutzwasserbau zuständigen Dienststelle des Magistrates der Stadt Wien das zur Ausführung gelangende Detailprojekt erarbeitet.

Mit der Lenkung der Ausführungsplanung erhielt die Beratende Jury eine zusätzliche Aufgabe. Es war dabei festzustellen, ob in den Ausführungsprojekten Abweichungen vom Leitprojekt auftraten, sowie an Ort und Stelle zu überprüfen, ob die Ausführung den Empfehlungen der Jury entspricht.

Nach Abschluß der zweiten Wettbewerbsstufe sollte diese Funktion von einer Nachfolgeorganisation ausgeübt werden. Die Aufträge zur Ausführungsplanung wurden für den gesamten engeren Donaubereich — Donauinsel und die Ufer von Neuer Donau und Donaustrom — den Juryempfehlungen entsprechend vergeben. Eine der wichtigsten Aufgaben des Wettbewerbes und der besonderen Projektorganisation war damit erfüllt.

Nutzung der Neuen Donau (Juni 1981)

Die Wiener Bevölkerung hat die Anlagen der Donauinsel und der Neuen Donau in noch stärkerem Maße und früher sich zur Erholungsnutzung angeeignet, als dies vorausgesehen worden war: Segeln, Surfen, Rudern, Baden, Angeln in der Neuen Donau; Radfahren, Wandern, Zelten, Feiern usw. auf der Donauinsel und in den Uferbereichen.

Noch ist die Neue Donau Baustelle; die Gelegenheit zu Sportnutzung wird sobald wie möglich wahrgenommen.

Eine Regattastrecke wird angelegt

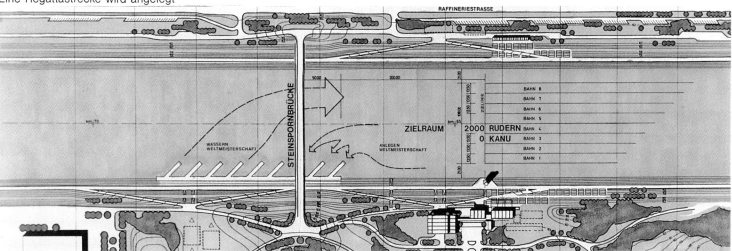

Wander- und Radweg im Nordteil der Donauinsel

Wanderweg am Ufer mit erhaltenem Baubestand

Landschaft im Nordteil der Donauinsel

Karolus Heil

Organisationssoziologische Gesichtspunkte

Vorbemerkung

Im folgenden Abschnitt wird versucht, einige der organisationssoziologischen Aspekte und Erfahrungen, die der Planungsprozeß Donaubereich Wien zeigte, zu untersuchen und auf ihre Relevanz für die Organisation von Stadtentwicklungs- und Stadtplanungsprozessen zu prüfen. Dabei wird einerseits auf die besonderen Arbeitsbedingungen der Projektorganisation abgestellt, wie sie vorstehend dargestellt wurden; zum anderen werden für ihre Übertragbarkeit vergleichbare administrativ-politische Bedingungen unterstellt: arbeitsteilige, hierarchisch strukturierte Großverwaltungen mit den für diese charakteristischen Verselbständigungstendenzen und Egoismen der Einzelressorts, den damit eng verbundenen Kommunikationsschwierigkeiten sowohl zwischen den Ressorts wie zwischen Verwaltung und politischem Feld, sowie den für solche Verwaltungen geltenden Arbeitsbedingungen und Qualifikationskriterien.

Eine solche kritische Bilanz der Projektorganisation Donaubereich Wien unter organisations- und verwaltungssoziologischen Gesichtspunkten scheint für Organisationstheorie und -praxis gleichermaßen von Bedeutung zu sein: einerseits weil es am empirischen Fall möglich ist, einige der soziologisch-sozialpsychologischen Determinanten verwaltungsorganisatorischen und planerischen Entscheidungshandelns anzusprechen, die bei verwaltungs- und planungsorganisatorischen Regelungen in der Praxis nicht oder nur unzureichend Berücksichtigung finden; andererseits weil die teilnehmende Beobachtung gestattet, nachzuzeichnen, wie sich die spezifischen Bedingungen der Projektorganisation mit Blick auf diese Determinanten im vorliegenden Fall in einer konkreten, in ihren wesentlichen Größen bestimmbaren Situation auswirkten.

In der Tat ist es in der Praxis kommunaler Versuche, die Voraussetzungen für eine integrierte Behandlung komplexer Aufgaben der Entwicklungsplanung zu schaffen, nur in Ausnahmefällen gelungen oder auch nur Ziel gewesen, organisationssoziologische Aspekte und Erkenntnisse wirksam werden zu lassen oder die Möglichkeiten organisationssoziologischer Analyse einzusetzen. Es liegt in der Natur soziologischer Ansätze, Entscheidungsprobleme in ihrem größeren Zusammenhang zu reflektieren, die Bedingungen zu hinterfragen, die die Fragestellung begründen, und die absehbaren Folgen möglicher Entscheidungen zu reflektieren. Insbesondere aber ist es Bestandteil soziologischer Analysen, die Frage nach den im Spiel befindlichen Interessenpositionen zu stellen. Die Folge ist in der Regel die Problematisierung der Entscheidungszusammenhänge. Dies aber muß auf Ablehnung stoßen, wo — wie meist der Fall — allenfalls Korrekturen an bestehenden Bedingungen möglich sind.

Die Struktur des Komplexes von Administration und politischem Entscheidungsprozeß bestimmt sich wie eh und je aus Prinzipien, die nur zum Teil an Sachrationalität, sondern vor allem an der Rationalität von Interessen sich orientieren. Organisationsplanung, wo sie in der kommunalen Verwaltung erfolgt, beschränkt in der Regel ihre

Perspektiven auf die Variation etablierter und formal abgesicherter Machtverteilungen, Regelungen und Mechanismen; sie ist aber — subjektiv wie objektiv — nicht in der Lage, dem Systemzusammenhang der Problemfelder angemessene organisatorische Lösungen zu realisieren, die diese Machtverteilungen in Frage stellen. Dies ist vor allem Ausfluß einer spezifischen Affinität zwischen Verwaltungsstrukturen, der Struktur von Interessen innerhalb der Verwaltung und Interessenstrukturen gesellschaftlicher Gruppen. In der Praxis werden meist nicht einmal Spielräume, die diese Rahmenbedingungen innovatorischen Ansätzen lassen, ausgeschöpft. Dies hat unter anderem auch damit zu tun, daß Organisationsplanung in aller Regel nicht in den Händen organisationssoziologisch vorgebildeter Fachleute, sondern von Verwaltungsbeamten liegt, die — sei es aufgrund ihrer Aufgabendefinition, sei es aufgrund von Einstellungen und Interessen — die Grundmuster bestehender Strukturen und die Bedingungen ihrer eigenen Karriere in die Zukunft verlängern. Verwaltungsinnovatorische Ansätze, wie sie hie und da unter besonders günstigen Bedingungen zum Zuge kommen konnten, wurden aufgrund dieser Interessen regelmäßig vor allem dort sehr bald durch das politisch-administrative Umfeld selbst kanalisiert und eingeebnet, wo sie Erfolge und Wirkungen zeigten, die das Gefüge der bestehenden Organisation mit ihren Machtverteilungen gefährdeten.

Wie schon in den vorausgehenden Abschnitten berichtet, stellte die Projektorganisation einen Ansatz zu integriertem Planungs- und Entscheidungshandeln dar, der sich grundlegend von den meisten bisher praktizierten Ansätzen abhebt. Aufgrund der spezifischen Bedingungen, unter denen die Organisation entstand und unter denen sie Entscheidungen zu treffen hatte, konnte selbstverständlich nur ein Sektor des komplexen Entscheidungszusammenhangs, innerhalb dessen ein Projekt von der Tragweite und Eingriffstiefe wie das vorliegende stehen, durch sie erfaßt werden.

Weite Bereiche dieses Entscheidungszusammenhangs und damit notwendigerweise auch die Widersprüche, die diesen bestimmen, mußten außerhalb der Reichweite der Projektorganisation bleiben, etwa das komplizierte Wechselspiel zwischen Planungsorganisation, politischem Feld und betroffener Öffentlichkeit, das für das Funktionieren umfassender Planungsansätze von erheblicher Bedeutung ist. Die hier untersuchten organisationssoziologischen und organisationspsychologischen Gesichtspunkte konzentrieren sich daher auf die Bedingungen innerhalb und zwischen organisatorischen Einheiten der gemeindlichen Planungsorganisation sowie — in Randbereichen — zwischen diesen und den politischen Entscheidungsgremien.

1. Hierarchische Organisation und Planung

Planende Verwaltung ist in der Regel nicht anders als traditionelle Vollzugsverwaltung hierarchisch organisiert, mit eindeutigen, durch Weisungsberechtigung und Weisungsgebundenheit, Über- und Unterordnungsverhältnisse fixierten Befugnissen und Aufgabenstellungen. Dieses Prinzip gilt sowohl für die Gesamtstruktur von Verwaltungsbereichen (Magistratsabteilungen, Ressorts, Dezernaten, Referaten) wie für deren Untergliederungen.

Kritische Organisationsanalysen haben immer wieder belegt, daß hierarchische Organisationsstrukturen und die aus ihnen folgernden Kommunikationsmuster im Hinblick auf die Bewältigung komplexer planerischer Aufgabenstellungen erhebliche Mängel aufweisen. Dies gilt insbesondere dann, wenn formale Über- und Unterordnungsverhältnisse rigide praktiziert werden und der Herausbildung informeller Substrukturen, die häufig Anpassungen an objektive Bedürfnisse des Verwaltungsablaufs darstellen, kein Raum bleibt.

Von besonderer Relevanz sind die Auswirkungen hierarchischer Organisationsstrukturen auf den Informationsfluß innerhalb organisatorischer Einheiten und zwischen diesen, auf die Delegation von und Bereitschaft zur Wahrnehmung von Verantwortung sowie die Bedingungen für Spontaneität, Kreativität und die Identifikation der Mitarbeiter mit Aufgabenstellung und Arbeitsergebnis.

Die Steuerung des Zugangs zu Informationen ist eines der probaten Mittel individueller Einflußsicherung und Profilierung sowohl innerhalb wie zwischen verwaltungsorganisatorischen Einheiten. Fehlende Legitimation zur Weitergabe von Informationen unterbindet oder erschwert Kommunikation zwischen Sachbereichen und beschränkt damit die Möglichkeit, Aspekte außerhalb des unmittelbaren Zuständigkeitsbereichs, deren Kalkulation zur Aufgabenwahrnehmung erforderlich wäre, zu berücksichtigen: ein Tatbestand, der insbesondere die Bearbeitung komplexer Fragestellungen erschweren muß. In der Tendenz gelangen nur die für die Aufrechterhaltung einer routinierten Verfahrensabwicklung notwendigen Informationen in den Verwaltungs- und Planungsprozeß, während sachlich umfassende und über die Routine hinausführende Bewertungen und Entscheidungen auf diese Weise erschwert oder ausgeschlossen sind.

● Die Mitarbeiter der einzelnen Organisationseinheiten sind — auf der Grundlage von Stellenbeschrieb und hierarchischer Ein- oder Unterordnung — auf die konstante Wahrnehmung festumrissener Aufgabenbereiche fixiert. Flexibles Reagieren auf rasch wechselnde Situationen, wie es in Planungsprozessen auf allen Ebenen angesichts komplexer, häufig im Fluß befindlicher Bedingungen erforderlich ist, ist daher in der Regel nur innerhalb eines eng abgesteckten Sachbereichs möglich, an dessen Grenzen die „Unzuständigkeit" beginnt. Aus diesem Zusammentreffen von Organisationsstrukturen, die im Kern lediglich der Bearbeitung routiniert-statischer Aufgabenstellungen angemessen sind, mit dynamisch sich entwickelnden Entscheidungssituationen resultieren immer wieder Konflikte, die nicht nur zu Enttäuschungserlebnissen der Mitglieder der Planungsorganisationen führen, ja bei Gelegenheit Ursache eines emotionalen Rückzugs auf autoritäre Positionen sind, sondern auch eine Qualitätsminderung der Planungsergebnisse zur Folge haben.

● Eine formal und hierarchisch verankerte Fixierung auf einen fest abgesteckten Wirkungsbereich kann nicht ohne Einfluß bleiben auf die Fähigkeit zu Spontaneität und Leistungsoriginalität der Angehörigen des Verwaltungsapparates: soziologische und psychologische Anpassungszwänge, verwaltungsimmanente Belohnungs- (= Beförderungs)- und Bestrafungsmechanismen (Beurteilungsverfahren, Verweigerung von Aufstiegspositionen), die den einzelnen Verwaltungsangehörigen auf die Normen der Organisation festlegen, unterbinden aus der Regel fallende Beiträge, fördern vielmehr die Tendenz zur Risikominderung und damit zu einem nivellierten Leistungsstandard, wie er innerhalb der Verwaltungsapparate approbiert und gelitten ist. Hinzu treten die Effekte der Position im öffentlichen Dienst (Beamtenstatus, Unkündbarkeit), die — obgleich weitgehende Sicherheit von Status und Einkommen garantierend und damit die Voraussetzungen auch für dynamisches Handeln eigentlich bietend

— in aller Regel doch eher zu einer Verstärkung der beschriebenen Mechanismen führen.

Eine Identifikation mit Aufgabenstellung und erbrachten Leistungen kann sich aufgrund der dargestellten Bedingungen oft nicht entwickeln oder sie beschränkt sich auf die Inhaber der Leitungsfunktionen.

Nur selten gelingt es oder liegt es in deren Interesse, die Mitarbeiter in sie einzuschließen. Damit entfällt auch diese für den Ablauf dynamischer und kreativer Prozesse bedeutsame Kraft.

Die Bedingungen des Planungsprozesses für den Donaubereich Wien unterscheiden sich in einigen wesentlichen Merkmalen von denen, wie sie in der Regel für Planungsapparate gelten. Zwar wurden die auch für die Stadtverwaltung Wien wie in der Regel für Großorganisationen der öffentlichen Verwaltung geltenden hierarchischen Organisationsstrukturen für die am Prozeß beteiligten Dienststellen und Mitarbeiter im Zusammenhang mit dem Planungsprozeß nicht verändert. Die Einbindung der an der Projektorganisation beteiligten Dienstkräfte in ihre Organisationseinheiten blieb unangetastet. Ausgenommen hiervon war lediglich die Projektleitstelle, über deren Einrichtung und Funktion an anderer Stelle berichtet wird. Die über einen beträchtlichen Zeitraum sich erstreckende Arbeit in der Projektorganisation, der Jury und dem ihr zugeordneten, im Kern konstanten Expertengremium, das sich aus Spitzenvertretern der sachlich beteiligten Verwaltungsbereiche zusammensetzte, und die in diesem Gesamtgremium ablaufenden gruppendynamischen, psychologischen und pädagogischen Prozesse hatten jedoch zur Folge, daß diese Strukturen zumindest partiell und für einen erheblichen Teil des Planungsprozesses neutralisiert und durch wechselnde, aus den unmittelbaren Notwendigkeiten des Planungsprozesses resultierende Kommunikationsmuster und Loyalitätsstrukturen ersetzt wurden.

Bedingungen hierfür waren unter anderem:

● Die schon erwähnte relativ lange Laufzeit der Arbeit in beschriebener Organisation, die es ermöglichte, daß die gewählte subtile Organisationsform „eingeübt" werden konnte, die Teilnehmer sich kennenlernen und ein Netz auch informeller Beziehungen untereinander aufbauen konnten, das der Verständigung in Sachfragen, vor allem aber der Lösung von kontroversen Fragen in hohem Maße förderlich war. Infolge kurzer Intervalle zwischen den Sitzungen der Jury waren die Zwischenzeiten sehr weitgehend durch projektbezogene Aufgabenstellungen ausgefüllt. Dem kommt vor allem deshalb erhebliche Bedeutung zu, weil damit die Kontinuität des gruppendynamischen Prozesses weitgehend gewahrt blieb.

● Eine hohe Toleranzfähigkeit sowohl der politischen Repräsentanten, die den Projektansatz trugen und sich entfalten ließen, insbesondere des Bürgermeisters und des für die Einrichtung der Projektorganisation verantwortlichen amtsführenden Stadtrats, als auch der Spitzenvertreter von Planung und Verwaltung gegenüber Argumenten der ihnen unterstellten Mitarbeiter wie gegenüber Problematisierungen vorgegebener Normen, Entscheidungen und vermeintlichen oder faktischen Sachzwängen. Diese Toleranzfähigkeit fand ihrerseits Rückhalt und Bestätigung in den im Gruppenprozeß entstandenen Loyalitäten. Die teilnehmende Beobachtung und Analyse des so strukturierten Arbeitsprozesses zeigt daher eine Reihe von Ergebnissen, die unter Hierarchiebedingungen in der Regel nicht zustande kommen können.

- Umfassende Informationsvermittlung über die im Planungszusammenhang wesentlichen Tatbestände und Hintergründe war integraler Bestandteil der Organisation des Planungsprozesses. Wie einige Situationen belegten, hätte dieses Prinzip mit einiger Wahrscheinlichkeit zumindest durch die externen, das heißt durch denkbare Sanktionen der Auslober nicht oder allenfalls vermittelt erreichbaren Jurymitglieder auch im Konfliktfalle durchgesetzt werden können.

In der Praxis der Projektorganisation traten solche Konfliktfälle nicht auf. Nachdem sich eine Gruppensolidarität in der Projektorganisation herausgebildet hatte, war ein hohes Maß von Bereitwilligkeit zur unaufgeforderten Offenlegung verfügbarer Informationen durch die Beteiligten, insbesondere die Auslober, die Regel. Damit stellte die Bereitschaft und der Fluß von Information innerhalb der Projektorganisation nicht nur kein Problem dar, vielmehr war in einigen Phasen des Prozesses die Gefahr einer Überinformation der Mitglieder gegeben, die den Blick auf das Wesentlichste der Zusammenhänge zu erschweren drohte.

Damit war eines der wesentlichen Hindernisse komplexer, die Grenzen einzelner Ressorts überschreitender Planungsansätze für den in Wien gewählten Ansatz ohne Relevanz.

- Auf der Grundlage des bereits angesprochenen Gruppenklimas verloren formale und institutionelle Zuständigkeiten, wie sie sich zunächst aus der fachlichen Verortung, der Rolle im Zusammenhang der Jury und aus der Zugehörigkeit zu Ämtern und Abteilungen mit spezifischen Funktionen und Interessen herleiteten, erheblich an Bedeutung. Dies gilt sowohl für die Diskussion von Fragestellungen im Projektzusammenhang wie für die Mitarbeit in den in großer Zahl und wechselnden Konstellationen gebildeten Arbeitsgruppen zur Erledigung laufender Aufgaben, insbesondere der Erstellung von Arbeitspapieren. Damit entstand eine Arbeitssituation, in der zwar die Verantwortlichkeit der fachlichen Repräsentanten der Stadt Wien, der Republik Österreich und der Angehörigen spezifischer Institutionen und Disziplinen nicht nur unangetastet blieben, sondern bei entsprechenden Gelegenheiten durch die jeweiligen Repräsentanten deutlich artikuliert, gelegentlich auch überartikuliert wurden.

Diese partikularen Verantwortlichkeiten traten jedoch in der schon beschriebenen Gruppensituation in aller Regel dann zurück, wenn bei wesentlichen Entscheidungen die Suche nach bestmöglichen Lösungen im Hinblick auf die Aufgabe auf der Grundlage des gemeinsam erarbeiteten Grundkonsenses Priorität erlangte.

- Die restriktiven Bedingungen hierarchisch organisierter bürokratischer Apparate für spontanes, individuelles Handeln und Argumentieren gelten naturgemäß verstärkt für den in weisungsgebundener Funktion tätigen Mitarbeiter und weniger für Personen in Leitungsfunktionen, sofern deren Fähigkeit, spontane und unkonventionelle Lösungen zu finden, nicht im Verlaufe ihres Qualifikationsprozesses verschüttet wurde. Im Falle der untersuchten Projektorganisation waren als Vertreter der Auslober überwiegend Mitarbeiter in Leitungsfunktionen beteiligt, so daß eine Kontrolle dieses Gesichtspunktes nur unter eingeschränkten Bedingungen möglich ist. In der Tat jedoch war für einen Großteil der kreativen Phasen der Juryarbeit, in denen

inhaltliche, organisatorisch-verfahrenstechnische oder auch gruppenpsychologische Aufgabenstellungen im Sinne des Arbeitsfortschritts zu lösen waren, offene Ideenkonkurrenz über Fach- und Ressortzuständigkeit hinweg die Regel. Ergebnis dieser Konkurrenz war auch die Relativierung und Problematisierung, wenn nicht gar Auflösung von Kriterien und Bedingungen, die zunächst als wenig oder nicht veränderbar von einzelnen Ressortvertretern in den Prozeß eingebracht worden waren. Dies war nicht nur möglich, weil sich das Gremium als Ganzes mit diesen Kriterien und Bedingungen auseinandersetzte, sondern vor allem, weil deren Vertreter selbst an beschriebener offener Ideenkonkurrenz teilnahmen und dabei gelegentlich selbst bei der Relativierung der zunächst von ihnen vertretenen Kriterien mitwirkte. Der Vergleich der Ausgangskonzeption und Ausgangspositionen, wie sie die Projektorganisation zu Beginn vorfand, mit dem Ergebnis des Jahres 1977, das nicht nur von der Jury, sondern auch von den Vertretern der Auslober voll getragen wurde (zumal die aus der Sicht der Behörden zu stellenden Bedingungen eingehalten oder entsprechend neu definiert worden waren), zeigt eine tiefgreifende Veränderung von inhaltlicher Konzeption, physischer Gestalt, ökologischer Sensibilität und gesellschaftspolitischem Verständnis. Diese Veränderungen und der ungleich höhere qualitative Rang der schließlich als Ergebnis des Wettbewerbsverfahrens und der Arbeit der Projektorganisation verabschiedeten Konzeption dürften daher ihre wesentliche Wurzel haben in der spezifischen Arbeitssituation des Planungsprozesses, die Spontaneität und Ideenoriginalität nicht nur forderte, sondern auch honorierte.

- Die Identifikation der am Planungsprozeß teilnehmenden Personen mit dem Projekt kann gemessen werden am Engagement, gelegentlich auch der emotionalen Besetzung ihrer Beiträge, an der Art des Arbeitsklimas in der Gruppe, an der Kontinuität der Mitarbeit und an der Bereitschaft zur Übernahme von Funktionen im Arbeitsprozeß. Das Engagement — das sich immer wieder auch in Emotionalität niederschlug — war stark. Partiell belastete diese Emotionalität den Arbeitsfortgang, war jedoch zugleich Ausdruck einer starken Identifikation mit dem Projekt. Die Bereitschaft zur Übernahme von Funktionen innerhalb des Prozesses war während seines gesamten Ablaufs ausgeprägt vorhanden; zahlreiche Beiträge auch schriftlicher Art erfolgten spontan. Die Kontinuität der Mitarbeit war bemerkenswert groß; während des gesamten Prozesses gab es nur sehr geringe personelle Verschiebungen.

Auf der Grundlage dieser Identifikation mit Aufgabenstellung und Gruppe war es einerseits möglich, eine Reihe tiefgreifender Widersprüche, wie sie sich mit dem Projekt von Anbeginn verbanden, wenn nicht zu überwinden, so doch zumindest zu problematisieren und in einigen Bereichen auch zu neutralisieren. Beispiele sind etwa die Frage der Bebaubarkeit der Donauinsel oder der Schaffung von Bebauungsmöglichkeiten an anderen Standorten versus Grün- und Erholungsnutzungen, Fragen der Umstrukturierung urbaner Bereiche und die Lösung von tiefeingreifenden Planungen im Verkehrsbereich.

Andererseits war es auf dieser Grundlage möglich, daß die Organisation eine Reihe von politischen Konfliktsituationen bewältigen konnte, die unter anderen Bedingungen die Gruppenexistenz hätten gefährden können. Beispiele hierfür sind etwa Konflikte mit dem Bürgermeister oder dem in der letzten Phase des Planungsprozesses amtsführenden Stadtrat.

Selbstverständlich war eine wesentliche Voraussetzung für die Bewältigung dieser Reibungen die institutionelle Fundierung der Organisation; Identifikation mit der Aufgabenstellung lieferte die Verständigungsbasis dafür, den Konflikt nicht unter den Teppich zu kehren, sondern ihn aufzunehmen.

2. Die Projektorganisation als Ansatz integrierter Planung

Die Diskussion über Ansätze und Modelle zur Verbesserung der kommunalen Planungsorganisation in den zurückliegenden Jahren und die in einer Reihe von Kommunen hierzu entwickelten, teils auch realisierten Lösungen haben oder hatten vornehmlich zum Ziel, die ressortzentrierte Planung der Vergangenheit zu überwinden und Planungsansätze zu verwirklichen, die der Komplexität der zu lösenden Aufgabenstellungen gerecht werden.

Der Begriff der Stadtentwicklungsplanung steht für diesen Ansatz: Planungen sollen unter Beachtung aller wesentlichen für sie relevanten Faktoren, das heißt in ihrem Systemzusammenhang und damit in der Regel über die Grenzen traditioneller Verwaltungs- und Planungsressorts hinaus unter Kalkulation ihrer Vollziehbarkeit und ihrer Rückwirkungen auf den jeweiligen Zusammenhang entwickelt und verwirklicht werden.

Die organisatorische Antwort auf diese aus wachsender Komplexität, Kompliziertheit und Tragweite von Planungen resultierende Forderung war oder ist in der Regel die Einrichtung von Organisationseinheiten, die als Querschnittsorganisationen die vertikal organisierten Linienressorts auf der Ebene der kommunalen Gesamtplanung überlagern bzw. zwischen diesen vermitteln und koordinieren. Im allgemeinen sind diese Organisationseinheiten in der Nähe der Verwaltungsspitze situiert und dieser unmittelbar unterstellt. In der Regel allerdings erfolgte die Einführung dieser Querschnittsabteilungen, ohne daß die organisatorischen Schnittflächen zu den Linienressorts hierauf abgestimmt und die notwendigerweise hieraus resultierenden psychologischen Konflikte mit den tangierten Verwaltungsbereichen in Ansatz gebracht und kalkuliert wurden.

Wesentliche Hindernisse einer integrierten Planung blieben daher trotz Einführung von Querschnittsressorts bestehen: Die Tendenz zu Ressortautonomie; Probleme der Bewertung und Kontrolle ressortspezifischer Zwänge; Schwierigkeiten der Rückkopplung und Probleme der ressortübergreifenden Autorität und der mit Abstimmung und Integration beauftragten Instanzen, die über fachliche Detailkenntnisse in allen angesprochenen Bereichen meistens nicht verfügen und damit zwar ein gewisses Maß an Amtsautorität, nicht aber die erforderliche Fachautorität besitzen; schließlich die weitverbreitete subjektive und objektive Unfähigkeit der politischen Instanzen, die durch die Existenz der neuen Organisationseinheiten in der Regel deutlicher als unter traditionellen Bedingungen hervortretenden Konflikte und Widersprüche zu lösen.

Das Projekt Donaubereich Wien im weiteren und Neue Donau im engeren Sinne waren Aufgabenstellungen, die die Möglichkeiten und Kompetenzen eines einzelnen Verwaltungsressorts weit überschritten. Der Stadtverwaltung Wien stand jedoch zur Zeit der Arbeitsaufnahme der Jury keine Organisationseinheit zur Verfügung, die — etwa nach dem Muster von Stadtentwicklungs- oder Stabsämtern — die Koordination der beteiligten Stellen in einer formal und politisch abgesicherten Weise hätte übernehmen können. Die Projektorganisation mußte daher diese Lücke ausfüllen, wollte sie ein Projekt vorlegen, das der Komplexität der Aufgabenstellung gerecht wurde und — über die gewöhnlich Jurys gestellten und erreichbaren Aufgabenstellungen hinaus — unmittelbar in den Vollzug überführbare Maßgaben formulierte. Der gewählte komplexe Ansatz der Projektorganisation war daher nicht zuletzt Ergebnis der unmittelbaren Reaktion auf die Komplexität und Dynamik der gestellten Aufgabe.

Der Ansatz der Projektorganisation wurde im vorausgehenden bereits umfassend dargestellt; daher soll hier nur sehr kurz und, soweit zur Darstellung der untersuchten Zusammenhänge erforderlich, auf diese nochmals eingegangen werden.

In der Projektorganisation Donaubereich Wien erfüllte die Funktion der Integrationsinstanz die Jury mit Expertengremium,

1. indem sie die Vielzahl der Gesichtspunkte des Planungszusammenhangs, für die der etablierten Verwaltungsroutine entsprechend im Normalfall die einzelnen Fachressorts (Magistratsabteilungen) zuständig waren, zusammenführte und miteinander abglich; Voraussetzung hierfür war die Repräsentanz wesentlicher Spitzenvertreter dieser Ressorts in der Projektorganisation;

2. indem sie die Ergebnisse des Abgleichs als Juryempfehlungen der Gemeinde Wien, der Öffentlichkeit und den angesprochenen Fachressorts zugleich übergab, deren wesentliche — wie schon gesagt — in der Projektorganisation im weiteren Sinne durch Spitzenvertreter vertreten waren,

3. und schließlich, indem sie — wie noch darzustellen — den Vollzug dieser Leitlinien dadurch kontrollierte, daß sie einerseits die Spitzenvertreter der wesentlichen beteiligten Ressorts in den Gruppenprozeß der Jury involvierte und damit deren Identifikation mit den approbierten gemeinsamen Zielen förderte, andererseits den Arbeitsfortgang durch Augenschein verfolgte und Ressortvertreter zitierte.

Die Basis der koordinativen Autorität der Jury war eine dreifache: breit gefächerte fachliche Kompetenz durch interdisziplinäre Zusammensetzung; Weisungsungebundenheit bei gleichzeitiger Beauftragung durch den Gemeinderat zur Erarbeitung einer umfassenden Lösung; Beteiligung der Spitzenvertreter der sachlich angesprochenen Ressorts (z. B. Stadtplanung, Verkehrsplanung, Wasserbau) und deren Einbezug in einen gruppendynamischen Prozeß bei starker Identifikation der Gesamtgruppe mit der Aufgabenstellung.

In dieser Situation konnten relevante Problemstellungen einschließlich der zugrundeliegenden Widersprüche umfassend erörtert und nach Meinungsbildung Festlegungen für die Vorgehensweise beschlossen werden. Dabei konnten die Ressortvertreter einerseits in einem offenen Meinungsbildungs- und Entscheidungsprozeß ihre Beiträge leisten und am Zielfindungs- und Entscheidungsprozeß teilnehmen, waren jedoch zugleich durch Beteiligtsein an diesem Prozeß gehalten, Beschlüsse und Vorgaben für das weitere Vorgehen zu akzeptieren.

Die Bilanz der Arbeit und die Bewertung der Ergebnisse belegen, daß die Organisation Fähigkeiten und Techniken entwickelte, die geeignet waren, ressortbezogene, partikulare Planungen zu integrieren und faktisch ressortübergreifende Planung zu leisten, das heißt in der Praxis eine Reihe von Problemen zu überwinden, die die meisten der eigens eingerichteten Querschnittsabteilungen oder Ressorts scheitern ließen. Ressortspezifische Zwänge konnten unter den geschilderten Bedingungen auch in

Konfliktsituationen erörtert und teils entkräftet, mußten in zahlreichen Entscheidungen aber auch akzeptiert werden und wurden fortan bei Entscheidungen der Jury respektiert. Dies gilt in zugespitzter Weise etwa für Bindungen wasserbautechnischer und verkehrsplanerischer Art. Ergebnis der teils langwierigen und sachlich harten Meinungsbildungsvorgänge war, daß einerseits Ressortvertreter angesichts der Notwendigkeiten des Gesamtkonzepts die Fragwürdigkeit mancher von ihnen selbst zunächst als unabänderlich angesehener Zwänge erkannten, andererseits Entscheidungszwänge, die Auseinandersetzungen und Prüfungen standhielten, von den Vertretern anderer Ressorts und Fachdisziplinen übernommen wurden. Enttarnungsvorgänge dieser Art waren in der spezifischen Arbeitssituation der Organisation vor allem dort für das Arbeitsergebnis wichtig, wo ressortzentrierte Begründungen beigezogen wurden, die der Prüfung im Gruppenprozeß nicht standhielten. Quantitativ gesehen waren Vorgänge dieser Art in der ersten Phase des Prozesses von größerer, in den späteren Phasen unter anderem aufgrund der geschilderten Gruppenprozesse aber nur noch von reduzierter Bedeutung.

Rückkopplung zu den Linienressorts und Vollzugsabteilungen war aufgrund der dargestellten Organisationsweise und gruppendynamisch-personellen Verflechtungen integraler Bestandteil des Arbeitsprozesses.

Die Chancen, auch Inhalte zu erfassen, waren damit wesentlich günstiger als im Rahmen formaler Abstimmungsvorgänge, wie sie in der Verwaltung geregelt sind.

Aufgrund der dargestellten Zusammensetzung des Gremiums und der Struktur des Arbeitsprozesses war das Problem der Autorität von reduzierter Bedeutung. Wo es sich als Problem der Amtsautorität darstellte, waren der Rekurs auf die Einsetzung des Gremiums durch die zuständigen politischen Entscheidungsgremien, die Möglichkeit des durch Verwaltung und Gemeinderat nicht kontrollierbaren Zugangs zur Öffentlichkeit und die von Zeit zu Zeit durch die politischen Repräsentanten — Bürgermeister und amtsführender Stadtrat — bestätigte Autorität und Unabhängigkeit wesentliche Hilfen.

Schließlich bot die Struktur des Prozesses Chancen, Widersprüche der Aufgabe offenzulegen und Vorschläge zu ihrer Lösung zu unterbreiten, wie sie bei weisungsgebundenen, durch beamtete Bedienstete besetzte Verwaltungsressorts nur in Ausnahmefällen gegeben sind.

3. Planungseffizienz und Planungskontrolle

Verwaltungs- und Planungsorganisationen mit in der Regel vertikal-hierarchischer und zugleich arbeitsteiliger Gliederung haben neben der schon angedeuteten Schwierigkeit der sachlich-inhaltlichen Vermittlung und Koordination bei fachübergreifenden Problemen den weiteren erheblichen Mangel, daß lange Wege — im räumlichen und zeitlichen Sinne — Entscheidungsfindungs- und Abgleichsvorgänge erschweren und auf den zeitlichen Ablauf lähmend wirken. Das praktizierte Modell einer „Aktionsplanung" setzte daher neben der inhaltlichen Koordination komplexer Ziele und Zusammenhänge Maßstäbe dafür, wie Planungsvorgänge rationell und effizient durchgeführt und in ihrem Effekt kontrolliert werden können.

Die in der Regel praktizierte Abstimmung von Planungen anhand schriftlicher oder planlicher Unterlagen setzt, wenn sie funktionieren soll, eine Strategie voraus, die sowohl auf Sachbearbeiterebene wie auf Leiterebene die

horizontale (das heißt referatsübergreifende) Verknüpfung einer Vielzahl von vertikal ablaufenden Entscheidungsprozessen bis hin zur Endentscheidung gewährleistet. Dies ist eine überaus schwierige, vielleicht sogar unlösbare Aufgabe, wenn die Vielzahl der gegenläufigen Mechanismen in Rechnung gestellt wird. Der Tatbestand, daß sachliche Konflikte häufig erst vor den gemeinderätlichen Entscheidungsgremien evident werden, dann allerdings häufig nicht mehr zum Austrag kommen, ist Beleg dafür, daß die verwaltungsübliche Praxis in vielen Fällen faktisch zwar formal, nicht aber im Sinne bestmöglicher und raschestmöglicher Ergebnisse funktioniert. Auch Planungsstäbe, die nicht autonom, sondern nur unter Kooperation der Ressorts arbeiten können, können dieses Problem im besten Falle mildern, aber nicht lösen. Hinzu tritt, daß ein Ressortabgleich, der lediglich formal erfolgt, eine ressortübergreifende Identifikation mit dem Gegenstand schwerlich zu wecken vermag. In jedem Falle benötigt das Abstimmungsverfahren — unbeschadet des möglicherweise geringen inhaltlichen Gewinns der Planung durch die Abstimmung — erhebliche Zeiträume und ist in der Regel gekennzeichnet durch Qualitätsverlust und die Tendenz zu nivellierter Aussage.

Das Verfahren der Projektorganisation weist Wege, wie diese Schwierigkeiten überwunden, ressortübergreifende Entscheidungen unter Berücksichtigung der aus der Sicht der Fachressorts wesentlichen Gesichtspunkte und einer umfassenden Meinungsbildung zugleich effizient und schnell getroffen und bei geringstmöglichem Inhaltsverlust bei der Weitergabe in den Vollzug umgesetzt werden können.

Wie beschrieben, gehörte es zu den Prinzipien der Projektorganisation, daß die Erarbeitung von Kriterien der Planung, die Bewertung der Arbeitsergebnisse der Projektteams und die Formulierung von Empfehlungen bis hin zur Fixierung von Leitplanungen sowie die Erörterung, teilweise auch Erarbeitung von erforderlichen Grundlagen in einem über mehr als drei Jahre laufenden Prozeß gemeinsam durch Beratende Jury, Experten und die Spitzenvertreter der beteiligten Ressorts erfolgte und die wesentlichen Entscheidungen und der ihnen vorausgehende Abgleich in der dynamischen Situation der Gruppe vorgenommen wurden. Auch eine Reihe unvermittelt auftretender Entscheidungssituationen konnte auf diese Weise strukturiert und die erforderlichen Festlegungen getroffen werden. Die Präsenz entscheidungsbefugter Vertreter der Ressorts einschließlich der Repräsentanten der Ausführungsplanung gewährleistete einerseits, daß die Sicht dieser Ressorts in den Entscheidungsprozeß eingebracht werden sowie die Fachkompetenz dieser Ressorts im Bedarfsfalle angerufen werden konnte; andererseits war durch die Präsenz dieser Mitarbeiter und ihre Teilnahme am Entscheidungsprozeß die unmittelbare Transmission in den Vollzug sowie die Rückmeldung des Vollzugs in die Projektorganisation gewährleistet. Die Intervalle zwischen den einzelnen Sitzungen erlaubten, Ergebnisse der vorausgegangenen Entscheidungsperiode aufzuarbeiten, gegebenenfalls auch ihre Revision in der folgenden Sitzung zu betreiben sowie systematische Vorbereitungen für die nächstfolgende Sitzung zu treffen, um auf diese Weise den straffen Ablauf und die Verfügbarkeit aller benötigten Unterlagen zu gewährleisten.

Besondere Bedeutung kam im Rahmen dieser Organisation der Kontrolle des Vollzugs der formulierten Planungsleitlinien zu. Anders als unter den normalerweise einer Jury gegebenen Bedingungen war durch die Langfristigkeit der Projektorganisation und dem bereits laufenden Vollzug die Möglichkeit gegeben, die Art und Qualität des

Vollzugs in seiner besonders wesentlichen ersten Phase durch die Projektorganisation am Ort zu kontrollieren.

Diese Bedingung war von erheblicher Bedeutung sowohl für die im Rahmen der Organisation mitarbeitenden Vollzugszuständigen wie für die Identifikation der Gesamtorganisation mit der Aufgabe.

Die Kontrolle erfolgte einerseits, indem Mitglieder der Projektorganisation die Vollzugsmaßnahmen vor Ort inspizierten und ihre Ergebnisse mündlich oder schriftlich der Jury zur Diskussion stellten, andererseits indem die für den Vollzug zuständigen Dienstkräfte regelmäßig vor der Jury um Bericht gebeten wurden. In diesem Rahmen nahm die Jury im Einzelfall selbst auf Details des Vollzugsprozesses wie den Abschluß von Verträgen der zuständigen Behörden mit im Vollzug einzusetzenden Auftragnehmern Einfluß, ein Beleg dafür, daß die Kontrolle nicht nur pauschal, sondern konsequent verstanden wurde und möglich war.

Generalisierend läßt sich aufgrund der Erfahrungen dieses Ansatzes feststellen, daß auf die genannte Weise eine Vielzahl von Planungs- und Entscheidungsvorgängen, die in der Regel isoliert laufen und je eigenen Gesetzmäßigkeiten der einzelnen Verwaltungs- und Planungsbereiche folgen, häufig zeitlich versetzt ablaufen, mangels einer hierfür kompetenten Organisation nur unzureichend in ihren Konsequenzen aufeinander abgestimmt werden, durch den Mechanismus der Jury brennpunktartig gebündelt, abgeglichen, entschieden, dem Vollzug übergeben oder für die politischen Entscheidungsgremien vorbereitet und schließlich in den ersten Vollzugsschritten kontrolliert werden konnten. Damit waren Bedingungen gegeben, die — zumindest für das begrenzte Projekt — nahezu idealtypisch unter entscheidungsdynamisch günstigen Bedingungen die Voraussetzungen nicht nur einer integrierten, sondern auch einer höchst effizienten und zeitlich straffen Planung vereinigten. Es läge nahe, den Versuch als Ansatz einer „Aktionsplanung" systematisch weiter zu verfolgen.

4. Jury als Katalysator

Besonders bedeutsame Barrieren im Ablauf von Verwaltungs- und Planungsvorgängen in bürokratischen Apparaten sind die aus der arbeitsteiligen Vertikalgliederung der Ressorts schließenden Effekte (partikulare Ziele und Strategien; lange Wege usw.). Dabei ist der restringierende Effekt des „bürokratischen Syndroms" insbesondere dort ein nur schwer zu überwindendes Hindernis, wo die Komplexität von Aufgabenstellungen eigentlich erforderte, konventionelle Ziele, Kriterien und Arbeitsmethoden zu überwinden und durch innovatorische Ansätze zu ergänzen oder zu ersetzen.

Analysen in den verschiedensten Ländern und unter den verschiedensten gesellschaftlichen Bedingungen haben belegt, daß das Innovationspotential bürokratischer Apparate zwar generell gering ist, innerhalb dieser Grenzen jedoch unter anderem abhängig davon, in welchem Maße die Verwaltungen Voraussetzungen für personale Mobilität bieten. Diese Abhängigkeit resultiert vor allem aus dem Tatbestand, daß unter den Bedingungen bürokratischer Apparate der Transfer innovatorischer Ansätze primär vom Transfer von Personen abhängt. Tatsache ist jedoch zugleich, daß die Chancen für Mobilität in der Regel aufgrund der spezifischen Rekrutierungs- und Qualifikationsbarrieren und -kriterien der öffentlichen Verwaltung gering sind.

Diese Bedingungen können erfahrungsgemäß auch durch das politische Umfeld zumindest kurz- und mittelfristig nur marginal verändert werden, solange die Grundstrukturen und -mechanismen der bürokratischen Apparate unverändert wirksam bleiben.

Im vorliegenden Modellfall lag zwar der generelle, in Abständen bestätigte politische Auftrag vor, ein bestmögliches Ergebnis zu erzielen, verbunden mit der Legitimation, soweit es diese Aufgabe betraf, adäquate Organisationsformen zu proben. Wesentlich für den Prozeß war jedoch, daß dabei einige der für Bürokratien charakteristischen innovationshemmenden Mechanismen ausgeschaltet oder im Sinne des Arbeitsergebnisses eingeschränkt werden konnten.

Im vorausgehenden wurde bereits geschildert, daß das Arbeitsklima der Projektorganisation geeignet war, ansatzweise und auf Zeit die Effekte hierarchischer Strukturen zu neutralisieren und die Voraussetzungen für Identifikation und Kreativität zu schaffen. Damit war allerdings nur eine, wenn auch eine notwendige Voraussetzung dafür gegeben, ein qualitativ hochwertiges Arbeitsergebnis zu erzielen. Eine zweite wichtige Voraussetzung hierfür war jedoch, daß der Beratenden Jury — der insoweit auch die verwaltungsexternen Experten zuzurechnen sind — im Verlauf der Projektorganisation eine Rolle als „Katalysator" sowohl innerhalb der Verwaltung bzw. deren einzelnen Ressorts wie zwischen Verwaltung und freien Kräften zuwuchs und auch faktisch von ihr wahrgenommen wurde. Sie erfüllte diese Funktion als Katalysator zwischen den in ihren spezifischen Rollen verfestigten Verwaltungsteilen, indem sie die institutionell-formalen und inhaltlichen Voraussetzungen zu sichern vermochte, etablierte Ziele, Kriterien, Strategien und Organisationsmuster zu verändern und — wo diese Voraussetzungen durch die Verwaltung nicht ergriffen wurden — Auseinandersetzungen über diese zu initiieren, die internen Verwaltungsdruck mobilisierten, indem sie diesen Veränderungsdruck selbst artikulierte oder indem sie sich der Unterstützung des politischen Umfeldes hierzu bediente.

Die Beratende Jury konnte diese Funktion erfüllen aufgrund einer Kombination von Fachkompetenz und Außenseiter sein, das heißt des Tatbestands, daß ein Teil der Mitglieder außerhalb des bürokratischen Systems der Verwaltung des Auslobers stand; daß sie nicht teilhatte an den beschriebenen Mechanismen, die bürokratisches Verwaltungshandeln überformen, sondern diese Mechanismen — ohne von Sanktionen getroffen werden zu können — in Frage stellen konnte; daß dieser Teil der Jury insbesondere außerhalb der Loyalitäten, Verbindlichkeiten und Abhängigkeiten stand, die Bestandteile dieses bürokratischen Systems sind.

Diese wesentlich durch die Jury gewährleisteten Kommunikations- und Entscheidungsbedingungen galten analog für die Arbeitsbedingungen der projektbearbeitenden Teams sowie für das Verhältnis zwischen diesen und der Verwaltung. Auch für dieses Verhältnis war Voraussetzung die Überwindung spezifischer Rollenfixierungen, wie sie nur durch ein Gremium geleistet werden konnte, das mit einem erheblichen Teil seiner Mitglieder außerhalb des Systems lokaler Loyalitäten stand.

Für die aus der Verwaltung kommenden Jurymitglieder, die diese „Katalysatorenfunktion" nicht a priori übernehmen konnten, resultierten hieraus gelegentlich Schwierigkeiten, die sich in Sondervoten, Protokolleinträgen usw. niederschlugen; durch die zahlenmäßige Dominanz von nichtbeamteten Juroren war dies jedoch für den Gesamtablauf und die spezifische Funktion der Jury in diesem Ablauf von untergeordneter Bedeutung.

5. Behördliche Planung und freie Kräfte

Wie dargestellt, führte das Verfahren Donaubereich Wien über einen offenen Wettbewerb zunächst zur Weiterbearbeitung der fünf erstprämiierten Konzepte durch die Verfasserteams und schließlich zur arbeitsteiligen Bearbeitung der Gesamtaufgabe durch die fünf Gruppen, die im offiziellen, im Verlauf des Verfahrens offensichtlich auch durch die Gruppen übernommenen Sprachgebrauch als ein Projektteam verstanden wurden, dessen Aufgabe nicht in Konkurrenz, sondern in Zusammenarbeit an einer gemeinsamen Aufgabe bestand.

Zunächst war diese Konstruktion aufgrund des Tatbestandes entstanden, daß jedes der fünf erstprämiierten Konzepte verwertbare Ansätze zeigte, keines jedoch eine zureichende Lösung für die Gesamtaufgabe vorlegte. Hinzu trat ein erheblicher Bedarf an fachkompetentem Arbeitspotential zur Weiterbearbeitung der eingangs prämiierten Lösungsansätze für den unmittelbar anstehenden, auf Durchführungsanweisungen regelrecht wartenden Vollzug.

Faktisch führte die Zusammenarbeit zu einer weitgehenden Integration des bzw. der Teams in den verwaltungsinternen Arbeitsprozeß. Die zumindest für die Dauer der Projektorganisation gesammelten Erfahrungen geben daher Hinweise für die Beantwortung einer für die Bearbeitung umfassender Planungsprojekte, die über die Kapazität des Verwaltungsapparates hinausgehen, wichtigen Fragestellung: Ist die Übertragung kontinuierlicher Planungsaufgaben an freie, nicht in den behördlichen Apparat integrierte Fachleute oder Gruppen möglich? Welche sind die Bedingungen? Welche Probleme entstehen auf seiten der Verwaltung, welche auf seiten der freien Kräfte?

Diese Fragen sind vor dem Hintergrund eines zwischen beamteter und freier Planung a priori psychologisch gespannten Verhältnisses zu sehen, das seine wesentlichen Ursachen in fachlicher Konkurrenz bei gleichartiger fachlicher Qualifikation und gleichzeitiger materiell-institutioneller Abhängigkeit der freiberuflichen Planer/Architekten von der Bereitschaft des beamteten Planers zur Zusammenarbeit hat.

Zugleich ist das Verhältnis des freien Architekten/Planers zur Integration in den verwaltungsinternen Prozeß in der Regel ambivalent: Dem Wunsch, auch im öffentlichen Aufgabenbereich eine Aufgabenstellung zu finden, steht nicht selten das Unbehagen gegenüber, sich den Reglementierungen und Bedingungen der Verwaltung für eine Mitarbeit zu unterwerfen.

Diese Probleme treten verstärkt dann auf, wenn die Zusammenschaltung mehrerer freiberuflicher Architekten/Planer oder Planergruppen in Frage steht. Hier tritt als zusätzlicher erschwerender Faktor das Konkurrenzverhältnis zwischen diesen ins Spiel.

Insbesondere wird die Zusammenarbeit freie Planer — Behörde auf der einen und die Zusammenarbeit mehrerer freier Persönlichkeiten/Gruppen im Rahmen eines solchen Kooperationsverhältnisses durch den grundsätzlichen Konflikt bestimmt, daß im Rahmen eines solchen Verhältnisses individuelle Profilierung, die Verknüpfung des eigenen Namens bzw. der Firma mit dem Ergebnis erheblich erschwert, wenn nicht ausgeschlossen ist — ein in einem auf Konkurrenzprinzipien aufgebauten Tätigkeitsmarkt erheblicher Nachteil.

Seitens der Verwaltung liegen die Schwierigkeiten, eine Kooperation wie die beschriebene zu wagen, einerseits in der Schwierigkeit, die fachliche und arbeitstechnische Potenz freier Teams im zeitlichen Verlauf und im Hinblick auf den erwarteten output — realisierungsfähige Arbeitsergebnisse — verbindlich einzuschätzen. Andererseits ist es eine Erfahrungstatsache, daß die Anleitung und kontinuierliche Betreuung von externen Mitarbeitern erheblichen Aufwand an besonders qualifiziertem Personal und an Zeit voraussetzt. Auch das Problem, diesen Umstand auf den Entscheidungsebenen zu vermitteln, ist nicht selten eine Ursache dafür, daß auf Lösungen wie die hier dargestellte verzichtet wird.

Schließlich kann für die häufig skeptische Einstellung gegen den Einsatz von externen Kräften von Bedeutung sein, daß zwar die Zahl und Qualifikation interner Mitarbeiter, nicht aber der Umfang des Betreuungs- und Koordinationsaufwandes für externe Mitarbeiter in die Stellenbewertung von Verwaltungsangehörigen eingeht.

Die Erfahrungen im Rahmen der Projektorganisation Donaubereich Wien können zeigen, daß diese Schwierigkeiten aufgrund der gegebenen Arbeitsbedingungen wenn nicht völlig, so doch auf Zeit und soweit gelöst oder zumindest überbrückt werden konnten, als es zum Erreichen des Ziels der Unternehmung erforderlich war. Dabei zeigt die Analyse des Verlaufs des Geschehens, daß mit fortschreitender Zusammenarbeit und Erfahrung Vorbehalte abgebaut wurden und die vorausgehend dargestellten Mechanismen an Bedeutung verloren. Einzelnen Eruptionen standen quer durch die beteiligten Teams und die Verwaltung durchlaufende Tendenzen zu einer Solidarisierung gegenüber. Eruptionen und offen im Rahmen der Jury ausgetragenen Konflikten folgte tendenziell ein verstärktes Einschwenken auf die Bedingungen einer loyalen Kooperation. Das Bemühen um Identifizierbarkeit der einzelnen Beiträge im Sinne der eigenen Profilierung blieb zwar während des gesamten Verfahrens von Bedeutung, wurde jedoch zumindest ansatzweise durch eine wachsende Identifikation mit der Gesamtaufgabe abgelöst.

Diese Entwicklung läßt sich insbesondere auf die folgenden Bedingungen zurückführen:

1. Umfassende Information aller Beteiligten über alle relevanten Zusammenhänge sowohl im Rahmen der laufenden Kooperation mit der Verwaltung wie im Rahmen der Jurysitzungen; auf diese Weise wurden Informationsmonopole und -vorsprünge nivelliert und zugleich Verständnis für die Belange der mitbeteiligten Gruppen und die Notwendigkeiten und Zwänge der Verwaltung gestärkt.

2. Erhebliches zeitliches und inhaltliches Engagement der Verwaltung in den Aufbau einer intensiven Zusammenarbeit mit den Gruppen und deren kontinuierliche Betreuung durch laufende Information, fest installierte Arbeitssitzungen usw.; straffe Führung und Koordination der Projektarbeit.

3. Bedingt durch die relativ lange Laufdauer der Projektorganisation Gewährleistung der zeitlichen Voraussetzungen für das schrittweise Einüben der Kooperation.

4. Unmittelbare Exposition des Projektteams gegenüber der mit besonderer Autorität ausgestatteten Jury (Fachexperten, Verbandsrepräsentanten, Spitzenvertreter von Behörden), die erheblichen Arbeitsdruck ausübte (kurze Intervalle zwischen den Sitzungen), Kritikfähigkeit zeigte und starken Zwang zur Konzentration auf sachliche Belange ausübte.

5. Möglichkeiten des Konfliktaustrags in der Jury.

6. Entwicklung einer informellen Kommunikation zwischen den Mitgliedern der Projektorganisation.

7. Bemühen der freien Architekten und Planerteams um Qualifikation für eine weitere Zusammenarbeit mit den Auslobern bei der Ausführung des Projekts.

Diese — im Kern auch im Rahmen anderer Planungsprojekte wiederholbaren — Bedingungen müssen jedoch im unmittelbaren Zusammenhang gesehen werden mit der spezifischen Rolle als „Katalysator", die der Jury zuwuchs, und dem spezifischen Verhältnis, das sich aufgrund dessen zwischen Jury — Verwaltung und Jury — politischer Ebene herausbildete.

6. Politischer Freiraum

Zentrale Voraussetzung dafür, daß Jury und Projektorganisation die vorbeschriebenen Rollen erfüllen konnten, war die Absicherung ihres Entfaltungsraums durch die politischen Entscheidungsgremien, die auf diese Weise der Verwaltung ein mit Quasi-Unabhängigkeit sowohl seitens der Verwaltung wie seitens des Gemeinderates ausgestattetes Gremium vorschaltete, das für den Zeitraum seiner Tätigkeit — mit Duldung des Gemeinderates — de facto und zumindest in der Öffentlichkeit dessen Rolle als Kontroll- und Puffergremium übernahm. Ohne daß hierdurch die letztinstanzliche Kontroll- und Beschlußkompetenz des Gemeinderates aufgehoben wurde, bedeutete dies doch, daß die Verwaltung auf diese Weise zumindest von einer Reihe von Restriktionen befreit war, die normalerweise den Planungsprozeß insbesondere solcher Projekte stark überformen, die in Interessenstrukturen von Investoren, ständischen Gruppen u. ä., Behörden und Bürgern eingreifen und Planung im Sinne optimaler Ergebnisse erschweren. Diese Restriktionen liegen in der Regel vor allem

- in Hindernissen, durch das politische Feld approbierte Ziele zu verändern (Kontinuität), und Zwängen, die auf vorausgegangene Entscheidungen zurückgehen („zu Entscheidungen stehen, die man einmal getroffen hat");
- in zeitlichen Restriktionen (Terminzwängen), die aus dem politischen Prozeß resultieren;
- in parteipolitischen Abhängigkeiten und Einflüssen, die aus dem Wunsch zu politischer Profilierung resultieren;
- in Verbindungen zwischen Interessenstrukturen und politischem Feld.

Wie schon erwähnt, wurden diese Mechanismen und Zwänge auch im vorliegenden Falle nicht zugunsten einer höheren Art von gesellschaftlich-politischer Harmonie aufgehoben, sondern lediglich bis zu einem gewissen Grad und auf gewisse Zeit soweit zurückgenommen, daß ein Arbeitsergebnis entstehen konnte, das eine Lösung des mit der Realisierung des Hochwasserschutzprojektes programmierten öffentlich-politischen Konflikts bringen konnte. Mit anderen Worten: um eine Lösung des potentiellen politischen Konflikts und zugleich ein gegenüber dem Ausgangsprojekt qualitativ höherwertiges Projekt zu erreichen, wurden Richtlinien- und Kontrollkompetenzen auf Zeit und mit begrenzter Reichweite an die Jury delegiert. Da diese nicht politisches Gremium mit den für politische Gremien bestimmenden Verhaltensweisen, sondern Koordinations- und Fachgremium war, konnte hierdurch auf Zeit ein politisch „verdünnter" Raum entstehen.

- Weitgehende Unabhängigkeit von organisatorischen und politischen Vorgaben und Zwängen,

- fachliche Kompetenz, das heißt vornehmlich die Selbstverpflichtung auf ein qualitativ hochwertiges Arbeitsergebnis und
- die Möglichkeit, aufgrund ihrer einmal erfolgten Einsetzung Druck im Sinne der Bereitstellung der für die Erzielung und Umsetzung dieses Arbeitsergebnisses in den Vollzug erforderlichen Ressourcen zu mobilisieren,

bildeten die Voraussetzung, der planenden Verwaltung den Freiraum zu verschaffen, innerhalb dessen „Planung" im eigentlichen Sinne erst möglich wird, und zugleich den Vollzug dieser Planungen ohne wesentliche Brechung in die Wege zu leiten.

Obgleich schon während der Laufzeit der Projektarbeit der Gemeinderat sich in Abständen mit den Arbeitsergebnissen auseinandersetzte und alle Ergebnisse der Öffentlichkeit laufend zugänglich gemacht wurden, wurde das Projekt erst dann formal den Auftraggebern übergeben, als es in allen wesentlichen Bereichen durchformuliert war. Erst dann konnte in die politische Auseinandersetzung über das Ergebnis eingetreten werden. Sie war für das Projekt allerdings nicht mehr durch die Jury mit Projektorganisation, sondern durch die Nachfolgeorganisation zu führen, die aus ihr hervorging.

Welche Folgerungen können aus der hier realisierten Chance eines „politischen Freiraums auf Zeit" für Planungsprozesse generell gezogen werden? Natürlich kann es bei der Suche nach besseren Organisationsformen für Planung nicht darum gehen, die politische Kontrollinstanz in ihrem Gewicht und ihren Möglichkeiten, auf Prozesse und Arbeitsweisen in der Verwaltung steuernd Einfluß zu nehmen, schmälern zu wollen; ein solcher Versuch wäre nicht nur gefährlich, sondern müßte a priori zum Scheitern verurteilt sein, da nur die politischen Gremien selbst dies entscheiden können. Und ebensowenig kann es darum gehen, die Widersprüche leugnen zu wollen, die für Stadt- und Stadtentwicklungsplanung als eine gesellschaftliche Funktion objektive Gegebenheiten sind. Innerhalb dieser Bedingungen hat der Versuch jedoch gezeigt, daß es in bestimmten Phasen eines kreativen Prozesses sinnvoll und für das Ergebnis förderlich sein kann, das System praktischer Restriktionen zurückzunehmen, um innovativen Ansätzen die Chance der Manifestation zu geben. Dies ist die Voraussetzung dafür, diese Ansätze mit der gegebenen Restriktion überhaupt konfrontieren zu können. Werden solche Ansätze — etwa durch politische Mechanismen und Tabus — bereits im Vorfeld ihres Entstehens unterbunden, muß die Chance gering bleiben, approbierte und häufig untaugliche Ansätze auch nur zu problematisieren. Der scheinbar unpolitische Ansatz, wie er im beschriebenen Falle geprobt wurde, ist daher tatsächlich ein eminent politischer, da er die gelegentlich als höhere Weisheit mystifizierte „politische Ebene" nicht blind akzeptiert, sondern die von ihr ausgehenden Einflüsse problematisiert.

F. Wilhelm Dahmen

Die Erfahrungen des Ökologen

Dieser Beitrag zieht bewußt die erste Wettbewerbsstufe in die Betrachtung mit ein. Zwei Gründe sprechen dafür: Die besseren Wirkungsmöglichkeiten innerhalb der neuen Organisationsform der zweiten Wettbewerbsstufe werden erst im Vergleich zum üblichen Vorgehen in der ersten Stufe deutlich. Außerdem verlangt der zusammenhängende Prozeß des Wettbewerbs ein — wenn auch kürzeres — Eingehen auf bestimmte Teile und Vorgangsweisen der ersten Stufe. Der Bericht ist bewußt persönlich gehalten. Ich glaube, so kommt auch das für mich Neuartige und bisher Einmalige der Verfahrensweise besser zum Ausdruck. Schließlich mußten sich alle Beteiligten erst in die noch ungewohnte Form der zweiten Wettbewerbsstufe hineinfinden.

Es fing damit an, daß mir der Einstieg fehlte; denn ich konnte aus zwingenden dienstlichen Gründen an den beiden vorbereitenden Sitzungen nicht teilnehmen. Wahrscheinlich hätte ich sonst schon zu diesem Zeitpunkt Vorschläge für mehr ökologisches Grundlagenmaterial vorgelegt. Nun konnten sie erst in die Empfehlungen am Ende der ersten Wettbewerbsstufe eingebracht werden. Natürlich habe ich alle Unterlagen zu beiden vorbereitenden Sitzungen bekommen, auch durchgesehen und dazu eine Stellungnahme abgegeben. Aber „vor Ort" und nach Diskussion in einem interdisziplinären Team sieht man eine Aufgabe eben doch klarer und differenzierter als aus Vorlagen, Gutachten und Sitzungsprotokollen.

Es kam aber noch schlimmer! Mein Hauptjuror konnte an den gesamten Sitzungen der ersten Wettbewerbsstufe nicht teilnehmen. Zwar hatte ich bereits geringe Ortskenntnis in Wien, fand zwei anregende und brauchbare Gutachten vor. Aber ansonsten war alles fremd: der Landschaftsraum, die spezielle Aufgabe des Hochwasserschutzes und Städtebaus in dieser Dimension, die Mitglieder einer interdisziplinären Jury. Sicher, eine Zusammenarbeit mit Städtebauern und Architekten war mir vertraut und mit manchen positiven Erinnerungen verbunden. Aber mit Wasserbauern!? Vertreter dieses Fachs hatten sich bisher oft als strenge „Nur-Techniker" mit wenig Verständnis für ökologische und gestalterische Fragen erwiesen. Und die anwesenden Soziologen betrachteten anscheinend auch die Jurymitglieder und deren Verhalten durch ihre fachliche Brille. Dieses Gefühl, mit Psychologenaugen beobachtet zu werden, war anfangs durchaus unangenehm. Erst durch die praktische Erfahrung einer heilsamen Wirkung dieser Kollegen auf das gruppendynamische Geschehen in der Jury kehrte sich dieser anfangs hemmende Einfluß um.

Die nächsten Feststellungen waren auch nicht erfreulicher. Von Ausnahmen abgesehen, schienen weder die Jurymitglieder noch die Projektanten der ersten Wettbewerbsstufe eine klare Vorstellung davon zu haben, worum es bei ökologischen Fragen eigentlich geht und welche Bedeutung ihnen zukommt. So nahm man den Ökologen in der Jury — wenn überhaupt — eher mit Skepsis oder Schmunzeln zur Kenntnis.

„Da kümmert sich sogar einer um Käfer und Kröten. Bei diesem Wettbewerb ist aber wirklich an alles gedacht." So ging es anscheinend einigen durch den Kopf. Die vorgelegten Projekte aber zeichneten sich — mit wenigen

Ausnahmen — dadurch aus, daß konkrete Aussagen zur Ökologie und Landschaftsgestaltung einfach fehlten. Das war zwar keineswegs im Sinne des Auslobers, sonst hätte er keine entsprechenden Juroren zugezogen. Auch hatte die Jury im Oktober 1973 an zweiter Stelle unter den Bewertungskriterien „Umwelt (Gestaltung und Ökologie)" genannt. Aber der Stellenwert dieser Fachgebiete war von den Wettbewerbsteilnehmern wohl etwas zu sehr am Mengenverhältnis zwischen den in den Unterlagen enthaltenen städte- und wasserbaulichen Daten gegenüber den landschaftlichen gemessen worden. So mußte aus den weitaus meisten Einsendungen der ersten Wettbewerbsstufe eine ökologische Aussage erst herausinterpretiert werden. Der Vorsitzende aber meinte, man könne die 45 Einsendungen doch in kurzer Zeit überblicken und beurteilen, was für ihn und zahlreiche andere Juroren sicher auch zutraf. Für den Ökologen aber stellte die ganze Situation — nur vereinzelt konkrete ökologische Aussagen in den Projekten; was wissen die übrigen Juroren von Ökologie?; nur geringe Ortskenntnisse; ohne fachkundigen Gesprächspartner; — eine besondere Herausforderung dar.

Doch derartiges erleben Vertreter einer jungen und noch wenig bekannten Disziplin wohl öfter. Man muß zugleich nach allen Seiten aufklären, mit der persönlichen Wissensbasis dauernd einer stürmischen Entwicklung des eigenen Faches folgen sowie fremde Disziplinen in ihren Aussagen und Denkweisen verstehen lernen und deren fachliche Aussagen im Sinne des eigenen Faches interpretieren und beurteilen.

Die fachliche „Vereinsamung" konnte durch die von Jury und Stadt akzeptierte Forderung nach einem fachlichen Gesprächspartner für die zweite Woche behoben werden. Meine Frau, Biologin und durch die Erarbeitung ökologischer Gutachten zu städtebaulichen Vorhaben qualifiziert, wurde zur zweiten Jurywoche als Konsulentin eingeladen. Vorab ergänzten wir unsere Kenntnisse von Topographie und Ökologie des Planungsgebietes so gut es ging durch eine zweitägige Bereisung und Begehung. Eigentlich wären hierfür etwa eine Woche und die Einweisung durch örtliche Fachleute notwendig gewesen. Sie wurde in den folgenden Jahren schrittweise vor oder nach den Jurysitzungen nachgeholt. Diese Führungen durch Wiener Kollegen und die anschließenden Gespräche waren von größtem Wert für die Fundierung der Urteile und Empfehlungen innerhalb der zweiten Wettbewerbsstufe.

„Die Aufklärungsarbeit" bei den Kollegen der anderen Fächer war in der ersten Wettbewerbsstufe besonders wichtig, aber auch besonders schwierig. Während die Kollegen der mehrfach vertretenen Fächer gruppenweise je einen Teil der Projekte bearbeiten konnten, mußte der Ökologe alle Projekte durchgehen und beurteilen. So blieb er von den Arbeitsgruppen ausgeschlossen. Bei den gemeinsamen Durchgängen mußte er dann sein Urteil dem der anderen Disziplinen mehr additiv anfügen. Es im Rahmen einer Diskussion zu integrieren und dabei zugleich das Verständnis für ökologische Gesichtspunkte und Maßstäbe zu fördern, war nur selten möglich. So gelang es auch nicht, ein bestimmtes Projekt mit guten und konkreten Aussagen zur Landschaftsgestaltung und Ökologie unter den zu prämiierenden einzureihen, obwohl der Vorsitzende bei einem anderen, ebenfalls einseitig qualifizierten Projekt die These vertrat, daß die Bearbeiter allein wegen der guten Leistung auf einem Teilgebiet später wertvolle Beiträge innerhalb der zweiten Wettbewerbsstufe erbringen könnten.

Durch die Verteilung eigener Publikationen und in Gesprächen zwischen und nach den Sitzungen konnte allmählich das Wissen um die Probleme und die Bedeutung der Ökologie im allgemeinen und für Raumplanungen sowie speziell für den Donaubereich verbessert werden.

Sehr schnell wurden die Isoliertheit einer Insel und die damit verbundenen Gefahren der Verarmung des Artenbestandes und einer nachfolgenden Schwächung der ökologischen Stabilität verstanden. Der anfangs scherzhaft gemeinte Ausdruck „Käferstraßen" für grüne Brücken über die gerinneparallel verlaufende Autobahn wurde später zum Stichwort für das planerische Prinzip, den biotopmäßigen Zusammenhang auf der Insel nirgends, selbst nicht an Brückenköpfen und im verschmälerten Teil oberhalb der Reichsbrücke, völlig zu unterbrechen. Viele Einzel- und die Schlußempfehlungen der zweiten Stufe zeugen davon. Hierbei war wohl die Verwandtschaft mit Fragen menschlicher Kommunikation hilfreich.

Starken Rückhalt fand auch die Forderung nach möglichster Erhaltung ökologisch besonders wertvoller Bestände, zumal sie sich oft mit gestalterischen Forderungen nach Erlebnisvielfalt deckte. Dabei wurde aber wohl übersehen, wie weitgehend die Eingriffe und Veränderungen auf der künftigen Donauinsel und auch am linken Ufer der Neuen Donau sind bzw. sein werden. De facto werden sich jedenfalls nur einige wenige ufernahe Feucht- und Naßstandorte (z. B. Rollerwasser, Bucht bei der Praterbrücke, Fischerbucht) sowie Baumbestand am linken Ufer der Neuen Donau unterhalb Steinspornbrücke und gegenüber dem Ölhafen sowie schließlich der Tote Grund erhalten lassen. Auf der augenblicklichen Inselfläche ist dagegen weder eine Erhaltung noch die Wiederherstellung eines Auwaldcharakters möglich. Mit der Erhöhung des Inselniveaus um sechs bis acht Meter über das Grundwasser ist dies ökologisch ausgeschlossen. Diese völlige Veränderung der ökologischen Situation auf der späteren Inseloberfläche gegenüber dem früheren Überschwemmungsgebiet wurde nur zögernd und vielleicht bis heute nicht von allen am Verfahren Beteiligten voll erfaßt. Besonders im politischen Raum glaubte man lange, mit der These einer möglichst weitgehenden Erhaltung des bisherigen Landschaftscharakters durch eine Wiederherstellung von Auwaldverhältnissen der Kritik am Gesamtvorhaben entgegentreten zu können. Diese Ziele der Landschaftsgestaltung und -entwicklung haben jedoch ökologisch nur für die Lobau Berechtigung und Erfolgsaussichten, nämlich durch eine Verbesserung der dortigen Grundwassersituation mittels Dotierung aus der Neuen Donau. Dieses Ziel war Fachleuten und Bevölkerung Wiens seit langem geläufig und konnte daher ohne besondere Mühe aufgegriffen und in die Planungen eingebracht werden.

Ganz anders war es bezüglich der Oberflächengestaltung der Donauinsel. Deren Prinzipien konnten erst allmählich aus der natürlichen Morphologie des Donaubereichs abgeleitet und in die Empfehlungen der Jury sowie in die Planungen der zweiten Wettbewerbsstufe hineingetragen werden. Die häufigere Konfrontation mit Bergen und ihre erlebnismäßige Wirkung — besonders im Alpenraum — mag das Verständnis für die ebene, von Hohlformen gegliederte Oberfläche der Flußaue erschwert und das wiederholte Streben einzelner Planungsteams nach morphologischen Erhebungen auf der Insel gefördert haben. Als Begründung wurden eine Anbindung an die Erhebungen des Wiener Waldes und des Bisamberges und allgemeine gestalterische Gesichtspunkte genannt. Die Frage nach den typischen Oberflächenformen der Flußaue lag offenbar zu fern.

Überhaupt gewann erst im Laufe der zweiten Wett-

bewerbsstufe das Prinzip der Einfügung der Donauinsel und der Neuen Donau in die größeren landschaftlichen Zusammenhänge immer mehr an Boden, vielleicht ein gewisser Einfluß des Verfassers, der von Anfang an dieses Prinzip vertrat, ohne damit einer einfachen Erhaltung des Bestehenden, was oft utopisch ist, das Wort zu reden.

In gewissem Maße gelang es auch schon in der ersten Wettbewerbsstufe, systemökologische Gesichtspunkte und Prinzipien in die Urteile und Empfehlungen der Jury einzubringen. So wurden die Empfehlungen für eine möglichste Artenvielfalt und zur Vermeidung einer Pflege mit Pestiziden aufgegriffen und als Begründung der Gedanke akzeptiert, weitgehend eigenstabile Bestände zu erzielen bzw. zu erhalten. Weiters konnte deutlich gemacht werden, daß eine solche „Selbstverwaltung der Natur" den Erholungssuchenden Gefahren der Pestizidkontamination und der Verwaltung überhöhte Pflegekosten erspart, also keineswegs nur aus naturschützerischen Gründen anzustreben ist. Vom Grundprinzip möglichster Eigenregulation der entstehenden Ökosysteme ausgehend, konnte dann auch die Notwendigkeit kleiner Ökozellen verständlich gemacht werden. Sie sollen Nist- und Brutplätze, Schlaf- und Überwinterungsmöglichkeiten für Regulatoren bieten sowie durch Überschüsse von Nachkommen bzw. Samen Verluste in der Umgebung ausgleichen.

Gerade bei Städtebauern, Architekten und Soziologen fand dieses Denken in Systemzusammenhängen schnell Eingang und Unterstützung. Ebenso unterstützten alle Juroren die am Schluß der ersten Phase aufgestellte Forderung nach einer Verbreiterung der Grundlagenerhebung und die Vorschläge für ein planerisches Vorgehen, das die besonderen Chancen einer auch bodenmäßig und morphologisch grundlegenden Neugestaltung der Insel nutzt. Wenn auch viele Beiträge des Ökologen weniger aus eigener Sachkenntnis als deshalb akzeptiert wurden, weil sie einleuchteten und ad hoc nicht widerlegt werden konnten, so stieg doch allmählich innerhalb der Jury das Verständnis gegenüber ökologischen Betrachtungsweisen und ihrer Bedeutung für die Planung. Dagegen fehlte natürlich bis zum Abschluß der ersten Wettbewerbsstufe jeder Kontakt mit den Entwurfsbearbeitern und ihren Experten.

Die neue Organisationsform und Arbeitsweise verbesserte in der zweiten Wettbewerbsstufe die Wirkungsmöglichkeiten des Experten schlagartig. Zunächst wurde die Beschaffung von weiterem Grundlagenmaterial in Gang gesetzt. Hierfür konnten spezielle Vorschläge erarbeitet und Vorgespräche mit möglichen Bearbeitern geführt werden. Darin und dabei wurde immer wieder auf die Planungsrelevanz und die Machbarkeit in der zur Verfügung stehenden Zeit hingewiesen. Anscheinend wurden gerade diese Bemühungen um Planungsrelevanz von den Zuständigen zunächst nicht erkannt. Es kamen Gegenargumente wie „lehrbuchhafte Aufzählung" und „das sei alles schon vorhanden". Tatsächlich war mehr vorhanden als bisher in den Planungsunterlagen dargelegt. Es wurde nun zusammengetragen und durch spezielle Untersuchungen, z. B. über die Altwasser, die Oberflächenformen der Aue und die Tierwelt und durch planerische Empfehlungen für ökotechnische Versuche ergänzt. Auch Experten des Planungsteams lieferten im Laufe der zweiten Wettbewerbsstufe wertvolle Grundlagenbeiträge zur Ökologie.

Was weiterhin fehlte, war eine flächendeckende standörtliche Kartierung im Planungsmaßstab 1 : 5000 und eine konsequente, auf planerische und praktische Umsetzungen ausgerichtete Darstellung der Standortansprüche möglicher natürlicher und halbnatürlicher Lebensgemeinschaften. Ein hierauf speziell zugeschnittenes ökologisches Ordnungsschema — sechsfaktorielles Ökodiagramm — und ein Vorschlag zum praktischen Vorgehen wurden leider nicht zur Anwendung gebracht. Dabei hätten die vorliegenden vegetationsökologischen Arbeiten von Margl hierzu einen guten Einstieg samt Bearbeiter bieten können. Anscheinend wurde von den Zuständigen des Wasserbaus und der Begrünung jedoch die Bedeutung und Praktikabilität einer solchen Grundlage nicht verstanden — jedenfalls ihre Erarbeitung und Anwendung nicht gefordert. Vielleicht befürchtete man, aus diesem Vorschlag könne eher Kritik als Unterstützung erwachsen und begegnete ihm deshalb mit Skepsis. Vielleicht war auch der Gedanke zu ungewohnt, aufgrund einer Untersuchung der Standortbedingungen vorhandener Bestände solche Bedingungen im Rahmen der Inselschüttung neu aufzubauen und zwar entsprechend dem vorgesehenen Bewuchs. Oder man glaubte nicht an die reale Machbarkeit solchen Vorgehens und blieb daher beim Gewohnten, eine nach rein technischen und organisatorischen Gesichtspunkten geschüttete Insel als gegeben anzusehen und diese, so gut man es konnte, zu begrünen. Da der mögliche Bewuchs weitgehend vom Standort abhängt, die möglichen Nutzungen wiederum stark vom Bewuchs bestimmt werden, setzt man damit die spätere Nutzung einer Zufallsbestimmung aus, die planerisch leicht vermeidbar gewesen wäre. Die Jury verstand den Gedankengang und beschloß in der Februarsitzung 1975 die Empfehlung „Standortgestaltung und Bepflanzungsplanung sind als Ganzheit zu handhaben". Auch die Landschafter der Planungsteams verstanden, was gemeint war, und versuchten in der Folgezeit auch ohne systematisch aufbereitetes Grundlagenmaterial in Anlehnung an die Arbeiten von Margl so vorzugehen.

Dieses Verständnis war sicher ein Erfolg der neuen Projektorganisation, die es dem Experten ermöglichte, in der offiziellen Diskussion wie in persönlichen Gesprächen seine Überlegungen der Jury und bei den Kupplungen auch den Planungsteams vorzutragen und mit ihnen zu diskutieren. Weiterhin ließen die Vorträge der Planungsteams über ihre Projekte und die Diskussion mit ihnen weit besser als alle schriftlichen Vorlagen erkennen, ob und wie weit das notwendige Verständnis für Fragen der Ökologie und Landschaftsgestaltung vorlag, so daß man in der Diskussion, in Gesprächen und Empfehlungen darauf im einzelnen eingehen konnte. Ähnliches gilt für die Experten der Jury und für die Betreuer der konkreten Planungen und der praktischen Ausführung in der Verwaltung. Ihr Hineingezogenwerden in die Arbeit der Jury, aber auch wiederholtes Fehlen waren von entscheidender Bedeutung dafür, ob die Grundideen verstanden und akzeptiert und daher anschließend bei der Detailbearbeitung und Ausführung beachtet wurden.

Leider ist es häufig so, daß das verstreute Fachwissen bei Planungsprozessen nicht abgerufen wird, weil den Organisatoren und Vertretern der „führenden" Disziplinen sein Vorhandensein nicht bekannt ist oder ihm keine besondere Bedeutung für die Aufgabe zugemessen wird. Vielfach sehen Verwaltungskräfte und Planer Veröffentlichungen z. B. über Böden, Vegetation oder Klima nicht ohne weiteres die Planungsrelevanz an. Oft werden die Inhalte auch kaum verstanden, und zwar nicht wegen der besonders schwierigen Materie, sondern wegen einer den anderen Disziplinen nicht geläufigen Fachsprache und benutzter Abkürzungen. Es bedarf daher der Übersetzung in unmittelbar planungsrelevante Aussagen und Karten. Hierzu aber fühlen sich die „reinen" Wissenschaftler meist weder veranlaßt noch kompetent.

Wesentlich wären aus ökologischer Sicht spezielle Standortkarten sowie Karten der wertvollen natürlichen und naturnahen Biotope (Lebensstätten) und „Inventarlisten" der im Planungsgebiet vorhandenen oder doch möglichen Pflanzen und wichtigen Tiere. Bei wesentlichen Oberflächenveränderungen wie im Bereich der Donauinsel gehörten auch Aussagen zum Typus und Formenschatz des natürlichen Reliefs dazu.

Manchmal ist es möglich, den jeweiligen Spezialisten soweit für die Aufgaben und Probleme der Planung zu interessieren, daß er selbst bereit und in der Lage ist, die „Übersetzung" vorzunehmen. In anderen Fällen bedarf es eines eigenen „Übersetzers", der beide Aufgabenbereiche und „Sprachen", die der Wissenschaft und die der Planung, möglichst gut beherrschen muß. Ganz wichtig ist, daß solche Grundlagen und die planungsrelevante Aufbereitung **vor** dem Entwurf erarbeitet werden. Beim Donaubereich war dies nur sehr teilweise vor der ersten Wettbewerbsstufe der Fall und konnte wiederum nur teilweise im Zwischenspurt zwischen der ersten und zweiten Stufe nachgeholt werden. Diese Mängel wirkten sich zweifellos bei einigen Projektanten in einer geringen Behandlung und in mangelndem Verständnis gegenüber ökologischen Fragen aus.

Die Unterschiede zwischen den einzelnen Planungsgruppen und der Mangel an notwendigem Verständnis für ökologische Fragen waren anfangs zum Teil erschreckend groß. So zeigte sich, daß einzelne Ökologie als etwas Ähnliches ansahen wie ein Dekor oder eine Zutat, die man hinzutun oder zugunsten wichtigerer Anforderungen auch weglassen kann. Bei einigen wuchs nur allmählich das Verständnis dafür, daß der Ökologe nach dem naturgesetzlich bestimmten Zusammenspiel der lebendigen Elemente untereinander und mit ihrem Lebensraum fragt — in der Landschaft wie in der Stadt — und daß es hierbei um das natürliche, das heißt vom Menschen unabhängige, wenn auch beeinflußbare, Funktionieren unserer Welt in ökologischen Systemen geht. Da diese ökologischen Systeme überall entstehen, wo Lebewesen zum Leben geeignete Räume besiedeln bzw. besiedeln können, stellt sich die ökologische Frage in jeder Landschaft, jedem Park und jeder Stadt. Sie ist vergleichbar der Frage nach dem technischen Funktionieren einer Maschine und daher überall dort von eminenter Bedeutung, wo Menschen einen Raum nutzen, bebauen, bewohnen wollen. (Vergleichbar stellen sich soziologische Fragen überall dort, wo Menschen in Verbindung treten.)

Es darf sicher nicht verkannt werden, daß eine „tropfenweise" und an konkreten Beispielen vorgenommene Infiltration der grundlegenden Denkansätze eines Experten viel für sich hat, an Direktheit, Aktualität und Anschaulichkeit. Der Nachteil im Rahmen einer Projektorganisation wie der des Donaubereichs ist aber die Unvollständigkeit und Zufallsabhängigkeit solcher Kontakte und, daß — wenn überhaupt — erst gegen Ende des Verfahrens eine befriedigende Information der übrigen Beteiligten erreicht werden kann. Insofern wäre durch eine Eingangsveranstaltung eine gute Ergänzung der angewandten interdisziplinären Projektorganisation zu erreichen. In ihr müßten die Vertreter der einzelnen Disziplinen grundlegende Statements vor dem Plenum der Beteiligten abgeben und dann müßte darüber diskutiert werden. Die scheinbare Ergebnislosigkeit einer solchen Veranstaltung würde durch ein besseres gegenseitiges Verständnis der Disziplinen und der Menschen von Anfang an wettgemacht. Sie böte darüber hinaus wohl auch eine gute Möglichkeit für fruchtbare Sozialisierungsprozesse.

Insbesondere könnte ein solches „Eingangsseminar" die Wechselbeziehungen zwischen den einzelnen Disziplinen deutlich machen. Jede behandelt ja nur **einen** Aspekt der Gesamtwirklichkeit. Anders ausgedrückt, die einzelnen Disziplinen betrachten alle realen Objekte zunächst nur mit ihren Augen und trachten mit ihren Methoden danach, sie so umzuformen, daß sie aus ihrer Sicht zu funktionstüchtigen Systemen werden. Doch die realen Gegenstände sind zugleich auch Elemente weiterer Systeme, so daß diese Systeme einander überlagern und durchdringen. Zum Beispiel sind die Formen und Befestigungsmaterialien der Ufer nicht nur Elemente eines Hochwasserschutzsystems, sondern zugleich Elemente eines landschaftlichen oder städtischen Gestaltsystems und ebenso eines ökologischen Systems. Wesentliches Ziel der Kooperation der verschiedenen Disziplinen muß es daher sein, die einzelnen realen Objekte so zu erhalten, umzuformen oder neu zu erstellen, daß sie zugleich funktionstüchtige Glieder der verschiedenen einander überlagernden und durchdringenden Systeme werden. Die Ufer müssen z. B. die Grenze zwischen Wasser und festem Land bei den verschiedenen Strömungs- und Wellenverhältnissen sichern. Sie sollen aber zugleich Lebensmöglichkeiten für Pflanzen und Tiere der Uferzone bieten, jedoch nur für solche, die die Uferschutzfunktion jedenfalls nicht gefährden, eher vergrößern. Die Ufer müssen darüber hinaus den Erholungssuchenden abwechselnde Erlebnisse und eine gute Orientierungshilfe bieten sowie spielenden Kindern, Badenden, Anglern und Bootfahrern ganz konkrete Möglichkeiten, gefahrlos ans Wasser zu kommen. Dabei dürfen die ökologischen Funktionen aber nicht zu sehr beeinträchtigt werden, was oft nur durch ein räumliches Nebeneinander verschiedener Ufertypen mit wechselnder Bedeutung innerhalb der einzelnen funktionalen Systeme möglich ist. So ergibt sich an einem steilen Ufer durch eine grobe Steinschüttung zwar aus wasserbaulicher Sicht ein guter Uferschutz. Die Schüttung stellt aber eine erhebliche Erschwernis der Zugänglichkeit des Wassers für Spielende und Badende dar. Über viele Kilometer gleichartig fortgesetzt, ist sie außerdem ökologisch wie erlebnismäßig einförmig. Sie weicht so erheblich und negativ von einer mehr oder minder naturgemäßen Uferausformung mit Buchten, wechselnder Steilheit und verschiedenem Untergrund sowie Unterschieden in Bewuchs, Zugänglichkeit und Erholungsmöglichkeiten ab.

Gerade am Beispiel der Ufergestaltung zeigten sich grundlegend verschiedene Maximen der beteiligten Disziplinen: Techniker streben nach struktureller Einfachheit und Gleichartigkeit, Gestalter und Ökologen nach struktureller Vielfalt und räumlicher Diversität. Allen gemeinsam ist das Ziel der Funktionstüchtigkeit im jeweiligen System (z. B. Hochwasserschutz, Erholungsraum, Landschaftshaushalt). Sinnvolle Kompromisse sind im Bereich obiger Maximen unter Wahrung der funktionellen Ziele zu suchen, nicht umgekehrt. Die Empfehlungen der Jury und ihre ersten Realisierungen im Rahmen der Ufergestaltung lassen eine deutliche Verbesserung im Sinne einer multifunktionalen Leistungsfähigkeit der Ufer erkennen. Sie war nur zu erreichen, indem die Vertreter der verschiedenen Disziplinen die Sicht und Aufgabenstellung der anderen erkannten und anerkannten sowie bereit waren, nach gemeinsam vertretbaren Lösungen zu suchen.

Gerade die Wasserbauer erwiesen sich dabei als verständnisvoll, kompromißbereit und elastisch. Die neuartige Projektorganisation mit ihren zahlreichen interdisziplinären Kontakten machte diese Eigenschaften fruchtbar. Neben der fachlichen Argumentation waren zur Erreichung dieses Ergebnisses die menschlichen Beziehungen zwischen den Beteiligten, waren und sind Vertrauen und Redlichkeit von ausschlaggebender Bedeutung. Da hierzu

auch nicht fachliche zwischenmenschliche Begegnungen wesentlich beitragen, kam der Gesamtatmosphäre — Klausur über jeweils eine Woche mit gemeinsamen Mittagessen — eine entscheidende Bedeutung zu. Es war nicht zu verkennen, daß die ortsansässigen Kollegen weniger „in Klausur gehen" konnten und daher auch die inoffiziellen Kontakte mit ihnen zum Teil geringer waren als unter den Auswärtigen. Nur einige Ansässige machten diesen Mangel durch abendliche Einladungen mit oft sehr wertvollen Begegnungen wett. Erfreulicherweise hat auch der Auslober besonders in der ersten Zeit beider Wettbewerbsphasen derartige Möglichkeiten angeboten. Den Experten weniger bekannter Fachgebiete — die Ökologie gehört zweifellos dazu — bieten solche Begegnungen wesentliche Möglichkeiten, Verständnis für das vertretene Fachgebiet und Vertrauen in die Sachlichkeit und Redlichkeit der Argumentation aufzubauen. Ohne solche persönlichen Kontakte — etwa im Rahmen einer technisch möglichen Konferenzschaltung zwischen persönlich nicht bekannten Juroren und Experten — wäre eine ähnlich fruchtbare, interdisziplinäre Zusammenarbeit zumindest viel schwerer zu erreichen gewesen.

Natürlich gab es eine Menge spezieller Zielkonflikte zwischen den Fachbereichen. So konkurrierte das Ziel des absoluten Hochwasserschutzes und seiner relativ sicheren Berechenbarkeit mit der Forderung nach ökologischer und erlebnismäßiger Vielfalt sowie nach leichter Zugänglichkeit der Ufer; oder das Ziel einfachster technischer Gestaltung der Treppelwege mittels Asphaltdecke mit der Forderung nach einer differenzierten und daher erlebnisreichen und orientierungsfreundlichen Gestaltung. Hierzu wäre eine teilweise Befestigung mit Pflaster oder einer wassergebundenen Decke notwendig. Außerdem sollte man beides je nach Benutzungsintensität von Gräsern und Kräutern einwachsen lassen.

Ein klarer Zielkonflikt Ökonomie — Gestaltung ergab sich aus den Vorschlägen einer differenzierten morphologischen Gestaltung der Insel, die zu einem Mehr an Abraum und damit zu erhöhten Kosten der Abraumbeseitigung führte. Bei zukünftigen Vorhaben verschiedenster Art müßte man besonders deutlich machen, daß die Forderung „möglichst billig" jeweils nur innerhalb eines Fachbereiches, z. B. Wasserbau, angewandt werden soll. So kann am eindeutigsten eine generelle Forderung und Anerkennung gestalterischer und ökologischer Bemühungen ausgesprochen werden. Sie hätten dann nur in sich „möglichst billig" zu sein. Ohne eine solche Klarstellung kommt es dagegen leider immer wieder zu ökonomischen Begründungen für das mehr oder minder völlige Weglassen gestalterischer oder ökologischer Aufwendungen, weil sie als fakultative Zugabe angesehen werden.

Natürlich gab es auch Zielkonflikte, bei denen schwer zu erkennen war, worauf sie beruhten. So geriet das Ziel möglichst ungestörter „Erhaltung der Ökozelle **Toter Grund**" in Konflikt mit der Absicht, an einem solchen besonderen Objekt „Gestaltung" beispielhaft durchzuführen. Weiter wurde Widerstand spürbar, bereits vor Einflußnahme der Jury erstellte Bereiche, z. B. die Rampe der Steinspornbrücke auf der Insel, das obere und untere Ende des Toten Grundes, oder den rein ingenieurmäßig gebauten Teil des Gerinnes unterhalb der Steinspornbrücke nach den neuen, nachträglich erarbeiteten Gesichtspunkten umzugestalten. Vielleicht entstanden auch Zielkonflikte dadurch, daß es den Beteiligten verschieden schwer fiel, eingefahrene Denk- und Arbeitsweisen aufzugeben und auf neuentwickelte umzusteigen. Ein Beispiel wäre das unterschiedliche Eingehen der einzelnen Planungsgruppen auf die morphologischen Grundsätze einer ebenen bis konkaven, von Rinnen und Mulden durchzogenen Inseloberfläche. Auch die Schwierigkeiten beim Durchsetzen des Gedankens einer integrierten Standort-, Bewuchs- und Nutzungsplanung, bei der von der erwünschten Nutzung her der geeignete Bewuchstyp und von diesem aus die Standortgestaltung festgelegt und dann in der Praxis in entsprechend umgekehrter Reihenfolge vorgegangen wird.

Auch bei vielen weiteren Konflikten waren die Möglichkeiten zum internen Gedankenaustausch, z. B. in der Gruppenarbeit und in den Pausen der Jurysitzungen von großer Bedeutung für eine materielle und nicht nur formale Konfliktbewältigung. Manchmal konnte der Experte dabei insofern hilfreich eingreifen, als sie ihm fachlich fern lagen, so z. B. auch der Ökologe in Diskussionen zwischen Städtebauern und Architekten oder Wasserbauern.

Solche Möglichkeiten erwachsen gerade aus dem fachlichen Nichtbetroffensein. Es bietet besondere Chancen, etwa durch Formulierungsvorschläge oder Anträge zur Abstimmung, eine festgefahrene Sachdiskussion weiter oder gar zu einem guten Ende zu bringen.

Zum Abschluß darf eine Erfahrung nicht fehlen. Wohl alle Beteiligten, besonders die Spezialisten, konnten bei diesem Verfahren sehr viel von den anderen Disziplinen lernen. Darüber hinaus konnten sie Erfahrungen sammeln, wie eine fruchtbare interdisziplinäre Zusammenarbeit möglich ist. So werden sie, im doppelten Sinne kundiger geworden, mit weiterem Überblick und größerem Geschick in künftigen Verfahren ähnlicher Art mitwirken können. Auch das Erfolgserlebnis der gemeinsam bewältigten Arbeit dürfte die Bereitschaft zur Zusammenarbeit bei künftigen Verfahren und damit die Fruchtbarkeit der Zusammenarbeit nicht unerheblich fördern. Das ganze Vorgehen erwies sich demnach für den Experten als ein guter und weiterzuverfolgender Weg aus der fachlichen Isolation zu für ihn und für das Ganze tragbaren und wirkungsvollen Formen der Kooperation.

Thomas Sieverts

Die Rolle des ausländischen Stadtplaners in einem mehrjährigen, komplexen Planungs-, Entscheidungs- und Gestaltungsprozeß — einige „Nachgedanken" auf persönliche Erfahrungen

Es ist eine erfreuliche Tatsache, daß der internationale Erfahrungsaustausch in der Stadt- und Regionalplanung zunimmt. Trotzdem gehört es noch lange nicht überall zur Regel, daß zur Bewältigung von exemplarischen und komplexen Stadtentwicklungsproblemen ausländische Kollegen beratend hinzugezogen werden.

Deshalb lohnt sich vielleicht die Reflektion von persönlichen Erfahrungen; bei aller Besonderheit der Planung des Donauraumes Wien lassen sich doch aus dem Verfahren und seinen Ergebnissen nützliche Erkenntnisse für die Bewältigung zukünftiger Probleme vergleichbarer Komplexität gewinnen.

Vielleicht kann die Darstellung der Erfahrungen dazu beitragen, daß auch Städte in anderen Ländern stärker als bisher den Rat von Kollegen jenseits der Grenzen einholen; der Republik Österreich und der Stadt Wien ist jedenfalls für diese, hier schon zur Regel gewordene aktive Förderung des internationalen Erfahrungsaustausches sehr zu danken!

Die Planung des Donaubereiches Wien in Verbindung mit dem Hochwasserschutz stellt eine Stadtentwicklungsmaßnahme dar, die tief in die naturräumliche und geschichtlich gewachsene Struktur eingreift:

War es schon ein kühnes Unterfangen, nach dem öffentlichen Protest gegen die schon begonnenen einseitigen Ingenieurplanungen noch einen öffentlichen Wettbewerb für die Integration des Hochwasserschutzes in das Stadtgefüge Wiens auszuschreiben, war es noch erheblich kühner, auch die weitere Planung bis zur Durchführung weiterhin einem wettbewerbsähnlichen Verfahren zu unterwerfen; bei einem Projekt, das einen hochgradig technischen Charakter hat, schon in der Bauausführung war und ein Problem lösen sollte, das sozusagen das Wesen Wiens berührt und damit viele Dimensionen dieser geschichtsträchtigen Weltstadt.

Es wurde mir dann auch etwas bange, als mich die Stadt Wien fragte, ob ich als Mitglied der Jury an der Entscheidung über dieses Projekt ohne Vorbild und seiner weiteren Entwicklung mitarbeiten wolle.

Bangigkeit und Unsicherheit stiegen dann noch, als mir die volle Komplexität und Schwierigkeit der Aufgabe bei näherer Beschäftigung bewußt wurde. Allein der Stoß an schriftlichen Unterlagen zur allgemeinen Information brachte mich als auswärtigen Gutachter an den Rand des Verzagens.

Angesichts dieser Situation versuchte ich für mich zu klären, welchen Beitrag ausländische Fachleute in einer solchen Situation überhaupt zu leisten vermögen. Die Ausgangslage erscheint schlecht: Er ist so gut wie nicht vorinformiert, er kann auch den Informationsvorsprung seiner ortsansässigen Kollegen niemals aufholen.

Über die für Erfolg und Mißerfolg so entscheidenden politischen und inneradministrativen Verhältnisse weiß er so gut wie nichts, und diese Lücke in der Kenntnis der handelnden Personen und des politischen Klimas kann er auch durch fleißiges Lesen nicht schließen.

Trotz dieser Ausgangslage, in der die Gefahr besteht, als Feigenblatt oder als Alibi für eine vielleicht schon längst getroffene Entscheidung zu dienen, reizte mich die Aufgabe. Ich machte mir Mut mit Rückgriff auf frühere Erfahrungen als Preisrichter und Gutachter, auch wenn diese Erfahrungen wenig unmittelbar Übertragbares für die neue Aufgabe hergaben:

Immerhin, der mangelnden Informiertheit steht die Unbelastetheit und dadurch gegebene Unbefangeheit des Ortsfremden gegenüber; der durch allzu lange, einseitige Beschäftigung verursachten Betriebsblindheit die Möglichkeit des unbefangenen Vergleichs und der Offenheit für andere Lösungen; der Ämterteilung und der Ressortverantwortung die Verantwortung für die Gesamtlösung, an der die Arbeit des ortsfremden Fachmanns später gemessen wird; der Rücksichtnahme auf Kollegen und der Gebundenheit an Amt und Karriere die Freiheit, notfalls mit guten Gründen zurücktreten zu können.

Mit solchen Selbstermunterungen machte ich mir Mut, die Arbeit anzupacken. Für den Einstieg reichte das auch, zwischendurch verflüchtigten sich Mut und Spaß zwar immer wieder in Mißmut und Depressionen, Mut und Spaß kamen aber letztlich immer wieder, und auf eine rückblickend nicht ganz leicht zu erklärende Weise ist das ganze Unternehmen sogar ziemlich erfolgreich abgeschlossen worden.

Es lohnt sich vielleicht, einigen ausgewählten Aspekten dieser Arbeit nachzugehen. Denn nicht nur die Größenordnung und Komplexität der Sachaufgabe, auch die Zahl und Zusammensetzung der Beteiligten und die Organisationsform ihres Zusammenwirkens zeigten Züge, die für ähnlich komplexe Aufgaben konstruktive Anregungen enthalten könnten.

Die Aspekte, auf die ich mein Hauptaugenmerk richten möchte, betreffen die Art und Weise der Informationsbewältigung, die schließlich in konkreten, in einem Gruppenprozeß beeinflußten Planungskonzepten und Ausführungsplänen mündeten.

Die Komplexität der Aufgabe war in der Tat groß, denn das Projekt umfaßte gleichzeitig die Ebenen der Stadtentwicklungsplanung, der Stadtbereichsplanung und der Objektplanung; auf allen diesen Planungsebenen mußten häufig gleichzeitig Entscheidungen getroffen werden.

Auf allen Planungsebenen war das Wissen und die Planungskapazität verschiedener Fachdisziplinen erforderlich, die wiederum in verschiedene Magistratsabteilungen gegliedert waren bzw. sich auf mehrere Ingenieurbüros verteilten.

Diese so umschriebene Sachkomplexität war dann noch überlagert mit den Interessen einzelner Gruppen, die zwar niemals offen auf den Tisch gelegt wurden, die sich aber dafür indirekt immer wieder durchzusetzen versuchten, in einer spezifischen Wiener Art und Weise, die für mich auch nach mehrjähriger Arbeit letztlich undurchschaubar blieb.

Die skizzierten Eigenschaften der Aufgabe sprachen eigentlich gegen die Bewältigung über einen Ideenwettbewerb und ein wettbewerbsähnliches weiteres Planungsverfahren. Es war sicherlich der Druck der öffentlichen Meinung, der zu der Entscheidung geführt hat, es trotzdem zu wagen:

Alle Beteiligten am Wettbewerbsverfahren übernahmen ein Stück Verantwortung für das Gesamtprojekt und entlasteten damit das attackierte Rathaus.

Neben der klugen Projekt-Ablaufplanung des Vorsitzenden und der geschickten personellen Zusammensetzung der „Beratenden Jury" durch die Stadt Wien, die ich hier nicht weiterbehandeln will, waren es einige andere Aspekte, die die Bewältigung förderten.

So paradox es klingen mag, die wesentliche Bedingung des Gelingens lag in der gleichzeitig wesentlichsten Schwäche des ganzen Verfahrens: Der berechtigte Vorwurf der Wiener Architekten, daß die Stadt Wien und die Bundesregierung einen Wettbewerb erst dann ausschreiben, als das Projekt in seinen technischen Grundzügen schon festgelegt und sogar in fortgeschrittener und zügig fortschreitender Durchführung war, und daß dadurch verhindert werde, daß mehr als nur eine „Behübschung" herauskommen könne, hat sich letztlich meiner Überzeugung nach als nicht voll berechtigt erwiesen. Im Gegenteil, die technischen Festlegungen und der Zeitdruck aus der schon laufenden Durchführung hat das Verfahren eher gefördert.

Denn der durch die politischen und technischen Grundentscheidungen gegebene Zeitdruck erwies sich im Nachhinein als eine günstige Rahmenbedingung. Ohnehin bin ich der Überzeugung, daß sich für die Erarbeitung grundsätzlicher politischer und technischer Alternativen des Hochwasserschutzes ein Wettbewerbsverfahren wenig geeignet hätte.

Die Bagger stellten alle Beteiligten unter Entscheidungsdruck und zwangen sie zu realistischen Empfehlungen: Nachdem wir dem Verfahren, anfangs zähneknirschend, zugestimmt hatten, gab es kein Ausweichen mehr, außer Rücktritt. Städtebau mit dem Bagger: Es war nicht nur der barbarische und gleichzeitig nützliche Entscheidungszwang, der das Verfahren vorantrieb, wichtiger vielleicht noch waren die positiven Rückkoppelungen, die Möglichkeit, schon während des Verfahrens die Realisierung der Planungsempfehlungen in wichtigen Teilabschnitten erleben und beurteilen zu können.

Wo gibt es das schon im Bereich des Städtebaus, daß man als Planer und Gutachter wesentliche Teile der Umsetzung von Planungen schon nach zwei Jahren beurteilen kann? Das befriedigende Gefühl, mit Augenschein die konkrete Benutzung des „Vorher" der reinen Ingenieurplanungen mit dem „Nachher" der komplexen Gestalt im unmittelbaren Nebeneinander vergleichen zu können?

Diese grundlegenden Bedingungen der Arbeit waren entscheidend; sie hätten zu einem vollständigen Scheitern führen können, wenn die Ingenieure und Beamten „gemauert" hätten, und wir wären ihren technischen Argumenten ziemlich hilf- und vor allem machtlos ausgeliefert gewesen.

Sie haben sich aber als äußerst kooperativ erwiesen; überhaupt muß den Wiener Kollegen unter der Beamtenschaft wie auch unter den freiberuflichen Experten ein hohes Lob in Bezug auf ihre Kompetenz, den Stil ihrer Zusammenarbeit mit den von außen kommenden Mitgliedern der Jury und ihre gelassene Geduld ausgesprochen werden.

Versüßt waren die Arbeitsbelastungen durch glänzende Arbeitsräume, eine hervorragende Arbeitsorganisation, charmante Betreuung und reichlich gutes Essen und Trinken. Dies sind, wie gesagt, persönliche Bemerkungen, ich versuche, das Verfahren in meinen persönlichen Erfahrungen, Stimmungen, Gefühlen zu reflektieren, und ich bin zu der Überzeugung gelangt, daß dieses Milieu eine wesentliche Voraussetzung der erfolgreichen Arbeit darstellte und über manchen Tiefpunkt, manche Depression hinweggeholfen hat.

Denn zwischendurch erschien mir die Aufgabe immer wieder einmal als unlösbar.

Die Vielzahl der zu entscheidenden Probleme und ständiger Zeitdruck führten bei mir zu einem ständigen, manchmal etwas verzweifelten Kampf mit der Komplexität der Situation. Dieser Kampf mußte immer wieder — schon im Interesse der Selbstverteidigung — in Richtung „Vereinfachung" geführt werden. Vereinfachung bedeutete hier immer wieder in erster Linie die Gewinnung eines deutlich konturierten Problembildes mit möglichst scharfen Konturen: was ist das Problem, was muß entschieden werden, was kann noch werden?

In diesem Kampf hat der auswärtige Experte eine wichtige Funktion und eine einmalige Ausgangslage: Er hat das Recht der „Naivität" auf seiner Seite, unbefangene Fragen zu stellen und komplizierte Darstellungen der verschiedenen fachlichen Aspekte versuchsweise radikal zu vereinfachen, in dem er versucht, die gemeinsame Wurzel freizulegen.

Dies ist immer ein riskantes Unterfangen und setzt eine offene Gesprächsbereitschaft auf allen Seiten voraus, insbesondere auf Seiten derjenigen, die schon viel geistige Arbeit, Zeit und Prestige in das Projekt hineingesteckt haben.

Dieser Kampf ist gleichzeitig ein Ringen mit dem Übermaß an Information: Zahlen der Techniker, Bestimmungen der Juristen, Strukturen der Ökologen, Prognosen der Stadtplanung. Diese Informationen haben ganz unterschiedlichen Charakter und unterschiedlichen Wert. Die Gefahr, in der Unvergleichbarkeit und dem Übermaß an Information resignierend zu verstummen, ist ständig gegenwärtig.

Ich muß gestehen: Ich habe nur wenige der schriftlichen Informationen gelesen — Protokolle nie, Gutachten manchmal. — Stattdessen habe ich versucht, in Zwischenphasen des mündlichen Vortrags und der Diskussion die sich für mich langsam hervortretende Problemlage durch explizite Formulierungen und Fragen zu fassen, dingfest zu machen.

Dies bedeutete immer ein scheinbar vorschnelles Vorpreschen in einen Lösungsvorschlag.

Diese Versuche konnten — wenn die Bereitschaft der Beteiligten vorhanden bzw. umgekehrt der Diskussionsclinch zu Sackgassen zu führen drohte — die Rolle des Aufreißens, der Klärung übernehmen.

Konfrontiert mit der vereinfachten Problemdarstellung, waren Experten und Beamten veranlaßt, abweichende und unzutreffende Züge der versuchten Problem- bzw. Lösungsdefinition konkret zu bezeichnen und in einer allen verständlichen Sprache zu erläutern.

Das ganze kann man auch als eine ständige „Selbstverteidigung" ansehen: Gegen die ständige Gefahr, in Informationen verschüttet zu werden, muß der auswärtige Experte ständig „Gerüste" bauen, die ihm helfen, seinen Kopf freizuhalten.

Mit dieser Tätigkeit kann er so etwas wie ein Katalysator der Gestaltfindung werden. Er plant nicht selber, er entscheidet schon gar nicht, aber er kann bei Interessenkonflikten, fachlichen Einseitigkeiten und mangelnder Kooperation versuchen, Klammern und verbindende Formeln zu erarbeiten, die es — ihrer Struktur nach einfach — erlauben, im ungünstigsten Fall Kompromisse, im günstigsten Fall Synthesen zu erarbeiten.

Sollen diese Einigungsformeln mehr als schlechte Kompromißformeln sein, und sollen sie vor allem wirksam werden, müssen die Grenzen des jeweilig sinnvollen und konstruktiven Entscheidungsspielraums deutlich abgesteckt werden.

Beispiele hierfür sind die heftig umstrittene Donauufer-Autobahn oder auch die Frage der Bebauung der Insel.

Im ersten Fall der Uferautobahn waren Gesamtprobleme der Stadtentwicklung angesprochen, die im Rahmen der Beratenden Jury nicht bearbeitbar waren. In den zerstrittenen Fronten, die immer mit der Planung von Stadtautobahnen entstehen, kann der auswärtige Experte nur versuchen, die Argumente beider Seiten zu wichten und sein Gewicht im Zweifelsfall für die abgesichertere Lösung einzusetzen.

Dies war im Fall der Uferautobahn das „Amtsprojekt", weil ein vergleichbar durchgearbeitetes Alternativprojekt — verständlicherweise — nicht vorgelegt werden konnte.

Das verursacht immer ein höchst unbehagliches Gefühl, bei dem der Verdacht des Experten-Feigenblattes zugunsten des Amtsprojektes und der Verwurf der reinen „Behübschung" prinzipiell andernorts getroffener Entscheidungen auf der Hand liegt.

Die Absteckung des Entscheidungsspielraums in einem solchen Fall ist deswegen vordringlich. Hier lag der Entscheidungsspielraum in der Formulierung der Qualitätsanforderungen an die Einfügung der Hochleistungsschnellstraße in das Stadtgefüge, an Lärmschutz, Ausbildung der Kreuzungsbauwerke, Breite und Lage der Überbrückungen, Ausbildung der Wasserseite.

Das dieser Haltung zugrunde liegende Prinzip besteht darin, daß bei nicht mehr zu ändernden Grundsatzentscheidungen die Energie in die Qualität der Ausführung fließen sollte.

Hier kann der auswärtige Experte konstruktive Brücken bauen zwischen zerstrittenen Fronten, die schon zu viel Prestige in ihren Kampf investiert haben, um noch zurückstecken zu können. Er kann mit seiner Zwischenposition beide Fronten zu konstruktivem Verhalten veranlassen und die stärkere Seite bis zu einem gewissen Grad „öffentlich" auf Qualitätsaspekte verpflichten.

In gewissem Sinne umgekehrt war die Situation in der Grundsatzfrage der baulichen Nutzung der Insel. Naturgemäß gab es starke Interessengruppen, die auf eine ökonomische Verwertbarkeit der Insel drängten; insbesondere beim Bund, aber auch bei Fraktionen der Stadt Wien. Die Auseinandersetzungen waren erbittert und schienen kaum lösbar. Hier konnten die Experten ihr Gewicht zugunsten reiner Erholungsnutzung einbringen, unter anderem mit dem Argument, nur solche Entscheidungen zu treffen, die unbedingt erforderlich sind und alle anderen Entscheidungen der Zukunft zu überlassen: Hier ging es darum, den Entscheidungsspielraum zugunsten größerer zukünftiger Entfaltungsspielräume zu begrenzen; wobei sich alle Beteiligten bewußt sind, daß bei erfolgreicher Inanspruchnahme der neuen Erholungsflächen durch die Bevölkerung eine spätere bauliche Nutzung politisch nicht mehr durchsetzbar sein wird.

Auch in dieser Situation konnten die auswärtigen Experten aus ihrer unabhängigen Position heraus Brücken bauen, nach dem Prinzip, nur solche Entscheidungen zu treffen, die ein Höchstmaß an Entscheidungsfreiheit für die zukünftige Generation offen lassen.

Entscheidend für den Erfolg der gemeinsamen Arbeit waren — ich deutete das schon an — die gemeinsamen Zwischenerfolge. Ganz allgemein ausgedrückt, waren es jene Momente, wo die gemeinsame Arbeit in einer allen Beteiligten einleuchtenden „Gestalt" mündete. Der Begriff „Gestalt" steht hier für jene Arbeitsergebnisse, die in einer scheinbar einfachen Form die wesentlichen vorher heftig umstrittenen und widersprüchlichen Anforderungen erfüllten.

Gestalt in diesem Sinne kann sich niederschlagen in einer gelungenen Zielformulierung, in der Einigung auf ein Leitprinzip, in Empfehlungen, die sich weder in unverbindlichen Allgemeinplätzen noch in einer Aufzählung technischer Einzelanweisungen erschöpfen.

Ein wesentliches Kennzeichen gelungener Arbeit war die Möglichkeit, die Grundzüge grafisch sichtbar zu machen und anschaulich darzustellen: Erst die gezeichneten „Leitprojekte" wurden letztlich von allen Beteiligten als Lösung akzeptiert, obwohl die nicht unmittelbar zeichnerisch darstellbaren Empfehlungen zu Organisation, Ökologie und Verfahren von der Sache her mindestens ebenso wichtig waren.

Umgekehrt waren Sprachverwirrung und unklare, aufwendige Darstellungen fast immer ein Zeichen dafür, daß eine befriedigende Lösung noch nicht gefunden war, oder daß bestimmte Aspekte und Interessen verborgen werden sollten.

So erwiesen sich innere Anschaulichkeit als Voraussetzung für äußere Anschaulichkeit und gestalthafte, äußere Anschaulichkeit als Siegel für die Stimmigkeit der Problemlösung.

Die Ordnungsstrukturen für innere und äußere Anschaulichkeit sind vergleichbar: Die Vielzahl scheinbar heterogener Anforderungen „schließt" zusammen zu strukturell einfachen Lösungen, die gefundenen Leitprinzipien erlauben die Lösung vieler, scheinbar heterogener Einzelprobleme, die man dann guten Gewissens der Einzelbearbeitung überlassen kann.

Gestaltfindungen sind ihrer Natur nach eigentlich ungeeignet für kollektive Diskussions- und Abstimmungsprozesse. Daß sie doch — in einer meiner Ansicht nach durchaus befriedigenden Weise — in der Planung des Donaubereichs gelungen sind, beruht auf der Gesprächsbereitschaft aller Beteiligten, auf dem Arbeitsklima gegenseitiger Achtung und letztlich auf Sympathie.

Die meisten Experten und Beamten hatten bei aller fachlichen Kompetenz so viel intellektuelle Kapazität und innere Distanz zu ihrer Disziplin und ihrem Aufgabenfeld, daß sie sich immer wieder in Frage stellen ließen und über den Schatten vorgefaßter Meinungen springen konnten.

Leidenschaftliche Auseinandersetzungen und Verstimmungen traten zwar auf jeder Sitzung auf, konnten aber erstaunlicherweise letztlich immer wieder beigelegt werden. Es bildete sich im Laufe der Arbeit in einem gemeinsamen Lernprozeß ein Esprit des Corps heraus, in dem das „zum Erfolg verdammt Sein" jeweils über persönliche und sachliche Verstimmungen den Sieg davontrug.

Das Verfahren war sicherlich vergleichsweise aufwendig, aber doch einer der seltenen Beweise dafür, daß die Lösung komplexer Stadtentwicklungsprobleme in der Verantwortung einzelner Ämter nicht notwendigerweise zum Zerfall in gestaltlose technische Projekte und Einzelsysteme führen muß, sondern daß es gelingen kann, auch komplexe Organisationsformen erfolgreich zu erproben, in denen ein gemeinsamer Diskussions- und Lernprozeß auch zu gemeinsamen Lösungen führt, die die Einzelfunktionen zu gestalthafter Einheit zusammenführen.

Lassen sich „Lehren" aus den Erfahrungen ziehen? Ich möchte es einmal versuchen, und trotz aller Vorbehalte und aller Vorsicht, die dafür erforderlich sind, diese Erfahrungen in einfache „Lehrsätze" bringen.

1. Städtebauliche Wettbewerbe und wettbewerbsähnliche Verfahren zur Lösung von Stadtentwicklungsaufgaben sind in der Regel um so wirksamer, je konkreter die Aufgabe ist und je stärker die Probleme brennen.

2. Auch der Umkehrschluß ist in der Regel richtig! Städtebauliche Wettbewerbe für noch nicht entscheidungsreife Stadtentwicklungsprobleme sind — trotz ihrer Absicht, gerade eine Entscheidungshilfe in einer noch offenen Situation darzustellen — meist wenig wirksam.

3. Deshalb kann es sich unter Umständen sogar als günstig erweisen — trotz der mit Sicherheit zu erwartenden und logisch überzeugend klingenden öffentlichen Proteste in solchen Fällen — starke Sachzwänge politischer und technischer Natur aufzubauen, soweit diese Sachzwänge für eine Bewältigung im Wettbewerbsverfahren selbst ungeeignet sind.

4. Bei langwierigen Planungs- und Entscheidungsprozessen sind die informellen Bedingungen des Arbeits- und Entscheidungsmilieus, der menschlichen Verständigungsmöglichkeiten und des räumlichen Rahmens von nahezu gleichem Gewicht wie reine Sachkompetenzen.

5. Die beratenden und entscheidenden Gremien sollten als Mitglieder neben den „von Amts wegen" dazugehörenden Beamten und Fachleuten immer auch auswärtige und möglichst auch ausländische Fachleute heranziehen, um auf breitere Erfahrungen zurückgreifen zu können, vor allem aber um als Kontrolle der eigenen Arbeit eine neue, unbefangene Problemsicht zu gewinnen, die in ihrer notwendigen Vereinfachung der Zusammenführung und Kontrolle langjähriger, arbeitsteiliger Arbeitsvorgänge dienen kann und damit dazu beitragen kann, „Betriebsblindheiten" aufzuhellen.

6. Das Erlebnis von konkreten Arbeitserfolgen im Laufe der gemeinsamen Arbeit ist letztlich für den Kooperationserfolg entscheidend, weil sich nur dadurch die immer wieder entstehenden Frustrationsschwellen abbauen lassen.

7. Je konkreter diese Zwischenerfolge erlebt werden können, desto wirksamer und stimulierender sind sie. Diese Erlebnisse reichen vom guten Gefühl, viel „interne", vorbereitende Arbeitspapiere in den Papierkorb werfen zu können, über die positive Resonanz der öffentlichen Meinung bis zum Erlebnis der ersten positiven Beispiele von gebauten Produkten „in der Natur".

8. Deshalb ist die für mich wichtigste Lehre: Im Aufgabenfeld der Stadtentwicklung sollten Wettbewerb, Planung und Durchführung in Zukunft viel stärker verzahnt werden. Dies fördert die Konkretheit der Arbeit und ihren Realitätsbezug, es zwingt zu laufender Rück-

kopplung und Planrevision und macht dadurch Stadtentwicklungsplanung erst zu einem Prozeß.

Das Verfahren „Planung Donaubereich Wien" könnte
einen exemplarischen Markstein in einer so verstan-
denen Stadtentwicklungsplanung darstellen.

Kurt Freisitzer

Konkrete Soziologie — Erfahrungen mit menschlichem Verhalten in Entscheidungssituationen

Vorbemerkungen

Manche Soziologen neigen dazu, Probleme zu erfinden,
die niemand hat. Und sie verschwenden viel Zeit dafür,
ihren Opfern das „richtige" Problembewußtsein ein-
zureden. Dies kann hin und wieder sinnvoll sein. In der
Mehrheit der Fälle ist dies eher peinlich.

Langjährige Wahrnehmungen dieser Art führten mich
daher zur Überzeugung, daß häufig ein Unterschied
besteht zwischen den eigenen psychischen Problemen der
Soziologen und den Problemen jener Menschen, über die
sie sich Gedanken machen.

Im ideologischen Eifer läßt sich vieles ausdenken. Und
zuviel Eifer verstellt oft den Blick für die Wirklichkeit. Das
gilt natürlich auch für andere Berufsgruppen. Die solcherart blühende Phantasie sprießt auch in den Köpfen von
Ärzten (Psychiatern), Psychologen, Pädagogen, Umwelt-
schützern, Politikern usw.

Will man dem begegnen, soll man gute Rezepte weniger
in den eigenen Köpfen und in der eigenen Psyche
suchen, sondern bei jenen, deren Los und deren Beziehungen man verbessern möchte. Dieser Gedanke mag
einleuchtend scheinen. Sehr verbreitet ist er merkwürdi-
gerweise nicht.

Die Beurteilung des Zusammenwirkens von Menschen
sollte daher von deren realen Problemen, Wünschen,
Bedürfnissen und Ängsten ausgehen. Kennt man diese, ist
es leichter, jene Maßnahmen zu finden, die unser aller
Zusammenwirken für gemeinsame oder zumindest überwiegend akzeptierbare Lösungen verbessern können.

Man schaffe zunächst eine Situation, in der der einzelne
seine vorgefaßte Meinung ohne Gesichtsverlust ändern
kann. Dies ist dann möglich, wenn er in einer offenen und
ehrlichen Gesprächssituation mit Argumenten konfrontiert
wird, an die er selbst nie gedacht hätte, oder die ihm
selbst nicht eingefallen wären. Wenn dies für alle Beteiligten gilt, entschärft sich das Problem des Gesichts-
verlustes. Und dies ist aus zwei Gründen wichtig.

Erstens, weil in einer konkurrenzbetonten Leistungsgesell-
schaft viele primär ihr Durchsetzungsvermögen trainieren.

Zweitens, weil die jeweils eigene fachliche Kompetenz
nur einen kleinen Teil der Wirklichkeit zu beurteilen vermag. Wir sind daher aufeinander angewiesen und sollten
es uns nicht allzu schwer machen, voneinander zu lernen.

Freilich ist nicht zu übersehen, daß Fachexperten meist
ein bestimmtes Bild von der Bedeutung einzelner Disziplinen in die Diskussion mitbringen. In der Regel ist ihr eigenes Fach das wichtigste, eine Auffassung, die sie natürlich zu vertreten suchen. Mit diesen Vorbemerkungen
nähern wir uns dem eigentlichen Thema.

Das Ausgangsproblem

Wenn eine große Stadt an einem großen Strom ihren Hochwasserschutz neu überdenken muß, werden natürlich zuerst die Experten des Wasserbaus gefragt, welche Maßnahmen sie für sinnvoll halten. Sie werden nach Maßgabe aller ihnen bekannten technischen Möglichkeiten und ökonomischen Randbedingungen eine optimale Problemlösung vorschlagen. Nur: trotz eindeutigen Vorrangs einer solchen Hochwasserschutzmaßnahme — sie soll ja Leben und Eigentum schützen und ganz allgemein Schäden der Gemeinschaft vermeiden helfen — ist zu überlegen, welche Probleme dieser großen Stadt darüber hinaus, gewissermaßen „in einem Streich" gelöst werden können. Mit einer solchen Frage relativiert sich die Position der Hochwasserschutzexperten. Andere Experten treten zunächst störend auf den Plan, wollen (sollen) mitreden und mitentscheiden. Es ist dies der klassische Fall einer Konfliktsituation, die man bedenken und bereinigen muß. Wie komme ich dazu — so wird sich der ursprünglich aufgerufene Wasserbauexperte denken —, die von mir vorgeschlagene optimale Lösung des Problems noch mit Ökologen, Soziologen, Stadtplanern, Stadtgestaltern, Planungstheoretikern, Ökonomen usw. neuerlich zu diskutieren?

Dazu eine erste Antwort: Die Probleme unseres individuellen Lebens und die Probleme unserer Gemeinschaften sind außerordentlich komplex. Sie lassen sich nicht nur von den traditionellen wissenschaftlichen Einteilungskriterien und den dazugehörigen Denkstilen her beantworten.

Fachwissenschaftler sind geschult, bestimmte Aspekte unseres Daseins zu analysieren und zu bewerten. Die Spezialisierung der Einzelwissenschaften schuf solcherart große Vorteile aber auch Nachteile. Es ist daher Allgemeingut, daß an der Lösung komplexer Probleme meist mehrere Disziplinen beteiligt sein müssen. Die Frage ist nur, wie dies am besten geschehen kann, um die erwähnten Probleme zu lösen.

Darüber haben sich die Autoren dieses Buches Gedanken gemacht und glauben, einen Fortschritt erzielt zu haben, der manche der bisherigen Schwierigkeiten beseitigt, zumindest aber mildert. Mein Beitrag orientiert sich daher an den Erfahrungen und Einsichten, die ich in diesem konkreten Planungsprozeß gewonnen habe.

Ich beginne mit der Behauptung, daß die Planungsarbeiten „Donaubereich Wien" erfolgreich abgeschlossen wurden. Belege hierfür sind **erstens** die Tatsache, daß ein sehr komplexes Entscheidungsproblem schließlich aus dem tagespolitischen Meinungsstreit herausgenommen werden konnte. Und **zweitens,** daß das Ziel des **Verfahrens** erreicht wurde. Denn die verantwortlichen Politiker erhielten ein Arbeitsergebnis in Form von Empfehlungen, das sie über parteipolitische Grenzen hinweg einhellig billigen konnten. Die Grundlinien für Maßnahmen im „Donaubereich Wien" waren damit fachtechnisch und politisch erarbeitet. Ein solches Resultat ist nicht allen Anstrengungen zur vorausschauenden Gestaltung unserer Umwelt beschieden. Darin liegt der Erfolg!

Diese erfreuliche Feststellung ist für sich wertvoll genug, daher auch die in den Beiträgen dieses Buches geschilderten Hintergründe und Randbedingungen. Viel davon ist in grundsätzlichen Feststellungen der anderen Autoren erläutert.

In diesem Beitrag geht es um die Erklärung der Vorteile bestimmter Verfahrenstechniken (sozialer Innovation) bei der Lösung komplexer Probleme. Maßgebliche Grundlage für diese Ausführungen sind Beobachtungen gruppendynamischer und interaktionsanalytischer Art. Weniger fachspezifisch ausgedrückt: Es gibt soziale Vorgänge in Gruppen und Eigenarten menschlichen Verhaltens, deren Beachtung Aufschlüsse über die Vor- und Nachteile bestimmter Verfahren bei der Lösung komplexer Entscheidungsprobleme gibt.

Gemeint ist damit eine bestimmte Art des Umgangs miteinander. Man muß davon ausgehen, daß Menschen in verschiedenen Funktionen auch verschiedene Rollen spielen müssen. So wird sich z. B. der Sohn, der sich von seinem Vater oder seiner Mutter mehr Verhaltensspielraum erkämpfen will, anders verhalten als später, wenn er selbst in der Rolle des Vaters ist. Und solange es keine paradiesischen Zustände auf Erden gibt, muß mit verschiedenen Interessenslagen und den dazugehörigen Interessenskonflikten gerechnet werden.

Das hat seinen guten Grund, weil alle verantwortungsbewußten Menschen — selbst angesichts gleicher Ziele — um den besten Weg zur Erreichung dieses Zieles kämpfen. Und die Wege zum gleichen Ziel können verschieden sein; oft sind sie es! Dazu kommt, daß jeder Teilnehmer an der Bewältigung öffentlicher Anliegen politischen, fachlichen, persönlichen und anderen Verpflichtungen unterliegt.

Man sollte sich daher zunächst das Entscheidungsdilemma aller Beteiligten vor Augen halten, wenn man zu sachlich richtigen und politisch tragfähigen Lösungen kommen möchte. Das bedeutet das Herstellen einer zwischenmenschlichen Situation, die Fachkompetenz ebenso sichtbar werden läßt wie die Unsicherheiten, die erfahrungsgemäß alle komplexen Entscheidungen begleiten. Nur wenn es allen am Entscheidungsprozeß Beteiligten leicht gemacht wird, ihre Skrupel offen zu bekennen, kann optimale Zusammenarbeit stattfinden und damit das Risiko falscher Entscheidungen gemindert werden.

Zu den zentralen soziologischen Interessen

Abgesehen von den Diskussionsbeiträgen als Soziologe zu sehr vordergründigen Problemen der Planung in ihrer Wirkung auf die betroffene Bevölkerung interessierte ich mich auch für das Entscheidungsverfahren selbst. Dieses mindestens gleichgewichtige Interesse fußt auf der Erfahrung, daß nicht die guten Ideen an sich gute Entscheidungen „machen", sondern solche Ideen — seien sie nun mehr oder weniger gut —, die in den maßgeblichen Entscheidungsgremien auf Verständnis stoßen. Insofern geht es sehr oft um die „Konsensfähigkeit von Ideen". Historisch gesehen sind dies meist zeitlich „reife" Ideen. An sich handelt es sich hierbei um die bekannte Tatsache, daß selbst die besten Ideen nicht umzusetzen sind, wenn sie nicht verstanden werden.

Als damals in der Landes- und Regionalplanung tätiger Soziologe fühlte ich mich vor rund 25 Jahren oft dem puren Unverstand anderer ausgeliefert, wenn eine mir gut scheinende Idee nicht aufgegriffen wurde. Die einfachste Erklärung für solche Mißerfolge lag natürlich auch in der Tatsache, daß die Idee gar nicht so gut war. Betrüblicherweise waren aber auch solche darunter, die heute Allgemeingut geworden sind. Nach 25 Jahren läßt sich solches leicht nachweisen (vgl. dazu Kurt Freisitzer, Soziologische Elemente in der Raumordnung, Graz 1965).

Daher bleibt die Frage: Warum haben brauchbare und später bewährte Ideen oft keine Chance? Weil man Einsichten nicht erzwingen kann (vermutlich auch nicht soll!) und weil bestimmte Verfahren kollektives Lernen oft behindern! Daher sollte man die Verfahren des Umgangs miteinander, der Arbeit miteinander so ändern, daß Bedürfnisse der Beteiligten besser berücksichtigt, Ängste gemildert und so Gelassenheit gegenüber dem Anderen, dem Neuen und eine Sichtweite über die (nur) eigenen Interessen hinaus begünstigt werden.

Jeder, der mit Planung in fachlich heterogen zusammengesetzten Gremien zu tun hat, weiß, daß Mißerfolge weniger auf den Mangel einzelwissenschaftlicher Einsichten, als vielmehr auf den Mangel geeigneter Verfahrenstechniken zurückzuführen sind. Insofern ist die heute aktuelle Wissenschafts- und Technikfeindlichkeit im Grunde eine Reaktion auf die Unfähigkeit im Bereiche sozialer Innovation. Denn es geht ganz offensichtlich um die Erarbeitung neuer sozialer Verfahrenstechniken, die einzelwissenschaftliche Ergebnisse zusammenführen, sie entsprechend gewichten und Gewißheiten bzw. Ungewißheiten deutlich machen können, um notwendige Entscheidungen von unnötigem Risiko zu befreien.

Die Mitarbeit am Planungsprozeß „Donaubereich Wien" eröffnete dem Soziologen eine Fundgrube an Beobachtungsmöglichkeiten und wieder einmal die Einsicht, daß nichts praktischer ist, als eine gute (problemorientierte) Theorie. Diese besteht in der Annahme, daß die Güte der Entscheidungen leitender Kollegialorgane außerordentlich stark von ihren Arbeitsbedingungen abhängig ist. Als Arbeitsbedingungen werden hier vor allem die Struktur und die Dynamik der Sozialbeziehungen einer solchen Gruppe verstanden. Ob nun diese Situation für die angestrebten Arbeitsergebnisse günstig oder ungünstig ist, hängt davon ab, ob es gelingt, individuelle und kollektive Interessen zu vereinbaren bzw. diese deutlich zu machen.

Die folgenden Ausführungen beschränken sich im wesentlichen auf die Darlegung der Interessen und Verhaltensweisen der am Planungsprozeß Beteiligten und auf die Analyse wichtiger Gruppenprozesse.

Interessen und Rollen der Beteiligten

An anderer Stelle dieses Buches ist genauer ausgeführt, in welcher Weise Personen und Gruppen von Personen zusammenwirkten (vgl. Organigramm auf Seite 12 und die dazugehörigen Ausführungen).

Hier geht es vor allem um die Beschreibung der Interessen und Rollen der Beteiligten und um die Frage, inwieweit sie im Verfahrensmodell Berücksichtigung fanden. Natürlich gab es bei allen Beteiligten ein durchgehendes und gleichgeartetes Interesse insofern, als alle an einer möglichst guten Lösung der Planungsaufgabe interessiert waren. Auch waren die meisten Beteiligten daran interessiert, das Verfahren zu einem guten Abschluß zu bringen. Daneben gab es aber sehr spezifische Interessen von Beteiligten, die mit ihrer Funktion eng zusammenhingen.

Die **Politiker** wollten die Vorbereitung der Entscheidung möglichst gut absichern, was zur Bestellung eines fachlich relativ heterogenen Kollegialorgans (Beratende Jury) führte. Die Art der Zusammensetzung dieses Kollegialorgans wirkte durch die Bestellung auch ausländischer Experten einerseits lokalen Abhängigkeiten entgegen, andererseits sorgte die Entsendung von Spitzenbeamten für die Wahrung der Interessen der beteiligten Gebietskörperschaften. Angesichts der Komplexität und Größenordnung der Aufgabe sahen die Politiker darin die Chance

einer optimalen Entscheidungsvorbereitung. Daher lief das Konzept auf ein relativ freies Spiel der Beteiligten hinaus. Als leitendem Kollegialorgan war damit der Beratenden Jury ein sehr großer Handlungsspielraum bei der Erarbeitung ihrer Empfehlungen an die politischen Instanzen eingeräumt. Der Wert dieser Konstruktion zeigte sich darin, daß keine der Empfehlungen der Beratenden Jury vom gemeinderätlichen Planungsausschuß verworfen wurde und das gesamte Vorhaben von den parteipolitischen Auseinandersetzungen nicht ernstlich gefährdet war. Die wesentlichen Leitlinien des Projekts wurden von den politischen Parteien überhaupt außer Streit gestellt. Nicht einmal ein heftiger Wahlkampf konnte daran etwas ändern.

Eine Anmerkung am Rande: Das gewählte Verfahrensmodell ist in mehrfacher Hinsicht bemerkenswert. Politiker haben es bei ihren Entscheidungen um so schwerer, je komplexer das zu lösende Problem ist. Wenn der gute Rat von ein paar Fachleuten nicht mehr genügt, steigt das Risiko von Fehlentscheidungen. Sorgt man jedoch für eine intensive Entscheidungsvorbereitung auf der breiten Basis einer kontinuierlichen Kooperation der für die Problemlösung wesentlichen Experten, begegnet man wirksam zwei naheliegenden Vorwürfen: erstens dem Vorwurf, Entscheidungen trotz fachlicher Überforderung zu treffen, zweitens dem Vorwurf, Chancen einer demokratischen Entscheidungsfindung auf Expertenebene nicht genützt zu haben.

Das gewählte Verfahrensmodell hat daher auch aus politischer Sicht den Vorteil, die Entscheidungsvorbereitung durch entsprechende Beteiligung kompetenter Fachexperten zu optimieren, gleichzeitig aber die letzte Entscheidung dort zu belassen, wo sie nach unserem Selbstverständnis hingehört. Die Experten erarbeiten Empfehlungen. Die gewählten Mandatare entscheiden, weil sie schließlich die politische Verantwortung tragen.

Die **Mitglieder der Beratenden Jury** sind bei der Prüfung von Sach- und Fachfragen unabhängig. Die Zugehörigkeit von Spitzenbeamten zu diesem Gremium ermöglicht rasche Entscheidungen, was vor allem der Informationsbeschaffung zugute kommt. Die relativ unproblematische Inanspruchnahme von Leistungen Dritter, nämlich der Gruppe der Planungsteams, der Experten der Verwaltung und der freischaffenden Experten schafft eine optimale Arbeitsbedingung für die Problemlösung. Solcherart kann das grundsätzlich zur Verfügung stehende intellektuelle Potential optimal ausgeschöpft werden. Begünstigt wird diese Situation noch durch die klausurähnlichen Tagungsperioden der Beratenden Jury. Ihr Stil ist der argumentative Austausch von Meinungen und die Reduktion der erforderlichen Information auf das Wesentliche. Insofern ist ein wichtiges Interesse von Experten befriedigt, nämlich das der fachlichen Unabhängigkeit und des ungehinderten Austausches von Meinungen unter sehr günstigen Arbeitsbedingungen.

Die **Gruppen des Planungsteams** können ihre Vorstellungen über zukünftige Entwicklungen im Planungsraum konkretisieren, die Vor- und Nachteile konkurrierender Lösungsvorschläge in einem kompetenten Gremium diskutieren. Dies führt zu einer ungewöhnlichen Offenheit des Verfahrens sowohl in der ehrlichen Auseinandersetzung und im Ringen um die bessere Lösung als auch im Hinblick auf das Offensein für Ideen. Die Mitglieder der Gruppen des Planungsteams hatten immer wieder Gelegenheit, sich fachlich und als Personen in einem wichtigen Forum zu profilieren.

Die **Experten der Verwaltung** spielten eine ganz wichtige Rolle. Ihnen wurde sehr deutlich, daß das Verfahrensmodell nicht die Ausschaltung der Verwaltungsinstanzen bedeutete, sondern im Gegenteil eine Möglichkeit, ihre fachliche Kompetenz voll zur Wirkung zu bringen. Das Verfahren ermöglichte eine unerhörte Kommunikationsdichte in der Behandlung wichtiger Fachfragen, wobei das Zusammenspiel mit den **freiberuflichen Experten** zu erstaunlich positiven Ergebnissen führte. Am auffälligsten waren Problemlösungen, die lange Zeit hindurch als unmöglich bzw. unvertretbar galten. Besonders deutlich war dies im Bereich des Hochwasserschutzes. Auch in diesen Fällen führte der argumentative Stil zum konsequenten Herausfiltern guter Lösungen. In einer solchen offenen Situation geht auch fachliche Kompetenz sehr bald vor hierarchischer Kompetenz.

Das Bedürfnis aller Beteiligten, eine gewisse Kontinuität in der Verfolgung der Problemlösung und eine möglichst lückenlose Dokumentation hierüber zu schaffen, wurde mit der Einrichtung der **Projektleitstelle,** die diese Aufgaben wahrnahm, befriedigt.

Zu den Rollen und Interessen sowie deren Berücksichtigung, soweit sie hier skizziert wurden, ist noch anzumerken, daß sehr viele Verfahren deshalb scheitern, weil sie Interessenskollisionen herbeiführen, die vermeidbar sind.

Der Gruppenprozeß und seine Wirkung auf das Verfahren

In Diskussionen mit interessierten Fachkollegen begegnete ich immer wieder Mißverständnissen. Es ist offensichtlich schwer zu verstehen, daß der harte Kern der Verfahrensinnovation nicht nur in der Ergänzung der Verwaltung durch weitere in- und ausländische Experten liegt, sondern in einer völlig neuen Qualität kollektiver Entscheidungsfindung.

Das für die Verwaltung typische konsekutive Verfahren wird zu einem Simultanverfahren. Das heißt, daß die wichtigsten Probleme in Rede und Gegenrede von den Beteiligten abgehandelt werden. Dies vollzieht sich in einer überschaubaren Gruppensituation. Die für die Organisationen typischen formalisierten Verfahren werden also in einen Gruppenprozeß übergeleitet, der sich durch die besondere Qualität der Beziehungen, wie sie für Kleingruppen typisch ist, auszeichnet. In gewisser Hinsicht bedeutet dies eine Unausweichlichkeit für die Beteiligten, weil der Zwang besteht, bis zum Abschluß der Arbeit von Angesicht zu Angesicht Probleme zu behandeln. Die im Umgang der Organisationen untereinander oder in den Organisationen häufige Form schriftlicher Äußerungen, die wiederum schriftlich beantwortet werden und die damit gegebene relative Unverbindlichkeit wird durch laufende direkte und persönliche Konfrontation ersetzt. Dies zeitigt eine Reihe sehr heilsamer Wirkungen, die im folgenden beschrieben werden.

In Gruppen neigen Experten häufig zu folgenden Verhaltensweisen:
- Starke Betonung der **eigenen** Autorität;
- Tarnung eigener fachlicher Unsicherheit anderen gegenüber;
- Infragestellen der Berechtigung anderer Fachgesichtspunkte;
- und in Konfliktsituationen: Feindseligkeit oder bestenfalls gönnerhafte Nachsicht gegenüber anderen Standpunkten, die man für die Entscheidungsfindung als nicht nötig oder fachlich nicht so relevant erachtet.

Die angeführten Verhaltensweisen sind meines Erachtens ganz typisch für übliche Expertenzusammenkünfte von relativ kürzer Dauer.

Erstreckt sich ein Verfahren in heterogen zusammengesetzten Gruppen über einen längeren Zeitraum mit der Auflage, zu Entscheidungen zu kommen (im Falle der Wiener Beratenden Jury zu Empfehlungen), wandelt sich das Bild ganz entscheidend. Im Laufe der Zeit fühlt jeder den Zwang, die eigene Fachkompetenz zu relativieren, von anderen zu lernen **und,** wenn sich die erforderliche Problemlösung mit dem vorhandenen fachlichen Rüstzeug nicht finden läßt, den altbewährten Hausverstand wiederum zu mobilisieren.

Vielen Fachexperten sind solche Situationen unangenehm. Nach einer eher unnachgiebigen Beharrungsphase (gemäß dem eingelernten Verhalten) geben sie sich aber bald weniger sicher, daher zugänglicher, gesprächsbereiter und lernwilliger. Vor allem deshalb, weil gemeinsam akzeptierte Lösungen gefunden werden müssen. Zur Teilverantwortung, die durch eigene Fachkompetenz noch relativ gut abzusichern ist, kommt die Verantwortung für das Gelingen oder Scheitern des Gesamtanliegens, bei dem man ja nur einen Teil durch entsprechende eigene Fachkompetenz abdecken kann.

Experten bekommen solcherart menschlichere Züge. Sie finden sich in einem gemeinsamen Dilemma wieder: Komplexe Entscheidungsprobleme lassen sich nur selten rezepthaft und auch nicht ausschließlich vom eigenen Fachstandpunkt aus lösen.

Es liegt nahe, eine solche Situation auch im Hinblick auf Gesetzmäßigkeiten und Regelmäßigkeiten menschlichen Verhaltens zu untersuchen.

Die unterschiedlichen Interessensschwerpunkte der Mitglieder der Beratenden Jury bewirkten natürlich Anfangsschwierigkeiten insofern, als sich alle Beteiligten an die unterschiedlichen Denkweisen zu gewöhnen hatten. Erschwert wurde dieser Start einer interdisziplinären Kooperation dadurch, daß der unmittelbare Anlaß der Planung „Donaubereich Wien", nämlich die Art des Hochwasserschutzprojektes in den Anfangsphasen von einigen Mitgliedern auch in seiner Grundkonzeption in Frage gestellt wurde, von anderen immerhin so deutlich hinterfragt wurde, daß Vor- und Nachteile dieses Projektes im Vergleich mit anderen sichtbar wurden. Aus der Sicht der Auslober war dies sicher eine Art Fleißaufgabe. Doch die Jurymitglieder wollten einen aus der Sicht der Auslober vorgegebenen Zwangspunkt (ein bestimmtes Hochwasserschutzprojekt) nicht ohne weiteres hinnehmen. Die damit verbundenen Auseinandersetzungen in der Jury mit den Experten des Wasserbaues hatten allerdings auch gute Seiten. Die Gruppe konnte sich in einer gleich zu Beginn sehr harten Auseinandersetzung in einer Art Belastungsprobe für alle Teilnehmer erkennbar strukturieren. Nach Ablauf dieser Diskussionsphase, die (von kleineren, im Prinzip aber wirkungslosen Rückfällen abgesehen) zu einem Akzeptieren des vorgesehenen Hochwasserschutzprojektes führte, war allen Beteiligten der Jury (vermutlich aber auch den in dieser Phase beigezogenen Fachexperten) eine gewisse Verhaltenssicherheit gegeben, die sich aus der Kenntnis der zur Verfügung stehenden fachlichen Kompetenzen, den Interessensschwerpunkten und den persönlichkeitsstrukturellen Merkmalen der Beteiligten ergab. Diese Struktur prägte auch während des gesamten Ablaufes die Juryarbeit.

Die Bestätigung des vom Interaktionsanalytiker R. F. Bales entwickelten wahrscheinlichkeitstheoretischen Handlungsablaufmodells zeigte sich in frappierender Weise. Die direkte Beobachtung ermöglichte schon nach sehr kurzer Zeit Prognosen über den Handlungsablauf. Ganz generell kann gesagt werden, daß die einzelnen Mitglieder überwiegend versuchten, bei passenden Gelegenheiten gemäß ihrer fachlichen Kompetenz oder gemäß ihren Interessen wesentliche und auch von der Gesamtheit akzeptierte Beiträge zu leisten.

Es ließ sich aber auch ein anderes Phänomen beobachten. Manche Gruppenmitglieder fühlten ein gewisses Beteiligungsdefizit immer dann, wenn längere Handlungsabläufe Themen gewidmet waren, zu denen sie nichts beizutragen hatten. Wurde eine solche Spannung zu groß, dann wechselte der Schwerpunkt des Geschehens oft sehr abrupt vom aufgabenorientierten Bereich etwa in Verfahrensfragen. Solche Ergebnisse waren relativ leicht zu prognostizieren, wenn man erst einmal die individuelle Toleranzschwelle der Beteiligten erkannt hatte. Solche Reaktionsweisen zeigten zeitweilig alle Jurymitglieder. Es ließen sich jedoch sehr starke Unterschiede feststellen.

Deutlich wurde bei eskalierenden Auseinandersetzungen die Funktion von Jurymitgliedern, die sich in kritischen Situationen dieser Art als Stabilisatoren des sozialen Systems erwiesen. Nicht selten wurde eine unüberwindlich scheinende Konfrontation durch klärende und erklärende Aktionen überwunden und damit der Weg zur stärker sachbezogenen und weniger emotionsgeladenen Argumentation freigemacht. In Krisen der Verhandlungen wurden Spannungen auch sehr wirksam mit eher humorvollen Beiträgen abgebaut. In diesem Zusammenhang konnte das wahrscheinlichkeitstheoretische Modell über Handlungsabläufe vielleicht am deutlichsten empirisch bestätigt werden. Denn schwierige Problemlösungen, bei denen einzelne Lösungsvorschläge zunächst auf massive Ablehnung stießen, führten mit großer Regelmäßigkeit zu einer länger währenden Handlungssequenz mit sozialemotional negativem Charakter.

Es zeugt vom ausgeprägten gruppendynamischen und interaktionsanalytischen Einfühlungsvermögen des Vorsitzenden, daß er offensichtlich ganz bewußt emotional negativ besetzte Handlungssequenzen einem gewissen Höhepunkt zustreben ließ, ohne vorschnell zu intervenieren — was ihm seine Vorsitzendenrolle und seine persönliche und fachliche Autorität sicher gestattet hätte.

Aber so bewirkte er die Behandlung möglichst aller Konfliktursachen auch in Form emotional negativer Akte; eine dem Zeitaufwand und der nervlichen Belastung nach mitunter gehörige Strapaze, die aber insofern lohnend war, als dadurch den Jurymitgliedern durch genauere Kenntnis zum Teil auch hintergründiger Probleme neue Wege der Konfliktbereinigung eröffnet wurden. Sehr oft ging es bloß um die Klärung von Mißverständnissen, was bei entsprechendem Gelingen Handlungssequenzen im sozialemotional positiven Interaktionsbereich auslöste. Damit war auch der Weg frei, zu den Problemlösungen im engeren Sinn zurückzukehren.

R. F. Bales zeigt mit seiner Matrix der reaktiven Tendenzen die Wahrscheinlichkeiten von Handlungsabläufen. Daraus geht hervor, daß im Falle sozialemotionaler Spannungen zwar sehr viele Versuche unternommen werden, diese Spannungen mit meinungsbildenden Problemlösungsversuchen zu beantworten, aber nicht viel weniger Interaktionen darin bestehen, ohne Beiträge zur Sache selbst mit Ablehnung, Spannung und Feindseligkeit zu reagieren. Gelingt nun ein Akt der Entspannung (Entkrampfung der Situation), womit der Handlungsablauf in den positiven sozialemotionalen Bereich zurückkehrt, dann besteht plötzlich bei den meisten Gruppenmitgliedern große Bereitschaft, in einer längeren Handlungssequenz die Gefühle der wiedererlangten Solidarität, Entspannung und Zustimmung zu bestärken. Danach ist der Weg frei für die Behandlung der eigentlichen Probleme mit häufigeren konstruktiven Problemlösungsbeiträgen und dadurch auch wesentlich häufigerer Zustimmung zu den Vorschlägen. Diese Gesetzmäßigkeit läßt sich quantitativ in allen aufgabenorientierten Gruppen nachweisen.

Diese theoretisch und in der Erfahrung vielfach bestätigte Eigenart von Gruppenprozessen ließ sich auch im Verfahren „Donaubereich Wien" eindeutig nachweisen. Die Beteiligten haben neben den von ihnen erwarteten Fachbeiträgen auch emotionale Bedürfnisse, die sich in Zustimmung und Ablehnung niederschlagen. Eine fast ausschließliche Konzentration auf die eigentliche Problemlösung kann daher die Qualität der Entscheidungen gefährden. Diese Gefahr wurde erfolgreich vermieden.

Es ist ganz typisch für heterogen zusammengesetzte Gruppen, die zusätzlich einem starken Leistungsdruck ausgesetzt sind, daß sozialemotional positive und sozialemotional negative Interaktionen nicht nur vorkommen, sondern im Sinne einer Kontrolle der Problemlösungen im engeren Sinn eine außerordentlich wichtige funktionelle Bedeutung haben. Dies hängt mit verhaltenswissenschaftlich und lerntheoretisch gesicherten Erkenntnissen zusammen, wonach der Urheber eines Problemlösungsvorschlages sich bei negativen emotionalen Reaktionen negativen Reizen ausgesetzt sieht, was die Wahrscheinlichkeit der Fortsetzung des eingeschlagenen Weges mindert. Umgekehrt bewirken positiv emotionale Reaktionen auf Problemlösungsvorschläge positive Reize, was die Wahrscheinlichkeit erhöht, daß der eingeschlagene Weg fortgesetzt wird. Negative und positive sozialemotionale Reaktionen sind daher sehr wirksame Instrumente der Steuerung von Entscheidungsvorgängen.

Im informellen Geschehen zeigte sich diese Gesetzmäßigkeit in aller Deutlichkeit und es bewährte sich auch die Richtigkeit der Strategie des Vorsitzenden, diese Instrumente der Kontrolle von Entscheidungsprozessen nicht zu behindern.

Zusammenfassung

Der Schlüssel für das Verständnis der positiven Arbeitsergebnisse liegt in der Analyse der Interessen und Handlungen der Beteiligten.

Wichtigste Voraussetzung für das neue Verfahrensmodell war die Bereitschaft der verantwortlichen Politiker, notwendige Entscheidungen für die Zukunft eines großen Stadtteils außerhalb der üblichen Routine vorbereiten zu lassen. Am Anfang stand also die Einsicht, daß Probleme ab einer bestimmten Komplexität und Größenordnung nur mit wenig Aussicht auf Erfolg im Rahmen der eingeübten Routine gelöst werden können. Erst diese Einsicht machte den Weg für neue verfahrenstechnische Versuche zur Problembewältigung frei. Das war die politische Voraussetzung und somit ein Verdienst der Politiker.

In einem zweiten Schritt hing alles davon ab, inwieweit das neue Verfahrensmodell die wichtigsten Interessen der beteiligten Personen und Gruppen ins Spiel zu bringen vermochte. Es war also dafür Sorge zu tragen, daß die unterschiedlichsten Interessen deutlich artikuliert werden konnten. Denn nur dies bot Gewähr, auch über andere Standpunkte aufgeklärt zu werden, und somit die Chance, die Berechtigung zunächst nicht bedachter Standpunkte überhaupt wahrzunehmen. Das war die verfahrenstechnische Voraussetzung, die unter der ausgewogenen Leitung des Vorsitzenden Jakob Maurer möglich wurde. Es ist schwer, die Verdienste der übrigen Mitwirkenden bei der verfahrenstechnischen Innovation entsprechend zu gewichten. Die Lösung der Aufgabe wäre jedoch ohne Otto Engelberger, dem aufgeschlossenen und wendigen Spitzenbeamten der Stadtplanung Wien, und Reinhard Breit, dem gewissenhaften Planer und Chef der Vorprüfung, schwer vorstellbar.

Man muß bei der Darstellung eines solchen Modells natürlich einräumen, daß sehr viel von der fachlichen Kompetenz und der charakterlichen Eigenart der beteiligten Personen abhängt. Eine solche Feststellung ist meines Erachtens jedoch kein ernsthafter Einwand gegen die Verallgemeinerungsfähigkeit eines solchen Verfahrensmodells. Denn jede Aufgabe, die von Menschen gelöst werden soll, bedarf einer adäquaten Selektion der Beteiligten. Das Problem der Auswahl der geeigneten Mitwirkenden ist schwierig, aber nicht unlösbar.

Vor den Imponderabilien, die mit dem im menschlichen Verkehr üblichen Vertrauensvorschuß gegenüber Beteiligten zusammenhängen, ist natürlich auch eine solche Verfahrensinnovation nicht gefeit. Nur bietet das Verfahren Gelegenheit, einzelne Schwachstellen (auch im personellen Bereich) deutlich zu machen und sich darauf einzustellen.

Manches in diesem Beitrag Gesagte mag dem Leser banal erscheinen. Es wurde vor allem deshalb dargelegt, weil Banalitäten dieser Art in unseren zwischenmenschlichen Beziehungen leider zu wenig Berücksichtigung finden. Wir sollten daher unser Heil weniger im Erfinden immer neuer Theorien suchen, sondern im Umsetzen und Anwenden jener Einsichten, die augenscheinlich hilfreich sind, wenn wir schwierige Probleme gemeinsam lösen wollen.

Nachtrag

Wie den Beiträgen Breit und Maurer zu entnehmen ist, wurde eine Nachfolgeorganisation der seinerzeitigen Projektorganisation geschaffen, die die Durchführung der auf politischer Ebene beschlossenen Empfehlungen gewährleisten sollte. Im großen und ganzen arbeitet diese Nachfolgeorganisation zufriedenstellend. Ihre Tätigkeit wird auch dadurch abgestützt, daß die Realisierung der seinerzeitigen planerischen Vorstellungen voranschreitet und die Konzeption insgesamt von der Bevölkerung gerne angenommen wird.

Wien erhielt einen faszinierenden Naherholungsraum, der durch die extrem hohe Benutzerfrequenz gerechtfertigt erscheint. Für eine Stadt dieser Größenordnung bedeutet dies eine beträchtliche Erhöhung der Lebensqualität.

Ende 1983 präsentierte der Amtsführende Stadtrat Ing. Fritz Hofmann den Flächenwidmungs- und Bebauungsplan für den Donaubereich Wien. Dieser Plan war mit einem städtebaulichen Wettbewerb eingeleitet worden. Die Fortsetzung des Verfahrens stellt eine nach Auffassung der Autoren dieses Buches wichtige Innovation bei der Lösung komplexer Planungsprobleme dar.

Bei der Präsentation konnte anhand bereits realisierter Planungsziele der Nachweis für das Gelingen der gesetzten Maßnahmen erbracht werden. So zeigt sich z. B., daß die Idee der Schaffung eines für Wien bedeutsamen Frei-

zeitgebietes in Verbindung mit dem Hochwasserschutzprojekt von der Bevölkerung voll angenommen wurde.

Obwohl bisher nur ein Teil des Projektes (Donauinsel und Neue Donau haben insgesamt eine Länge von 21 km) fertiggestellt ist, verbringen bereits jetzt an schönen Sommertagen hunderttausende Menschen ihre Freizeit auf der sogenannten Donauinsel und am Ufer der Neuen Donau. So erhält Wien nicht nur den notwendigen Hochwasserschutz, sondern auch — einmalig in dieser Größenordnung — ein Freizeit- und Naherholungsgebiet, das sich durch die ganze Stadt zieht und von der Bevölkerung links und rechts der Donau durch die besonders verkehrsgünstige Lage leicht und rasch erreichbar ist.

Damit ist nachgewiesen, daß wasserbautechnische Maßnahmen im Falle eines entsprechenden Verfahrens durchaus weiterführende Qualitätsverbesserungen des städtischen Lebens herbeizuführen imstande sind.

Für Planungsexperten erhebt sich angesichts dieses gelungenen Experiments freilich die Frage, inwieweit die gewonnenen Einsichten im Zusammenhang mit der besprochenen Verfahrensinnovation auch für noch schwierigere Entscheidungsprobleme verallgemeinerungsfähig sind. Die nächsten Schritte, die Wien in Anbetracht weiterer offener Probleme setzen muß, werden hierüber Auskunft geben können.

Jakob Maurer

Das Geschäft des Vorsitzenden

Nach Abschluß der Arbeiten versucht jemand, der das Geschäft des Vorsitzenden betrieb, Erfahrungen festzuhalten, die für problemorientierte Organisationen gelten dürften. Die Titel der Abschnitte kennzeichnen schon Bedeutsames. Sie stellen gleichsam die Zusammenfassung dessen dar, was besonders der Vorsitzende beachten sollte:

„Menschen und ihre Brillen" (Problematik der zu engen und zu unterschiedlichen Wahrnehmung),
„Die Versuchung der Taktik" (Problematik der Entwicklung und beharrlichen Anwendung strategischer Grundsätze),
„Emotionen gegen Argumente" (Problematik der Verdrängung vernünftigen Denkens),
„Die Notwendigkeit des Taktes der Arbeit" (Problematik der Programmierung der Arbeiten),
„Spiel und Rollen" (Problematik der Interaktionen) und
„Dämme gegen die Flut der Informationen" (Problematik der Information).

Wer tief in etwas hinein verstrickt ist, unterliegt der Gefahr der Betriebsblindheit. Dies ist beim Beurteilen der Ausführungen zu beachten.

1. Menschen und ihre Brillen

Jede etwas größere planerische Aufgabe beginnt mit dem tastenden Suchen nach den Umrissen und dem teilweise Greifbaren der Problemsituation, die geklärt und nachher ausreichend gelöst werden soll. Nie besteht genügende Sicherheit, daß von den jeweils kaum zählbaren Problemen, deren Bündel zusammen die Problemsituation bilden, die wichtigen erkannt werden.

Viele Fachleute und Akteure sind beteiligt, die gleichsam als weitgehend ungeordnete Gruppe bei dunstigem Wetter aufbrechen, um nach Zielen und den dazu führenden Wegen zu suchen. Jeder hat auf seiner Nase eine andere Brille; keiner sieht im Dunst das gleiche. Für alle ist die Nahsicht besser als die Fernsicht. Einige wollen vor allem vermeiden, sich die Füße an den herumliegenden Steinen wund zu schlagen. Andere versuchen, die schlechte Fernsicht zu ergänzen durch Hilfen, um die Kompaßrichtung zu finden und die unscharfen Teilinformationen über das Fernliegende systematisch auszuwerten.

Nah- und Fernsicht betrifft zweierlei: a) die zeitliche Entfernung und b) die Entfernung vom persönlichen Wissen. Was in der Nähe und was in der Ferne im Dunst der ungewissen Zukunft und der Breite der vielleicht bedeutsamen Gegenstände erkannt wird, ist für die einzelnen Personen verschieden. Mit großer Wahrscheinlichkeit sieht keiner allein genügend.

Die ungeordnete Gruppe sollte zur wirksamen Kommunikation fähig werden. Kommunikation kann nur stattfinden, wenn die Empfänger die Sender verstehen, was voraussetzt, daß ein ausreichend übereinstimmendes Sichtfeld erarbeitet wird. Dies gelingt nur, wenn die Brillengläser geändert werden und das Interesse am Sehen genügende Gemeinsamkeiten enthält; die Wahrnehmung der Beteiligten bedarf der Änderung. Dies ist sehr mühsam, schwierig und hinterhältig. Das Sehen zu ändern und damit zu lernen, zwingt zum Aufgeben der gemütlichen Scheinsicherheit, mit der jedermann sich gerne gegen das im Dunst Verborgene abschottet.

Will sich eine Gruppe wirksam mit Problembündeln auseinandersetzen, so muß sie dies üben. Aber Fachleute glauben in der Regel, sie sähen genug und sie wüßten, was die tatsächlich wichtigen Probleme seien. Bewußt oder unbewußt meinen dann einzelne Beteiligte, es handle sich darum, eine Sicht, und das ist ihre, durchzusetzen. Damit wird die Frage nach der Macht gestellt, also wessen Sicht, wessen Kompaß gilt.

Dieser Streit kann damit enden, daß eine eindeutige Machtverteilung stattfindet, aber viel wahrscheinlicher ist, daß bei der Auseinandersetzung mit Problembündeln die Machtverhältnisse höchstens scheinbar geklärt werden und in Wirklichkeit die Beteiligten auseinanderlaufen und sich gegenseitig im Dunst verlieren. Denn die Möglichkeit der unmittelbaren Kontrolle durch den „Führer" ist wegen der Komplexität des Gegenstandes gering.

Die Planung Donaubereich betraf Fragen zahlreicher Fachgebiete. Die Probleme bezogen sich auf kleine, übersehbare Gebiete wie auf Räume, die durch direkte Anschauung nicht faßbar sind. Die Zeithorizonte schwankten zwischen durch laufende Bauprojekte gegebenen kurzen Fristen und weit in die Zukunft reichenden Überlegungen der Stadtentwicklung. Die Beteiligten stammten aus unterschiedlichen Fachgebieten und beruflichen Rollen. Eine ausreichend übereinstimmende Sicht zu erarbeiten — und das durch Übung —, um die unerläßliche Grundlage der Kommunikation zu schaffen, bedurfte einer Strategie, die erlaubte, durch wechselnde Situationen die Wahrnehmung — und damit das Lernen und Verhalten — der Beteiligten aufeinander zuzuführen.

Eine Gruppe von Menschen mit verschiedenen Brillen steht etwas hilflos in einem unübersichtlichen Gelände. Dunst und sogar Nebel hemmt die Sicht. Genauere Angaben über die Ziele sind nur wenige vorhanden. Keiner allein sieht genügend. Die Verständigung ist schlecht. Aber diese Sachverhalte werden von vielen nicht erkannt. Beinahe unausweichlich bedarf es nun einer Situation, welche die streitbare Auseinandersetzung um Meinungen und Ansichten zuläßt, ja fördert, um durch die dabei entstehenden Konflikte drastisch aufzudecken, daß jeder am anderen vorbeiredet oder sogar vorbeibrüllt. Die Beteiligten werden müde. Ihre Unsicherheit nimmt zu. Das Verlangen nach autoritärer Führung steigt. Und dann ist der Zeitpunkt gegeben, die Gruppe in neue Situationen hineinzuleiten.

Das, was nahe liegt, greifbar und faßbar ist, soll erkundet, möglichst einfach erläutert und auf leicht einsehbare Weise miteinander verbunden werden. Die Gruppe beginnt, ihre Zusammenarbeit zu üben, und versucht, gemeinsam die nahe Umgebung zu erkunden. Solange keine ausreichende Kooperation möglich wird, ist es besser, wenn die Gruppe um den Ausgangsort herumkreist und an ihn zurückkehrt. Wichtig ist, daß der jeweilige Stand der Meinungen, Vermutungen und Kenntnisse festgehalten und besprochen wird. Durch die Übung steigt das Selbstvertrauen, und die ruhige, sachliche Zusammenarbeit nimmt zu.

Dann bedarf es der Veränderung der Perspektive, indem versucht wird, wenigstens ungefähre Richtungen zu bestimmen, deren Ziele in der Ferne liegen, denn vermehrte Erkenntnisse der nahen Umgebung allein genügen nicht, um den prinzipiellen Kurs zu finden.

Nun beginnt die erste Etappe des Marsches. Und dies bedarf der Entscheidungen unter Berücksichtigung der Ungewißheit und damit des Risikos. Der ursprüngliche Ausgangspunkt wird verlassen, und von einem neuen Ort aus beginnt das gleiche, wobei nach jeder Etappe die

Kooperationsfähigkeit der Gruppe, aber auch die Schwierigkeiten des Geländes zunehmen.

Es bereitet erhebliche Schwierigkeiten, den Ablauf der Vorgänge so zu lenken, daß die sich teilweise wiederholenden Sequenzen von Situationen innerhalb der gegebenen Zeit vollzogen werden. Offen über alles zu sprechen und Konsens über das ziemlich hintergründige Vorhaben, Lernen und Verhalten durch die Logik jeweils wechselnder Situationen zu steuern, ist meistens ein müßiges Unterfangen. Es bedarf deshalb der geschickten Taktik, um strategische Absichten im Gewande pragmatisch scheinender Überlegungen wirksam werden zu lassen.

Wer das Arbeitsprogramm der Projektorganisation Donaubereich aus dieser Sicht untersucht, wird feststellen, daß dessen Aufbau erheblich bestimmt wurde von der Absicht, durch wechselnde Situationen Kommunikation und Kooperation schrittweise zu verbessern.

2. Die Versuchung der Taktik

Strategie heißt zu versuchen, im Dunst in die Ferne zu blicken, um die prinzipielle Richtung zu finden und sie beizubehalten. Die Taktik befaßt sich mit den ständig neu auftauchenden Hindernissen, die — manchmal plötzlich und vollständig unerwartet — den Weg versperren. Die Art der taktischen Probleme ist sehr verschieden. Neue sachliche Einzelfragen, tagespolitische Geschehnisse, Streitigkeiten zwischen Beteiligten, veränderte Bündnisse, Auseinandersetzungen um Macht und Position, dies alles kann auftreten und ist in der Projektorganisation Donaubereich vorgekommen.

Das Dringliche ist der Feind des Wichtigen. Dieser Spruch wird J. F. Kennedy zugeschrieben. Die Taktik befaßt sich mit dem Dringlichen, die Strategie mit dem Wichtigen. Wird das Dringliche nicht ausreichend gelöst, so kann das Wichtige nicht erfüllt werden. Wird das Dringliche angefaßt, ohne das Wichtige als Leitlinie zu gebrauchen, so enden die Anstrengungen in richtungsloser Wirrnis. Aber die Versuchung des Dringlichen und damit die Versuchung der Taktik ist groß. Das Dringliche liegt in der Nähe und taucht oft überraschend aus dem Dunst auf. Die Aufmerksamkeit richtet sich nur zu leicht ausschließlich auf das Neue und Nahe.

Im Dunst in die Ferne zu blicken, entfernte Zeithorizonte und die Vielfalt der sachlichen Gegenstände einzubeziehen, belastet. In der Planung bedingt dies unausweichlich Hilfsmittel, welche erlauben, das entfernt im Dunst Liegende mittelbar durch Behelfe zu erfassen. Diese Behelfe sind Theorie und damit Abstraktion. Der Umgang mit diesen Behelfen bereitet sachlich wie psychisch weit mehr Schwierigkeiten, als viele meinen. Mit Theorien zu arbeiten, führt unweigerlich in das gefährliche Abenteuer des ernsthaften Denkens, das die eigenen Meinungen und Vorurteile — und damit den Panzer der Scheinsicherheit — manchmal radikal zerstört.

Die Versuchung der Taktik und damit die Gefahr der Richtungslosigkeit war während des Ablaufes der Tätigkeiten der Projektorganisation Donaubereich ständig gegenwärtig. Oft plötzlich auftretende Ereignisse fesselten die Beteiligten und verursachten manchmal heftige Streitgespräche. Das vielfach nur scheinbar Dringliche drohte unübersehbare Änderungen der Richtung zu bewirken, die nur im Mißerfolg enden konnten. Die Lust an der Taktik, die jeden ab und zu befällt, wurde zeitweise für alle Beteiligten zu gefährlichen Fallen.

Eine der wichtigen Verpflichtungen eines Vorsitzenden besteht darin, der Versuchung der Taktik zu widerstehen und sich vor allem mit der prinzipiellen Richtung und damit mit der Strategie zu befassen. Er kann darauf vertrauen, daß die anderen Beteiligten das Dringliche und Naheliegende genügend hervorheben. Aber der Vorsitzende unterliegt besonders der Versuchung der Taktik, denn sein Erfolg wird kaum nach dem sachlichen Gehalt des Ergebnisses beurteilt, dessen Wert sich ja erst lange nach Beendigung der Planung zeigt. Maßgebend sind die Meinungen der Auftraggeber und der Mitwirkenden. Und diese Meinungen gründen weitgehend auf den Eindrücken, die sich aus dem taktischen Benehmen ergeben. Erschwerend wirkt, daß — jedenfalls zu Beginn — nur wenige geneigt und fähig sind, strategische Konzepte zu entwerfen, gründlich zu durchdenken und rational zu diskutieren.

Für jeden Mitwirkenden, aber jedenfalls für den Vorsitzenden, bedarf es ständiger, persönlicher Kontrollen der für ihn geltenden Strategie. Weil jeder sich gerne selbst belügt, darf diese Kontrolle nicht darin bestehen, nur in Gedanken die Prinzipien zu überfliegen. Man muß seine Strategie in möglichst einfacher Weise beschreiben und die Argumente notieren, die diese Strategie stützen, und andere verwerfen.

Was soll denn der bedeutsame Gehalt einer Strategie für die Auseinandersetzung mit Problembündeln wie jene des Donaubereiches sein? Besteht er aus a) sachlichen Grundsätzen über Funktion und Gestalt des Planungsgebietes oder b) aus Maximen über die Organisation und die Verfahren? Das Ergebnis muß aus Vorschlägen für die Lösung funktionaler und gestalterischer Probleme bestehen. Zu diesen Vorschlägen gehören auch Angaben über die langfristigen Leitlinien, z. B. zur Stadtentwicklung. Und dies sind letztlich strategische Grundsätze zur Sache selbst.

Aber bei verzwickten Problembündeln, wie sie im Donaubereich auftreten, darf kein einzelner meinen, er beherrsche alle Sachfragen. Bezieht sich der wichtige Gehalt der Strategie auf Funktion und Gestalt, so wird versucht, über wichtige Ergebnisse vorweg zu entscheiden. Tut dies jemand, so richten sich seine Anstrengungen darauf, seine sachlichen Ansichten durch geschickte Taktik durchzusetzen. Vom Gegenstand selbst her mag dies dann verantwortbar sein, wenn ein einzelner tatsächlich die erforderlichen Sachkenntnisse besitzt. Bei verzwickten Problembündeln trifft dies nie zu.

Die Strategie muß deshalb primär darauf ausgerichtet sein, den Aufbau und den Ablauf der Tätigkeiten so zu steuern, daß durch eine Sequenz von sinnvoll aneinander gefügten unterschiedlichen Situationen Lagen geschaffen werden, welche die Wahrscheinlichkeit erhöhen, daß die Mitwirkenden ihre Beiträge zu geeigneten Zeitpunkten leisten können und die rationale Argumentation gefördert wird. Aus dieser Sicht enthält der vorliegende Artikel nichts anderes als Bemerkungen zu einer Strategie der Organisation zur Auseinandersetzung mit Problembündeln.

Die organisatorische Strategie schließt keineswegs aus, daß die einzelnen Beteiligten ihre inhaltliche Strategie bedenken und formulieren; im Gegenteil, es ist erwünscht. Aber diese Strategien stellen Beiträge zur sachlichen Diskussion dar.

Organisatorische Strategien dürfen nicht losgelöst von den Sachfragen geformt werden. Dadurch entsteht ein gewisser Konflikt zwischen dem Anliegen der Offenheit in der Sache und der Festigkeit in bezug auf die Sequenz wechselnder Situationen. Es war auch aus diesem Grunde ein glücklicher Umstand, daß zuerst ein Ideenwettbewerb durchgeführt wurde, der einige der wichtigen Elemente einer sachlichen Strategie klärte. Die organisatorische Strategie für die eigentliche Projektorganisation Donaubereich konnte von dieser Grundlage her entwickelt werden.

Durch den Aufbau der Organisation wurde versucht, die für die Verwaltungen typische Linienorganisation zu ergänzen und teilweise zu durchbrechen, um durch die Zusammensetzung der Beteiligten, die unabhängige Gestaltung des Ablaufes und durch eine vom üblichen Verwaltungshandeln abweichende Art der Rollen Situationen zu schaffen, welche die Ausschöpfung der Kenntnisse und Fähigkeiten der Beteiligten förderte.

3. Emotionen gegen Argumente

Wer sich ernsthaft mit Problembündeln auseinandersetzt, wird eindrücklich, ja brutal mit den Grenzen seiner Kenntnisse und Fähigkeiten konfrontiert. Er erfährt unmittelbar die Schwierigkeiten komplexer Probleme und begreift Ungewißheit und Risiko. Die Geborgenheit, die klar definierte Rollen und Tätigkeiten in eng begrenzten Spezialgebieten gewähren, wird zerstört. Nur zu verständlich ist dann die Neigung, die alten Scheuklappen aufzusetzen und sich in das gewohnte Schlupfloch zu flüchten.

Wenn jeder aus seinem Schlupfloch heraus redet, und die anderen ihn nicht verstehen können und wollen, so werden elementare Verhaltensweisen und damit Emotionen zum gemeinsamen Nenner und bestimmen den Inhalt der Auseinandersetzungen.

Die Inhalte der menschlichen Sprache können geordnet werden nach a) Emotionen, Gefühlen, b) Signalen, c) Beschreibungen, d) Aussagen, Argumenten. Die Tiersprachen enthalten die Kategorien a) und b). Die Menschen können zu c) und d) vordringen. Beschreibungen, Aussagen und Argumente bei der Auseinandersetzung mit Problembündeln tatsächlich zu gebrauchen, bedingt die Fähigkeit zur ausreichenden Kommunikation über die Verbindungen einzelner Problemgruppen.

Reden die Beteiligten aus ihren Schlupflöchern, so herrschen Emotionen und Signale. Es scheint, daß die Auseinandersetzung mit Problembündeln unausweichlich derartige Situationen verursacht. Gelingt es nicht, das Ausmaß und die Bedeutung derartiger Vorkommnisse zu begrenzen und den argumentativen Gehalt der Sprache tatsächlich zur Geltung zu bringen, so scheitert das Unternehmen.

Diese Sachverhalte werden wohl äußerlich anerkannt, aber im tatsächlichen Verhalten gegenüber übergreifenden Problemen wenig beachtet. Ständig lauert die Gefahr, daß Emotionen und Signale die Vernunft knebeln, auch bei einer Gruppe ausgezeichneter Fachleute. Bei den oft leidenschaftlich geführten Streitgesprächen in der Projektorganisation Donaubereich drohte der periodisch wiederkehrende Rückzug in die Schlupflöcher, die Ratio zu verdrängen.

Durch die organisatorische Strategie wechselnder Situationen, der Differenzierung der Rollen und des Taktes der Arbeiten wurde versucht, derartigen Entwicklungen entgegenzutreten. Dies allein genügte nicht, denn jederzeit konnte irgendein Ereignis den Rückfall auslösen. Es bedurfte zusätzlicher taktischer Maßnahmen, die oft improvisiert werden mußten. Dies gehört zu den besonderen Verpflichtungen eines Vorsitzenden. Aber kein Vorsitzender ist gefeit gegen den Verlust der sachlichen Vernunft, wenn er überraschend in ein wildes Getümmel geworfen wird.

Die Heftigkeit und die Härte der Diskussionen beeindruckte mich zu Beginn erheblich. Ich zwang mich, gewisse Regeln der Taktik im voraus zu formulieren und sie laufend zu kritisieren. Taktik ist nichts wert, wenn sie der Strategie nicht dient. Reine Improvisation führt zum persönlichen Rückzug auf die eigenen Emotionen, und die Vernunft der Taktik verschwindet.

Zuerst unternahm ich den Versuch, einfache Regeln der praktischen Entscheidungslogik zu erläutern und anzuwenden mit der Absicht, durch die Anregung zum vernünftigen Denken die periodisch auftretende Dominanz der Emotionen rasch zu brechen. Im Plenum gelang dies kaum je. Wenn Menschen mit Schwierigem ringen, so benötigen sie — so scheint es — Phasen, während denen sie ihre leidenschaftlichen Spannungen entladen können, vielleicht so, wie nach heißen schwülen Sommertagen ein Gewitter beruhigt, kühlt und klärt. Nur darf das Gewitter nicht zu lange dauern und nicht eine Schlechtwetterperiode einleiten.

Schließlich hielt ich mich an einige Maximen, die sich einigermaßen bewährten, im besonderen für die Kupplung. Sie waren:

● Taktik dient der Strategie. Überlege im voraus, welche prinzipiellen Ergebnisse innerhalb einer bestimmten Periode, z. B. einer Kupplung, zu erzielen sind. Markiere wichtige Zwischenergebnisse. Rechne mit Reservezeiten für „emotionale Phasen". Vergleiche regelmäßig — nötigenfalls täglich — Plan und Wirklichkeit.

● Versuche, „emotionale Phasen" auf Streitfragen auszurichten, die von der Sache her nicht von erheblicher Bedeutung sind. Der äußere Anlaß ist ja unwichtig. Vermeide, daß sich Beteiligte in der Hitze des Gefechtes auf etwas festlegen, das mit wichtigen Fragen zusammenhängt. Stimme bei emotionalen Streitfragen ohne erhebliche, sachliche Bedeutung so, daß keine verfestigten Fronten entstehen.

● Trachte danach, äußerlich gegebene Festpunkte zu gebrauchen, um die Dauer „emotionaler Phasen" zu begrenzen.

● Je größer die Zahl, desto kleiner in der Regel die Vernunft. Löse das Plenum so oft als möglich in kleine Gruppen auf, die einen bestimmten Gegenstand bearbeiten und die Ergebnisse schriftlich festhalten.

● Greife als Vorsitzender während einer „emotionalen Phase" zuerst nicht ein. Warte, bis sich Ermüdungen und Ernüchterungen zeigen. Versuche dann, eine betont nüchterne Bilanz des Standes darzulegen. Ufert die Diskussion weiter aus, so spiele ab und zu den Erzürnten, Aufgebrachten und attackiere nötigenfalls — aber nicht zu häufig — hervorstechende Streithähne frontal.

● Werden die für „emotionale Phasen" vorgesehenen Zeiten überschritten, so suche rechtzeitig nach Kollegen, die helfen, — nötigenfalls außerhalb der üblichen Arbeitszeiten — die zu erzielenden Ergebnisse zu formulieren. Die überwiegende Mehrzahl der Beteiligten ist daran interessiert, zu einem guten Resultat zu gelangen. Gegen Ende einer Arbeitsperiode wollen sie dann zur Sache das Notwendige beitragen. Bestehen dann keine wohlüberlegten Grundlagen, so können in der Eile grundsätzliche Fehler auftreten.

4. Die Notwendigkeit des Taktes in der Arbeit

Wenn eine Person Problembündel behandelt, so können die Gedanken um den Komplex herumspringen, Überlegungen beinahe zufällig vertieft und Ergebnisse dann formuliert werden, wenn die Früchte reif geworden sind. Wenn sich viele Personen gemeinsam mit Problembündeln auseinandersetzen müssen, so bedarf es eines Programmes, das den Ablauf regelt. Besonders bei schwierigen und verzwickten planerischen Aufgaben besteht die Gefahr, daß entweder überhaupt kein klares Arbeitsprogramm entwickelt wird, oder daß das Programm Dinge regeln will, die im voraus nicht festgelegt werden dürfen. Der erste wie der zweite Fehler führen eigentlich zum gleichen: der Zufall herrscht.

Die Lösung schwieriger planerischer Aufgaben unterscheidet sich fundamental von der Konstruktion eines Werkes. Das Werk, das heißt das zu erzielende Ergebnis, wird im voraus detailliert beschrieben. Das Arbeitsprogramm befaßt sich dann mit den einzelnen Tätigkeiten und ihren Verknüpfungen, die mit möglichst geringem Aufwand das Ergebnis erzeugen. Aufgrund vieler Erfahrungen können die verschiedenen Tätigkeiten ziemlich genau im voraus erfaßt werden. Das Arbeitsprogramm, z. B. ein Netzplan, beginnt dann mit dem Endereignis, legt den Ablauf der Tätigkeiten unter Berücksichtigung ihrer Verbindungen fest und regelt die Verantwortlichkeiten.

Die Auseinandersetzung mit Problembündeln muß mit weit geringeren Kenntnissen über das Ergebnis unternommen werden, die Rollen und damit die Verantwortlichkeiten der Beteiligten lassen sich nur ungefähr definieren, die einzelnen Tätigkeiten und ihre Verknüpfungen sind weitgehend unbekannt.

Was soll nun der Inhalt eines Programmes sein? Dies ist keine einfache Frage. Für das Programm der Projektorganisation Donaubereich hielt ich mich in meinen Stellungnahmen an Erfahrungen aus interdisziplinären Forschungsprojekten.

Die organisatorische Strategie wechselnder Situationen bildete die Grundlage. Allein von daher ergibt sich eine Unterteilung der zur Verfügung stehenden Zeit in bestimmte Abschnitte. Die Zahl der Abschnitte muß so gewählt werden, daß wenigstens 25% der Zeit und des Aufwandes als reine Reserve eingesetzt werden und die restlichen 75% drei Durchgänge erlauben. Während eines Durchganges muß der ganze Komplex mit jeweils unterschiedlichen Schwerpunkten behandelt werden. Klarheit und Genauigkeit sollen von Durchgang zu Durchgang zunehmen.

Mehrere Durchgänge vorzusehen heißt, Regeln der Auffindung oder des Entwurfes im Arbeitsprogramm zu berücksichtigen. Problembündel erschließen sich nur denen, die versuchen, rasch zu vorläufigen Lösungen vorzustoßen, diese zu prüfen und von daher erneut die wichtigen Fragen zu klären und verbesserte Lösungen zu suchen. Die sehr irrige Meinung, allein die analytische Untersuchung eines Problembündels ergebe Lösungen, geistert leider ständig in der Planung herum und verursacht auch in der Wissenschaft manches Übel. Wie viele Durchgänge es braucht, ist offen. Die Zahl drei ist eine Erfahrungsregel. 25% Reserve und drei Durchgänge mit je 25% ergeben vier Abschnitte. Im Falle der Projektorganisation umfaßte jeder Abschnitt sechs Monate. Der Rahmen des Taktes war damit gegeben.

Die Zusammenarbeit vieler gelingt nicht, wenn alle ständig miteinander schwatzen. Es bedarf einer Folge von Si-

tuationen, bei der gemeinsame Auseinandersetzungen mit dem Gegenstand auf klar gegebene Perioden beschränkt bleiben und für die erforderlichen, einzelnen Leistungen genügend Zeit bleibt. Daraus ergeben sich zwei Gruppen von Perioden, die Kupplungen und die Zeiten der Einzelleistungen. Die Einzelleistungen müssen für eine übersehbare Zeit definiert und anschließend geprüft, miteinander verbunden und bewertet werden. Demgemäß begann und endete jeder der vier Abschnitte mit einer Kupplung.

Sechs Monate dauern zu lange, um den gemeinsamen Stand der Informationen aufrecht zu erhalten, die Einzelleistungen genügend genau zu beschreiben und um die unbedingt notwendigen Verbindungen zu gewährleisten. Daraus ergeben sich die Zwischenkupplungen in der Mitte eines Abschnittes. Weitgehend unabhängig vom Inhalt der Arbeiten entstand so der „Takt des Programmes".

Wird dieser Takt kombiniert mit der Anforderung, daß die Übung der Zusammenarbeit mit dem Greifbaren beginnen soll, und wird beachtet, daß es hieß, rasch konkrete Vorschläge für die laufenden Arbeiten des Hochwasserschutzes zu unterbreiten, so ergeben sich die Schwerpunkte der drei Durchgänge.

Obwohl die jeweiligen einzelnen Leistungen in der Regel nur für drei Monate im voraus genau definierbar waren — eine Aufgabe der Anfangskupplung eines Abschnittes —, so bedurfte es trotzdem ausreichender Angaben für die Leitlinien des inhaltlichen Ablaufes und für die mit Beteiligten, vor allem mit den Gruppen des Planungsteams zu treffenden Vereinbarungen. Hier drohte der Rückfall in Arbeitsprogramme analog der Erstellung eines Werkes. Aber die Erzeugnisse konnten ja nicht im voraus beschrieben werden wie die Konstruktion eines Gebäudes oder einer Brücke.

Was inhaltlich in einem längerfristigen Arbeitsprogramm zur Auseinandersetzung mit Problembündeln neben dem Takt der Arbeiten sinnvollerweise festgehalten werden kann, besteht eigentlich nur aus einer vorläufigen Aufzählung der wahrscheinlich wichtigen Gegenstände, also einer Art Prüfliste. Wird die für die ganze Arbeit geltende Prüfliste unterteilt nach Abschnitten, so lassen sich dadurch Schwerpunkte umreißen.

Der Aufwand für die Durchführung des Arbeitsprogrammes muß ermittelt werden. Können die einzelnen Leistungen nicht genau definiert werden, muß in den Kupplungen der Ablauf ständig korrigiert und präzisiert werden, so bereitet die Ermittlung des Aufwandes erhebliche Schwierigkeiten. Zudem berührt der Aufwand unmittelbar die beteiligten Fachleute und Stellen, deren Mitwirkung während längerer Zeit zu sichern ist. Denn allein der Aufwand für die Einübung der Zusammenarbeit schließt die kurzfristige Ergänzung weitgehend aus.

Die früher begründete Reserve von 25% erleichtert die Lösung des Problems. Wechselnde Rollen von Beteiligten erlauben, weitere Reserven zu bilden. Trotzdem verbleibt die Frage nach dem gesamthaften Aufwand. Diese Frage läßt sich nur beantworten, wenn der vollständige Ablauf gründlich und in Varianten durchdacht und mit Erfahrungen aus anderen, planerischen Arbeiten verglichen wird. Und dies bedarf erheblicher Vorkenntnisse, der Geduld und der Gründlichkeit. Wer derartiges versucht, muß dabei ständig die Gefahr der scheinbaren Genauigkeit meiden und sich bewußt auf Ungewißheiten und Risiken konzentrieren.

Zusammenarbeit vieler bedingt die regelmäßige, gemeinsame Auseinandersetzung mit dem Gegenstand, das heißt das, was in der Projektorganisation Donaubereich Kupplungen genannt wurde. Der Ablauf der Kupplungen, und damit ihr Takt, ist für das Gelingen weitgehend entscheidend. Einige Regeln wurden während des ganzen Verfahrens eingehalten und haben sich bewährt.

Sie waren:

- Alle wichtigen Informationen und Materialien mußten während einer Kupplung an einem Ort und rasch zugänglich aufgelegt sein.

- Die Mitglieder der Beratenden Jury und die sie beratenden Experten mußten weitgehend vollzählig während der Kupplungen, die jeweils zwischen vier bis sechs Tage dauerten, anwesend sein.

- Die Kupplungen begannen mit der Information über den Stand der Arbeiten, wobei nach einer kurzen, mündlichen Übersicht die individuelle Beschäftigung mit den Informationen und Materialien sowie die persönlichen Gespräche bedeutsam waren. Nötigenfalls gehörten zur Information Besichtigungen.

- Die Information wurde erweitert und vertieft durch die mündliche Aussprache mit weiteren Beteiligten. Dies waren vor allem die Gruppen des Planungsteams. In Anbetracht der jeweils großen Zahl der Beteiligten bedurfte es der klaren Regelung des Ablaufes. Wichtig war, daß nicht wiederholt wurde, was zeichnerisch oder schriftlich vorlag, sondern die Betonung besonderer Probleme und die Beantwortung von Verständnisfragen.

- Die Beratende Jury mußte danach ihre für die Kupplung zu leistenden Arbeiten bestimmen und sie auf Mitglieder und Experten aufteilen, das heißt sie bildete Arbeitsgruppen, die ihre Ergebnisse schriftlich festhielten und allen Mitgliedern unterbreiteten.

- Die Ergebnisse der Arbeitsgruppen wurden im Plenum der Beratenden Jury diskutiert, geändert, ergänzt und genehmigt.

- Zu den Aufgaben jeder Kupplung gehörte die Kontrolle, ob die erteilten Aufträge erfüllt wurden.

- Der Vorsitzende wirkte an keiner Arbeitsgruppe mit, sondern befaßte sich mit der laufenden Koordination.

5. Spiel und Rollen

Wenn einer allein nicht fähig ist, die Auseinandersetzung mit Problembündeln zu bewältigen, und viele dies gemeinsam tun wollen, so bedarf es der Aufgabenteilung und damit verschiedener Rollen. Welche Rolle jemand spielen kann, spielen will und welche er tatsächlich spielt, läßt sich im vorhinein nicht genau beschreiben. Eine problemorientierte Organisation soll ja gerade dazu dienen, die in Verwaltungen eng gefaßten Rollen zu sprengen und Verbindungen über traditionelle Grenzen hinweg zu schaffen. Die Beteiligten werden in Situationen hineingeworfen, welche die übliche Rolle, die sich jeder im Theater des Lebens angeeignet hat, relativiert, ihn zwingt, neue, wechselnde Rollen zu erlernen und sich darin den anderen Beteiligten, sozusagen dem Publikum, zu zeigen.

Aber das Spiel beginnt mit Akteuren, die ihre übliche Rolle präsentieren und aus ihrem gewohnten Schlupfloch heraus reden. Treffen die Akteure nur auf Personen, denen sie ihre Rolle schon mehrfach vorführten, so überträgt sich das frühere Verhalten unmittelbar auf die Projektorganisation. Die Chefbeamten benehmen sich gleich wie in den Machtauseinandersetzungen der Ressorts. Die zugezogenen Fachleute gebärden sich ähnlich, wie wenn sie mit direkten Auftraggebern verhandeln und die Konkurrenz ausschalten würden. Die Experten präsentieren sich als reine Spezialisten. Die Beamten der mittleren Ebene fühlen sich nach wie vor in der Linie ihrer Abteilung.

Um die gewohnten Rollen zu durchbrechen, bedarf es der geschickten Mischung verschiedener Akteure, die nun zuerst mit ihren gewohnten Verhaltensweisen erfolglos bleiben. Und dieser Mißerfolg des gewohnten Verhaltens muß erfahren werden, bevor es gelingt, bei den Beteiligten den für die Offenheit in der Sache erforderlichen Mut, die Beweglichkeit im Durchdenken neuer Möglichkeiten und die Neugier an der Kombination unterschiedlicher Dinge über gewohnte Grenzen hinweg zu verwirklichen.

Für die Suche im Dunst lassen sich die neuen Rollen nicht im voraus erfinden. Jeder muß bereit sein, neue Aufgaben zu bedenken und an ihrer Lösung mitzuwirken. Keiner darf aber auf seine formelle Stellung pochen, sondern muß versuchen, die Argumente nach ihrem Gehalt und nicht nach ihrem Vertreter zu wägen. Dies sind Maximen, die sich kaum je vollständig verwirklichen lassen, aber man kann sich ihnen annähern.

Während einer Auseinandersetzung mit Problembündeln müssen sich die Rollen der Beteiligten wandeln können, aber dieser Wandel ist begrenzt. Es bedarf einer Differenzierung der Schwerpunkte der Rollen, damit die Rationalität erhöht werden kann. Und diese Schwerpunkte waren in der Projektorganisation gegeben durch die Funktion der Stellen der Organisation, das heißt a) der Beratenden Jury, b) der Projektleitstelle, c) den Gruppen des Planungsteams, d) den zugezogenen Experten, wozu auch Beamte gehörten. Kennzeichnend für die Funktionen sind die folgenden Stichworte:

- Beratende Jury: fachliche Beurteilung, Entscheidungen innerhalb der durch die Auslober gewährten Kompetenzen, laufende Festlegung kommender Arbeiten.

- Projektleitstelle: Sicherung der Information und Dokumentation.

- Planungsteam: Entwurf von Vorschlägen.

- Experten der Beratenden Jury: fachliche Beiträge.

Die folgenden Bemerkungen beziehen sich auf die Beratende Jury. Die bei den anderen Stellen notwendigen Rollen entsprachen eher üblichen Rollen, was keineswegs heißt, die Tätigkeiten seien nicht anspruchsvoll gewesen.

Der Name „Beratende Jury" leitet möglicherweise in die Irre. Eine Jury im gewohnten Sinne wertet gegebene Vorschläge relativ zueinander. Sie stellt nur eine Rangordnung auf, und damit endet ihre Tätigkeit. In der Projektorganisation Donaubereich übernahm die „Beratende Jury" die fachliche Führung einer umfangreichen Planung. Durch ihre Zusammensetzung und ihre Arbeitsweise trachtete sie nach einer unmittelbaren Verbindung zwischen der Linienorganisation der Verwaltung und den Tätigkeiten der Projektorganisation auf Zeit. Die fachlichen Beurteilungen und Entscheide sowie die laufende Festlegung kommender Arbeiten bedingte die vorausschauende Auseinandersetzung mit der Definition und Lösung von Problemen. Die Durchführung des Vorhabens erforderte ein Management; auch diese Aufgabe oblag weitgehend der Beratenden Jury.

Diese Lage bedingte, daß innerhalb der Beratenden Jury eine Vielfalt von Rollen zu spielen waren. Es hieß zu prüfen, zu werten, zu entwerfen, zu organisieren, zu kontrollieren, durchzusetzen und zu formulieren. Die interdisziplinäre Zusammensetzung ergab eine breite Fachkompetenz, erweiterte aber die Vielfalt der Rollen. Denn jedes Mitglied wurde konfrontiert mit Fragen, die sein eigenes Fachgebiet betrafen, aber ebenso mit solchen, die über viele Fachgrenzen hinweg reichten.

Um die Wahrscheinlichkeit guter Entscheide in wichtigen Fragen zu mehren, bedarf es a) der Alternativen, b) der Klarheit der pro und contra Argumente, c) der Verteidiger und Gegner von Alternativen und d) der gleichsam zurückhaltenden, richterlichen Abwägung. Die Entwicklung von Alternativen war primär Aufgabe der Gruppen des Planungsteams.

Bekanntlich ist es für eine Person oder eine Gruppe schwierig, tatsächlich mehrere Alternativen zu entwickeln. In der Regel konzentriert man sich gedanklich auf eine, ob man das will oder nicht. Arbeiten unterschiedliche Gruppen an der Lösung gleicher Probleme, so besteht weit mehr Gewähr, daß wirkliche Alternativen entstehen. Diese Möglichkeit wurde für wichtige Fragen stets gebraucht.

Aber die Gruppen des Planungsteams konnten die Beratende Jury nur teilweise von der Aufgabe, Alternativen zu entwerfen, entlasten. Die von den Gruppen erarbeiteten Alternativen ergaben zum Teil eingehende Auskünfte über Teile. Das „Zusammensetzspiel des Ganzen", die unterschiedlichen Formen des Gefüges, in das hinein die Teile sinnvoll eingeordnet werden sollen, verblieb der Beratenden Jury. Und auch hier mußten Alternativen entwickelt werden.

Wer eine bestimmte Alternative will, wählt bewußt oder unbewußt seine Argumente entsprechend. Treffen Gegner und Befürworter aufeinander, so bedarf es erheblicher Anstrengungen, um Klarheit der Argumentation zu erwirken. Die Leidenschaftlichkeit in der Rede appelliert an Emotionen, nicht an die Vernunft. Die Klarheit wird üblicherweise nur erreicht, wenn die Rolle des zurückhaltenden, abwägenden Beurteilers, der sich nicht im voraus festlegt, gut und prägnant übernommen wird.

Alle diese skizzierten Rollen mußten in unterschiedlichster Weise von jeweils verschiedenen Mitgliedern der Beratenden Jury gespielt werden. Die einen neigten mehr dazu, sich in der nahen Umgebung ihrer üblichen Rolle zu bewegen, andere wagten größere Sprünge. Rollenwechsel verursacht Unsicherheit und damit die Tendenz zum Rückfall in die Geborgenheit des gewohnten Schlupfloches. Nach meinen Beobachtungen zeigten sich derartige Tendenzen immer dann besonders deutlich, wenn es sich um schwierige mehrschichtige Probleme handelte, welche sich dem unmittelbaren Zugriff entzogen, deren Verflechtungen gleichsam im Dunst verschwammen. Dann nahm die Unsicherheit oft ein Maß an, das von manchen nicht ertragen wurde, was sich im zeitweisen Rückfall auf die gewohnten Rollen äußerlich ausprägte.

6. Dämme gegen die Flut der Informationen

Zum Beispiel: eine wichtige Kupplung. Stellen Sie sich vor, Sie seien ein Mitglied der Beratenden Jury. Sie treffen Montag morgen um 10.00 Uhr am Sitzungsort ein. Auf dem Tisch vor Ihrem Platze sind folgende Unterlagen und Materialien aufgestapelt: a) Kontrollberichte der Projektleitstelle, b) Zusammenstellungen früherer Entscheide der Beratenden Jury, c) Kopien von Briefen und Eingaben, d) Anfragen von Verwaltungsstellen, e) Zwischenberichte von sechs Gruppen des Planungsteams und d) Fachgutachten von Experten. Gesamtumfang etwa 300 bis 500 Schreibmaschinenseiten. An den Wänden hängen 60 bis 120 m² Pläne. Mehrere Modelle stehen herum. Hinter dem Tisch der Projektleitstelle befindet sich eine kleine Bibliothek mit früher erarbeiteten Grundlagen. Zwischen der vorangehenden Kupplung und der gegenwärtigen Sitzung wurden Ihnen verschiedene Materialien zum Studium zugestellt.

Nach der Eröffnung der Sitzung wird während etwa zwei Stunden mündlich über den neuesten Stand informiert. Am Nachmittag beschäftigen Sie sich persönlich mit all dem Material. Dienstag, 9.00 Uhr, versammelt sich die Beratende Jury, die Leiter der Gruppen des Planungsteams, die Projektleitstelle und die Experten der Beratenden Jury. Die Gruppen berichten über wichtige Gegenstände ihrer Arbeiten. Die Mitglieder der Beratenden Jury stellen Verständnisfragen. Dies dauert drei bis vier Stunden. Unterbruch für das Mittagessen, während dem die Fachgespräche fortgeführt werden. Nachmittags zwei Stunden Diskussion im Plenum über ausgewählte Fragen. Dauer zwei Stunden. Kurzer Unterbruch. Die Beratende Jury versammelt sich zusammen mit ihren Experten allein und legt ihren Arbeitsplan bis Freitag nachmittag fest.

Die Masse der Informationen ist für keinen vollumfänglich faßbar. Aber wie soll denn eine Gruppe von Menschen sachkundig urteilen können, wenn sie die dafür geschaffenen Unterlagen nicht gründlich kennt?

Problembündel lassen sich durch eine nicht begrenzbare Menge von Informationen beschreiben. Wer sich mit ihnen auseinandersetzt und dabei die Ungewißheit der Suche im Dunst erfährt, neigt — so scheint es — ständig dazu, alles nur irgendwie Denkbare heranzuziehen und zu präsentieren. Er produziert eine Flut, vielleicht in der Hoffnung, daß darin das Wichtige enthalten sei. Zudem gilt leider nach wie vor, daß, je umfangreicher die Produkte, desto eher viele Empfänger glauben, gründliche und aufwendige Arbeit sei geleistet worden.

Die Flut wird dadurch verstärkt, daß eine auch knappe, aber vollständige Herleitung, Beschreibung und Begründung von Problemen und Lösungen samt dem für das Verständnis notwendigen Hintergrund in der Regel umfangreich wird. Das fachliche Gewissen drängt nun zu dieser Vollständigkeit, auch wenn der Adressat, wie z. B. die Beratende Jury, erhebliche Vorkenntnisse besitzt.

Die Versuche, Dämme gegen die Flut von Informationen schon bei den Produzenten zu errichten, scheiterten weitgehend. Die verschiedenen Appelle zur Beschränkung auf das Wichtigste und zur äußersten Kürze verhallten. Werden die Unterlagen genau gelesen, so wird allerdings in manchen Fällen verständlich, warum dieser Versuch versagte.

Die Produzenten der Informationen, z. B. die Gruppen des Planungsteams, standen jeweils weitgehend Unbekanntem gegenüber. Von der Sache selbst her bedingt konnte und durfte die Beratende Jury nicht im voraus das Wichtige eng definieren, denn dies hätte genaue Kenntnisse über etwas erfordert, das noch der Untersuchung harrte. Die Neigung aller Produzenten, ihre Informationen breit darzulegen, um mit einem weiten Fächer Wichtiges einzufangen, war verständlich.

Aber unbegreiflich bleibt, warum auch in der Projektorganisation Donaubereich wie in anderen Fällen viele Produzenten von Informationen Daten, Hintergründe, Herleitungen u. ä. so umfangreich zusammenstellten, wie wenn der Adressat ein Student im ersten Semester sei.

Es scheint unausweichlich, daß in einer problemorientierten Organisation jenes Organ, das die Funktion der

Beratenden Jury ausübt, die Dämme gegen die Flut der Informationen im wesentlichen durch seine Denk- und Arbeitsweise selbst errichten muß. Und dies ist möglich, wie die Erfahrungen der Projektorganisation Donaubereich nachweisen, sofern bestimmte Voraussetzungen zutreffen. Zu diesen gehören:

● Die Mitglieder des leitenden Organes, im vorliegenden Falle die Beratende Jury, müssen erhebliche und breite Vorkenntnisse und Erfahrungen besitzen. Ihr durch manche Jahre erworbener „Hintergrund" muß Ihnen gestatten, aufgrund weniger Stichworte rasch die dafür bedeutsamen Assoziationen zu finden, Querbeziehungen zu sehen und das schon Bekannte vom Neuen zu trennen.

● Die fachliche Zusammensetzung der Mitglieder muß gestatten, daß innerhalb des Organes eine Arbeitsteilung nach Fachbereichen und demgemäß nach einzelnen Sachfragen möglich wird. So muß nicht jeder alles lesen.

● Der Ablauf muß so gestaltet werden, daß der Informationsstand stufenweise aufgebaut wird und dann erhalten bleibt.

● Die unmittelbare, mündliche Besprechung ist die wichtigste Quelle der Informationen, nicht die Papiere. Die schriftlichen und zeichnerischen Materialien dienen vorwiegend der Kontrolle. Diese Forderung bedingt eine Form der Organisation, welche die mündliche Diskussion in geordneter Weise überhaupt möglich macht. In der Projektorganisation Donaubereich dienten dazu vor allem die Kupplungen.

● Die Mitglieder der Beratenden Jury müssen den ganzen Gegenstand in seinen Grundzügen ständig vorausschauend durchdenken und für ihr Fachgebiet zu den Einzelheiten vordringen.

Sind diese Voraussetzungen ausreichend gegeben, so gelingt es, Dämme gegen die Flut der Informationen zu bauen, die nicht das Wichtige zurückdrängen.

Schlußbemerkungen

Im wesentlichen befaßt sich der Artikel mit Aspekten dessen, was eine **organisatorische Strategie wechselnder Situationen** genannt wurde. Nicht das Äußerliche, Offensichtliche wird betont, sondern Hintergründe und Grundlagen, die für einen der Beteiligten aus seiner persönlichen Sicht bedeutungsvoll waren und sind. Suchen im Dunst oder die Auseinandersetzung mit Problembündeln wird nur dann wirklich erfolgreich, wenn — so wird hier behauptet — eine solche Strategie, die unterschiedlichste Formen der Verwirklichung zuläßt, angewendet wird.

Handelt es sich um schwierige planerische Aufgaben wie die Planung des Donaubereiches, die unmittelbar mit großen, öffentlichen Körperschaften verbunden ist, so bedingt die Anwendung dieser Strategie, daß formell oder informell die Linienorganisation der Verwaltung derart ergänzt wird, daß übergreifende Probleme unabhängig von den üblicherweise geltenden Regeln erfaßt, geordnet, definiert und in von der Verwaltung praktisch lösbare Aufgaben umgeformt werden, also eine problemorientierte Organisation zur Ergänzung der Linie (man kann dies auch eine Matrizenorganisation nennen).

Organisatorische Fragen werden oft primär als Probleme der formellen Regeln, der organisatorischen Techniken des Organisationsaufbaues und damit der Organigramme u. ä. aufgefaßt. Diese vordergründige Sicht vernachlässigt, daß die Äußerlichkeiten nur dazu dienen, das Wirken von Menschen sinnvoll werden zu lassen. Handelt es sich um schwierige Aufgaben, z. B. um komplexe Problembündel der Raumplanung, so bedarf es weit vermehrt des Bedenkens der Grundlage, von der her organisatorische Formen und Regeln — die je nach Lage unterschiedlich ausgeprägt werden können — abgeleitet werden müssen. Der Artikel versucht, gerade zu dieser Basis beizutragen, also das Experiment „Planung Donaubereich Wien" auch als ein Experiment geordneter Kooperation zu betrachten, die auf bestimmten Überzeugungen über die Spielregeln der Suche im Dunst gründete.

Jakob Maurer

Rückwärts betrachtet

1977 endete die Arbeit der Projektorganisation Donaubereich. Bis 1979 wirkte ich als Berater für die Nachfolgeorganisationen. Danach hatte ich die Möglichkeit, den weiteren Verlauf zu beobachten.

Südliche und nördliche Abschnitte sind verwirklicht, mehr als eine Million Bäume wurden gepflanzt; der Mittelteil ist eine große Baustelle. Einige Teile lassen erkennen, wie der engere Donaubereich in Zukunft sein wird, wenn Bäume, Gras, Steine und Wasser eine neue Gestalt bilden werden. An Wochenenden benützen schon bis zu 300.000 Personen das noch unvollendete Werk. Es scheint, wie wenn das Ganze zu einem Erfolg würde.

Die vorangehenden Beiträge wurden kurz nach dem Ende der Projektorganisation verfaßt. Nur Kollege Freisitzer fügte einige Bemerkungen hinzu; die Zeichnungen wurden im Herbst 1982 zusammengestellt; Kollege Breit verfaßte eine Liste der Veröffentlichungen über den Donaubereich. Hier beschreibe ich rückblickend einige persönliche Erfahrungen und Überlegungen. Dabei stehen nicht die besonderen Eigenheiten der Planung Donaubereich im Vordergrund, sondern das, was für andere planerische Aufgaben wichtig sein kann.

Die Schwierigkeit des Erklärens

Während der Dauer der Projektorganisation wurde bei den Beteiligten ein umfangreicher, gemeinsamer Wissensstand erarbeitet und ständig erneuert. Es bedurfte nach einiger Zeit selten vieler Wörter, um Probleme und Möglichkeiten ihrer Lösung zu erklären. Das änderte sich nachher erheblich. Der Stadtrat für Planung sowie die Leitung der Gruppe Stadtplanung wechselten. Zahlreiche neue Personen vertraten Anliegen von Verwaltungsstellen und Interessengruppen, z. B. im Beirat Donaubereich. Nur in der Projektkoordination wirkten drei Personen, die, zusammen mit den privaten Planungsteams, Kenntnisse übertragen konnten.

Bei der Verwirklichung großer Unternehmen treten laufend Schwierigkeiten auf. Ein Amt mag eine kleine Aufgabe nicht rechtzeitig gelöst haben; doch die Konsequenzen für viele andere Arbeiten können erheblich sein. Bei den

Budgetberatungen mag in gutem Glauben etwas gekürzt worden sein, das später gebaut werden könnte; doch die Verbindungen zu anderen Werken kann derart eng sein, daß scheinbar Verschiebbares unbedingt Notwendiges bestimmt.

Wie schwierig war es z. B., die Grundzüge des Wasserhaushaltes so zu erläutern, daß sie begriffen wurden. Von außen gesehen, scheint das Projekt einfach: Ein Graben wird ausgebaggert und eine Insel aufgeschüttet. Gleichsam Schicht für Schicht aufzudecken, Verflechtungen und Konsequenzen von Entscheiden darzulegen, erfordert Zeit und Vorkenntnisse jener, denen mehr erklärt werden muß als Allgemeines.

Viele konnten sich nicht vorstellen, daß a) Wasser von der Donau durch die Insel hindurch in die Neue Donau dringen muß und nicht zurücksickern darf, b) der Verschmutzung der Alten Donau entgegenzutreten ist, und c) das Grundwasser angereichert werden soll, um die wunderbare Grünlandschaft der Lobau zu erhalten und um einen bedeutsamen Beitrag zur Trinkwasserversorgung Wiens zu leisten. Wurden Probleme dargelegt wie der Aufbau der Insel, die Art der Bepflanzung, der Einbau der Autobahn und dessen Beziehungen zum Sammelkanal auf dem linken Ufer, die Konsequenzen des Hochwasserschutzes, dann traten die Schwierigkeiten des Erklärens scharf hervor.

Planer glauben oft, sie könnten allen alles erklären. Das ist unmöglich. Ob man will oder nicht, bei schwierigen Aufgaben müssen die meisten jenen glauben, die sich gründlich damit auseinandersetzten.

Das leitende Kollegialorgan (Beratende Jury) hielt ausgewählte Empfehlungen detailliert fest, z. B. im „Leitprojekt". Regierung und Parlament stimmten diesen Empfehlungen zu. Das war nur eine Art Verwaltungsanweisung. Weder Form noch Inhalt entsprachen einem formellen Plan. In etwa glich der Inhalt dem, was im neuen Schweizerischen Bundesgesetz über die Raumplanung vom 22. Juni 1979 als Richtplan bezeichnet wird.

Schien es, daß Empfehlungen verletzt werden könnten, dann wurde die dafür verantwortliche Stelle veranlaßt, ihre Handlungen detailliert zu begründen (wenn die Abweichungen rechtzeitig entdeckt wurden). Das erforderte, sich mit dem Projekt eingehend zu befassen. Ohne derartige Anlässe gelang es selten, die neuen Beteiligten zu bewegen, sich der Mühe des Lernens zu unterziehen.

Was für den Donaubereich beim Übergang von der Projektorganisation in die Routine der Verwaltung auftrat, halte ich für allgemeingültig. Das Ergebnis einer planerischen Arbeit muß eindeutige Festpunkte enthalten, welche die Schnittstellen verschiedener Tätigkeitsbereiche bestimmen. Dabei steht das von der Aufgabe her Abgeleitete im Vordergrund und nicht das Formelle.

Bei umfangreichen planerischen Unternehmen sind stets sehr viele Stellen beteiligt. Die formellen und informellen Regeln, nach denen die Akteure operieren, lassen sich kaum je im einzelnen erfassen. Zum Beispiel lassen sich die Budgets verschiedener Stellen nicht koordinieren, wenn keine Orientierungsmarken vorgegeben sind. Darauf zu bauen, daß aufgrund guter Erklärungen die Beteiligten aus Einsicht zweckmäßig handeln würden, ist gefährlich. Die Fülle von Informationen und Problemen, denen beinahe jeder täglich ausgesetzt ist, bewirkt, daß alles, was in gewohnte Routinen gepreßt werden kann, so erledigt wird.

Der Erfindungsreichtum in der Verwirklichung

Gemeinhin wird angenommen, nur der Entwurf bedürfe der Kreativität. Die Verwirklichung bestünde aus der Kontrolle der Durchführung eines gegebenen Programmes. Diese Ansicht ist für umfangreiche Projekte falsch.

Die Realisierung ist ein Feld überraschender Schwierigkeiten. Im Donaubereich traten z. B. Probleme auf wie: Budgetbeschlüsse, die den koordinierten Ablauf verunmöglicht hätten; widersprüchliche Entscheide im Liegenschaftenwesen; plötzlich notwendige Änderungen von Bauabläufen großer Werke, weil ein Amt vergaß, etwas Kleines rechtzeitig zu regeln; Änderungen der Programme für den Aushub und die Deponie, weil die Annahmen über den Untergrund nicht zutrafen. Beim Betrieb ergaben sich Probleme der polizeilichen Überwachung, der Sicherheitsdienste und der sanitären Einrichtungen.

Der für die Koordination Verantwortliche, Domany, war Mitglied des leitenden Kollegialvorganges gewesen. Er faßte Probleme als eine Herausforderung für phantasievolle, oft unkonventionelle Lösungen auf; sei dies in Bezug auf Verfahren, Finanzierung, Bauprogramme, Technik oder Gestaltung.

Was die Koordination belastete, waren nicht jene Schwierigkeiten, die innerhalb eines Tätigkeitsfeldes auftraten, sondern die Schnittstellen zwischen verschiedenen Bereichen. Tritt ein übergreifendes Problem auf, so ist es in der Regel unlösbar, wenn jeder an seinen Routinen festhält. Es bedarf oft der Innovation, um von einer neuen Betrachtung her die Koordination zu erreichen.

Was an Schnittstellen auftritt, ist üblicherweise neu. Man kann sich nicht auf zahlreiche, ähnliche Probleme berufen. Routinen fehlen. Schwierigkeiten sind meistens verzwickte Verflechtungen, die nicht mit gängigen Lehrmeinungen bewältigt werden können.

Wer für die Verwirklichung umfangreicher Projekte verantwortlich ist, sollte an der Entstehung des Projektes mitwirken, über planerische Phantasie verfügen und unerbittlich auf die Koordination der Vorhaben drängen.

Ich hoffe, daß Domany später einmal seine zum Teil abenteuerlichen Erlebnisse beschreiben wird.

Die Gefahr des Auseinanderfallens

Die Nachfolgeorganisation bestand im wesentlichen nur aus einer Stelle für die Projektkoordination unter der Leitung von Domany und einer großen Beratenden Kommission (Beirat) mit Vertretern der Politik, der Verwaltung und der Interessengruppen (vor allem Sportverbände). Die Projektkoordination war zuerst der Stadtplanung zugewiesen.

Obwohl die politischen Organe den ganzen Empfehlungen des leitenden Kollegialorganes zustimmten, konzentrierte sich die Aufmerksamkeit auf den engeren Donaubereich. Die Überlegungen und Empfehlungen für den weiteren Donaubereich wurden kaum beachtet. Wahrgenommen wurde, was in absehbarer Zeit baulich entstehen sollte.

Von der Ausschreibung des Ideenwettbewerbes bis zum Ende der Projektorganisation war eine wesentliche Idee, Funktion und Gestalt des engeren Donaubereiches (Alte Donau, Insel, Neue Donau) auch einzusetzen für die Stadtentwicklung und für die Erneuerung der an die Donau angrenzenden Gebiete (Donaubereich). Diese Idee ließ sich nicht (noch nicht) auf die ganze Nachfolgeorganisation übertragen.

Das in der Projektorganisation aufgebaute Informationssystem begann rasch zu zerfallen. Es setzte sich aus einem formellen und einem informellen Teil zusammen. Im formellen Teil wurden die wichtigen Informationen systematisch gesammelt. Stichwortkarteien erlaubten den raschen Zugriff. Technische Expertisen, Gestaltungsvorschläge, verwendete Literatur, Meinungsäußerungen und Beschlüsse politischer Organe, Vorschläge des Planungsteams, Erörterungen der Beratenden Jury, Protokolle u. ä. standen sofort zu Verfügung. Der informelle, wichtigere Teil wuchs aus der engen Zusammenarbeit heraus.

Politik und Verwaltung fielen in ihr übliches Verhalten zurück. Es war geprägt durch die genaue Aufgabenteilung, die hierarchische Organisation, und durch das „Nacheinander" (Konsekutivverfahren) und nicht „Miteinander" (Simultanverfahren) von Überlegungen und Handlungen.

Eine große, öffentliche Körperschaft kann wahrscheinlich ihren Aufgaben nur gerecht werden, wenn sie so viel als möglich nach festen Regeln innerhalb einer hierarchischen Organisation bewältigt. Projektorganisationen sind Ergänzungen für besondere, übergreifende Probleme. Die Hoffnung, daß es den in der Projektorganisation mitwirkenden Vertretern der Verwaltung gelänge, die dort eingeübte Form der Kooperation zu übertragen, erfüllte sich nicht. Die Erfahrungen in Wien entsprechen jenen in anderen Fällen. Das „Zurückfallen" in die üblichen Routinen scheint ohne wirksame Vorkehrungen stets einzutreten.

Das leitende Kollegialorgan betonte eindringlich, daß es solcher Vorkehrungen bedürfe; doch sie wurden nur teilweise getroffen. Ich halte es für verfehlt, diesen Sachverhalt durch personelle Konstellationen vollauf erklären zu wollen. Politik wie Verwaltung allgemein fehlen Kenntnisse, Erfahrungen und Übung der vorausschauenden Erfassung und Lösung unübersichtlicher, verzwickter und übergreifender Probleme.

Für den engeren Donaubereich bestanden konkrete Empfehlungen. Manches ließ sich deshalb im üblichen Verfahren öffentlicher Körperschaften regeln. Doch die isolierte Behandlung der neu auftretenden Probleme, die Dauer, bis die Meldungen über Schwierigkeiten die Hierarchie hinauf- und hinunterwanderten, die in allen großen Organisationen vorhandene Neigung, Informationen ebenfalls für den Kampf um Einfluß und für die Verwirklichung der eigenen Ziele einzusetzen, verschlechterte das Informationssystem rasch. Damit wurde eine unbedingt erforderliche Voraussetzung der Projektkoordination, Schwierigkeiten an Schnittstellen frühzeitig zu erkennen, geschwächt.

Die Zusammenarbeit mit der Stelle für Projektkoordination war ausgezeichnet. Diese Stelle verlor, trotz allen Anstrengungen, wegen fehlender Informationen und mangelnder Möglichkeiten, Untersuchungen und Arbeiten zu beeinflussen, Übersicht und Einfluß. Nach einiger Zeit stellten wir fest, wie sich die Bauabläufe der großen Werke so entwickelten, daß die Koordination im Mittelteil zerfallen könnte. Zusammen mit anderen Schwierigkeiten hielt ich die Lage für so ernsthaft, daß ich den Bürgermeister von Wien, Gratz, und den Stadtrat für Planung, Wurzer, um eine Unterredung bat. Ich unterbreitete meine Bedenken schriftlich und war entschlossen, als Berater zurückzutreten, wenn das Projektmanagement nicht grundlegend verbessert würde.

Noch lebhaft erinnere ich mich an die darauf folgenden Gespräche. Die politischen Mandatare faßten die Tätigkeiten im Donaubereich etwa so auf, wie den Bau eines Schulhauses. Sie hielten Empfehlungen des leitenden Kollegialorganes gleichsam für ein Ausführungsprojekt, das durch die Verwaltung mit üblichen Verfahren korrekt verwirklicht würde. Ihre Kenntnisse über die Aufgabe beschränkten sich auf Allgemeines. Erst als es mir gelang darzulegen, daß die großen Bauarbeiten ohne Korrekturen unkoordiniert im Mittelteil aufeinanderprallen würden, als ich schilderte, welche sachlichen und politischen Folgen derartige Ereignisse haben könnten, fand ich Aufmerksamkeit.

Mein Anliegen war es, in der gegebenen Lage a) die gute Vollendung der Arbeiten im engeren Donaubereich zu sichern, und b) die Bedeutung der Empfehlungen der Beratenden Jury für den weiteren Donaubereich in Erinnerung zu rufen und sie etwas zu vertiefen.

Die Stelle für die Projektkoordination wurde danach der Magistratsdirektion der Stadt Wien zugewiesen und mit der Geschäftsgruppe, die unmittelbar für die Realisierung wichtiger Teile des Gesamtprojektes zuständig war, verbunden. Zudem wurden Kredite gewährt, die der Stelle einen erweiterten Handlungsbereich verschafften, meine Funktion als Berater für eine beschränkte Zeit erweitert, um a) an der Verbesserung des Projektmanagements mitzuwirken, und b) die Empfehlungen des leitenden Kollegialorganes für den weiteren Donaubereich etwas zu vertiefen. Heute scheint es, wie wenn der engere Donaubereich erfolgreich fertig gestaltet wird.

Der Übergang von einer Projektorganisation in die gewohnten Verfahren der Verwaltung ist schwierig. Wer innerhalb der Verwaltung arbeitet, wird in die Linie eingefügt. Erfordert seine Aufgabe zahlreiche Querbeziehungen, so muß er das feste Netz der formellen und informellen Regeln durchbrechen. Die Spitze sollte ihn dabei aktiv unterstützen. Doch sie ist ständig überlastet. In der Regel braucht sie ihre Kräfte, um die unmittelbar anstehenden Probleme zu bewältigen. Sie findet für Zusätzliches selten Zeit.

In einer solchen Lage besteht die Aufgabe eines Beraters vor allem darin, zu helfen, der Starrheit großer Organisationen zu begegnen. Der Berater muß bereit sein, mit aller Deutlichkeit auf Schwierigkeiten hinzuweisen, ohne Rücksicht darauf, wer davon betroffen wird.

Es war ein Fehler, die Nachfolgeorganisation nicht während der Dauer der Projektorganisation aufzubauen.

Die Vertrauenswürdigkeit von Fachleuten

Angenehm überraschte mich, wie die vielen neuen Stellen und Personen den Empfehlungen des leitenden Kollegialorganes vertrauten; ohne dieses Vertrauen hätte deren Verwirklichung erheblich gelitten.

Während der ersten Stufe des Wettbewerbes bis etwa ein Jahr nach Beginn der Projektorganisation wurde der Auftrag, die Arbeitsweise der Fachleute und ihre Überlegungen von unterschiedlichen Seiten her heftig angegriffen. Selbst viele der unmittelbar Beteiligten glaubten, daß es sich um eine „Alibiübung" handle, an der gute Fachleute eigentlich nicht mitwirken sollten.

Die erste Stufe (des Ideenwettbewerbes) erbrachte keine befriedigenden Ergebnisse, obwohl jeder der ausgewählten Vorschläge auf Fähigkeiten der Verfasser hinwies. Kaum ein Mitglied der Jury glaubte damals, daß eine zweite Stufe des Wettbewerbes nützlich sei. Denn erst die eingehende Untersuchung der eingereichten Projekte bewirkte, daß die Jury die Größe der technischen, funktionellen und gestalterischen Schwierigkeiten zu erkennen begann. Wahrscheinlich fragte sich damals manches Mitglied der Jury, ob seine fachlichen Fähigkeiten ausreichten, um einen Beitrag zu erbringen. Die Überzeugung eines Fachmannes, daß er der Aufgabe gewachsen sei, ist Voraussetzung für die Gewinnung von Vertrauen.

Als nach harten Debatten beschlossen wurde, dem Auftraggeber (Wien und die Republik Österreich) vorzuschlagen, an Stelle der zweiten Stufe des Wettbewerbs eine Projektorganisation einzurichten, dürften manche Mitglieder der Jury allein deshalb zugestimmt haben, weil sie keinen anderen Weg sahen und auf die Argumente jener bauten, die mit ähnlichen Organisationsformen vertraut waren.

Deutlich erinnere ich mich an die Sitzung mit Bürgermeister Gratz und Stadtrat Hofmann, als die organisatorischen Vorschläge für die Projektorganisation erläutert wurden. Angesichts der beinahe unlösbar scheinenden Probleme und den mit neuen Organisationsformen immer verbundenen Risiken bedurfte es großen Mutes, der vorgeschlagenen Projektorganisation zuzustimmen und dafür die politische Verantwortung zu übernehmen. Der damalige Leiter der Stadtplanung, Engelberger, unterstützte den Vorschlag nachhaltig. Auch er nahm damit eine schwere Bürde auf sich. Ich frage mich noch immer, was diese Männer bewog zuzustimmen. Was ihnen in der Sache unterbreitet wurde, bestand aus ziemlich vagen Ideen und einem kaum übersehbaren Haufen von Problemen. Die Mitglieder der Jury waren sich über vieles uneinig.

Während der Projektorganisation und meiner Tätigkeit als Berater hörte und las ich manches, das auf überlegte (hinterhältige) Taktik, geheimnisvolle Querverbindungen, politische Machenschaften u. ä. hindeutete. Erstaunt vernahm ich, was alles gedacht und getrieben worden sei, um den Schritt hin zur Projektorganisation zu vollziehen.

Schwierige Aufgaben sind nur lösbar, wenn die politisch Verantwortlichen den Fachleuten vertrauen. Sie müssen überzeugt sein, daß die Fachleute den Auftrag, der üblicherweise nur ungefähr formulierbar ist, anerkennen, fähig sind, die Aufgaben zu bewältigen, und die geschriebenen und ungeschriebenen Intentionen beachten sowie die politischen, rechtlichen und finanziellen Grenzen erkennen. Vor allem erwarten verantwortlich handelnde Politiker von den Fachleuten, daß sie mit aller Offenheit Schwierigkeiten und Risiken darlegen; Schönfärberei gleicht einem Aufputschmittel. Vielleicht schuf die beinahe rücksichtslose Darlegung der wahrgenommenen Probleme das für die Zustimmung zur Projektorganisation notwendige Vertrauen.

Zu diesem Zeitpunkte war die Orientierung der Presse, jedenfalls für mich, schwierig. Die politisch Verantwortlichen beschränkten die Jury in keiner Weise. Wir waren frei, zu sagen, was wir wollten. Die öffentliche Meinung war dem Unternehmen jedoch keineswegs gewogen. Faßbare Resultate bestanden zunächst nicht. Ich glaube, daß Mitglieder der Jury (später leitendes Kollegialorgan oder Beratende Jury) schon damals begannen, freimütig ihre Sicht der Schwierigkeiten und Risiken darzulegen. Dieses Verhalten wurde später bewußt gefördert.

Nachdem es gelang, einige greifbare Erfolge zu erzielen, indem Vorschläge der Projektorganisation bei den laufenden Bauarbeiten befolgt wurden, stieg das Selbst-

vertrauen. Die Überzeugung wuchs, daß die fachliche Arbeit nützlich sei. Das wiederum stärkte die Motivation, gründlich bis in einzelne Details hinein zu überlegen.

Vertrauen ist ein zerbrechliches Gebilde. Es braucht lange, bis es entsteht; in wenigen Minuten kann es zusammenbrechen.

Während der Projektorganisation bemühten sich die meisten Beteiligten zunehmend, fachlich vertrauenswürdig zu werden. Innerhalb der Projektorganisation bedeutet das, offen gegenüber Unwissenheiten zu sein, keine Dogmen zu predigen und Vorschläge, gleichgültig wer sie vertrat, konstruktiv und hart zu kritisieren. Dem Auftraggeber durfte nichts verheimlicht werden.

Etwa in der Mitte der Arbeiten der Projektorganisation änderte sich die öffentliche Meinung. Die Journalisten begannen sich für die Sache ernsthaft zu interessieren, und suchten nicht mehr nach hintergründigen Geschehnissen.

Frei nach Lenin: „Vertrauen ist gut, Kontrolle ist besser". Was jedoch, wenn man zweckmäßige Kontrollen nicht kennt? Die übliche Verwaltungstätigkeit betrifft überwiegend sich wiederholende Vorgänge. Aufgrund der Anwendung der Gesetze und der richterlichen Kontrolle sowie vieler Erfahrungen in der Handhabung des Ermessens entstanden Kontrollen für die Tätigkeiten öffentlicher Körperschaften. Doch wenn es sich um unübersichtliche, übergreifende Probleme handelt, so versagen viele dieser Kontrollen. Im Gegenteil, werden sie angewandt, so bleiben Lösungen aus.

Alle Staaten stehen unübersichtlichen, übergreifenden Problemen gegenüber. Nach meinen Erfahrungen werden in der Raumplanung in solchen Lagen in der Regel bekannte Kontrollen ausgedehnt und verfeinert. Man glaubt, mit mehr Vorschriften und mehr Kontrollgremien neue, weitgehend unbekannte Schwierigkeiten bewältigen zu können. Ein Teufelskreis entsteht. Nach einem gewissen Maß formeller Regeln schaffen weitere Vorschriften mehr Konflikte, als sie lösen. Organisationen entstehen, die wie verhext formelle Fehler vermeiden wollen und dadurch die Aufgabe vergessen, der sie dienen sollen.

In den vergangenen Jahren wurde zudem der Drang nach „Demokratisierung" ständig stärker (was immer darunter verstanden wird). Für viele, die für „Demokratisierung" einstehen, gilt es, die Macht des Staates und großer Unternehmen zu begrenzen, um die Selbstbestimmung von Menschen zu stärken.

Ein scheinbares Dilemma entsteht zwischen dem Streben nach „mehr Demokratie" und der Lösung verzwickter Problemsituationen. Dieser Frage widmete das leitende Kollegialorgan viele Stunden. Besprochen wurde, wie entsprechend den gängigen Meinungen die betroffenen Bürger beteiligt werden könnten. Man muß sich vorstellen, welcher Aufwand an Zeit und Geld erforderlich gewesen wäre, um die beinahe unzähligen Veranstaltungen durchführen zu können. Schon wegen der Notwendigkeit, in laufende Arbeiten einzugreifen, entfielen derartige Verfahren.

Ich halte das, was in den vergangenen Jahren in der Raumplanung üblicherweise unter „Demokratisierung" verstanden wurde, weder für einen Schritt zu mehr Demokratie noch geeignet, schwierige Probleme zu lösen. Es ist ein Irrweg, der letztlich die Bürger enttäuscht und die Fachleute veranlaßt, vor lauter Propaganda und politischem Agieren ihre eigentliche Aufgabe zu vergessen.

Offensichtlich ist niemand fähig, bei allem, was ihn betreffen kann, mitzuwirken. Unausweichlich sind wir gezwungen, anderen zu vertrauen. Demokratie darf nie blind vertrauen. Deshalb bedarf sie der klugen Unterscheidung von Aufgaben und Institutionen sowie ausreichender Kontrollen, um Mißbräuche zu vermeiden.

Auch Fachleute sind Bürger mit politischen Ansichten. In ihrem Beruf ist ihnen eine bestimmte Aufgabe zugewiesen, wenn sie für ein Gemeinwesen arbeiten, nämlich durch die Politik gegebene Aufträge zu erfüllen. Handelt es sich um unübersichtliche, übergreifende Problemhaufen, so läßt sich der Auftrag selten genau formulieren. Denn dazu müßte man im voraus die wesentlichen Eigenheiten der Lösungen kennen; und gerade das trifft nicht zu. Der Spielraum des Ermessens der Fachleute ist in derartigen Fällen groß. Was, wenn formelle Kontrollen weitgehend versagen? Soll man Fachleuten blind vertrauen? Ich weiß keine allgemeinen Antworten. Ich kann lediglich darlegen, was für die Projektorganisation vorgekehrt wurde.

Ideen und Strategien

Schon die Ausschreibung für die erste Stufe des Wettbewerbes enthielt Ideen und Umrisse einer Strategie. Bedeutsam war, daß eine unübersichtliche, schwierige Lage als Herausforderung für innovatives, weitreichendes planerisches Handeln aufgefaßt wurde.

Das Wettbewerbsgebiet bezog sich auf den weiteren Donaubereich, das heißt die Donau und die angrenzenden Quartiere. Die allgemeine Aufgabe schloß gesamtstädtische Anliegen ein. Die beiden Teile Wiens links und rechts der Donau sollten nicht nur verkehrlich verbunden werden. Die Donau sollte zu einem für ganz Wien bedeutsamen Teil ausgestaltet werden. Funktion und Gestalt des Donauraumes sollten die Erneuerung der angrenzenden Gebiete fördern.

Angesichts der technischen Schwierigkeiten, dem Stand der Bauarbeiten, der Vielzahl der beteiligten Stellen und der zur Verfügung stehenden Zeit war die Ausschreibung des Wettbewerbes für viele die Skizze eines unerfüllbaren Traumes, um die Kritiker für einige Zeit zu beschwichtigen.

Eine planerische Strategie entsteht Stufe für Stufe. Zu Beginn ist sie eine vage Idee. Um sie zu konkretisieren, bedarf es in der Regel umfangreicher Arbeiten. Die Idee wird erst dann klar, wenn verschiedenartige Vorschläge für ihre Präzisierung und Verwirklichung entworfen und geprüft wurden.

Vage Ideen geistern überall herum. Bemerkenswert wird es erst, wenn Personen wagen, tiefer einzudringen. Sie müssen dann mit sehr unvollkommenen Kenntnissen etwas einleiten, das leicht zu einem gefährlichen Abenteuer wird; besonders wenn es sich auch um Politik handelt. Als Raumplaner interessiere ich mich dafür, wer warum bereit ist, derartige Risiken einzugehen; man muß nämlich Probleme tatkräftig anpacken, bevor man sie genau kennt.

Unmittelbar nach Beginn der ersten Wettbewerbsstufe versuchte ich herauszufinden, wer warum das Ganze einleitete. Dabei stieß ich auf drei Personen, den Stadtrat für Planung Hofmann, den Chef der Planungsgruppe Engelberger und auf seinen damaligen Mitarbeiter Breit.

Alle drei waren fest davon überzeugt, daß der Donauraum für ganz Wien wichtig sei. Sie wollten keine Alibiübung veranstalten. Doch nur wenige glaubten ihnen. Sie verfügten über ziemlich vage Ideen, waren sich bewußt, wie

vieles noch offen lag, standen inmitten von Kontroversen und strahlten dennoch einen für mich zuerst unbegreiflichen Optimismus aus. Erst nach manchen Gesprächen erkannte ich, wie bedeutsam ihre Ideen waren.

Stadtrat Hofmann erschien mir zuerst als ein nur pragmatischer Politiker. Stadtplaner Engelberger wirkte vordergründig wie ein zielstrebiger, zäher Manager, dessen Aufmerksamkeit lediglich den unmittelbaren technischen Problemen galt. Breit trat äußerlich wenig hervor und wurde von vielen als eine Art „Träumer vom Dienst" angesehen. Welche Fehlurteile!

Die Mitglieder des leitenden Kollegialorganes wurden veranlaßt, ihre Überlegungen eindeutig zu formulieren und sie der Kritik anderer zu unterwerfen. Keine Äußerung galt von vornherein als recht. Das Wichtige des argumentativen Prozesses wurde in den Protokollen festgehalten. Über Empfehlungen wurde namentlich abgestimmt. Der Auftraggeber konnte sich stets Klarheit darüber verschaffen, was im Vordergrund stand und — anhand der Abstimmungsergebnisse — wie stark eine Empfehlung unterstützt wurde. Die Möglichkeit des leitenden Kollegialorganes, die Presse uneingeschränkt zu informieren, wobei die Standpunkte von Mehr- und Minderheiten offengelegt wurden, erlaubte es den Medien, als Mittler zwischen Fachleuten und der Öffentlichkeit zu wirken.

Der Verzicht des leitenden Kollegialorganes, die direkte Kommunikation mit den Bürgern zu suchen, verhinderte, daß es zu einem „quasi-politischen Organ" wurde, das in den Wirkungsbereich und die Verantwortlichkeiten der gewählten Mandatare eingedrungen wäre.

Bei schwierigen Problemen der Raumplanung lassen sich weder die Aufträge im voraus genau beschreiben, noch gibt es eindeutige Lösungen. Zudem hängen Aufträge und Lösungen voneinander ab. Im üblichen, konsekutiven Verwaltungsverfahren entstehen oft Papierberge isoliert bearbeiteter Aufträge und scheinbar genauer Antworten, die sich vielfach widersprechen. Die politischen Organe stehen dann einer Lage gegenüber, die für sie kaum zu bewältigen ist. Sie müssen gleichsam würfeln, welche Fachfrage wie beantwortet werden soll. Fachleute verlieren so ihre Vertrauenswürdigkeit.

Diese Entwicklung wollten wir vermeiden. Alle Mitwirkenden sollten aus der organisatorischen und fachlichen Isolierung herausgerissen werden. Sie sollten veranlaßt werden, Aufgabe, Auftrag und Lösungen laufend der konstruktiven Kritik zu unterwerfen.

Viele, auch Fachleute, lockt es, am Kampf um Einfluß, Prestige und politische Macht teilzunehmen, Intrigen zu spinnen, Auseinandersetzungen zu gewinnen. Nur wenn ein Fachmann der Neigung widersteht, in diesen Vorgängen „mitzumischen", wird es ihm gelingen, bei den politischen Akteuren und ihrer Gefolgschaft Vertrauen in seine fachliche Kompetenz zu gewinnen. Nimmt er am politischen Kampf teil, so muß er zwischen Freund und Feind unterscheiden. Nicht ohne Grund wird dann vermutet, daß er seine Fachkenntnisse als Instrument für tagespolitische Zwecke einsetze.

Zu Beginn einer planerischen Arbeit nimmt man höchstens Umrisse wahr. Wer dann nicht fest an eine gute Chance des Erfolges glaubt, der wird die Leistung nicht erbringen, um das Mögliche zu verwirklichen. Doch wie überträgt sich der Glaube an den Sinn einer vagen Idee? Besonders wenn es sich um erfahrene Fachleute handelt, die wegen ihrer Kenntnisse und Erfahrungen wissen, daß vage Ideen billig und ihre Konkretisierung und Verwirklichung sehr aufwendig und riskant sind.

Als die Entwürfe der ersten Wettbewerbsstufe durch die Jury beurteilt wurden, traten die Schwierigkeiten scharf hervor. Trotz meinen vorhergehenden Anstrengungen, die Aufgabe zu erfassen, wurde ich — wie andere Mitglieder der Jury — überrascht von der Fülle der Probleme. Über beinahe alles bestanden sich widersprechende Auffassungen. Doch die gemeinsame Arbeit an der Aufgabe wurde zu einer Herausforderung. Weniger die Ideen derjenigen, welche den Prozeß einleiteten, wurden übertragen, sondern der Reiz der Herausforderung. Vielleicht entstand der Glaube an die Möglichkeit sinnvollen Wirkens als Reaktion auf diesen Reiz; Probleme, nicht Menschen, wurden zu Gegnern, denen man entgegen treten wollte.

In der Sache uneinig, in der Annahme der Herausforderung einig, unklar, was denn nun zu tun sei, in dieser Lage befand sich die Jury nach der ersten Wettbewerbsstufe. Jedes Mitglied hatte, manchmal bitterlich, erfahren müssen, wie wenig es über fremde Fachgebiete wußte. Jeder erlebte, wie ein von ihm gründlich bedachter Vorschlag scheiterte, weil er etwas ihm Fremdes übersehen hatte. Jeder lernte zwangsweise, wie sehr Erfolg von der Kooperation vieler abhängt. Zu Beginn glaubten manche — bewußt oder unbewußt —, daß sie auch allein fähig wären, die Aufgabe zu lösen; diese Illusionen zerbrachen.

Was nun tun? Hier beginnt die Konkretisierung der organisatorischen Idee, die hinter der Ausschreibung des Wettbewerbes stand: die Starrheit der Verwaltung sollte durchbrochen werden. Nach der ersten Stufe wurde offensichtlich, daß eine Fortführung in üblicher Weise sinnlos gewesen wäre. Eine Organisation und ein Arbeitsablauf waren zu finden, die innerhalb kurzer Zeit zu realisierbaren Vorschlägen führen sollten. Darüber habe ich in meinem Beitrag „Das Geschäft des Vorsitzenden" berichtet.

Die von der Jury dafür unterbreiteten Vorschläge entstanden nicht im Plenum. Noch lebhaft erinnere ich mich an die langen Abenddiskussionen einiger Mitglieder. Dort wurden Theorien, Strategien und Methoden in der Art, wie praktisch orientierte Wissenschafter das tun, untersucht. Situationsbezogene Anwendungen von Theorien der Planungsorganisation, des politischen Geschehens und der sozialen Interaktionen wurden formuliert und kritisiert. Die Erfahrungen wurden verglichen. Meine Beiträge waren erheblich beeinflußt durch meine mehrjährige Tätigkeit als Vorsitzender von Arbeitsgruppen der OECD (Organisation für die wirtschaftliche Zusammenarbeit der entwickelten Länder, Paris), deren Aufgabe es war, Erfahrungen aus zahlreichen planerischen Unternehmen in vielen Ländern auszuwerten. Dazu gehörte die Organisation und das Management.

Für das Plenum der Jury mußten die Ergebnisse plastisch, einfach und auf die künftige Aufgabe hin bezogen dargestellt werden. Das ärgerte mich zuerst. Doch dann erkannte ich, wie heilsam es war, ständig nach Einfachheit suchen zu müssen. Die wissenschaftliche Argumentation artet leicht in Sprachspiele aus, bei denen „intellektuelles Ping-Pong" betrieben wird. Theorien der Planung müssen sich auch darin bewähren, daß das Wichtigste in der Alltagssprache klar dargestellt werden kann.

Während der Projektorganisation wurden die sachlichen Ideen und Strategien entwickelt, die — rückwirkend — zu so einfachen Maximen führten wie z. B. „das nördliche und südliche Drittel naturnah, die Mitte städtebaulich geformt", „keine Bauten auf der Insel, die nicht der unmittelbaren Freizeitnutzung dienen, Ausnahmen im Bereich Floridsdorfer Brücke konzentrieren", „Gestaltung der Sichtkanten der Insel und der Ufer so, daß die Räume durch breite und in der Länge begrenzt wirkende Wasserflächen dominiert werden", „Möglichst geringe Unterhaltskosten durch entsprechende Geländegestaltungen, Bepflanzungen und Benützungsregeln".

Ein so großes Gebiet wie der Donaubereich zwingt zur Abstraktion, zur Auseinandersetzung mit generellen Ideen und allgemeinen Richtlinien des Handelns. Sonst wird die Aufgabe unfaßbar. Doch Abstraktionen sind gefährlich. Generelle Planung bedarf der vorausschauenden, exemplarischen Detaillierung. Verschiedene Ebenen der Planung, generell bis konkret, verwischen sich. Ideen und Strategien werden nur begriffen, wenn Allgemeines anhand vorstellbarer Beispiele unmittelbar erfaßbar wird.

In der Projektorganisation mußte das leitende Kollegialorgan mit dem Planungsteam, zugezogenen Experten und sehr vielen Verwaltungsstellen kooperieren. Und zwar nicht, indem nur Berge von Papieren herumgereicht, sondern indem gemeinsam Probleme geklärt und Lösungen gesucht wurden. Es war schwierig, ein zentrales Anliegen der organisatorischen Strategie zu erklären und durchzusetzen, Vorschläge lassen sich nämlich nur dann korrekt prüfen, wenn es überhaupt voneinander abweichende Vorschläge gibt, deren Vor- und Nachteile miteinander verglichen werden können. Demgemäß mußten alle ermuntert werden, Vorschläge zu unterbreiten, auch solche, die vielleicht eigenartig wirken könnten. Maßgebend sei nicht, welcher Vorschlag gewählt wird. Ein abgelehnter Entwurf könne mehr Erkenntnisse bringen, als viele einigermaßen annehmbare.

Wie in der Wissenschaft bringt die Verwerfung eines Vorschlages (einer Hypothese) oft weit mehr, als die Variation anerkannter Meinungen. Wir alle neigen dazu, unsere Vorschläge als das Richtige zu sehen und eine Ablehnung als eine persönliche Niederlage zu empfinden. Doch schwierige Fragen werden nur über viele Mißerfolge in der Suche nach Lösungen klar und dann vielleicht beantwortbar. Maßgebend ist nicht, ob ein Vorschlag einem anderen vorgezogen wird oder nicht. Der Wert eines Vorschlages liegt vor allem darin, ob die Auseinandersetzung mit ihm Früchte trägt.

Alle, und im besonderen das Planungsteam, wurden ermuntert, auch kühne Vorschläge zu entwickeln, und gleichzeitig die konstruktive, aber harte Kritik zu pflegen. Das mußte geübt werden.

Wahrzunehmen, daß interdisziplinäres, kooperatives Arbeiten weder Gewinner noch Verlierer kennt, sondern lediglich Erfolg oder Fehlschlag in der Sache, kühner Vorschläge (Entwürfe) und konstruktiver Kritik bedarf, gelingt wahrscheinlich nur, wenn über lange Zeit hinweg und bei gegenseitiger Abhängigkeit mit Problemen gerungen wird, die ständig zurückschlagen.

Mich erstaunte, daß das Planungsteam und die Experten nach einigen Monaten in unerwartet fruchtbarer Weise mitwirkten. Nachträglich möchte ich mich bei den Kollegen im Planungsteam und bei den Experten dafür entschuldigen, wenn ich unter dem Druck des Geschehens Gebote der Höflichkeit verletzte. Wirksame Kooperation vieler bedingt eben etwas scheinbar Paradoxes: Es bedarf der straffen Führung, um Raum für unterschiedliche Ideen zu schaffen.

Ungenügend

Von Anbeginn bestand die Idee, die neue Funktion und Gestalt des engeren Donaubereiches als ein Mittel zur Erneuerung der angrenzenden Gebiete und zur Verbindung der beidseitig der Donau liegenden Gebiete Wiens untereinander und mit der Donau zu verwenden. Diese Idee wurde während der Projektorganisation etwas vertieft. Es gelang nicht, die sehr schwierigen Probleme so zu klären, wie dies für den engeren Donaubereich möglich war.

Nach der Projektorganisation engte sich der Blickwinkel sofort auf das unmittelbar Anstehende ein. Als Berater versuchte ich, dem entgegenzutreten; mit wenig Erfolg. Mit einem Gutachten über Grundzüge möglicher Veränderungen der an die Donau angrenzenden Gebiete sollten die allgemeinen Empfehlungen des leitenden Kollegialorganes durch quantitative Angaben erhärtet werden (Donaubereich Wien, Juni 1979, Maurer, J.; Schmid, B.; Jacobi, H.; Lubicz, Ch.). Mögliche Veränderungen in Bezug auf Zahl und Zusammensetzung der Bevölkerung sowie der Nutzungen für einen Zeitraum von rund zwanzig Jahren wurden mittels Bilanzmodellen geschätzt. Die Überlegungen über die Verwendung der strategischen Landreserven wie Nordbahnhof und Siedlergebiete wurden weitergeführt.

Die Schubladen der Städte enthalten kaum zählbare Gutachten, von denen die meisten — unabhängig von der Qualität ihres Inhaltes — wenig bewirkten. Dafür sind die Politiker und Beamten, die mit den Papierbergen etwas anfangen sollten, weniger verantwortlich, als gemeinhin behauptet wird. Schwierige planerische Probleme lassen sich eben nicht bewältigen, indem einer nach dem anderen seine wohlformulierten Meinungen niederschreibt.

Das erwähnte Gutachten war eine Notlösung. Die Daten belegen, wie wichtig es wäre, tatkräftig die allgemeinen Vorschläge des leitenden Kollegialorganes zu konkretisieren. Das geschah nicht. Ich bedaure es, daß das leitende Kollegialorgan nicht die Kraft fand, die Überlegungen über den ganzen Donaubereich zu präzisieren und rechtzeitig eindeutige Vorschläge für die Nachfolgeorganisation zu erarbeiten.

Es gibt viele Erklärungen für diesen Mangel. Am einfachsten ist es, die Schuld jenen zuzuweisen, die nach der Projektorganisation für die Stadtplanung verantwortlich waren. Doch wir hätten schon zu Beginn wissen müssen, daß allgemeine Vorschläge für sich allein wenig nützen. Gerade aus den Erfahrungen im engeren Donaubereich hätten wir folgern müssen, mit welcher Intensität der ganze Donaubereich zu untersuchen sei.

Allerdings fühlten wir uns schon mit den Problemen des engeren Donaubereiches überlastet. Wie hätten wir denn die Zeit, die Kraft und die Mittel gefunden, mehr zu tun? Die Mitglieder der Beratenden Jury wußten, wie schwierig, hinterhältig und verzwickt die Erneuerung und Ausgestaltung bebauter Gebiete ist. Sie kannten viele Fehlschläge in den europäischen Städten. Sie nahmen nur zu scharf die finanziellen, politischen, rechtlichen und technischen Schwierigkeiten wahr. Der Schluß lag deshalb nahe, jedenfalls einen Teil der Aufgabe gut zu lösen.

Kosten und Nutzen

Die Maxime: „Kühne Vorschläge (Hypothesen über zweckmäßiges Handeln) entwerfen und sie konstruktiv und hart kritisieren" bedingt, a) die behaupteten Wirkungen und Konsequenzen (Resultate) einer Handlung (Entscheidung) zu prüfen (Wirkungsanalyse), und b) die Nachteile (Kosten) und Vorteile (Nutzen) von Möglichkeiten des Handelns korrekt zu vergleichen (Bewertung). Für die Bewertung werden zahlreiche, formalisierte Verfahren angeboten wie die Kosten-Nutzen-Analyse und die Nutzwertanalyse. Das leitende Kollegialorgan benützte keines dieser Verfahren. Innerhalb des Plenums fand keine Auseinandersetzung mit solchen Methoden statt. Das galt nicht für informelle Gruppen.

Als Professor für Methodik der Raumplanung befasse ich mich auch mit Bewertungsverfahren. Zusammen mit den anderen wissenschaftlich tätigen Mitgliedern des leitenden Kollegialorganes hätte ich den Einsatz solcher Methoden durchsetzen müssen, wenn ich von ihrem Beitrag für bessere Entscheidungen überzeugt gewesen wäre.

Auf die üblichen, formalisierten Bewertungsverfahren zu verzichten heißt nicht, sich irgendwie durchzuwursteln. Wer die Protokolle aufmerksam liest, wird entdecken, daß der Ablauf der Argumentation und die Anordnung der Informationen Regeln unterworfen wurde, die Erkenntnissen der Entscheidungslogik entsprechen. Diese Regeln wurden nicht formell festgehalten; sie wurden angewandt und haben sich meines Erachtens bewährt. Zum Beispiel:

- Entschieden wird nicht über die Wirkungen und Konsequenzen (Resultate) des Handelns, sondern über das Handeln. Die Resultate lassen sich kaum je genau voraussagen; verschiedene sind möglich, auch unerwünschte. Kein Handeln erbringt nur Vorteile. Demgemäß müssen Handlungsvorschläge daraufhin untersucht werden, welche **unterschiedlichen Resultate** unter welchen Umständen (nicht oder nur teilweise beeinflußbare Vorgänge) mit welcher Glaubwürdigkeit verursacht werden. Nur so läßt sich das **Risiko** schätzen, was für eine korrekte Entscheidung unerläßlich ist.

- Ein Vorschlag läßt sich nur prüfen, indem er mit anderen verglichen wird. Wer einen Vorschlag ablehnt, darf seine Meinung nur begründen, a) indem er ihn vorläufig ablehnt, weil er dargelegt, es bestünden unzureichende Alternativen, oder b) indem er einen anderen Vorschlag vorzieht.

- Nachteile (Kosten) und Vorteile (Nutzen) sollen so einfach und plastisch als möglich beschrieben werden. Die Unsicherheit der Angaben soll ausdrücklich erwähnt werden. Nicht nur die Resultate des Handelns sind unsicher, auch ihre Vor- und Nachteile. Wenn unscharfe Informationen über Resultate sowie einfache Beschreibungen der Vor- und Nachteile ausreichen, um klare Unterschiede zwischen Möglichkeiten des Handelns zu begründen, dann ist eine darauf bauende Entscheidung sicherer, als wenn die Informationen verfeinert werden müssen.

- Resultate sind nichts Statisches, sondern sich verzweigende Sequenzen von Ereignissen. Solche Folgen zu beschreiben und dabei ständig Vor- und Nachteile zu bedenken, erbringt neue Erkenntnisse über Kosten und Nutzen.

- Eine einzelne Handlung (Entscheidung) ist stets Teil einer Sequenz. Zur Prüfung eines Vorschlages gehört deshalb unabdingbar, welche Konsequenzen sich auf nachfolgende Entscheide ergeben können.

- Es ist weit wichtiger, nichts Bedeutsames zu vergessen, als einiges übergenau erfassen zu wollen.

Diese pragmatischen Maximen lassen sich wenigstens teilweise formalisieren. In einer Projektorganisation mit vielen Beteiligten, die sich im wesentlichen nur mit Alltagssprache verständigen können, bereitet es große Mühe, die Mitwirkenden mit formalen Methoden und deren Tücken vertraut zu machen. Stets fragt sich, ob es sich lohnt, über pragmatische Maximen hinauszugehen. Persönlich tat ich das bei wichtigen Entscheidungssituationen, um meine Überlegungen zu klären und zu kontrollieren.

Nach dem Ende der Projektorganisation änderte sich das Verhalten gegenüber Entscheidungen grundsätzlich. Die Empfehlungen des leitenden Kollegialorganes wurden als Programm aufgefaßt. Es gelte lediglich, dieses Programm durchzuführen.

Die Planung des Donaubereiches bestätigte allgemeine Erfahrungen wie:

● Viele neigen dazu, Scheinsicherheit in Bezug auf die Resultate des Handelns wie deren Kosten und Nutzen zu suchen. Sie verdrängen die Ungewißheit und das Risiko. Das ist gefährlich.

● Man sieht, was man sehen will! Jedermanns Optik ist weit enger, als er annimmt. Die Sichtwinkel decken sich keineswegs. Weder die Wirkungsanalyse noch die Bewertung kann korrekt erfolgen, wenn der Bereich der gemeinsamen Wahrnehmung nicht ausreichend breit ist.

● Bei einer korrekten Beurteilung werden Vorschläge selten verworfen, weil sie im Vergleich zu anderen etwas schlechter ausfallen. Kleine Unterschiede sind unwichtig. Vorschläge scheitern in der Regel, weil ein Teil der möglichen Resultate unannehmbar ist, das heißt der Bereich des Zulässigen wird verletzt.

● Die Investitionskosten werden im Vergleich zu den Betriebsaufwendungen in der Regel überbewertet. Die Planungskosten werden nicht mit den Gesamtaufwendungen verglichen.

● In Geld ausdrückbare Kosten werden als scharfe Informationen empfunden, obwohl sie genauso unvollkommen sind wie andere Angaben.

● Die wichtigsten Fehler entstehen meistens dadurch, daß etwas Wichtiges vergessen wird.

Sind die Kosten der Projektorganisation und der zusätzlichen Investitionen zu rechtfertigen? Diese Frage müssen andere beantworten; die Beteiligten dürften voreingenommen sein.

Während meiner Tätigkeit als Berater wie anläßlich meiner darauf folgenden Besuche in Wien vernahm ich zahlreiche, zum Teil ziemlich eigenartige Äußerungen über die Kosten. Dabei fiel mir auf, daß oft schlicht die Gesamtkosten zusammengezählt wurden. Das ist unzulässig. Unabhängig von der Projektorganisation hätten die technischen Werke erstellt werden müssen. Kosten und Nutzen der Projektorganisation zu werten, setzt voraus, daß das Geschehen mit und ohne Projektorganisation einander gegenübergestellt wird. Dabei dürfte sich ergeben, daß die zusätzlichen Kosten der Projektorganisation samt der Verwirklichung ihrer Vorschläge für den engeren Donaubereich einen geringen Teil der so oder so notwendigen Investitionen betragen.

Wie in anderen Fällen dürfte sich erweisen, daß der geschickte, innovative Einsatz von Fachwissen das Verhältnis zwischen Nutzen und Kosten erheblich verbessert.

Wider den Pessimismus

Als Hochschullehrer stehe ich jungen Menschen gegenüber, die die schwierigen, verflochtenen Problemsituationen, mit denen wir konfrontiert sind, beinahe überdeutlich wahrnehmen. Der eher pessimistische Zeitgeist, zusammen mit den ökonomischen und politischen Krisen, fördert an sich eine pessimistische, fatalistische Einstellung. Werden die angehenden Planer mit Problemsituationen näher vertraut, so neigen sie oft dazu, an den Aufgaben zu verzweifeln. Wie sie übergreifende Probleme auch anpacken, das Resultat ist meistens dasselbe: Es gibt scheinbar keine befriedigende Lösung. Die sozialen, politischen, wirtschaftlichen, organisatorischen, rechtlichen und technischen Schwierigkeiten scheinen schlicht unüberwindlich. Angst vor der Zukunft breitet sich aus.

Die Eingriffe in den Raum erscheinen als unkontrollierbare, meist bösartige Schädigungen. Handeln zu verhindern, das, was nun einmal ist, gleichsam einzufrieren, wird als besser empfunden, als Schwierigkeiten anzupacken. Was für die angehenden Planer zutrifft, gilt bekanntlich für viele Menschen.

Wer sich gründlich mit Möglichkeiten künftiger Ereignisse befaßt, wird kommende Gefahren fürchten lernen. Wer zudem anhand unterschiedlicher Tätigkeiten an verschiedenen Orten erfahren muß, wie die öffentlichen Körperschaften — wahrscheinlich zunehmend — dazu neigen, den Aufgaben formalistisch zu begegnen, wie innovatives Denken und Handeln fehlt, der wird pessimistischen Gedanken nicht ausweichen können.

Probleme als eine Herausforderung anzunehmen, der aktiv begegnet werden soll; diese Einstellung sollte ein Hochschullehrer fördern. Und dazu braucht er Beispiele. Dabei ist es unwichtig, ob vieles mißlang. Wichtig ist, daß es eine reale Chance gibt, verflochtenen Schwierigkeiten erfolgreich entgegenzutreten.

Nach meiner Beratungstätigkeit habe ich das Beispiel des Donaubereiches mehrfach zur Demonstration verwendet. Manche wurden dadurch ermuntert, sich Aufgaben zu stellen.

Was in den Universitäten geschieht, spiegelt Vorgänge in der Gesellschaft. Ich glaube, daß die größte Gefahr der Zukunft darin besteht, den jungen Menschen die Hoffnung zu nehmen, ihre Zukunft gestalten zu können. Wir müssen ihnen demonstrieren, daß Technik, Wirtschaft und Natur nicht prinzipiell unvereinbar sind. Wir müssen zeigen, daß es Wege gibt, komplexe Problemsituationen zu bewältigen. Und wir sollten belegen, daß sinnvolles Tun nicht darin besteht, ideologischen, technischen oder scheinwissenschaftlichen Dogmen zu gehorchen, und wie wichtig die Verbindung des kreativen Entwerfens mit der rationalen, harten Prüfung ist. Wir sollten deutlich machen, daß es kein fehlerfreies Handeln gibt. Jedes Unternehmen kann fehlschlagen. Nichts ist ohne Risiko, vor allem das Nichts-Tun. Wer keine äußerlich erkennbaren Fehler begeht, tut nichts; er läßt sich treiben.

Vielleicht stützt das Beispiel der Planung Donaubereich die Hoffnung, daß wir der Zukunft nicht völlig ausgeliefert sind.

Jakob Maurer

Kommentar zur Literatur

Das Wichtigste über Stadtplanung und Organisation wird kaum geschrieben; Fehlschläge, Schwierigkeiten und Versagen sind keine beliebten Gegenstände, besonders wenn öffentliche Körperschaften betroffen sind. Erkenntnisse entspringen in erheblichem Maße aus mißlichen Erfahrungen, und diese werden — vielleicht — mündlich mitgeteilt und im kleinen Kreise diskutiert.

Die erwähnten Publikationen enthalten Teile, die mittelbar und unmittelbar für Zusammenhänge zwischen Stadtplanung und Organisation wichtig sein dürften. Die Zusammenstellung erhebt keinerlei Anspruch auf Vollständigkeit. Jenen Veröffentlichungen galt die Aufmerksamkeit, die sich vorwiegend mit den Vermutungen und Erkenntnissen über das Verhalten und die Einstellungen von Menschen und den sich daraus ergebenden organisatorischen Folgerungen befassen.

Die erwähnten Publikationen stammen weit überwiegend aus dem angelsächsischen Bereich. Dort wurde weit mehr die Wirklichkeit der Organisationen beachtet und versucht, Erfahrungen so gut es eben geht auszuwerten.

Das, was wir heute über Organisationen wissen, und damit auch über die organisatorischen Aspekte der Stadtplanung, ist bei näherer Untersuchung weder neu noch aufsehenerregend. Organisationen ordnen vor allem die Kooperation von Menschen und sollten ihre Konstruktion auf deren Verhalten gründen. Das menschliche Verhalten, jedenfalls die elementaren Teile, ändern sich innerhalb eines Kulturkreises kaum.

Hingegen ist bemerkenswert, ja bestürzend, wie sehr unerwünschte Tatsachen verdrängt werden. Die Weigerung wahrzunehmen, was ausreichend bestätigt seit langem vorliegt, dies ist ein wichtiger Grund dafür, warum die Organisation öffentlicher Körperschaften, und damit auch die Leistung der Stadtplanung, unzureichend blieb.

ALTSHULER, A. A.

THE CITY PLANNING PROCESS, A POLITICAL ANALYSIS
1965, Cornell University Press, Ithaca

Der Verfasser nennt sein Buch eine politische Analyse. Gründlich und genau werden Fallbeispiele planerischer Vorgänge untersucht und beschrieben. Unweigerlich wird dabei die Problematik der Organisation öffentlicher Körperschaften unmittelbar berührt, denn diese läßt sich von der Welt der Politik nicht trennen.

BANFIELD, C. B.

ENDS AND MEANS IN PLANNING
1959, International Social Science Journal, Vol. XI, No. 3.
Enthalten im Buch "A Reader in Planning Theory",
Faludi, A.
1973, Pergamon Press, Oxford

Banfield faßt in diesem Artikel Ergebnisse seiner empirischen Untersuchungen über das Verhalten großer Organisationen, öffentlicher und privater, zusammen, Das Bild, das so entsteht, entspricht keineswegs den von vielen Wünschen geprägten Vorstellungen oder Illusionen.

BERELSON, B., STEINER, G.

MENSCHLICHES VERHALTEN, zwei Bände
1971, Verlag Julius Beltz, Weinheim, Berlin, Basel
(Original in englisch)

Die Veröffentlichung stellt die weitgehend bestätigten Erkenntnisse über menschliches Verhalten in Form von Aussagesätzen dar. Sie gehört sicherlich zur internationalen Standardliteratur. Üblicherweise wird zu wenig beachtet, daß diese Zusammenstellung für praktische Fragen der Organisation viel Bedeutsames enthält, z. B. in den Abschnitten 4. Wahrnehmung; 5. Lernen und Denken; 6. Motivation; 9. Organisationen; 10. Institutionen; 14. Meinungen, Einstellungen und Überzeugungen.

DOWNS, A.

INSIDE BUREAUCRACY
1967, Little, Brown and Company, Boston

Der Gegenstand des Buches ist das Verhalten von Verwaltungen. Im letzten Kapitel wird der Kern des Inhaltes durch Aussagesätze gekennzeichnet. Was der Verfasser schreibt, ist kaum neu. Das Besondere liegt in der systematischen Zusammenfassung und Ordnung bestehender Erkenntnisse und Vermutungen.

DRUCKER, P. F.

NEUE MANAGEMENT-PRAXIS, zwei Bände
1974, Econ Verlag, Düsseldorf, Wien
(Original in Englisch)

Das Buch stellt einen eher erzählenden Bericht über Erfahrungen einer Person dar, die während Jahrzehnten unmittelbar mit organisatorischen Problemen konfrontiert wurde. Bedeutsam ist hier die Auseinandersetzung mit der mangelnden Leistungsfähigkeit öffentlicher Körperschaften.

FRIEND, J. K.; JESSOP, W. N.

LOCAL GOVERNMENT AND STRATEGIC CHOICE
1969, Tavistock Publications, London

Das Buch gründet auf der über mehrere Jahre dauernden Zusammenarbeit zwischen Fachleuten der Optimierungskunde und der Verhaltenswissenschaften und einer Stadtregierung mit dem Zweck, die Stadtplanung und deren Verwirklichung zu verbessern. Das Werk gehört für viele Fachleute zur kleinen Gruppe der Kernliteratur.

LEAVITT, H. J.

MANAGERIAL PSYCHOLOGY
1958, The University of Chicago Press

LEAVITT, H. J.; PONDY, L. R.

READINGS IN MANAGERIAL PSYCHOLOGY
1964, The University of Chicago Press

Das erste Buch faßt Erkenntnisse über das Verhalten und Benehmen von Menschen in Organisationen zusammen. Das zweite enthält ausgewählte Artikel, von denen manche zur Standardliteratur wurden.
Der Titel darf nicht dazu verleiten, zu meinen, es handle sich um eine fachpsychologische Abhandlung. Im Mittelpunkt stehen die organisatorischen Probleme und ihre engen Beziehungen zu sozialen und psychischen Vorgängen. Die Veröffentlichungen richten sich an jene, die in und mit Organisationen handeln müssen.

MAURER, J.

VERBESSERUNG DER STÄDTISCHEN UMWELT
1972, DISP-Nr. 26, ORL-Institut ETH Zürich

TRAINING IN URBAN MANAGEMENT
1973, DISP-Nr. 27, ORL-Institut ETH Zürich

Beide Artikel beziehen sich auf die mehrjährigen Arbeiten von Arbeitsgruppen der OECD, Paris, die sich auch eingehend mit zahlreichen Fallbeispielen über organisatorische Vorkehrungen zur Verbesserung der Planung verstädterter Gebiete befaßten. Wie bei internationalen Organisationen üblich, sind die offiziellen Berichte reichlich unbestimmt und zurückhaltend formuliert. Das, was die an den Fällen unmittelbar Beteiligten im Gespräch deutlich sagten, konnte selten festgehalten werden.

Ein Zitat aus dem Artikel „Verbesserung der städtischen Umwelt" kennzeichnet etwa die Stimmung: „Aber die Erfahrungen der Teilnehmer und die Fallbeispiele zeigten eine bestürzende Übereinstimmung; das „urban management" scheint einer von unmittelbaren, wirklichen oder scheinbaren Sachzwängen getriebenen Schar irrender Menschen zu gleichen, die Versuchen und Irren im großen Maßstab betreiben, ohne zu wissen, was eigentlich der Effekt ihrer Handlungen ist."

SELF, P.

ADMINISTRATIV THEORIES AND POLITICS
1972, G. Allen und Unwin Ltd., London

ECONOCRATS AND THE POLICY PROCESS
1975, Mac Miller Press Ltd., London

Beide Bücher befassen sich mit den Vorgehensweisen öffentlicher Körperschaften. Dabei werden zahlreiche Beispiele aus dem Gebiete der räumlichen Planung dargestellt. „Administrative Theories and Politics" erläutert Entwicklungen und Erfahrungen der vergangenen Jahrzehnte, während die andere Veröffentlichung sich sehr kritisch mit der Anwendung formalisierter Techniken zur Verbesserung von Entscheidungen in öffentlichen Körperschaften auseinandersetzt, also mit einem wichtigen Teil organisatorischer Abläufe.

Offizielle Publikationen zum Verfahren „Donaubereich Wien"

Rainer, Roland: Planungskonzept Wien, Hrsg. Stadtbauamt der Stadt Wien, gemeinsam mit dem Institut für Städtebau an der Akademie der Bildenden Künste, Wien. Monographienreihe „der aufbau", Monographie Nr. 13, Verlag für Jugend und Volk, Wien 1962 (an mehreren Stellen, u. a. S. 175 ff.)

Wettbewerb Donaubereich Wien
Vorprogramm.
Verleger: Stadt Wien, MA 18, Wien 1973

Wettbewerb Donaubereich Wien
1. Wettbewerbsstufe
Programm
Verleger: Stadt Wien, MA 18, Wien 1973

Wettbewerb Donaubereich Wien
1. Wettbewerbsstufe
Fragebeantwortung
Verleger: Stadt Wien, MA 18, Wien 1973

Wettbewerb Donaubereich Wien
1. Wettbewerbsstufe
Protokolle der Jury
Verleger: Stadt Wien, MA 18, Wien 1974

Wettbewerb Donaubereich Wien. „der aufbau", Monographie 4. Verlag für Jugend und Volk, Wien 1974. Städtebaulicher Wettbewerb Donaubereich Wien, 1. Wettbewerbsstufe (mit Abschlußbericht der Jury, Gutachten, Vorprüfung, Wiedergabe der eingereichten Projekte)

Wettbewerb Donaubereich Wien, 2. Wettbewerbsstufe. „der aufbau", Monographie 6. Verlag für Jugend und Volk, Wien 1977
Abschlußbericht der beratenden Jury
Abschlußberichte der fünf Planungsgruppen
Zusätzliche Ausführungen zu den Abschlußberichten

Wettbewerb Donaubereich Wien, 2. Wettbewerbsstufe.
Abschlußbericht Teil 3.2.1
Protokoll der beratenden Jury
Stadt Wien, MA 18, Wien 1974—1977

Wettbewerb Donaubereich Wien. 2. Wettbewerbsstufe.
Abschlußbericht Teil 3.2.2
Festlegungen der beratenden Jury
Stadt Wien, MA 18, Wien 1974—1977

Allgemeiner Bericht der Jury (1973—1977)
(Projektleitstelle Donaubereich Wien, Wien 1977

Leitprojekt engerer Donaubereich; festgelegt mit Beschluß der beratenden Jury vom März 1977; in: Wien aktuell 8/9 1977 (mit mehreren Textbeiträgen)

Donauhochwasserschutz Wien. Magistrat der Stadt Wien, Magistratsabteilung 45 — Wasserbau. Wien 1980 (Faltprospekt)

Domany, Bruno; Otto Schwetz, Guido Seidl
Planung und Gestaltung des Donaubereiches.
Beiträge zur Stadtforschung, Stadtentwicklung und Stadtgestaltung, Band 7
Magistrat der Stadt Wien — Geschäftsgruppe Stadtplanung

Abbildungsverzeichnis

Bildnachweis

Atelier Breit   10 und 11 unten, 11 oben, 14 unten, 46, 56, 57, 58 oben, 62, 63, 64, 65, 66, 70, 71, 72, 73, 75

Archiv Peter Mohilla   42

Aufbau 11/1977   84 rechts, 85 links, 87

Aufbau 7/1981   97 oben, 100 unten

Aufbau Monographie 6 1977   14 oben, 95

Aufbau Monographie 6—7 1983   98 unten

Foto Gerlach   85 oben

Foto Hausner   79 oben, 82 Mitte und oben, 100 oben, 118, 119 unten links und rechts

Foto Klomfar   49 oben

Foto Mikes   101 links oben

Foto Sirotek   99 unten, 119 ganz unten

Foto Wachter   101 links Mitte

E. W. Heiss   58 unten, 97 Mitte rechts, 101 rechts

W. Jäger   84 links

Koordinationsstelle Donaubereich Wien   47 oben, 119 oben

Landesbildstelle Magistratsabteilung 13   8, 68 oben, 69 oben, 77, 85 unten rechts

Luftreportagen Hausmann   55 (MA 45-16 F1 Juni 81), 78 (MA 18 III-F5 September 80), 86 unten (10 F9 September 80), 86 oben (MA 18 III F10 September 80), 102 oben (MA 21-28 F3), 102 unten (MA 18 Wien 22. 5. 79), 103 oben (MA 18-25 F2), 110 unten (August 81), 103 unten (MA 45-5F 11. Juni 81), 110 oben (F8-16 MA 18), 111 oben (F8-16 MA 18), 111 unten (MA 21-33 F4 Juli 81), 114 oben (September 80 Baureport IX 2), 114 unten links (MA 45-17 F10 Juni 84), 114 unten rechts (MA 18-17 F8)

Magistratsabteilung 18, Facharchiv   58 Mitte, 59, 100 unten links, 115, 119 unten links und oben

Magistratsabteilung 41   3, 68 unten, 69 unten

Magistratsabteilung 45   14 (Graphik Atelier Breit), 52, 82 unten, 88, 94

Magistratsabteilung 53, Hutterer   Einband, 35, 88 unten, 106 Nr. 13083/97-1.6.84

Historisches Museum der Stadt Wien   39, 41, 44 oben, 48 oben

Nationalbibliothek   38, 43, 44 unten, 45 unten, 47 unten, 48 unten

Arch. Dipl.-Ing. Dr. D. Offterdinger   89, 90, 91, 92 oben

PID, Magistratsabteilung 53   83

Planung und Gestaltung des Donaubereiches, Band 7   79 unten, 82 links oben, 92, 93, 97 unten, 98 oben und Mitte, 99 oben und Mitte, 119 Mitte

Rainer Planungskonzept   54, 55 oben

Wiener Stadt- und Landesarchiv   10 oben, 31, 45 oben, 49 unten

Dipl.-Ing. H. Zottl   67